U0446394

苦粒齋養新錄

鍾如雄◎著

中国社会科学出版社

圖書在版編目(CIP)數據

苦粒齋養新録／鍾如雄著．—北京：中國社會科學出版社，2019. 12

ISBN 978－7－5203－5304－5

Ⅰ. ①苦…　Ⅱ. ①鍾…　Ⅲ. ①漢學—文集

Ⅳ. ①K207. 8－53

中國版本圖書館 CIP 數據核字(2019)第 221844 號

出 版 人　趙劍英
責任編輯　陳肖静
責任校對　劉　娟
責任印製　戴　寬

出　　版　中國社會科學出版社
社　　址　北京鼓樓西大街甲 158 號
郵　　編　100720
網　　址　http://www.csspw.cn
發 行 部　010－84083685
門 市 部　010－84029450
經　　銷　新華書店及其他書店
印　　刷　北京明恒達印務有限公司
裝　　訂　廊坊市廣陽區廣增裝訂廠
版　　次　2019 年 12 月第 1 版
印　　次　2019 年 12 月第 1 次印刷
開　　本　710×1000　1/16
印　　張　37. 5
字　　數　443 千字
定　　價　188. 00 元

作者同漢語言文字學導師與第一屆畢業碩士研究生合影（蓉城 2010）

（左起：陸建佳　彭　黎　姜　微　殷　紅　鍾如雄　劉雲峰　袁　嘉　周序林　許文超　沈　嵐　黃　洪）

作者同漢語言文字學導師研究生與北師大王寧先生端木黎明師母合影（蓉城 2012）
（左起前排：劉曉蓉　鍾如雄　胡　娟　許良越　許巧雲　王　寧　端木黎明　余承運（太師母）
姜　田；左起後排：孟　琢　尹如娜　曹　鈺　田　穎　吴　倩　姜柯宇　陳秋月　納慧娟）

戲為絕句
問道宋門自續貂，詩書悟老信前朝。
全文甲骨坐天語，總把章黃作渡橋。
——原野

目錄

苦粒齋養新錄卷三　句法編

苦粒齋養新錄卷四　雜論編

自序

余年少家貧，常以看連環畫、與同伴兒遊戲為樂，雖聰敏卻無見識。少長，喜聽鄉人說書，故水滸西遊記李陵碑薛仁貴征東等歷史故事，均是從說書人那裡聽來的。那時，說書人每說一個故事，均專心聽講，悉心回憶，聽後再模仿說書人的模樣講給同伴們聽，繪聲繪色，逗得他們哈哈大笑。凡遇到記憶不清處，總是自編自導，自圓其說。至十六歲時，適逢國家內亂、百業荒蕪，仍舊衣不蔽體、飢不果腹，從兄如亮建議我從軍習武。一九六八年冬，我一身戎裝，第一次離開父母，遠赴霧都重慶，成了十三軍三十七師一一一團的一名警衛員。在軍營裡，我意外地獲得了兩種書，一種是宜賓師範學校編的語文和算術，另一種是中外魔術大全。可以這樣說，是它們伴隨著我度過了艱難而漫長的四年軍營生活，使我在現實與魔幻中意識到了知識的力量，於是後來纔『異想天開』地走進了北京大學的殿堂，最終成就了我學術生涯的坎坷人生。

離開母校北京大學至今已四十餘年，分配來西南民族大學教書亦四十餘年。在此期間，我先後師從四川大學向熹先生和宋永培先生學『漢語史』和『說文學』。人們常說，『師高弟子強』。我這一生所從之師先後就有胡松柏、蒲正友、陳守西、周康寧、王力、唐作藩、戴禮、石安石、郭錫良、陳復華、李一華、何九盈、蔣紹愚、陸儉明、馬真、徐通鏘、潘兆明、王理嘉、向熹、項楚、宋永培等，他們無不謙虛謹慎為人，兢兢業業治學，虛懷若谷，探源討流，尋根究理，唯實是求，乃中國現代語言學界的權威高人。

我國的語言學實際上在先秦以前就萌芽了。那時雖沒有人把語言當成『學』來研究，但在這一時期的經史諸子中已經談到了三個方面問題：一是詞的同義性；二是詞的多義性；三是詞的時空性。它們均見於經書的隨文釋義和經文的解釋中。例如：

（一）初，若敖娶於䢵，生鬥伯比。若敖卒，從其母畜於䢵，淫於䢵子之女，生子文焉。䢵夫人使人棄之夢中，虎乳之。䢵子田，見之，懼而歸；夫人以告，遂使人收之。楚人謂乳穀，謂虎於菟，故命之曰鬥穀於菟，以其女妻伯比。（左傳·宣公四年）

（二）周、徧、咸三者，異名同實，其指一也。（莊子·知北遊）

（三）水逆行謂之洚水。洚水者，洪水也。（孟子·告子下）

（四）采采芣苢，薄言采之。（詩經·周南·芣苢）毛傳：『芣苢，馬舄。馬舄，車前也，宜懷妊焉。』

（五）重黎又欲益求人，舜曰：『夫樂，天地之精也，得失之節也。故唯聖人為能，和樂之本也。夔能和之，以平天下，若夔者一而足矣。』故曰『夔一足』，非『一足』也。（呂氏春秋·察傳）

以上五個例子均引自先秦文獻。其中例（一）的『虎』與『於菟』，例（二）的『周、徧』與『咸』，例（三）的『洚水』與『洪水』，例（四）的『芣苢、馬舄』與『車前（草）』，都是一組同義詞。從共時看，這四組同義詞同時又是四組『同實異名』詞；但從歷時和地域看，它們有的是古語詞，有的則是方言詞，如例（三）的『洚水』是古語詞，『洪水』則是現代詞；例（四）的『芣苢』是古語詞，『馬舄』和『車前（草）』則是現代詞；例（一）的『於菟』是楚方言詞，『虎』則是共通語詞。此外，例（五）魯哀公所問『足』與孔子所回答的『足』不是同一個意思。魯哀公想問的『夔一足』是指『一隻腳』，孔子回答的『夔一足』是指『一個就足夠』了，在孔子看來，『足』具有多義性。詞的同義性、多義性和時空性的發現，在中國語言學史上可謂『破天荒』，它給戰國末期的齊魯儒生極大的啟示，中國纔誕生了第一部按意義分類編排的同義字典爾雅；它給西漢楊雄極大的啟示，中國纔誕生了第一部按意義分類編排、同時又細分古今方俗的同義字典方言；它給東漢許慎極大的啟示，中國纔誕生了第一部按類編排、尋找本義的字典說文解字。這些字典辭書，看似都在解釋字詞的意義，實際上都在從不同的角度，探討字詞的『同實異名』關係、字形構造與字本義的關係、一字多義的關係等等。從前的學者，總認為這類討論都屬於『訓詁學』的範疇，很少有人從語言學的角度去思考古人的討論，因此總覺得中國古代沒有成熟的『語言學』。

中國的語音學研究實際上從東漢以後就開始了，研究之後形成的最大成果是『反切』拼音法的發明和韻書的編纂。東漢的語音學家將字音切分成『母（或紐）』『韻』和『調』三個部分，並將這種切分成功地運用於『反切（語）』，這又是破天荒的一大創舉。前人説『反切』的產生是受梵文拼音的影響，這恐怕是歷史的誤解。我們的祖先早在先秦以前就有發明了『急言』構詞法，就是將兩個字音通過快讀（説）的方式變成一個字音。如『之乎』快讀為『諸』，『不可』快讀為『叵』之類，當代普通話中『不用』為『甭』，『不要』為『嫑』亦是通過快讀構成的單音詞。急言構詞法不僅古代有、普通話有，而且當代方言中亦有，如川南話『回家』為『huā』，『不曉』『不要』為『biào』，『他們』為『tàn』等。如果秦漢語言中沒有急言構詞法，東漢人就不會發明『反語』。反切拼音法的發明和漢語『四聲』的發現，使漢語語音學的研究成了可能。所以東漢以來的一千八百餘年間，無論是韻書的編纂還是語音學的研究，均取得前所未有的重大成就。

清代晚期，隨著西學的東漸，中國語言學的研究出現了前所未有的劃時代變化。一八九八年馬氏文通的出版，幾乎在一夜之間，將漢學家們的眼光引向了語法學領域。馬氏文通是我國在『現代語言學理論』指導下編纂的第一部漢語語法著作，它的問世標誌著中國漢語語法學的誕生，漢語亦從此告别了沒有漢語語法學著作的歷史。自一八九八年以來的一百二十年間，中國人在翻譯、介紹、模仿、傳授西洋語言學理論方面整整花費了一百年，衹有最近二十年人們纔開始反思『漢語研究的洋奴化』[二]問題。誠然，西洋語言學理論的引入對漢語的研究會有啟示作用，但是我們别忘了不同語系的語言會各具特色。近一百年來漢語研究的洋奴化，不但沒有將漢語的語法體系建立起來，反而使得古今漢語的教學與研究指鹿為馬、是非顛倒、支離破碎、貽誤後學。所以，當今的大學還有多少人能教『現代漢語』，又還有多少人願意研究『現代漢語』？當今大學『現代漢語』教學領域的崩塌，說明漢語研究的洋奴化是違背漢語語法體系的客觀規律的。

我們認為，當代漢語的研究迫切需要『正本清源』。現代漢語的語法體系必須建立在古代漢語語法體系的基礎上，中古漢語的語法體系必須建立在上古漢語語法體系的基礎上，上古漢語語法體系必須建立在漢字表意體系的基礎上。漢語的書面語是用文字記載下來的語言。既然是用文字記載下來的語言，它就與文字的形、音、義密切相關。清代說文家段玉裁指出：『小學有形、有音、有義，三者互相求，舉一可得其二；有古形、有今形，有古音、有今音，有古義、有今義，六者互相求，舉一可得其五。古今者，不定之名也。三代為古，則漢為今；漢魏晉為古，則唐宋以下為今。聖人之制字，有義而後有音，有音而後有形；學者之考字，因形以得其音，因音以得其義。治經莫重於得義，得義莫切於得音。』[二] 漢語的語法潛隱在文字的意義中，字義不明則句法難明。所以過去研究古代漢語的人，大凡遇到不合現代漢語語法的字詞，就用『活用』來解釋，他們為什麼就不往『古義』上去想呢？其實『活用』是前人研究古代漢語時設想的一個子虛烏有的術語，凡字義不明、句法與現代漢語不合者均視為『活用』，於是就有了『名詞用如動詞』『動詞、形容詞、名詞的使動用法』『形容詞、名詞的意動用法』『名詞作狀語』『動詞作狀語』等五花八門的名稱，這些名稱不僅初學者搞不明白，就連教古代漢語的教授們恐怕亦不一定清楚。比如名詞、動詞『作狀語』原本就是古人說話的習慣，它怎麼就不合漢語『語法』了；而『動詞、形容詞、名詞的使動用法』和『形容詞、名詞的意動用法』更是無稽之談，因為無論是『使動』還是『意動』都跟詞性無關，完全屬於字義理解的問題，不會涉及句法問題；至於『名詞用如動詞』，則完全屬於詞義引申的問題，因為詞義引申會引起詞性增多[三]。

還有一個術語更為滑稽，叫做『古音通假』。『古音通假』說白了就是『寫錯字』。今人寫錯字有老師或編輯改正，古人或許沒有。今人讀古書，遇到錯字改成『正字』讀就成了，幹嘛還要專為古人寫錯字設一個雅稱叫做『古音通假』呢？這種為古人『諱』的做法實際上是在貽誤後學，因為他們即使用很大的勁兒亦搞不清楚『古音通假』與『寫錯別字』的關係。試問：這樣教學到底有什麼意義？真正的漢語語法應該是合乎漢語規律的語法，而不是『專家』的語法，更不是『穿西裝』的漢語語法，這是個嚴肅的問題。研究漢語語法應該從古字古義開始，沿著文獻的時間順序從古至今梳理，歸納出漢語遣詞造句的規律來，而不應該先設定『規律』，再尋找例證說明。這樣的漢語研究纔算得上科學的研究。

苦粒齋養新錄是繼苦粒齋漢學論叢之後又一部論文選集。全書分成『文字、訓詁、句法』和『雜論』四卷，計四十餘萬言。本書以『養新錄』為名並非沽名釣譽，乃是作者出於對大清鴻儒錢大昕先生的景仰與崇敬。清代鴻儒阮元十駕齋養新錄序云：『國初以來，諸儒或言道德，或言經石詩文，專精者固多，兼擅者尚少，惟嘉定錢辛楣先生能兼其成。』又江藩漢學師承記云：『先生學究天人，博綜群籍，自開國以來，蔚然一代儒宗也。』它言勿論，僅『古無輕唇音』『古無舌頭舌上之分』[四]兩句批語，就成了古音學研究史上的不刊之論。『養新』一語出自北宋理學家張載詠芭蕉詩：『芭蕉心盡展新枝，新卷新心暗已隨。願學新心養新德，長隨新葉起新知。』這首詩給後人的啟示是：一個做學問的人，應以『養新德、起新知』為務。祇有以自己閱歷和理解能力去審視前人積澱的知識，纔能形成自己獨到的見解，亦就是錢先生所說的『溫故知新』。苦粒齋養新録中所記雖非鴻儒高論，亦算是『博簺之好』、務實求真、洞徹原委之談。凡入選之舊作，原文如有錯字、脱文者，均作了修正；原文敘述前後矛盾、引文體例不規範等，都做了統一的處理。

清代學者顧炎武云：『人之為學，亦有病於憧憧往來者，故天下之不助苗長者寡矣。』（日知録卷一過此以往未之或知也）又云：『今人著作，則以多為富。夫多則必不能工，即工亦不皆有用於世，其不傳矣。』（日知録卷十九文不貴多）[五] 余今集是書，雖難免於『憧憧往來』之病，然所論必當有益於百年後之學者。

至此，鳴謝中國社會科學出版社編審陳肖靜女士，感謝她為本書的編審出版付出的艱辛努力；感謝我的研究生楊華女士，她不辭辛苦，為本書的順利出版做了很多的編務工作。

鍾如雄

戊戌初冬序於蓉城苦粒齋

注釋

［一］何九盈先生在正確認識和評價中國傳統語言學一文中説：『所謂「傳統語言學」，其研究對象主要是古文字、古文獻，也就是以古代漢語書面語爲主，傳統語言學的重要性是由語言文字本身決定的。在一個民族的各種文化形態中，衹有語言文字纔是命根子，因此，漢語是否應當穿西裝的問題，漢語應當表達什麼樣的文化觀、價值觀，這就很值得我們關注。』見北京師範大學民俗典籍文字研究中心編陸宗達先生百年誕辰紀念文集，中國廣播電視出版社 2005 年版。

［二］清段玉裁：廣雅疏證序，見清王念孫廣雅疏證，中華書局 1983 年版。

［三］参看鍾如雄詞的意義層級及其詞性，西南民族大學學報（人文社會科學版）1996 年第 5 期。

［四］十駕齋養新錄卷五古無輕唇音云：『凡輕唇之音古讀皆為重唇。』舌音類隔之說不可信云：『古無舌頭舌上之分。知、徹、澄三母，以今音讀之，與照、穿、牀無別也；求之古音，則與端、透、定無異。』見清錢大昕十駕齋養新錄，江蘇古籍出版社 2000 年版，第 99—114 頁。

［五］清黃汝成集釋，秦克誠點校：日知錄集釋，岳麓書社 1994 年版，第 23、675 頁。

苦粒齋養新錄卷一　文字編

論漢字本義[一]

關於『本義』，前輩學者作過較多的解釋。他們的解釋主要見於兩類文獻，一類是教科書，比如古代漢語、文字學、訓詁學等方面的教材；一類是有關漢語的論著。見於教科書的代表觀點有王力先生主編的古代漢語，許嘉璐先生主編的古代漢語，裘錫圭先生的文字學概要等。

王先生認為：『所謂詞的本義，就是詞的本來的意義。漢語的歷史是非常悠久的，在漢字未產生以前，遠古漢語的詞可能還有更原始的意義，但是我們現在已經無從考證了。今天我們所能談的祇是上古文獻史料所能證明的本義。』[二]許先生認為：『顧名思義，本義是一個詞本來的意義。但早在記錄語言的文字產生之前，人類已經用語言進行交際。原始語言中某詞的意義是什麽，它又是怎樣演變的，今天的人們已無從考察，因而也無法推測某詞最原始的意義。但是，我們能夠從漢字的字形所反映出來的造字意圖推測某詞的本義，再從文獻語言中考證這個意義是否確實使用過，以證實我們推測的正誤。因此，本義實際上是指有文字可考的、有文獻資料可供參證的最初的意義。』[三] 裘先生說：『字的本義就是造字時準備讓它表示的意義，通常也就是作為造字對象的詞在當時的常用意義。』[四] 又說：『字的本義就是它所代表的詞在造字時的意義。就多數字來說，它們的本義在文字體系形成之前就已經出現的詞固然不用說，就是在文字體系形成之後出現的詞，也有可能先長期假用借字，然後再造本字來表示它。所以在為某個詞造字的時候，這個詞在當時的意義，很可能已經跟它的原始意義有了某種距離。』[五]

見於漢語論著的代表觀點有蔣紹愚先生的古代漢語辭彙綱要，王寧先生的訓詁學原理等。蔣先生指出：『什麼是詞的本義？這個問題不大好回答。傳統訓詁學不講詞，衹講字，所以，所謂「本義」衹是指字的本義。「字的本義」一般指之形所反映出來的字義，這是很清楚的。但是，「字的本義」是否就是「詞的本義」呢？應該說，這兩者是不同的。顧名思義，「詞的本義」指一個詞本來的或最初的意義，而詞的產生比文字要早得多。世界上最早的文字不過有五六千年的歷史，而語言是和人類同時產生的，至今已有幾十萬年的歷史了。所以，有許多詞在文字產生以前很久就已存在，從它的最初意義發展到文字產生時代它所具有的意義，中間已經經過很長的歷史過程，其間難免不發生變化。就是說，「詞的本義」要比「字的本義」古老。不過，在文字產生以前的詞的本義是什麼？我們現在已無法知道了。就漢語而言，我們現在所知道的漢語辭彙的較古的意義，都是憑藉文字記載而知道是；而在這些意義裡面，當然是文字產生階段的意義最為古老。而甲骨文和其他古文字的字形所反映出來的意義，一般說來就是文字產生階段的意義，所以，它們既是字的本義，又是我們所知道的最古老的詞義，這樣，字的本義和詞的本義就一致了。』[六]王先生認為：『經過溯本與複形以後，字形所顯示出來的是本義。本義是「許學」（說文之學）的專門術語，它指的是與字形相貼切的字義。訓詁學沿用了這個術語，以這個與字形相貼切的字義為它所記錄的詞的一個義項，並把這個義項作為觀察詞義引申的出發點。但是，「許學」所說的字義與訓詁學所說的本義義項仔細區別並不是同一個概念，前者是造意，後者是實義。造意是指字的造形意圖，實義則是由造意中反映出的詞義。造意以實義為依據的，但有時它僅是實義的具體化、形象化，而並非實義本身，造意衹能說字，實義纔真正在語言中被使用過，纔能稱為詞的本義。』[七]

從以上學者的解釋中，我們可總結出三條結論：第一，前輩學者討論的『本義』，實際上是指『詞的本義』，而非『字的本義』。他們對『字的本義』沒有給予更多的關注，雖然個別學者（如王寧）好像是在談『字的本義』，實則通過『字的造形意圖』，以研究字的『實義』（即詞的本義）。這就給後學留下一個懸疑：漢語的『字』不就是『詞』嗎，前人為什麼那麼偏愛探討『詞的本義』呢？第二，前輩學者是知道漢語『字的本義』與『詞的本義』的區別的，但是，他們或是囿於印歐語『詞』的定論，或是因為講了一輩子的『詞』，不願意更改過去說過的話，或是因為除了用『詞』之外，很難找到一個恰當的稱謂來表達印歐語『詞』的概念，諸如此類，所以他們寧願沿用慣用稱謂，儘管這種稱謂難以傳遞出漢語『詞』的內涵。第三，前輩學者很清楚字和詞屬於兩個不同的範疇，不僅產生的時間有先後，而且使用亦分主次。漢字是對漢語的記錄，而這種記錄是通過記錄語音來實現的。所以裘先生纔得出『在文字體系形成之後出現的詞，也有可能先長期假用借字，然後再造本字來表示它』的結論。以上結論，都是在特定的歷史時期、特殊的語言學理論背景下形成的共識。

誠然『文字體系』的形成與語言中『詞義體系』的形成不同時，但是，我們在討論漢語的『本義』的時候，不應該把『詞的本義』作為討論的核心，而應該把『字的本義』作為研究的基點。這是因為：

第一，漢字是記錄漢語中『詞』的音義的符號。通過拼音以達到記録詞義的目的是世界上所有拼音文字記錄語言時遵循的基本原則，但漢字不同，形音義是包裹在一塊兒的。漢語的詞有『形、音』兩個載體，兩個載體的功能是相等的、互補的，對不識字的人而言，『音』很重要，對識字的人而言，『形』更重要。比如人們日常說話，不識字的人從不想到怎麼寫，識字的人則不忘書寫。所謂知識份子，就是識字的人；所謂大知識份子，就是能認識成千上萬個漢字的人。而目不識丁者，縱然能言善辯、巧舌如簧、妙語連珠，依然與文盲為伍，誰亦不會說他們是『知識份子』。過去有句俗語叫做『秀才提筆多忘字』，就是戲稱那些能說不會寫的人。

第二，漢字是以形象為基礎建立的會意符號系統。『形象』是漢字系統的基本的、核心的、本質的特徵。如像非洲人的黑，印歐人的白，亞洲人的黃，無論黑變白，白變黑，黃變黑白，他們原是黑色人種依然是黑色人種，原是白色人種依然是白色人種，原是黃色人種依然是黃色人種。漢字亦是如此，雖然在中國歷史的發展過程中經由甲金而後篆體、篆體而後隸體、隸體而後楷體的改造翻新，以適應書寫的需要，但就整個系統而言，它的形象特徵並未改變。左傳·僖公十五年：『韓簡侍曰：「龜，象也；筮，數也。物生而後有象，象而後有滋，滋而後有數。」』文中韓簡說明了物生象、象生數之間的變易規律和相承關係。凡物之生必有象，物之滋必有數，漢字的產生（取象）、孳乳（聚象、聲象）亦是如此。如客觀事物中有龜類動物，我們的祖先就觀其形而畫『龜』之像，於是甲骨文中就有了（龜）這個完形的形象字。後世以『龜』為基礎（字母），再造出『𪚧、䶰、𪛁、穐、𪛂、鼈』等會意字或形聲字來。這些新造字，依然具有『龜』形象特徵。說文・龜部：『龜，舊也。外骨內肉者也。从它，龜頭與它頭同。天地之性，廣肩無雄，龜鼈之類，以它為雄。象足、甲、尾之形。𠁴，古文龜。』（十三下）清段玉裁注：『此以疊韻為訓。門、聞、戶、護之例。龜，古音姬，亦音鳩；舊，古音臼，亦音忌。舊本鵅舊字，叚借為故舊，即久字也。劉向曰：「蓍之言者，龜之言久。龜千歲而靈，蓍百年而神，以其長久，故能辨吉凶。」白虎通語略同。龜之大者曰鼇。敖與久音相近……此如黽頭與它頭同，魚尾與燕尾同，兔頭與㲋同，㲋足、彘足、能足與鹿足同，虎足與人足同，兕頭與禽頭、離頭同，皆物形相似，故制字同之也。說從它之意也。』[八]又：『䶰，龜甲邊也。从龜冄聲。天子巨䶰，尺有二寸，諸矦尺，大夫八寸，士六寸。』又火部：『𪛁，灼龜不兆也。从火从龜。春秋傳曰：「龜焦不兆。」讀若焦。』（十上）段玉裁注：『左傳・哀二年：「卜戰，龜焦。」無「不兆」二字。按：許所據蓋有「不兆」……焦者，火所傷也。龜焦曰𪛁。許引傳說龜火會意。』[九]『龜』及以『龜』為字母再造的新字，無論是會意字還是形聲字，都具有『龜』的形象特徵，它們屬於同一字族，具有與『龜』相關的意義。

第三，雖然語言中的『詞』比『字』的產生要早得多，但是，在討論『本義』的時候，我們從來沒有將漢語中的所謂『詞』作為分析對象，而從來都是把『字』作為分析對象的。語言中的『詞』要是不用文字寫出來，無論是語言學家還是目不識丁的市井布衣，亦衹能做到口頭上的大意理解。這種口耳相傳的理解，永遠找不到『詞的本義』，衹有從文字記錄下來的文獻中纔能發現本義，而這種本義已經文字化了，是『字的本義』，儘管它離原始意義很可能已經有了『某種距離』。前人頻繁使用的『聲訓』，就是以兩個『詞』讀音的相同或相近為線索來尋找意義。比如說文：『龜，舊也。外骨內肉者也。』我們能從釋詞『舊』的書寫形式中找到『龜』的本義嗎？當然不能。衹好通過『舊』與『龜』讀音的相同性去追溯『龜』的意義。故段玉裁說：『以疊韻為訓』，『龜，古音姬，亦音鳩；舊，古音臼，亦音忌。舊本鴟舊字，叚借為故舊，即久字也』。可知『龜』的『久』義，與其壽命長有關。但這樣訓解，依然令人迷糊，所以聲訓往往靠不住。

研究漢語的本義，應該立足於漢字的字形。儘管『詞』與『字』產生時間或有不同，字形亦有本字、假借字的區別。事實上以往的學者亦是這樣做的，成功的範例是許慎的說文解字及段玉裁的說文解字注。清江沅說文解字注後敘云：『許書之要，在明文字之本義而已。先生發明許書之要，在善推許書每字之本義而已矣。經史百家，字多叚借，許書以說解名，不得不專言本義者也。本義明而後餘義明，引申之義亦明，叚借之義亦明。形以經之，聲以緯之。凡引古以證者，於本義，於餘義，於引申，於叚借，於形，於聲，各指所之，罔不就理；葰、謚之譌衍，鼏、袀之譌奪，罔不灼知；列字之次第，後人之坿益，罔不畢見。形、聲、義三者，皆得其雜而不越之故焉。懸是書以為的，而許氏著書之心以明，經史百家之文字亦無不由此以明。』[一〇]江氏的評價是中肯的，他一語中的地道明瞭許書和段注在中國語言學史上永不磨滅的輝煌成就。

『明文字之本義』，雖濫觴於秦漢，然系統發明，許慎可謂前無古人後無來者。

江沅所說的『文字之本義』，不僅是說文學研究的核心內容，亦應該是漢語字義學研究的核心內容，因為『本義明而後餘義明，引申之義亦明，叚借之義亦明』。這個道理，搞漢語言字義學人都明白。但是，在前人的論著中，在時下的漢語教科書中，乃至中文工具書中，因不明本義而誤將引申義當成假借義講的俯拾皆是。由此造成的後果，輕則令後學無所適從，重則嚴重影響了人們對漢字系統中字義關聯性的認識和解讀。比如莊子·外物云：『草木之到植者過半，而不知其然。』清朱駿聲說文通訓定聲·小部『到』條注：『［叚借］為縣。按莊子·外物「草木之到植者」注：「鋤拔反之更生者曰到植。」今字作「倒」。』[一一]『到植』是指草木懸空生長。朱駿聲認為『縣（懸）』是『到』的引申義，而通假字小字典則解釋為假借義。[一二]其實誰都知道，朱駿聲所說的『叚借』，專指字義的引申，而不是人們通常所說的『假借』。

『懸』是『到』的引申義。說文·至部：『到，至也。从至刀聲。』（十二上）[一三]從構形意圖看，表示弓箭射到了目標，本義是達到、抵達。詩經·大雅·韓奕：『蹶父孔武，靡國不到。』引申為往。漢語的動字，在表示意義的時候都具有趨向性，現代漢語所講的『趨向動詞』，僅僅是其中明顯表示趨向的一小部分。比如『飲、食』，其動作總是由外向內，『開、放』則是由內向外，『把、握』則是由外向內，『按』『壓』則是由上向下，而『到』則是由內向外的，故引申為顛倒。墨子·經下：『臨鑑而立，景到。』清孫詒讓注引畢沅曰：『即今影倒字。』清潘奕雋說文解字通正：『太玄經「顛衣到裳」，是到正字，倒新字。』潘氏所謂『到正字，倒新字』，實則包含兩層意思：一是從義源上看，『倒』字的本義就是『到』的引申義；二是從字源上看，新字『倒』是為正字『到』的引申義再造的區別字。為了分化引申義而再造新字，漢字孳乳繁衍的主要原因。[一四]章太炎先生曾討論過『子、字、慈』的孳乳規律。他說：『鄙意古只有子字耳。愛子即曰「子」，猶敬老則曰「老老」，敬長則曰「長長」。樂記：「易直子諒之心油然生矣。」中庸：「子庶民也。」此皆今之慈字。由子孳乳為字，小徐本說文：「字，乳也，愛也。」繫傳引「大不字小」為說。慈之為文，又在字後矣。』[一五]太炎先生亦認為，字義分化是引發漢字孳乳的客觀因素。說文未收『倒』字，而人部的『倒，仆也。从人到聲』（八上），是宋徐鉉等增補的。『僕』就是往前倒下。漢司馬相如上林賦：『弓不虛發，應聲而倒。』引申為顛倒。詩經·齊風·東方未明：『顛之倒之，自公召之。』禮記·曲禮下：『倒筴側龜與君前，有誅。』漢鄭玄注：『倒，顛倒也。』再引申為逆向移動。韓非子·難言：『至言忤於耳而倒於心，非賢聖莫能聽。』『到、倒』的基本動作都是『逆向』的，所以，它們是本字和後起字的關係，從文字孳乳看，『倒』是『到』孳乳出來的字，而絕非假借字。

再如說文·殳部云：『殿，擊聲也。从殳屍聲。』（三下）段玉裁注：『此字本義未見，叚借為宮殿字。』段氏找不到『宮殿』義與『擊聲』義之間的聯繫，便說『叚借為宮殿字』。其實『殿』本為打髀股（今作『屁股』），而『髀股』為人體大腿以上腰椎以下部位。其特徵是：肥大敦厚、身後外凸，坐時有固體穩身等作用，故引申為宮室前（外）高大方形的土臺。[一六]先秦以前的所謂『殿』，就是宮室前人造的方形土臺，土臺上沒有屋舍，與『堂』同義。

既然漢語的本義是『文字之本義』，即『字本義』。那麼何為字本義呢？王寧先生說：『造意是指字的造形意圖，實義則是由造意中反映出的詞義。造意以實義為依據的，但有時它僅是實義的具體化、形象化，而並非實義本身，造意衹能說字，實義纔真正在語言中被使用過，纔能稱為詞的本義。」因此，她把「造形意圖」稱為「造意」，把「由造意中反映出的詞義」稱為「實義」，即「詞的本義」。這種解釋是很客觀的，她梳理清楚了長期困擾在我們心中的死結。但是她認為「造意衹能說字」「實義纔能使用」的結論，尚待深入研究。我們覺得，漢字的本義是指通過構形意圖記錄的意義，簡單地說就是「字形義」。

「字形義」（本義）是通過文字的構形意圖來實現的。華夏先民用構形意圖來表現認識的思維成果——概念（字義）大致有兩種方法：直觀與意會。

（一）直觀圖示法：將認知的事物概念化後，通過圖形（字形）直觀地表現出來。這類字主要是象形字和會意字，察形而知義，不需要從前人的解釋中得到認知。比如「水、火、瓜、果、犬、馬、蟲、魚」之類。說文云：「水，準也。北方之行。象眾水並流中有微陽之氣也。」（十一上水部）「火，燬也。南方之行。炎而上。象形。」（火部）「瓜，㼌也。象形。」（七下瓜部，小徐本作「蓏」）「果，木實也。从木，象果形在木之上。」（六上木部）「犬，狗之有縣蹏者也。象形。孔子曰：『視犬之字，如畫狗也。』」（十上犬部）「馬，怒也，武也。象馬頭、髦、尾、四足之形。」（十上馬部）「蟲，有足之謂蟲，無足之謂豸。从三虫。」（十三下蟲部）「魚，水蟲也。象形。魚尾與燕尾相似。」（十一下魚部）「水」象眾水並流中有微陽之氣，「火」炎而上，象形，「瓜」象形，「果」象果形在木之上，「犬」象形，「馬」象馬頭、髦、尾、四足之形，「蟲」從三虫，「魚」象形，此八種物，許君或以「象形」為解，或以會意為解，字形與表意都很直觀，一看就明白，不需要過多解釋，正如孔子所說：『視犬之字，如畫狗也。』『視某字，如畫某物』，乃是我們的祖先造字的基本原則和表意的根本理念。由此繪畫出來的文字，象形特徵鮮明，表示的本義準確，不會造成理解錯誤。

表意的直觀性，不限於象形構形法和會意構形法，形聲構形法亦然。說文・日部云：『晚，莫也。从日免聲。』（七上）楊樹達先生說：『免聲之字多含低下之義』，『晚從免聲，正謂日之低下，故訓為莫也……形聲字中同義或義近之字，其聲類之意義往往相同。今觀莫昏為會意字（莫實意兼聲字，茲舉其重者言之。）晚為形聲字，字義相同，其所以得義之故亦同，然則字義同緣於其組織同之說，固不惟形聲字與形聲字為然矣。』[一七] 形聲字的構形部件，作為獨立使用文字，原本是象形或會意的，在充當構成新字的字母時，它們的意義會遺傳到新造的字中。通過孳乳字來傳承母體字（字母）的意義，是先聖先師的一大創造。比如『谷』，說文・谷部云：『泉通川為谷。从水半見出於口。』（十一下）作為類母，可以構成『谿、豁、豂、豅、谹、容、谻』等孳乳字。這七個孳乳字，說文已收錄：

（一）谿，山瀆無所通者。从谷奚聲。

（二）豁，通谷也。从谷害聲。

（三）豂，空谷也。从谷翏聲。

（四）豅，大長谷也。从谷龍聲。

（五）谹，谷中響也。从谷厷聲。

（六）睿，深通川也。从谷从歺。歺，殘地阬坎意也。虞書曰：『睿畎澮距川。』濬，睿或从水。

濬，古文睿。

（七）谸，望山谷谸谸青也。从谷厷千聲。

在這七個孳乳字的釋詞中，除『睿』外都帶『谷』字，說明它們都與山谷相關。爾雅·釋水：『水注川曰谿，注谿曰谷。』這說明山溝曰『谷』，不與外界通的山溝曰『谿』，通敞的山溝曰『豁』，深山大峽谷曰『豅』，寬闊的山谷曰『豂』，山谷的響聲曰『谹』，山谷青翠曰『谸』（亦作『芊』），山谷的水直流江河曰『睿』。除此之外，漢魏以後『谷』相繼與『含、甘、由、共、合、英、空、京、閒』等字母組合，造出『谽、𧮯、䜫、谼、䜪、䜭、谾、䜴、谰』等形聲字來，這些字的表意都與山谷相關。

此外，『隤』的轉形字或作『豄』，由從『阜』換成從『谷』。說文作為重文收錄。說文·阜部云：『隤，通溝也。从阜賣聲。讀若瀆。𨺇，古文隤从谷。』（十四下）[一八]爾雅·釋山云：『山豄無所通［曰］谿。』宋邢昺疏：『豄即溝瀆也。山有豄而無所通流者名谿。』『瀆』亦是『隤』的轉形字。說文·水部：『瀆，溝也。从水賣聲。一曰邑中溝。』（十一上）又：『溝，水瀆也。廣四尺，深四尺。从水冓聲。』[一九]『溝、瀆（隤、豄）』互訓，說明它們的本義都與山谷的相關密切。『睿』的轉形字作『濬、濬』，均增類母『水』，說文亦作為重文收錄。其本義是指深山峽谷的溪水直接流入江河，漢語大字典解釋為『疏通（河道、溝渠）』[二〇]，將其視為同『浚』，不確。『浚』的本義是挹取，引申為疏通義。說文・水部：『浚，杼也。从水夋聲。』（十一上）小徐本作『抒也』，並注：『抒取出之也。』[二一]『浚』與『睿』（濬、濬）本義不同，但表示『疏通』義時可通用。

字母化了的『谷』，作類母或聲母（『聲義擴散性字母』的簡稱，俗稱『聲符』[二二]）是自由。作聲母時，可與類母『山、石、水、鳥（隹）、口、瓦、衣、金』等構成形聲字『峪、硲、浴、鵒（䧌）、唂、㼫、裕、鋊』。『峪』的本義為山谷。集韻・燭韻：『谷，爾雅：「水注谿曰谷。」或從山。』徐霞客遊記・遊太華山日記：『由峪口入，兩岸壁立。』『硲』為『峪』的轉形字，從『山』從『石』無別。『浴』的本義為洗澡。說文・水部云：『浴，洒身也。从水谷聲。』漢王充論衡・譏日：『洗，去足垢，盥，去手垢，浴，去身垢。皆去一形之垢，其實等也。』（前1.51.1），甲骨文的構形象一個人光著身站在器皿（大木桶之類）內澆水搓洗，洗澡之義顯明。『鵒』，俗稱『八哥』。說文・鳥部云：『鵒，鴝鵒也。从鳥谷聲。古者鴝鵒不踰泲。雓，鵒或从隹从臾。』（四上）廣韻・燭韻：『鵒，鴝鵒。䧌，同上。』太平御覽卷九百二十三引禮稽命徵：『孔子謂子夏曰：「鸐鵒至，非中國之鳥也。」』『唂』本義指鳥叫。廣韻・屋韻：『唂，鳥鳴。』集韻・屋韻：『唂，雉鳴。』『㼫』是『瓻』的轉形字，本義是大酒缸。說文・瓦部新附字：『瓻，酒器。从瓦，稀省聲。』（十二下）廣韻・脂韻：『瓻，酒器。大者一石，小者五斗，古之借書盛酒瓶。』又昔韻：『㼫，瓶也。』[二三]集韻・脂韻：『瓻，盛酒器。或作㼫。』『裕』本義為衣食充足。說文・衣部：『裕，衣物饒也。从衣谷聲。』（八上）段玉裁注：『引伸為凡寬足之偁。』詩經・小雅・角弓：『此令兄弟，綽綽有裕。』毛傳：『裕，饒也。』『鋊』本義是鉤掛鼎耳和出爐炭的鉤子。說文·金部云：『鋊，可以句鼎耳及鑪炭。从金谷聲。』（十四上）段玉裁注：『鉤鼎耳舉之、鉤鑪炭出之之器也。』王筠句讀：『「可」當作「所」。「句」，音鉤。』[二四]廣韻·燭韻：『鋊，炭鉤。』可見，『谷』無論作類母還是聲母，由此構成的形聲字或會意字，都與『谷』的本義或引申義緊密相關。

但是，有的字聲母形似『谷』而非『谷』，需慎重辨別。如『谻』中的『谷』（jué）形似『谷』，實從『谷』得聲。說文·谷部：『谷，口上阿也。从口，上象其理。啣，谷或如此。臄，或从肉从豦。』（三上）段玉裁注：『口上阿，謂口吻以上之肉，隨口捲曲。』丮部云：『谻，相踦也。从丮谷聲。』清桂馥義證：『踦谻者，足倦相倚也。』[二五]『足倦相倚』即盤腳。

（二）意會圖示法：將認知的事物概念化後，通過圖形（字形）暗示出來。這類字主要是會意字和形聲字。其意會性很強，需要聯想解讀。比如『武』。說文·戈部云：『武，楚莊王曰：夫武，定功戢兵。故止戈為武。』（十二下）段玉裁注：『宣公十二年左傳文。此檃栝楚莊王語以借「武」義。莊王曰：「于文，止戈為武。」是倉頡所造古文也。祇取「定功戢兵」者，以合於「止戈」之義也，文之會意已明，故不言「从止戈」。』[二六]許君及其功臣段氏都認為，從『武』的構形看，『从止戈』會意，本義為『定功戢兵』，即制止戰爭。此種解讀曾風靡一時，僅宋人鄭樵曾懷疑過。清末以來，古文字學家多認為『止戈，謂進戈也』。金祖同說：『玉篇戰，古文作⿱止干，與武同從止，若訓為止干為戰，則不辭甚矣。止干為進干也，止戈為進戈也，足跡向前，因取為進取之義。』[二七]余永梁在殷虛文字續考中說：『是踵武伐武乃武之本誼……宣公十二年左傳楚子曰：「夫文，止戈為武。」從形象會意乃望文之訓，非朔誼也。』[二八]于省吾亦否定許君之說。釋武云：『武從戈從止，本義為征伐示威。征伐者必有行，止即示行也；征伐者必以武器，戈即武器也。許氏以楚莊王說之斷章取義為武之本義，豈其然乎。』[二九]通過數十代人的辨識，『武』的本義終於確定為『征伐』，所謂『武者，兵事也』（清徐灝注箋）。漢語大字典訓為『泛指軍事、技擊、強力等事』，[三〇]失之精准。

同類例子不勝枚舉。『里』的本義考正亦經歷了一條漫長的道路。說文・里部云：『里，居也。从田从土。』（十三下）[三一]段玉裁改『居』為『凥』，且增『一曰士聲也』，並注：『有田有土而可居矣。一說推十合一之士為形聲。』[三二]許君釋『里』為『居』，後世多有疑議，然苦無證據，衹好襲其陳說。至於段氏『有田有土而可居』之訓，猜想成分居多，不可依憑。二十世紀八十年代初，郭錫良、唐作藩、何九盈等先生對『里』的本義曾提出過懷疑。他們說：『從詞義方面來說，有些詞造字時候的本義已經失傳了，字形雖在，它原本的意義卻不存在了。如「里」的本義，許慎說：「居也。从田从土。會意。」從田從土與「居」這個意義沒有必然聯繫。按「里」的字形推斷，它應該還有一個本義，我們現在還說不明白。』[三三]郭、唐、何諸位先生，治學甚為嚴謹，從不妄下斷語。鍾如雄在閱讀上古文獻時，刻意思考諸位先生的疑問，於是在上個世紀九十年代初期寫了篇『里』義探源。該文從構形特徵、遠古狩獵居住文化等角度，以揭示『里』本義。『里』從田從土，會意。『田』即『畋』的初文，本義為狩獵。遠古狩獵主要有火獵和阱獵兩種方法。火獵即放火圍燒，故『田』引申為火圍子，再引申為圍牆；『土』的引申義有『家』義。而上

『田』下『土』組合的會意字『里』，本義表示居住地的院牆。詩經・鄭風・將仲子：『將仲子兮，無逾我里，無折我樹杞。豈敢愛之，為我父母。』唐孔穎達等正義：『謂無逾我里居之垣牆。』向熹先生今譯：『希望二哥聽我言，不要翻過我家院，院中杞樹莫壓斷。』[三四]所謂『里居之垣牆』，就是住宅的院牆，故後世以院牆代稱『家、故鄉』等。[三五]意會表意，很考驗族群成員的悟性，悟性越高，解釋越真實。

文字在原創時與實物都是對等的，創造者想要表示的意義，全然通過實物的圖像來實現。這類圖像表示的意義一目了然，不存在『意會』的問題。但是隨著歲月的推移，幾十年後、幾百年後，乃至幾千年後，初創時的意義在圖像中漸漸模糊、隱秘乃至完全忘卻，此時人們要想復原圖像意義與實物之間的對等關係，多數情況下是靠『猜想』來實現的，如楊樹達先生釋官說比之類。這類猜想的結果盡可能與原創者的表意吻合，因此它屬於科學的猜想。殷墟甲骨文被發現以來的一百餘年間，廣大學者從數十萬片甲骨中陸續整理出四千多個不同形體的甲骨文字，但至今能辨識的不到一千七百個，其中有一部分前人雖有詮釋，但未必準確。因此，甲骨文之全然解讀還是個漫長而艱難的任務。

注釋

[一] 本文原署名鍾如雄、胡娟，載於四川師範大學語言研究所編語言歷史論叢第九輯，巴蜀書社 2016 年版。

[二] 王力主編：古代漢語（校訂重排本），中華書局 1999 年版，第 93 頁。

[三] 許嘉璐主編：古代漢語（修訂本），高等教育出版社 1992 年版，第 84 頁。

［四］裘錫圭：文字學概要，商務印書館1988年版，第142頁。

［五］同上書，第146頁。

［六］蔣紹愚：古代漢語辭彙綱，北京大學出版社1989年版，第62頁。

［七］王寧：訓詁學原理，中國國際廣播出版社1996年版，第43頁。

［八］清段玉裁：說文解字注，上海古籍出版社1988年版，第678頁。

［九］同上書，第483頁。

［一〇］清江沅：說文解字注後敘，見清段玉裁說文解字注，上海古籍出版社1988年版，第788頁。

［一一］清朱駿聲：說文通訓定聲，武漢古籍書店1983年影印本，第321頁。

［一二］夏劍欽、夏炳臣：通假字小字典，湖南人民出版社1986年版，第49頁。

［一三］漢許慎撰，宋徐鉉等校定：說文解字，中華書局1963年版，第247頁。

［一四］鍾如雄：試論漢字的分義原則，見耿振生、劉家豐主編語苑擷英（二）——慶祝唐作藩教授八十華誕學術論文集，中國大百科全書出版社2007年版。

［一五］章太炎先生來書，見楊樹達積微居小學金石論叢（增訂本），中華書局1983年版，第3頁。

［一六］參看鍾如雄釋『殿』，見河北師範大學文學院編中國語言文學研究（原燕趙學術）2014年春之卷，四川辭書出版社2014年版。

［一七］楊樹達：釋晚，見楊樹達積微居小學金石論叢（增訂本），中華書局1983年版，第8—9頁。

［一八］同上書，第305頁。

［一九］同上書，第232頁。

［二〇］徐中舒主編：漢語大字典（修訂本），四川辭書出版社、崇文書局2010年版，第1895頁。

［二一］南唐徐鍇：說文解字繫傳，中華書局 1987 年版，第 224 頁。

［二二］鍾如雄：漢字轉注學原理，電子科技大學出版社 2007 年版，第 81—82 頁。

［二三］宋本廣韻，北京市中國書店 1982 年影印本，第 33、500 頁。

［二四］清王筠：說文解字句讀，中華書局 1988 年版，第 564 頁。

［二五］清桂馥：說文解字義證，中華書局 1987 年版，第 245 頁。

［二六］清段玉裁：說文解字注，上海古籍出版社 1988 年版，第 632 頁。

［二七］于省吾主編，姚孝遂按語編撰：甲骨文字詁林，中華書局 1996 年版，第 866—867 頁。

［二八］同上。

［二九］同上書，第 867 頁。

［三〇］徐中舒主編：漢語大字典（修訂本），四川辭書出版社、崇文書局 2010 年版，第 1542 頁。

［三一］漢許慎撰，宋徐鉉等校定：說文解字，中華書局 1963 年版，第 290 頁。

［三二］清段玉裁：說文解字注，上海古籍出版社 1988 年版，第 694 頁。

［三三］郭錫良、唐作藩、何九盈等編著：古代漢語，北京出版社 1981 年版，第 94 頁。

［三四］向熹：詩經譯注，高等教育出版社 2009 年版，第 74 頁。

［三五］鍾如雄：『里』義探源，西南民族大學學報 1994 年第 1 期。

『六書』二元分類說[一]

形成於東漢後期的『六書』理論，後世歷經一千八百餘年反復論證，至今尚未形成一個統一的結論。『六書』之名始見於周禮・地官・保氏：『保氏掌諫王惡而養國子以道，乃教之六藝：一曰五禮、二曰六樂、三曰五射、四曰五馭、五曰六書、六曰九數。』周禮衹提及『六書』之名，但尚未具體說明六書的細目及其內涵，至東漢經學家鄭眾纔提出『象形、會意、轉注、處事、假借、諧聲』六種細目（見周禮鄭玄注），之後史學家班固在漢書・藝文志中亦云：『周官保氏掌養國子，教之六書，謂象形、象事、象意、象聲、轉注、假借，造字之本也。』至此，六書細目雖然有了，但還是無人解釋，直到許慎著說文解字時纔第一次給予詮釋。說文敘云：『周禮八歲入小學，保氏教國子先以六書。一曰指事。指事者，視而可識，察而可見，上下是也。二曰象形。象形者，畫成其物，隨體詰詘，日月是也。三曰形聲。形聲者，以事為名，取譬相成，江河是也。四曰會意。會意者，比類合誼，以見指撝，武信是也。五曰轉注。轉注者，建類一首，同意相受，考老是也。六曰假借。假借者，本無其字，依聲託事，令長是也。』[二]許慎給六書作出言簡意賅的解釋之後，從此奠定了『六書學』。東漢『六書』三家說的細目雖說不同，但同出一源，因為班固的漢書

·藝文志是根據西漢劉歆的七略刪節而成的，所列六書名目、次序亦應本於劉歆所述，而鄭眾、許慎的學術師承又與劉歆有淵源，鄭眾之父是劉歆的學生，許慎之師賈逵的父親賈徽亦是劉歆的學生。『六書』三家說的細目有兩點不同：一是『指事、會意、形聲』的稱謂不同，二為各書次第不同。後世的研究者認為，稱謂不同反映三家對這三書的認識可能存在差異，各書次第的不同，反映三家對各類字產生的先後存在不同看法。後人在闡述六書理論時，多從許慎六書的名稱而遵班固六書的次序，即『象形、指事、會意、形聲、轉注、假借』。

『六書』是漢字的構形系統，它是後世對遠古先賢相繼發明創造的構形理論和方法的歸納與總結。這個系統包括兩個子系統，即『構形法』系統和『增減形法』系統。『構形法』系統包含『象形、指事、會意、形聲』四書，它們都具備造字的功能，但不具備舊形轉換或抑制漢字數量增加的功能；『增減形法』系統則包含『轉注』和『假借』兩書，它們雖不能直接用於造字，卻具備舊形轉換或抑制漢字數量增加的功能。因此，我們將傳統的『六書』作再作『二元』分類。我們所說的『二元』分類，不同於前人的『四體二用』說。

『四體二用』的二元分類說始形成於明代，此間三曾易其名，趙古則始稱『四體二俱』，吳元滿改稱『四體二用』，楊慎再改稱『四經二緯』。趙古則說：『故六書，初一曰象形，文字之本也；次二曰指事，加於象形者也；次三曰會意，次四曰諧聲，合夫象形、指事者也；次五曰假借，次六曰轉注，托夫四者之中者也。象形，文之純；指事，文之加也；會意、諧聲，字也。諧聲，字之純；會意，字之閑也。假借、轉注，文之俱也。庫於象形，滋於指事，廣於會意，備於諧聲。至於聲，則無不諧也。四書不足，然後假借以通其聲；聲有未合，而又轉注以演其聲。象形、指事，一也。象形有加為指事。會意、諧聲，一也。會意主聲為諧聲。轉注、假借，一也。假借叶聲為轉注。明乎此，則六書之能事畢矣。』（六書本義・六書總論）趙氏雖未明說六書可分成『四體二俱』，但其言語之間業已表露出來。這可以算是六書『二元』分類的開端。繼後吳元滿直接提出了『四體二用』這一名稱。他說：『六書，形、事、意、聲，四者為體；假借、轉注，二者為用。』（六書正義・諧聲指南）再後楊慎將其改稱為『四經二緯』。楊慎的『四經二緯』說見於清代顧炎武的音論卷下：『楊慎曰：六書當分六體。班固云象形、象事、象意、象聲、轉注、假借是也。六書以十分計之，象形居其一，象事居其二，象意居其三，象聲居其四。假借，借此四者也；轉注，注此四者也。四象以為經，假借、轉注以為緯。四象之書有限，假借、轉注無窮也。』[二] 今天看來，明人的六書『二元』分類有它的合理性，因為六書中的『四象』屬於直接能造字的方法，而『轉注』與『假借』兩書是不能直接用於造字的，『轉注』祇是促使漢字舊形轉換的方法，而『假借』則是抑制漢字增多的方法。分述於後。

一　『構形法』系統

漢字的構形法，初創時期祇有單一的『象形』，而後歷經『會意、指事、形聲』三種方法的再發明而走向成熟，最後形成以『象形』為核心，以『會意（指事）、形聲』主體的漢字構形法。從『象形』到『會意（指事）、形聲』，漢字構形法經歷了三次飛躍，由此形成了漢字的整個構形法系統。

（一）第一次飛躍是『象形』構形法的發明。衆所周知，任何事物的產生、發展都是從個體到群體的，就是道家鼻祖老子所揭示的發展規律，『道生一，一生二，二生三，三生萬物』（老子四十二章）。淮南子·天文訓亦說：『道曰規，始於一，一而不生，故分而為陰陽。陰陽和合而萬物生。』亦就是說，『道』生於由混沌之氣組成的混合體，而後由這個混合體派生出陰陽兩儀來，再由陰陽兩儀孳乳出天、地、人三才來，再由三才衍生出萬物。這個生生不息的『道』中隱藏著客觀萬物變化的普遍規律。漢字構形法中的『象形』猶如一個混沌體，其中亦隱藏著一個構形法孳乳的規律，即象形法處於初創時期，其創造漢字的生命力極為旺盛，天地萬物中的一切可象之物，無論是全象還是局部形象，都可運用它來取象構形。如說文五百四十個部類中的『（日）、（月）、（申）、（山）、（水）、（阜）、（木）、（龍）、（虎）、（象）、（牛）、（馬）、（鹿）、（兔）、（燕）、（鳥）、（隹）、（虫）、（魚）、（黽）、（貝）、（且）、（身）、（兒）、（子）、（首）、（口）、（耳）、（而）、（爪）、（臣）、（目）、（自）、（心）、（肉）、（衣）、（刀）、（豆）、（矢）、（火）、（倉）、（戶）、（田）、（車）、（冊）、（酉）』等等，都是運用象形構形法造出來的象形字。

（二）第二次飛躍是『會意』構形法的發明。『象形』構形法是最原始的漢字構形法，它的發明和運用，為華夏民族找到了一種形象的記言記事工具（符號）。但是，這種單一的構形法最終不能滿足整個族群記言記事的需要，因此後世將獨體的象形字加以『聚象』（合併重組），新的字由此產生了。『聚象』構形法的運用，宣告了新的構形法『會意』的產生。會意構形法的基本原理是將原有的象形字加以重新組合來創造新字。比如『元（馬）』（乙7093），是個獨體象形字，如果將兩個『馬』並列重組，就造出『騳』來，再在『馬』上疊加一個『馬』還能造出『驫』來。『騳』『驫』都是運用會意構形法造出來的新字，它們構形的基礎部件都是象形字『馬』。玉篇·馬部：『騳，馬走也。』說文·馬部：『驫，眾馬也。从三馬。』（十上）清王筠句讀：『似捝「行」字。字林：「驫，眾馬行也。」』除了以上同字並列或重疊之外，『驫』還可與『木』重疊另造新字『𣡽』。說文·木部：『𣡽，眾盛也。从木驫聲。』（六上）許君認為『𣡽』是個形聲字，其說可疑，我們覺得其構形當與『雧』同，會意字。說文·雥部：『雧，羣鳥在木也。集，雧或省。』（四上）將原有的獨體象形字採用並列、重疊、增附等構形方式，可以造成很多會意字來。

『六書』構形法中的『指事』，本質上是會意法的一種變體，用它造出來的漢字，也是會意字的一種變體。比如『刃』字，甲骨文作『龍』（前4.51.1）小篆作『刃』。說文·刃部：『刃，刀堅也。象刀有刃之形。』清王筠釋例卷二云：『有形可象，轉而為指事者，乃指事之極變，刃字是也。夫刀以刃為用，刃不能離刀而成體也，乃顧憐之為字，有柄有脊有刃矣。欲別作刃字，不能不從刀而以、指其處，謂刀在是而已，刃豈突出一鋒乎？』[三]王氏認為，指事字的構形部件原來都是象形字，其中一個為表意主要部件，另一個則『極變』成指事性構形部件，在重組的新字中指事表意的地方。如『刃』，『不能不從刀而以、指其處』。王氏的解釋是符合指事字的構形理據的，因為指事字中表示的指事的構形部件，是構形時『極變』的形態，它原本就是一個象形字。所以我們將指事構形法視為會意構形法的一種變體。

（三）第三次飛躍是『形聲』構形法的發明。『形聲』構形法的構形原理與會意構形法是相同的，它們都是將原有的字作為構形部件，再採用並列、重疊、增附等方式另造新字。所不同的則是：形聲構形法業已將構成新字的所有部件『二元』化了，而二元化後的構形部件，一部分表示事物的類別（可稱『類母』），另一部分聲化後表示讀音和共性意義。比如『戴』。說文·異部：『戴，分物得增益曰戴。从異𢦏聲。𢦿，籒文戴。』（三上）許君的釋義不確。『戴』從異𢦏聲構形不誤。『異』甲骨文作『』（甲394），金文作『』（孟鼎）。說文·異部：『異，分也。从廾从畀。畀，予也。』許君釋為『分』，是『異』的引申義而非本義。清羅振玉增訂殷虛書契考釋·異：『古金文作皆作異，象人舉手自翼蔽形。』[四]羅氏說業已接近本義了。從甲骨文的構形看，『異』象人頂物兩手扶著行走之形，本義為兩手扶著頭頂的物體行走。楊樹達積微居金文說：『甲骨文異字作人頭上戴物，兩手奉之之形，異蓋戴之初字。戴從𢦏者，加聲旁耳。』楊氏說甚是。『異』是個會意字，後增聲母『𢦏』轉形為形聲字『戴』。遠古先民有頭頂物行走的習俗。孟子·梁惠王上：『百畝之田勿奪其時，八口之家可以無繼矣。謹庠序之教，申之以孝悌之義，頒白者不負戴於道路矣。』釋名·釋姿容：『戴，載也。載於頭也。』玉篇·異部：『戴，在首也。』漢語大字典從說文說，將『分物得增益』作為『戴』的本義，未安。[五]『𢦏』甲骨文作『』（鐵262.3）。說文·戈部：『𢦏，傷也。从戈才聲。』許君釋形有誤。『𢦏』從巛從戈會意，是『災』字的異體字，表示水災與兵災。在遠古先民的意識中，水災、火災和兵災對人類威脅最大，因此用來創造『災』字的構形部件，可以用『水』與『火』，亦可以用『水』與『戈』，還可以用『水、火、戈』。『水』與『火』組合成『災』（），『水』與

『戈』組合成『𢦏』（[古文字]），『水』『火』與『戈』組合成『烖』，亦可以選用『宀』與『火』組合成『灾』（[古文字]），而『灾』成了今天的通用字。『[古文字]』上『[古文字]』不是『才』，而是『[古文字]（川）』的變形。『災、𢦏、烖、灾』是一組異體字，亦都是用原有的象形字重新組合而成的會意字。『災』的另一個異體是『熘』，見於嶧山碑，從火甾聲，是用形聲法造的形聲字。『戴』從異𢦏聲。其中的『𢦏』本是個會意字，原本表示災難，在新造的形聲字『戴』字中充當類母，表示負重（承受）一類的行為；『異』本是『戴』的初文，在新造的形聲字『戴』字中充當聲母，既表示『頭頂物』這類行為，又為『戴』充當了標音的作用。因此我們說，形聲構形法是會意構形法向形聲構形法過渡的過程中產生的。說文中的『亦聲』字，許君首先作會意字分析，然後再作形聲字分析，所謂『从某某，某亦聲』的字，都是用會意和形聲兩種方法造的字。在漢字建團中，衹有『亦聲』字，纔能作兩種字形結構分析。

漢字構形法的三度成熟，即從象形、會意（指事）而後形聲，最終徹底走向『聲化』，它既是遠古祖先的偉大發明與創造，更是中華民族智慧的集體結晶。

二　『增減形法』系統

『六書』中『轉注』與『假借』，都不能直接用來造字。但是，往古聖賢都認為它們本是『六書』中的兩種構形法，雖然明清以來都說它們屬於『二用』，但誰亦沒有講清楚『二用』到底在文字學史上是怎麼『用』的。

我們在十八年前出版的說文解字論綱中提出了一種設想：『轉注』『假借』屬於『六書』中的『增形法』和『省形法』。在該書中我們是這樣表述的：『（「轉注」與「假借」）在「六書」中為兩種特殊的造字法。轉注為「增形」造字法，即在初文基礎上變更或累增類母，以再造更多的新字；假借則為「省形」造字法，即將語言中的某些詞，盡可能寄附於已有的同音字之內，以抑制新字的孳乳。「增」與「減」，是一對矛盾的統一體，為調節漢字的總需求，使它能朝著更加實用、美觀、經濟的方向發展。』[六]這一設想，得到了恩師何九盈先生的支持和鼓勵。[七]

（一）『轉注』是改造翻新漢字舊形的『增形法』。運用『轉注』法翻新漢字舊形必須具備以下基本條件：第一，被翻新的字應有初文或異體字；第二，選擇翻新所用的構形法；第三，新造的字必須與原字代表的是同一個本義（或字形義）；第四，改造翻新後的字與原字的讀音在同一時期內必須是相同的。比如『鬲』，甲骨文作『』（甲 2132），象三足鼎，廣韻·錫韻郎擊切。說文·鬲部：『鬲，鼎屬，實五㲄。斗二升曰㲄。象腹交文，三足。䰛，鬲或从瓦。𤮍，漢令鬲从瓦厤聲。』（三下）『鬲』原本是個合形音義為一體的象形字，後世則運用形聲構形法將它改造翻新成了『鎘一、䰛二、𤮍三』三個形聲字。『鎘一、䰛二』，是在初文『鬲』的基礎上增附表示類別的『金』或『瓦』而造的新字，翻新後的形聲字仍讀本音；『𤮍三』則是用與初文『鬲』完全不同的構形部件組合而成，其中的類母用的是『䰛』字的『瓦』，讀音則用『厤』來表示。『䰛二、𤮍三』都是說文的同部重出字。集韻·錫韻：『鬲，說文：「鼎屬。」或作鎘。』呂氏春秋·安死：『君之不令民，父之不孝子，兄之不悌弟，皆鄉里之所釜䰛者而逐之。』清畢沅新校正：『䰛，舊鬲旁作几，字書無攷。顧亭林引作瓰，注云：「鬲同。」今從之。』玉篇·瓦部：『㽁，瓦器。今作鬲。』楊樹達積微居小學述林全編卷二釋甬云：『（說文）三篇下鬲部云：「鬲，鼎屬，實五觳，象腹交文，三足。」或作瓰，或作㽁。按鬲為純象形文，瓰為加義旁字，㽁則純形聲字也。』[八]『鬲』的異體還有個『䰛四』。集韻·錫韻：『鬲，說文：「鼎屬，實五觳。斗二升曰觳。象腹交文，三足。」或作䰛。』形聲字『䰛四』則不以初文『鬲』為聲母，反而以『厤』為聲母，可能是受『㽁』字類化的影響。總之，『鎘一、瓰二、㽁三、䰛四』均為初文『鬲』的異體字，雖然它們選擇的構形部件不盡相同，但採用的構形法卻是完全相同的。在說文一千一百六十三個『重文』中，轉形字佔相當大的比例。例如：

（一）嘯，吹聲也。从口肅聲。歗，籀文从欠。（二上口部）
（二）詠，歌也。从言永聲。咏，詠或从口。（三上言部）
（三）𠜂，刑鼻也。从刀臬聲。易曰：『天且𠜂。』劓，臬［𠜂］或从鼻。（四下刀部）
（四）簋，黍稷方器也。从竹从皿从皀。𠥩，古文簋从匚飢。匭，古文簋或从軌。朹，亦古文簋。（五上竹部）
（五）凵，凵盧，飯器，以柳為之。象形。𥫱，凵或从竹去聲。（五上凵部）
（六）楮，穀也。从木者聲。檸，楮或从寧。（六上木部）
（七）時，四時也。从日寺聲。旹，古文時从之日。（七上日部）

（八）糟，酒滓也。从米曹聲。醩，籀文从酉。（七上米部）

（九）歙，歠也。从欠酓聲。㱃，古文歙从今水。𩚍，古文歙從今食。（八下欠部）

（一〇）淵，回水也。从水，象形。左右岸也，中象水皃。𣶒，淵或省水。𡆧，古文从口水。（十一上水部）

以上一〇個例子中的『嘯一』與『歗二』，『詠一』與『詠二』，『劓一』與『㓷二』，『凵一』與『笑二』，『楮一』與『檸二』，『時一』與『峕二』，『簋一』與『𠥩二』『匭三』『朹四』，『糟一』與『醩二』，『歙一』與『㱃二』『𩚍三』，『𣶒一』與『淵二』『𡆧三』等等，或由象形字轉換為會意字，如『𣶒一』與『𡆧三』，或由象形字轉換為形聲字，如『凵一』與『笑二』，或形聲字轉換為形聲字。在說文中，有的字原本是同一個字的異體，我們謂之『異部重出字』，許君將它們誤認為不同的字，故『分別部居』。如欠部：『歗，吟也。从欠肅聲。詩曰：「其歗也謌。」』（八下）宋徐鉉等案：『口部此籀文嘯字，此重出。穌弔切。』[九]如果不從源頭上梳理清楚異體字舊形翻新的關係，這樣的誤讀錯釋在所難免。

按理說，語言中的某個『詞』衹要有一種書寫形式就可以了，為什麼還要為它造那麼多的異體字呢？這個問題很複雜，有待進一步研究。但總的說來，有這樣一些原因：一是不同的書寫者或同一個書寫者自造異體，這種現象在甲骨文中普遍存在；二是因國家分裂，各地另造新字，如戰國古文；三是書寫者不知道已有本字或一時忘了本字怎麼書寫而另造新字，如秦漢簡帛、敦煌寫卷用字；四是初文或繁或簡，後世書法趨向美化，故另造新字；五是因漢字簡化而另造新字，等等。

（二）『假借』是漢字孳乳的『省減法』。漢語中產生的新義，主要用三種辦法來貯存。

第一，本字貯存。這樣一來多數漢字的『記憶體』中都有無數個引申義。引申義在字典辭書中是根據其與本義或引申義之間的『遠近』『親疏』關係來排序的，離本義或前一個引申義最近親的排在前面，由此形成同一個字的引申義序列。比如『耦』的本義是麥穗或穀穗的尖端。說文·耒部：『耦，耒廣五寸為伐，二伐為耦。从耒禺聲』。漢語大字典收了十七個義項：①古代農具，耜類。耕廣五寸為伐，二伐為耦。②古代二人一組的耕作方法。③一對，兩個一組。④雙生。⑤配偶。⑥兩者；雙方。⑦雙數。⑧合；和諧。⑨與……匹敵。⑩對著；相對。⑪同伴。⑫流輩，同輩或同一流的人。⑬同等；並列。⑭淤積。⑮貫通。⑯偶像。⑰姓。在這十七個義項中，除本義『①古代農具，耜類』和『⑰姓』外，其餘十五個都是按引申義的與本義、引申義與引申義的親疏關係來排列的。〔一〇〕

第二，另造區別字（專字）貯存。比如『厤』，甲骨文作『[illegible]』（甲 2369），後寫作『歷』，本義為治理。說文·厂部：『厤，治也。从厂秝聲。』（九下）清段玉裁注：『甘部「曆」下云：「从甘秝。秝，調也。」按：調和即治之義也。』王筠句讀：『此治玉、治金之治，謂磨厲之也。』引申為『研治』『經歷』『日曆』等，後世專為『日曆』另造區別字『曆』，而本義和引申義『研治』『經歷』仍用『厤（歷）』字來表示。另造的區別字可能是為本義造的，亦可能是為引申義造的。為本義造的區別字，如『其』與『箕』，『孰』與『熟』，『能』與『熊』等，『其』『孰』『能』原本是貯存本義的初文，後來引申義產生了，故另造區別字『箕』『熟』『熊』來貯存本義，『其』『孰』『能』則貯存引申義。

第三，借用同音字來記錄。比如『我』，甲骨文作『』（甲前4.45.4），金文作『』（盂鼎），小篆作『』，都是採用象形法來構形的，像某種手持的兵器。說文·我部：『我，施身自謂也。或說我，頃頓也。从戈从手。手，或說古垂字，一曰古刹字。𢦐，古文我。』（十二下）宋徐鉉等注引徐鍇曰：『从戈者，取戈自持也。』從甲骨文的構形看，『我』本為兵器，後因第一人稱代詞的『我』與兵器的『我』同音，故將人稱代詞『我』的意義貯存在表示兵器的『我』的字形中，後世不再給人稱代詞的『我』造字，如此以來，『我』字中就有了兩種意義：①兵器，構形所表示的意義（本義）；②第一人稱代詞，相當於『余、予、吾』等。人稱代詞的『我』不是漢字『我』的引申義，而是外來寄存義，持此看法的前輩學者有王國維、葉玉森、李孝定等。朱芳圃甲骨學文字編卷十二引王國維說：『我字疑象兵器形，訓餘為借義。』[一二]葉玉森說：『其音當與我近，乃假借為訓予之我。』[一三]李孝定說：『契文我像兵器之形，以其柲似戈故與戈同，非從戈也……卜辭均假為施身自謂之詞。許君或說乃引申誼，植兵於地或有傾頓之象也。』[一三]第一人稱代詞的『我』自身沒有字形，而是借兵器『我』的字形來書寫的。古人為什麼要選擇表示兵器的『我』字來書寫第一人稱代詞的『我』，應是因為二者『同音』。

漢語貯存新義的方法衹有『本字』貯存、『區別字』貯存和『假借』貯存三種方法，而『假借』則完全背離了前兩種貯存新義原則和方法，既無本字可存，也不另造新字，而是借用原有的與之毫不相干的同音字來貯存。本該造新字卻不造，這樣做的唯一目的就是為了抑制漢字數量的增多。這種用已有同音字來貯存新詞新義的方法應該就是許君所說的『假借』法，它屬於漢字系統中的『省減法』。

漢語書面語中還有一種『假借』用字法，前人叫做『通假』。通假不屬於六書中的『減形法』，因為它純屬於用字（寫錯字）的問題。在當代寫錯字是絕對不允許發生的事情，因為它嚴重違背了漢語用字的規範，必須糾錯。當代糾錯的任務，需由書刊出版單位的編輯來完成，而傳世古籍中用字的錯誤，則需由文獻學家來校勘。因此，無論是編輯修改的錯字，還是文獻家校勘的錯字，都屬於『無意』用錯的字，跟『有意』借用的『假借』字完全不是一回事兒。以往學術界糾纏不清的說法，祇要這樣劃分就涇渭分明、迎刃而解了。

『六書』的二元分類關乎六書學的本質問題，馬虎不得，需要繼續探討，我們略陳鄙陋，以引發後學爭鳴。

注釋

〔一〕本文原載於四川師範大學漢語研究所編語言歷史論叢第十二輯，四川大學出版社 2019 年版。

〔二〕漢許慎撰，宋徐鉉等校定：說文解字，中華書局 1963 年版，第 314 頁。

〔三〕清顧炎武：音學五書，中華書局 1982 年版，第 46 頁。

〔四〕清王筠：說文釋例，中華書局 1987 年版，第 25 頁。

〔五〕清羅振玉：殷虛書契考釋三種，中華書局 2006 年版，第 213 頁。

［六］徐中舒主編：漢語大字典（修訂本），四川辭書出版社、崇文書局2010年版，第1516頁。

［七］鍾如雄：說文解字論綱（修訂本），中國社會科學出版社2013年版，第147—148頁。

［八］何九盈：說文解字論綱序，見鍾如雄說文解字論綱（修訂本），中國社會科學出版社2013年版。

［九］楊樹達：積微居小學述林全編，上海古籍出版社2013年版，第72頁。

［一〇］漢許慎撰，宋徐鉉等校定：說文解字，中華書局1963年版，第179頁。

［一一］徐中舒主編：漢語大字典（修訂本），四川辭書出版社、崇文書局2010年版，第2966頁。

［一二］于省吾主編，姚孝遂按語編撰：甲骨文字詁林，中華書局1996年版，第2427頁。

［一三］同上書，第2429頁。

［一四］同上。

說文解字編排原則之新思考［一］

東漢許慎編撰的說文解字（以下簡稱說文），是我國第一部按文字所從之『類』（後世稱為『部首』）編排的字書，是文字學和文獻語言學的開山之作，在中國文字學、語言學和辭書學史上具有極其重要的地位，由此而形成了我國的『說文學』『六書學』和辭書學。黄侃先生說：『夫所謂「學」者，有系統條理，而可以因簡馭繁之法也。明其理而得其法，雖學不能遍識，義不能遍曉，亦得謂之學。』［二］關於說文的編排原則，前輩學者通常認為，說文全書僅僅採用了『據形系聯』一種編排原則。但據我們研究，整部說文包含著兩種編排原則，即『據形系聯』與『據聲系聯』。『據形系聯』屬於主體的、顯明的編排原則，而『據聲系聯』則屬於補充的、暗隱的編排原則。本文從同屬一個諧聲的字在說文中按據『形』和據『聲』兩種系聯方法編排的調查中，揭示出了許君對『據形系聯』與『據聲系聯』兩種編排原則的成功實踐及其對後世辭書編撰、『右文』說的影響。

所謂『聲』，就是形聲字的聲母（前人或稱『聲符』），亦就是宋人王聖美所說的『右文』。『據聲系聯』就是將同聲母的字編排在同一個『部』（類）內。說文的『據聲系聯』編排原則隱藏於『句』『殳』

等部中。

一　句部編排的啟示

說文三上句部[三]內『句』『拘』『笱』『鉤』四個正篆的編排，許君是按照『據聲系聯』原則來編排的。

（一）句，曲也。从口丩聲。凡句之屬皆从句。

（二）拘，止也。从句从手，句亦聲。

（三）笱，曲竹捕魚笱也。从竹从句，句亦聲。

（四）鉤，曲也。从金从句，句亦聲。

『拘』音gōu，有『彎曲』義。荀子·哀公：『古之王者，有務而拘領者也。』唐楊倞注：『拘與句同，曲領也。』後漢書·鄧訓傳：『（鄧）訓考慮隱括。』唐李賢注：『孫卿子曰：「拘木必待隱括蒸揉然後直也。」拘音鉤，謂曲者也。』又音jū，有『制止』『拘捕』『拘束』『拘守』『拘泥』『拘攣』『聚集』諸義。漢代以前，『拘』讀音無本音與破讀的區別，均讀gōu，中古時期分為gōu、jū二音。

『笱』音gǒu。清段玉裁注：『曲竹，故从竹句。』篾編的捕魚籠子，口大頸小，頸部設有倒須，腹大而長，魚入則不能出。詩經·邶風·谷風：『毋逝我梁，毋發我笱。』毛傳：『笱，所以捕魚也。』唐陸德明釋文：『笱，古口切，捕魚器。』

『鉤』音gōu。段玉裁依韻會補作『曲鉤也』，並注：『鉤鑲、吳鉤、釣鉤，皆金為之，故从金。按：句之屬三字，皆會意兼形聲。』本義為釣魚鉤，今簡化為『鈎』。莊子·外物：『任公子為大鉤巨緇，五十格以為餌。』

『雊』音gòu。清姚文田、嚴可均校議：『當作「雄雉鳴也」。』詩經·小雅·小弁：『雉之朝雊，尚求其雌。』漢鄭玄箋：『雊，雉鳴也。』史記·殷本紀唐張守節正義引作『呴』。雄雉求愛，鳴叫親昵，故曰『雊』。

『拘、笱、鉤、雊』均以『句』為初文（聲母），分別與『手、竹、金、隹』組合成一組會意兼形聲的同源字族，而貫通其字義的是聲母『句』，區別其字義的則是『手、竹、金、隹』等表示義類的類母。

從『句』聲母得聲的字，在說文中還收了『玽、苟、跔、敂（扣）、翑、雊、朐、𠛎、枸、郇、呴（煦）、痀、佝、耇、欨、駒、狗、鼩、竘、姁、絇、蚼、𪓰、斪、軥、𨠭（醄）等二十六個字，它們分別編排在玉部艸部足部攴部羽部隹部肉部刀部木部邑部日部疒部人部老部欠部馬部犬部鼠部立部女部糸部虫部黽部斤部車部酉部等部首內。其解釋如下：

（一）玽，石之次玉者。从玉句聲。讀若苟。（一上玉部）

（二）苟，艸也。从艸句聲。（一下艸部）

（三）跔，天寒足跔也。从足句聲。（二下足部）
（四）敂，擊也。从攴句聲。讀若扣。（三下攴部）
（五）翑，羽曲也。从羽句聲。（四上羽部）
（六）雊，雄雌鳴也。雷始動，雉鳴而雊其頸。从隹从句，句亦聲。（四上隹部）
（七）朐，脯挺也。从肉句聲。（四下肉部）
（八）㓡，鐮也。从刀句聲。（四下刀部）
（九）枸，木也。可為醬。出蜀。从木句聲。（四下木部）
（一〇）郇，地名。从邑句聲。（六下邑部）
（一一）昫，日出溫也。从日句聲。北地有昫衍縣。（七上日部）
（一二）痀，曲脊也。从疒句聲。（七下疒部）
（一三）佝，務也。从人句聲。（八上人部）
（一四）耇，老人面凍黎若垢。从老省，句聲。（八上老部）
（一五）欨，吹也。一曰笑意。从欠句聲。（八下欠部）
（一六）駒，馬二歲曰駒，三歲曰駣。从馬句聲。（十上馬部）
（一七）狗，孔子曰：『狗，叩也。』叩气吠以守。从犬句聲。（十上犬部）
（一八）鼩，精鼩鼠也。从鼠句聲。（十上鼠部）

（一九）竘，健也。一曰匠也。从立句聲。讀若齲。逸周書有『竘匠』。（十下立部）

（二〇）姁，嫗也。从女句聲。（十二下女部）

（二一）絇，纑繩絇也。从糸句聲。讀若鳩。（十三上糸部）

（二二）蚼，北方盲［有］蚼犬，食人。从虫句聲。（十三上虫部）

（二三）䵶，䵸屬。頭有兩角。出遼東。从黽句聲。（十三下黽部）

（二四）斪，斫也。从斤句聲。（十四上斤部）

（二五）軥，軶下曲者。从車句聲。（十四上車部）

（二六）䣱，醉醟也。从酉句聲。（十四下酉部）

由此可見，『玽、苟、跔』等二十六個字的編排則，又是按照『據形系聯』『分別部居』的原則實施的。同屬一個諧聲的字，卻按兩個原則來編排，這說明許君在說文中業已實施了『據形系聯』與『據聲系聯』兩個編排原則，而『據形系聯』是其主體編排原則，『據聲系聯』則是補充原則，他祇在句部作了個示範。

二　殳部編排的啟示

說文三下殳部[四]『殳、祋、杸、毄、𣪠、炈、𣪘、設、豛、毆、毃、殿、殹、段、㱿、殽、毅、𣪏、役、𣪩』二十個正篆的編排亦很具啟示性。

（二七）殳，以杸殊人也。禮：『殳以積竹，八觚。長丈二尺，建於兵車，車旅賁以先驅。』从又几聲。凡从殳之屬皆从殳。

（二八）祋，殳也。从殳示聲。或說城郭市里，高縣羊皮，有不當入而欲入者，暫下以驚牛馬曰祋。故从示殳。詩曰：『何戈與祋。』

（二九）杸，軍中士所持殳也。从木殳。司馬法曰：『執羽从杸。』

（三〇）毄，相擊中也。如車相擊，故从殳从軎。

（三一）㱿，从上擊下也。一曰素也。从殳从青。

（三二）㱽，下擊上也。从殳冘聲。

（三三）𣪘，繇擊也。从殳豆聲。古文祋如此。

（三四）𣪠，縣物殹擊也。从殳𠷎聲。

（三五）㱼，椎毄物也。从殳豕聲。

（三六）毆，捶毄物也。从殳區聲。

（三七）毃，擊頭也。从殳高聲。

（三八）殿，擊聲也。从殳屍聲。

（三九）殹，擊中聲也。从殳醫聲。

（四〇）段，椎物也。从殳端省聲。

（四一）㱿，擊空聲也。从殳宮聲。

（四二）殽，相雜錯也。从殳肴聲。

（四三）毅，妄怒也。一曰有決也。从殳豙聲。

（四四）㪣，揉屈也。从殳皀聲。古文叀字廄字从此。

（四五）役，戍邊也。从殳彳。，古文役从人。

（四六）毅，毅改，大剛卯也。以逐精鬼。从殳害聲。

在殳部二十個正篆中，直接作『从殳，某聲』形聲字分析的有『殳、炈（扰）、豉、𣪊、毅（豛、椓）、毆（驅、歐）、敲（敲、搞）、殿、毀、㱿、殽（淆）、毅、㪣、毅』十四個；作省聲字分析的衹有『段』（鍛）（端省聲）字；作會意字分析的『杸（从木殳）、毄（擊）（从殳从軎）、殸（从殳从青）、役（从殳彳）』四個；作會意、形聲兩種分析的衹有『祋』（从殳示聲，或从示殳）字。故許君認為『凡从殳之屬皆从殳』，無論它們是形聲字還是會意字。許君所說的『屬』，就是宋代類篇所說的『類』。而『類屬』亦就是客觀事物的屬類或種類。『殳』甲骨文作（乙1153）、（乙8093），金文作（趞曹鼎），象手舉圓椎之形，本義為石木或銅制的圓椎。許君釋為『从又几聲』，『以杸殊人』，不確。詩經·衛風·伯兮：『伯兮執殳，為王前驅。』淮南子·齊俗訓：『昔武王執戈秉鉞以伐紂勝殷，搢笏杖殳以臨朝。』許慎注：『殳，木杖也。』『殳』肯定不是木杖，而是椎類兵器。按『據形系聯』的編排原則，會意字所從的『形』（即

『類』）是可以選擇的。比如『杸』，既可歸入木部，亦可歸入殳部，『祋』既可歸入示部，亦可歸入殳部，許君選擇歸入殳部，或許是從意義上考慮的，因為『杸』『祋』二字雖從『殳』，而它們實為同字異體。按說文重文的編排原則，宜放在『殳』字下解釋。許君將『杸』『祋』『毄』等十九個字統屬於殳部下，依據的是『據形系聯』的編排原則。

此外，從『殳』聲母得聲的字說文收了四個，它們分別編排在口部羊部肉部和手部：

（四七）吺，讘吺，多言也。从口投省聲。（二上口部）

（四八）羖，夏羊牡曰羖。从羊殳聲。（四上羊部）

（四九）股，髀也。从肉殳聲。（四下肉部）

（五〇）投，擿也。从手从殳。（十二上手部）

『吺』許君說『投省聲』，失審，應為『殳聲』；『股』，清朱駿聲通訓定聲：『字亦作「骰」』。[五]骨部云：『髀，股也。从骨卑聲。𨁈，古文髀。』（四下）『投』許君說『从手从殳』，清桂馥義證：『當云「殳聲」。』[六]『投』如果是個會意字，那麼按許君『以類相從』『據形系聯』的編排原則，理應編入殳部，而許君則將它編在手部，說明在許君看來，會意字的歸部選擇隨意性很大，並非完全能做到至精至密。

三　『臤』聲母字編排的啟示

從『臤』聲母得聲的字說文共收十個字，它們分別編排在艸部牛部走部臤部目部肉部貝部手部女部金部等十個『類』（部首）中。現錄於後：

（五一）豎，豎立也。从臤豆聲。⿱⿰臣殳豆，籀文豎从殳。（三下臤部）

（五二）菣，香蒿也。从艸臤聲。⿱菣土，菣或从堅。（一下艸部）

（五三）⿱臤牛，牛很不從引也。从牛臤，臤亦聲。一曰大皃。讀若賢。（二上牛部）

（五四）⿺走臤，行皃。从走臤聲。讀若菣。（二上走部）

（五五）⿱臤目，大目也。从目臤聲。（四上目部）

（五六）腎，水藏也。从肉臤聲。（四下肉部）

（五七）賢，多才也。从貝臤聲。（六下貝部）

（五八）掔，搗頭也。从手堅聲。讀若『鏗爾舍琴而作』。（十二上手部）

（五九）⿱臤女，美也。从女臤聲。（十二下女部）

（六〇）鋻，剛也。从金臤聲。（十四上金部）

『豎、鼓、䝤、趣、䁂、腎、賢、掔、婜』，『鋻』分散在十『類』中，說明許君是按照『據形系聯』的原則編排的。此外，還有一個會意字兩個『省』字，它們分別編排在臤部和石部。

（六一）堅，剛也。从臤从土。（三下臤部）

（六二）緊，纏絲急也。从臤，从絲省。（三下臤部）

（六三）硻，餘堅者。从石堅省。（九下石部）

『堅』許君說『从臤从土』，實則應為『从土从臤，臤亦聲』；『緊』『硻』許君說分別『从絲省』『从堅省』，但並沒有說明是『省形』還是『省聲』。從二字的構形與表意看，應屬於『省形』，如果是這樣，它們亦是從『臤』聲母得聲，亦是按照『據形系聯』的原則編排的。但是，『臤』在說文中又獨立成『部』。三下臤部[七]共收三個從『臤』聲母得聲的字，它們是：

（六四）臤，堅也。从又臣聲。凡之屬皆从臤。讀若鏗鏘之鏗。古文以為賢字。（三下臤部）

（六五）緊，纏絲急也。从臤，从絲省。（三下臤部）

（六六）堅，剛也。从臤从土。（三下臤部）

（六七）豎，豎立也。从臤豆聲。䜴，籀文豎从殳。（三下臤部）

『臤』金文作（馬祖癸鼎），象手指直插眼眶之形，會意字；許君說『从又臣聲』，失審，既然『从又』，則應編入三下又部。『緊』許君說『从臤，从絲省』，應為『从糸臤聲』，宜編入十三上糸部。『堅』許君說『从臤从土』會意，實為『从土臤聲』，宜歸入十三下土部。『豎』許君說『从臤豆聲』，應為『从臤豆，豆亦聲』，宜編入五上豆部；其釋義小徐本作『豎立也』，徐鍇注：『豆，器也，故為豎立。』[七]段玉裁注：『堅立，謂堅固立之也。』

四　結論

通過以上觀察與考查，我們對說文的編排原則及其意義有了個新認識。

第一，『句』『臤』二部的獨立編排，可以揭示出許君在編撰說文時，曾預設了『據形系聯』和『據聲系聯』兩種編排方案，而不是僅有『據形系聯』一種編排方案。

第二，『句』『臤』二部編排的實施，說明許君對形聲字『右文』表意的特點和規律已經有了認識，衹是因為考慮到說文是部『形書』性質，所以纔最終選擇了全書按『據形系聯』的原則編排，而『據聲系聯』原則衹在該書中作了編排示範。由此形成了全書以『據形系聯』原則為綱的編排佈局。

第三，同屬一個諧聲的字在說文中卻按兩個原則來編排，說明許君不願意放棄『據形系聯』與『據聲系聯』兩個編排原則。『據聲系聯』補充編排原則的成功運用，對後世『右文』說理論的形成和發展，具有重要的實踐意義。對同族字的音義現象，雖然許慎還沒有悟出像後世王聖美、王安石那樣的『右文說』理論，但他在匯總、歸納、分析方面卻是費了一番苦心的。

第四，說文兩條編排原則的實施，雖說各有其獨特意義，但就編排原則的統一而言，則有自亂體例之弊。

總之，『據形系聯』和『據聲系聯』兩條編排原則，是東漢文字學家許慎的偉大發明與創造，它在說文中的成功運用，為後世字典辭書的編撰樹立了典範；而『據聲系聯』編排原則在說文中的實踐，為後世『右文』說的產生奠定了堅實的基礎。『據形系聯』法和『據聲系聯』法乃是我國辭書編撰史上兩塊永恆不變的豐碑。

注釋

［一］本文原署名胡娟、鍾如雄，載於西南民族大學學報（人文社科版）2014年第9期。

［二］黃侃述，黃焯編：文字聲韻訓詁筆記，上海古籍出版社1983年版，第2頁。

［三］漢許慎撰，宋徐鉉等校定：說文解字，中華書局1963年版，第50頁。

［四］同上書，第66頁。

［五］清朱駿聲：說文通訓定聲，武漢市古籍書店1983年影印本，第356頁。

［六］清桂馥：說文解字義證，中華書局1987年版，第1058頁。

［七］漢許慎撰，宋徐鉉等校定：說文解字，中華書局1963年版，第65頁。

清代以來說文『亦聲』字研究〔一〕

自從東漢許慎用『亦聲』來說解說文中一部分字的形體結構之後，清代以前的一千四百餘年間，『亦聲』字的研究尚未引起歷代文字學家的關注。在這段時間裏，他們或潛心於說文版本和釋詞的考證，或專注於『六書』理論的探討，或皓首於說文文本的注箋，等等。自乾嘉段玉裁始，『亦聲』字的研究從隨文注釋中的解讀，逐漸發展成為專題討論。儘管如此，二十世紀八十年代以前，專題討論的文章並不多見。八十年代中後期以來，隨著說文學的復蘇，『亦聲』字的研究之風勃然而興，研究成果『日新月異』。

一　說文四大家的『亦聲』觀

（一）段玉裁的『亦聲』說

正式關注說文『亦聲』的是清代乾嘉時期的段玉裁。段玉裁（1735—1815），字若膺，號茂堂，江蘇金壇人，乾隆舉人。早年師事戴震，是乾嘉學派中的著名學者，傑出的文字訓詁學家。他潛心四十年，會通文字、音韻、訓詁小學三科，注解說文解字，成為許學之功臣。同門王念孫甚贊其學術成就：『訓詁聲音明而小學明，小學明而經學明。蓋千七百年來無此作矣。』[二]段玉裁的『亦聲』研究，並無專文論述，隨注解說而已。其說散見於大徐本『亦聲』與非『亦聲』字的字形分析之中。例如：

（一）吏，治人者也。从一从史，史亦聲。（一上一部）小徐[三]注：『凡言「亦聲」，備言之耳，義不主於聲。會意。』段玉裁注：『此亦會意也……凡言亦聲者，會意兼形聲也。凡字，有用六書之一者，有兼六書之二者。』

（二）禬，會福祭也。从示从會，會亦聲。周禮曰：『禬之祝號。』（一上示部）小徐本作：『从示會聲。』段注本作：『从示會聲。』並注：『此等皆舉形聲包會意。』

（三）鉤，曲也。从金从句，句亦聲。（三上句部）小徐本作『從金句，句亦聲』，並注：『古兵有鉤有鑲。引來曰鉤，推去曰鑲。』段注本作『曲鉤也。从金句，句亦聲』，並注：『「鉤」字依韻會補。曲物曰鉤，因之，以鉤取物亦曰鉤。鉤鑲、吴鉤、釣鉤皆金為之，故从金。按：「句」之屬三字皆會意兼形聲，不入竹金部者，三字皆重句，故入句部。』

（四）瞑，翕目也。从目冥，冥亦聲。（四上目部）段玉裁注：『韻會引小徐曰會意。此以會意包形聲也。』

（五）劑，齊也。从刀从齊，齊亦聲。（四下刀部）小徐本作『從刀齊聲』，並注：『字書曰：翦刀，劑也。』段注本作『从刀齊聲』，並注：『从刀者，齊之如用刀也……形聲包會意。』

（六）旄，幢也。从㫃从毛，毛亦聲。（七上㫃部）小徐本作『從㫃毛聲』。段注本作『从㫃毛聲』，並注：『舉形聲包會意。』

（七）娣，女弟也。从女从弟，弟亦聲。（十二下女部）小徐本作『從女弟聲』。段注本作『同夫之女弟也。从女弟聲』，並注：『小徐本有「夫之」二字，而尚少「同」字，今補。「同夫」者，女子同事一夫也。［爾雅・］釋親曰：「女子同出，謂先生為姒，後生為娣。」孫、郭皆云：「同出，謂俱嫁事一夫。」……形聲中［有］會意。』

（八）萅，推也。从艸从日。艸春時生也。屯聲。（一下艸部）小徐本作『從艸從日……屯亦聲』，並注：『春，陽也，故從日；屯，草生之難也，故云亦聲。』段注本作『从日艸屯，屯亦聲』，並注：『［从日艸屯］日、艸、屯者，得時艸生也。屯字象艸木之初生。［屯亦聲］會意兼形聲。此七字依韻會，今二徐本，皆亂以鍇語。』

（九）㝃，生子免身也。从子免。（十四下子部）段玉裁注：『按：許書無「免」字，據此條則必當有「免」字，偶然逸之，正如「由」字耳。「免」聲當在十四部，或音問，則在十三部，與「兔」聲之在五部者迥不同矣。但立乎今日以言六書，免、由皆不能得其象形會意，不得謂古無免、由字也。「㝃」則會意兼形聲。』

（一〇）釂，㱃酒盡也。从酉嚼省聲。（十四下酉部）段玉裁注：『「酒」當作「爵」。此形聲包會意字也……大徐「嚼省聲」，非也。』

以上所引十例，（一）至（七）例為大徐本所謂『亦聲』字，（八）至（一〇）例為大徐本所謂會意字或形聲字，而段注本均有注語。就其注釋用語看，可分成兩類：

第一類：從字形結構分析的主次看，或『會意』而後『形聲』（『會意兼形聲』『會意包形聲』），或『形聲』而後『會意』（『形聲包會意字』『形聲中［有］會意』『形聲包會意字』『舉形聲包會意』）。

第二類：從注釋用語的區別看，有『兼』（『會意兼形聲』）、『包』（『會意包形聲』『形聲包會意』『形聲包會意字』『舉形聲包會意』）、『有』（『形聲中［有］會意』）的差異。

潛心體會段氏的分類用意，第一類說明說文『亦聲』字一形兩析的原因。其原因有：

第一，初文為表示本義的象形字或會意字，後增加類母轉形成了形聲字，故可作『會意』和『形聲』兩種分析。如例（三）的『鉤』，初文『句』為象形字，後增加類母轉形為形聲字『鉤』。這類字，初文與後出字之間是一種同字（詞）異形關係，就是鍾如雄所說的『轉注字』。[四]『酉』與『酒』的關係亦是如此。說文·酉部云：『酉，就也。八月黍成，可為酎酒。象古文酉之形。』（十四下）又：『酒，就也。所以就人性之善惡。从水从酉，酉亦聲。一曰造也，吉凶所造也。古者儀狄作酒醪，禹嘗之而美，遂疏儀狄。杜康作秫酒。』初文『酉』，小篆（酉）與甲骨文（）、金文構形相似，象盛酒的罎子之形，故許慎說『象古文酉（酒）之形』。後世在『酉』上累增類母『水』轉形為形聲字『酒』。而郭沫若先生則認為：『古十二辰第十位之酉字實象瓶尊之形，古金文及卜辭每多假以為酒字，許之釋就，蓋用轉注法以牽就其八月之義（許釋十二辰均用此法），酉縱為就，自當後起。』（甲骨文字研究·釋干支[五]）郭先生之說不確，因為『酉』與『酒』是一對轉注字，而非假借字，段氏對『酒』未下『會意兼形聲』之類的注語，但照類似的亦聲字推斷，應該與『句』『鉤』同理。

第二，初文為一字多義的象形字或會意字，後為了區別意義，故以初文為『聲母』，再增加類母創造區別字。新造的區別字，可作『會意兼形聲』兩種分析。如例（九）的『娩』。『免』，說文失收。漢代以前主要有以下意義：

①脫掉、脫落。左傳·成公十六年：『郤至三遇楚子之卒，見楚子必下，免冑而趨風。』晉杜預注：『疾如風。』

②釋放、赦免。左傳·僖公三十一年：『夏四月，四卜郊，不從，乃免牲，非禮也。』杜預注：『諸侯不得郊天，魯以周公，故得用天子禮樂，故郊為魯常祀。』周禮·秋官·鄉士：『獄訟成……若欲免之，則王會其期。』漢鄭玄注：『免，猶赦也。』

③脫離、避讓。論語·陽貨：『子曰：「（宰）予之不仁也！子生三年，然後免於父母之懷。夫三年之喪，天下之通喪也。予也有三年之愛於其父母乎！」』禮記·曲禮上：『臨財毋苟得，臨難毋苟免。』

④生孩子。國語·越語上：『令壯者無取老婦，令老者無取壯妻；女子十七不嫁，其父母有罪，丈夫二十不取，其父母有罪；將免者以告，公令醫守之。』三國吳韋昭注：『免，免乳也；醫，乳

醫也。』

⑤低頭。戰國策・趙策四：『馮忌請見趙王，行人見之。馮忌接手免首，欲言而不敢。』宋鮑彪本『免』作『俛』。元吳師道補注：『此書俛、免通。』[六]

『①脫掉、脫落；②釋放、赦免；③脫離、避讓；④生孩子；⑤低頭』等，都是『免』在先前以前常用的意義，後世為了減輕『免』的意義負擔，分別為『④生孩子』造『㝃』『娩』字，為『⑤低頭』造『俯』字。故『㝃』成了會意兼形聲字，朱注本[七]作『㝃，生子免身也。从子从免，會意，免亦聲』，並注：『字亦作「娩」。纂要云：「齊人謂生子曰娩。」』[八]

第三，某個字初造時，即可作形聲和會意兩種分析。例如『字』。說文・子部：『字，乳也。从子在宀下，子亦聲。』（十四下）小徐本作『乳也，愛也。從宀子，子亦聲』，並注：『易曰：「女子貞，十年乃字。」字，乳也。春秋左傳曰：「大不字小。」字，愛也。冖，覆之也。會意。』[九]段玉裁注：『人及鳥生子曰乳，獸曰犍，引申之為撫字，亦引申之為文字……會意。』[一〇]桂注本[一一]作『從从子在宀下，子亦聲』。[一二]句讀本[一三]增『愛也』，並注：『此似引伸之義，然繫傳既引經分釋之，姑存弗刪。』[一四]朱注本作『从子在宀下，會意，子亦聲』，並注：『按：人生子曰字，鳥曰孚，獸曰犍，字亦變作「牸」。』[一五]說文的一個『字』字，儘管在傳世的各種版本中異文繁多，但『子亦聲』和『會意』兩種說法較為統一，無論是大小徐還是說文四大家，都認為『字』原本可以作『會意兼形聲』分析。

從第二類即注釋用語的區别看，段玉裁用『兼』『包』『有』三個術語來解讀説文的『亦聲』字。從字面義看，『兼』重在强調一字兼有兩種字形分析的可能；『包』强調則是以某種字形分析為主，在此種形體中，同時包含另一種字形分析的可能；『有』則指某個字存在兩種字形分析的可能。正如他在『吏』下所説：『凡字，有用六書之一者，有兼六書之二者。』但是，段氏所用的『兼』『包』『有』三個術語，實在看不出它們有什麼本質區别。不過從字形分析的主次看，凡是段氏注明『兼』『包』『有』的字都可以作兩次分析，而兩次分析有主有次。比如『酒』『娩』，第一次分析為『形聲字』，第二次分析為『會意字』，即可説成『形聲包會意』『形聲包會意字』，或『舉形聲包會意』『形聲中［有］會意』等；『字』，第一次分析為『會意字』，第二次分析為『形聲字』，即可説成『會意兼形聲』『會意包形聲』等。

此外，段玉裁還分析了『亦聲』的音義關係，揭示出了『諧聲之偏旁多與字義相近』的重要原則。例如説文・示部：『禛，以真受福也。从示真聲。』（一上）段玉裁注：『此亦當云「从示从真，真亦聲」，不言者，省也。聲與義同原，故諧聲之偏旁多與字義相近，此會意形聲兩兼之字致多也。説文或偁其會意，略其形聲，或偁其形聲，略其會意，雖則渻文，實欲互見。不知此，則聲與義隔。又或如宋人字説，衹有會意，别無形聲，其失均誣矣。』［一六］

（二）桂馥的『亦聲』説

桂馥（1736—1805），字冬卉，號未谷，山東曲阜人，清代乾嘉時期著名的説文學家。清張之洞評其説文解字義證云：『竊謂段氏之書，聲義兼明，而尤邃於聲，桂氏之書，聲亦幷及，而尤博於義。段氏鉤索比傳，自以為冥合許君之指，勇於自信，欲以自成一家之言。故破字刱義為多；桂氏敷佐許說，發揮旁通，令學者引申貫注，自得其義之所歸。故段書約而猝難通闢，桂書繁而㝷省易了。夫語其得於心，則段勝矣；語其便於人，則段或未之先也。』[一七]

桂馥對說文『亦聲』字未作過深入研究，但發明『亦聲』條例則勝於前人，無疑是桂氏說文研究的重要貢獻。他說：說文『凡言「亦聲」，皆從部首之字得聲，既為偏旁，又為聲音，故加「亦」字。』（一上一部『吏』條注）又説：『凡言「亦聲」，皆謂從本部得聲也。』（五上、部『音』条注）『本書凡以部首為聲，乃言「亦聲」。』（六下貝部『貧』條注）桂氏認為，許君凡作『亦聲』分析的字，必然的是五百四十個部首中的字。在造新字時，用『部首之字』充當『聲母』，纔會形成亦聲字。比如『貧』，大徐本作『財分少也。从貝从分，分亦聲』。小徐本作『從貝分聲』，並注：『按：原憲曰：「無財謂之貧。」貝分則少也，當言「分亦聲」，脫誤也。會意。』段注本作，『从貝分，分亦聲』。桂注本作『從貝從分，分亦聲』，並注：『「分亦聲」者，徐鉉本作「分聲」。鍇曰：「當言分亦聲。」徐鉉從而加之。案：本書凡以部首為聲，乃言「亦聲」，不在此例者，無「亦」字。』因此，傳世大徐本中的亦聲字，如果違背了『以部首為聲』的條例，桂氏專用『當為、當言、當云』三個術語解釋。例如：

（一一）吏，治人者也。从一从史，史亦聲。（一上一部）桂注本『從一從史，史亦聲』，並注：『「從史，史亦聲」者，當言「史聲」，後人加「亦」字。凡言「亦聲」，皆從部首之字得聲，既為偏旁，又為聲音，故加「亦」字。「吏」不從部首得聲，何言「亦聲」？』

（一二）禮，履也。所以事神致福也。从示从豊，豊亦聲。（一上示部）桂注本作『從示從豊，豊亦聲』，並注：『「從豊，豊亦聲」者，當云「豊聲」，後人加「亦」字。』

（一三）珥，瑱也。从玉耳，耳亦聲。（一上玉部）桂注本作『從玉耳，耳亦聲』，並注：『「耳亦聲」者，當為「耳聲」。』

（一四）劑，齊也。从刀从齊，齊亦聲。（四下刀部）桂注本作『從刀從齊，齊亦聲』，並注：『「齊亦聲」者，當為「齊聲」。』

（一五）窺，正視也。从穴中正見也，正亦聲。（七下穴部）桂注本作『從穴中正見也，正亦聲』，並注：『「正亦聲」者，當為「正聲」。』

（一六）像，象也。从人从象，象亦聲。讀若養。（八上人部）桂注本作『從人從象，象亦聲』，並注：『「象亦聲」者，當為「象聲」。』

（一七）萍，苹也。水艸也。从水从苹，苹亦聲。（十一上水部）桂注本作『從水苹，苹亦聲』，並注：『「苹亦聲」者，當為「苹聲」。』

（一八）姓，人所生也。古之神聖母，感天而生子，故稱天子。从女从生，生亦聲。春秋傳曰：『天子因生以賜姓。』（十二下女部）桂注本作『從女從生，生亦聲』，並注：『「生亦聲」者，當為「生聲」。』

（一九）奸，犯婬也。从女从干，干亦聲。（十二下女部）桂注本作『從女從干，干亦聲』，並注：『「犯婬也」者，後人加「婬」字。五經文字：「奸，犯也。」小爾雅・廣言：「奸，犯也。」宣公十二年・左傳：「事不奸矣。」杜注：「奸，猶犯也。」……「干亦聲」者，當為「干聲」。』

（二〇）陷，高下也。一曰陊也。从阜从臽，臽亦聲。（十四上阜部）桂注本作『從阜從臽，臽亦聲』，並注：『「臽亦聲」者，當為「臽聲」。』

凡能用『當為、當言』或『當云』來解釋的所謂『亦聲字』，桂氏認為都應該是『形聲字』，不應該作『會意兼形聲』兩種分析。所以在義證中，有的亦聲字他或用『不當言』『後人所加』或『當依徐鍇本作』等術語來加以否定與勘誤。如『喪』，大徐本作『亾也。从哭从亾。會意。亾亦聲』（二上哭部）。小徐本作『從哭亾聲』，並注：『凡失物則為亾。』段注本作『从哭亡，亡亦聲』，且無『會意』二字。桂注本作『從哭從亾。會意。亾亦聲』，並注：『「從哭從亾。會意。亾亦聲」者，徐鍇本作「從哭亾聲」。禮記釋文引作「從哭亾，亾亦聲」，皆無「會意」二字，不當言「亦聲」。』『患』，大徐本作『憂也。从心上貫吅，吅亦聲。悶，古文从關省。㤁，亦古文患』（十下心部）。段玉裁注：『「从心上貫吅，吅亦聲，」此八字乃淺人所改竄，古本當作「从心毌聲」四字。』桂注本作『從心上貫吅，吅亦聲』，並注：『「吅亦聲」者，後人所加。』『禬』，大徐本作『會福祭也。从示从會，會亦聲。周禮曰：『禬之祝號。』』（一上示部）。小徐本作『從示會聲』。段注本作『从示會聲』，並注：『此等皆舉形聲包會意。』桂注本作『從示從會，會亦聲』，並注：『「從會，會亦聲」者，當依徐鍇本作「會聲」。』

『當言』用於說文研究，原本是小徐的創造。如『貧』，大徐本作『財分少也。从貝从分，分亦聲』（六下貝部）。小徐本作『財分少也。從貝分聲』，並注：『臣鍇曰：按原憲曰：「無財謂之貧。」貝分則少也，當言「分亦聲」，脫誤也。會意。』[一八] 桂馥注：『「分亦聲」者，徐鉉本作「分聲」。鍇曰：「當言分亦聲。」徐鉉從而加之。』桂氏雖然襲用小徐『當言』以校勘說文傳鈔之誤，但使用頻率並不算高，而他新創的術語『當為』反而多用。桂氏認為，大徐本中標明『亦聲』的字，有的並非許慎原書故有，『亦』為『後人所加』，有的是許君分析錯誤，無論如何，都該全然勘誤或糾正。

（三）王筠的『亦聲』說

王筠（1784—1854），字貫山，號籙友，山東安邱人，是清代继桂馥之后道咸時期著名的說文學家。著有說文解字句讀說文解字釋例說文解字繫傳校錄和文字求蒙籙友蛾術編等學術著作。清代中葉以後，許學興昌。王筠以其豐富的學識，踵武段桂，博觀約取，去粗存精，條理說文，疏解古義，成就了一代許學大師。王氏的『亦聲』研究，在繼承段玉裁理論體系的基礎上有所發明。段氏提出『會意兼形聲』說，王氏則提出『會意兼聲』說（見句讀『晋』注），此外，闡發條例，勘誤糾錯，離析『亦聲』，乃是王氏獨創。

第一，闡發條例，揭示義理。在說文解字句讀中，他發明了許君『亦聲』說、『聲義相備』條例。通覽句讀，『聲義相備』有兩種或稱，即『聲義互相備』和『兼聲』『兼取某聲』。例如：

（二一）祏，宗廟主也。周禮有郊、宗、石室。一曰大夫以石為主。从示从石，石亦聲。（一上示部）王筠注：『當用聲義相備之例。』

（二二）禬，會福祭也。从示从會，會亦聲。周禮曰：『禬之祝號。』（一上示部）句讀本依小徐本作『從示會聲』，並注：『聲義互相備。大徐本非。』

（二三）政，正也。从攴从正，正亦聲。（三下攴部）句讀本依小徐本作『从攴正聲』，並注：『義聲互相備。』

（二四）敆，合會也。从攴从合，合亦聲。（三下攴部）句讀本依小徐本作『从攴合聲』，並注：『義聲互相備。』

（二五）劑，齊也。从刀从齊，齊亦聲。（四下刀部）句讀本依小徐本作『從刀齊聲』，同段注本，並注：『聲義互相備也。』

（二六）枰，平也。从木从平，平亦聲。（六上木部）句讀本依小徐本作『從木平聲』，並注：『義聲互相備也。大徐本非。』

（二七）晛，日見也。从日从見，見亦聲。詩曰：『見晛曰消。』（七上日部）王筠注：『以字形說字義也。當作「從日見聲」。許例義聲互相備，不知者，增之。』

（二八）坪，地平也。从土从平，平亦聲。（十三下土部）句讀本依小徐本作『從土平聲』，並注：『義聲互相備。』

（二九）𨋎，車耳反出也。从車从反，反亦聲。（十四上車部）句讀本依小徐本作『從車反聲』，並注：『義聲互相備。』

（三〇）圅，舌也。形象。舌體𢎘𢎘。从𢎘，𢎘亦聲。（七上𢎘部）句讀本於『𢎘亦聲』後補『又云：口次肉也』，並注：『依行葦釋文引補。「次」，今本作「裏」，蓋即毛傳之說。』於『形象』後注：『為𢎘兼聲。』

（三一）世，三十年為一世。从卅而曳長之，亦取其聲也。（三上卅部）王筠注：『曳從厂聲，厂從反乀，因得抴引之義，兼取乀聲也。』

在句讀本中，王筠主要用『義聲互相備』來說明亦聲字，如例（二一）—（二九），而用『兼聲』的僅有一處（例三〇）。『義聲互相備』是王筠對許書條例的發明，其含義是，可作『亦聲』分析的構形部件，既表示該亦聲字的字義（本義），又表示該亦聲字的讀音。他巧妙地表達出了形聲字的聲母既具有表義意的功能，又具有表注音的功能。

第二，勘誤糾錯，復原許說。『凡兩體皆義皆聲者，許君皆但言義不言聲』，乃是王氏對許君析形條例的發明。所謂『兩體皆義皆聲者，許君皆但言義不言聲』，是指構建會意字的兩個部件，在構成的新字中，都表示意義和讀音，許君不會用『亦聲』來表示，衹說『从某从某』。如『樊』，大徐本作『鷙不行也。从癶从棥，棥亦聲』（三上癶部）。小徐本作『從癶，棥亦聲』，並注：『鷙猶縶也。鷹隼之屬，見籠不得出，以左右手攀引外之。』段注本作『騺不行也。从𠬜棥，棥亦聲』，並注：『「騺」，各本譌「騺」。馬部曰：「騺，馬重皃。」「騺不行」，沈滯不行也。會意。』桂注本作『從𠬜從棥，棥亦聲』，並注：『「棥亦聲」者，當為「棥聲」。』王筠注：『「棥亦聲，」𠬜亦聲也。凡兩體皆意皆聲者，許君皆但言意不言聲，如「此」字「从止从匕」是也。知此語為後人增。』又『舒』，大徐本作『伸也。从舍从予，予亦聲。一曰舒，緩也』（四下予部）。小徐本作『從舍予聲』，並注：『會意。』段注本作『从予舍聲』，並注：『此依鍇本。今鍇本作「从舍予聲」者，淺人不知「舍」之古音而改之也。』桂注本『從舍從予，予亦聲』。王筠注：『案：「予」「舍」皆聲也。凡兩體皆義皆聲者，許君不言聲。此當云「從予從舍」，而刪「予亦聲」。如云「舍」字義委曲，則依小徐「從舍予聲」而改為「從予舍聲」。』他認為，『樊』『舒』與『此』同理，許君衹會說『从𠬜从棥』或『从舍从予』，不會說『从𠬜从棥，棥亦聲』或『从舍从予，予亦聲』，可知『棥亦聲』『予亦聲』為後人所增。

王氏勘誤糾錯、復原許說常用的肯定術語是『當云』『當作』，否定術語則是『不當言』，或直接指明是某人、某段時期內的誤增誤改。例如：

（三二）拘，止也。从句从手，句亦聲。（三上句部）小徐本作『從句手，句亦聲』，並注：『物去手能止之也。』段注本作『从手句，句亦聲』，並注：『「手句」者，以手止之也。』桂注本作『從句從手，句亦聲』。句讀本作『从竹句，句亦聲』，並注：『當云「從手句」。』

（三三）𩓹，頰須也。从須从冄，冄亦聲。（九上須部）小徐本作『「從須」從冄，冄亦聲』，並注：『今俗作髥。』段注本作『从須冄，冄亦聲』，並注：『會意。』桂注本『從須從冄，冄亦聲』，並注：『「冄亦聲」者，當為「冄聲」。』王筠注：『或省作「䫇」，俗作「髥」……案：「𩓹」蓋「冄」之累絫增字，當云「從須冄聲」。』

（三四）婢，女之卑者也。从女从卑，卑亦聲。（十二下女部）小徐本作『女之卑者。從女卑，卑亦聲』，並注：『會意。』段注本作『从女卑，卑亦聲』，並注：『會意。據韻會，小徐無此三字。』桂注本作『從女從卑，卑亦聲』，並注：『「卑亦聲」者，當為「卑聲」。』王筠注：『此後人增之，當云「從女卑聲」。』

（三五）奸，犯婬也。从女从干，干亦聲。（十二下女部）小徐本作『犯婬。從女干，干亦聲』，段注本作『从女干聲』，並注：『形聲中有會意。干，犯也。』桂注本作『從女從干，干亦聲』，並注：『「干亦聲」者，當為「干聲」。』王筠注：『「奸」者「干」之絫增字，當云「從女干聲」。』

（三六）蝕，敗創也。从虫人食，食亦聲。（十三上虫部）桂注本作『從虫人食，食亦聲』，並注：『「從虫人食，食亦聲」者，當云「從虫飤聲」。寫者因本書無「飤」字，因意改之。玉篇：「飤，夕恣切，食也。與飼同。」』王筠注：『言皮肉敗壞而成瘡痏。「創」，古「瘡」字。因而，以藥食其惡肉亦謂之蝕……「人食，食亦聲，」此五字當作「食聲」。』

（三七）𠕋，告也。从曰从冊，冊亦聲。（五上曰部）小徐本作『從冊曰』，並注：『曰，告之也。

會意。』段玉裁注：『按：下云「从曰从冊」會意，則當作「冊告也」三字。簡牘曰冊，以簡牘告誡曰曹，冊行而曹廢矣。』。桂注本作『從冊曰』，並注：『「告也」者，冊祝告神也。』句讀本作『从冊曰从』，並注：『以諸分別文推之，此當作「從曰冊聲」。如大徐本則是會意兼聲字矣，故姑從小徐。』

（三八）勶，發也。从力从徹，徹亦聲。（十三下力部）小徐本作『從力徹，徹亦聲』，桂注本作『從力從徹，徹亦聲』。王筠注：『徹，通也。此不當言「從徹」，後人加之。』

（三九）料，量物分半也。从斗从半，半亦聲。（十四上斗部）小徐本作『從斗，半亦聲』。段注本作『从斗半，半亦聲』，並注：『量之而分其半，故字从斗半。』桂注本作『從斗從半，半亦聲』，並注：『「斗亦聲」者，當為「半聲」。』句讀本作『從斗，半亦聲』，並注：『義聲互相備。本不必言「亦」，或許君偶然變文，故依小徐。』

（四〇）貧，財分少也。从貝从分，分亦聲。（六下貝部）小徐本作『從貝分聲』，並注：『當言「分亦聲」，脫誤也。會意。』段注本作『从貝分，分亦聲』。桂注本作『從貝從分，分亦聲』，並注：『「分亦聲」者，徐鉉本作「分聲」。鍇曰：「當言分亦聲。」徐鉉從而加之。案：本書凡以部首為聲，乃言「亦聲」，不在此例者，無「亦」字。』句讀本作：『從貝分聲。』並注：『義聲互相備也。大徐本不知而增其文。』

（四一）晛，日見也。从日从見，見亦聲。詩曰：『見晛曰消。』（七上日部）小徐本作『從日見，見亦聲』。段注本作『从日見，見亦聲』，並注：『形即義。』桂注本作『從日從見，見亦聲』，並注：

『「見亦聲」者，當為「見聲」。』王筠注：『以字形說字義也。當作「從日見聲」。許例義聲互相備，不知者，增之。』

（四二）罶，曲梁寡婦之笱，鱼所留也。从网留，留亦聲。䍡，罶或从婁。春秋國語曰：『溝罛䍡。』（七下网部）小徐本作『從网罶聲』，並注：『嫠婦即寡婦也。當言「罶亦聲」，脫「亦」字。』桂注本作『從网罶，罶亦聲』，並注：『「罶亦聲」者，當為「罶聲」。』句讀本作『義聲互相備也。大徐本增之』。

（四三）憼，敬也。从心从敬，敬亦聲。（十下心部）小徐本作『從心敬，敬亦聲』，段注本作『从心敬，敬亦聲』，桂注本『從心從敬，敬亦聲』。句讀本作『從心［從敬］，敬［亦］聲』，並注：『義聲互備，不當言「從敬」，況「憼」者，「敬」之絫增字也。明此為不知許例者所為。』

（四四）婚，婦家也。禮：娶妇以昏时，妇人阴也，故曰婚。从女从昏，昏亦聲。（十二下女部）小徐本作『從女昏。禮：娶妇以昏时，妇人阴也，故曰婚』。段注本作『禮：娶妇以昏时。妇人会也，故曰婚。从女昏，昏亦聲』，並注：『其會意、形聲不可劈說。』桂注本作『從女從昏，昏亦聲』，並注：『「昏亦聲」者，當為「昏聲」。』句讀本作『從女昏聲』，並注：『義聲互相備。小徐無「聲」字，則又非也。』

（四五）沇，水从孔穴流出也。从水从穴，穴亦聲。（十一上水部）小徐本作『水從孔疾出也。從水穴』。段注本作『水從孔穴流出也。从水穴，穴亦聲』，並注：『按：此會意字。』桂注本作『從水從穴，穴亦聲』，並注：『「穴亦聲」者，當為「穴聲」。』句讀本作『水從孔穴流出也。從水穴聲』，並注：『大徐多「從穴」，小徐少「聲」字，皆非也。』

（四六）汲，引水於井也。从水从及，及亦聲。（十一上水部）小徐本作『從水及聲』。段注本作『引水也。从水及，及亦聲』，並注：『本作「从水从及」，今訂。』桂注本作『從水從及，及亦聲』。句讀本作『從水及聲』，並注：『大徐有「從及」，謬也。』

王筠宗祖小徐，故大徐本中的『亦聲』字，在句讀本中多改成了形聲字。更改主要以小徐本的分析為依據，同時兼顧到字義的分化。例如『鍒』，大徐本作『鐵之耎也。从金从柔，柔亦聲』（十四上金部），小徐本作『從金柔聲』，段注本作『从金柔，柔亦聲』。桂注本作『從金從柔，柔亦聲』。句讀本作『從金柔聲』，並注：『「鍒」蓋「柔」之分別文也，故依小徐。』又『隕』，大徐本作『仄也。从阜从頃，頃亦聲』（十四上阜部），小徐本作『從阜頃聲』。段注本作『从阜頃聲』，並注：『「仄」下曰：「側傾也。」頃者，頭不正也，故从頁；傾者，人之仄也，故从人；隕者，山阜之仄也，故从阜。大徐作「从阜从頃，頃亦聲。」形聲兼會意也。』桂注本作『從阜從頃，頃亦聲』，並注：『「頃亦聲」者，當為「頃聲」。』句讀本作『從阜頃聲』，並注：『「仄」下云：「側傾也。」則「仄」與「側」通，「傾」與「隕」通可知。「隕」者，「傾」之分別文，故依小徐。』『鍒』和『隕』小徐本作形聲分析。王氏認為，『鍒』從『柔』得聲，是為『柔』的引申義造的『分別文』，『隕』從『頃』得聲，是為『頃』的引申義造的『分別文』。

所謂『分別文』，就是為某字的引申義再造的分義字，原字與新字之間構成同源字關係。王筠對『分別文』與『絫增字』作過分辨。說文釋例卷八『分別文絫增字』云：『字有不須偏旁而義已足者，則其偏旁為後人遞加也。其加偏旁而義遂異者，是為分別文。其種有二：一則正義為借義所奪，因加偏旁以別之也（「冉」字之類）；一則本字義多，既加偏旁則分其一義也（「伀」字不足兼「公矦」義）。其加偏旁而義仍不異者，是謂絫增字。其種有三：一則古義深曲，加偏旁以表之者也（「哥」字之類）；一則既加偏旁即置古文不用者也（今用「復」而不用「复」）。一則既加偏旁而世仍不用，所行用者反是古文（今用「因」而不用「捆」）。』[一一九]

此外，王氏還用『絫增字』來糾正傳世說文中的析形錯誤。他認為在原字基礎上增加類母再造的新字，祇能作形聲字分析，不能作亦聲字分析。如『憼』，大徐本作『敬也。從心從敬，敬亦聲』（十下心部），小徐本作『從心敬，敬亦聲』，段注本作『從心敬，敬亦聲』，桂注本作『從心從敬，敬亦聲』。句讀本作『從心［從敬］，敬［亦］聲』，並注：『義聲互備，不當言「從敬」，況「憼」者「敬」之絫增字也。明此為不知許例者所為。』其實『絫增字』多數能作亦聲字分析。比如說文·口部：『启，開也。从戶从口。』（二上）段玉裁注：『此字不入戶部者，以口戶為開戶也。』『启』更換『口』作『𢼄（𢼄）』。『𢼄』說文失收，清王延鼎說文佚字輯說卷一：『夫𢼄，從攴戶聲，當是啟之正字，引申為啟口，故又加口。』『启』『𢼄』兩形均見於甲骨文，都是會意字，王延鼎說『𢼄，從攴戶聲』不確。後世在『启』上累增『攴』，或在『𢼄』上累增『口』，轉形為『啟』，依然表示『開門』義。故『啟』可作『從口從𢼄，𢼄亦聲』或『從攴從启，启亦聲』兩種分析，即『會意兼形聲』字。

第三，離析『亦聲』。王筠認為：許君所說的『亦聲』實際上包括『會意字而兼聲』『形聲字而兼意』『分別文之在本部』等三層含義。他在說文釋例卷三『亦聲』中說：『言亦聲者凡種：會意字而兼聲者，一也；形聲字而兼意者，二也；分別文之在本部者，三也。會意字之從義兼聲者為正，主義兼聲者為變。若分別文則不然，在異部者概不言義，在本部者概以主義兼聲也。』[二〇]王氏所揭示的『亦聲』三條例，是其細心揣摩許君設立『亦聲』之恉而歸納出來的，它為後世亦聲字的深入研究指明了方向，其對說文學之重要貢獻不能淹沒。

（四）朱駿聲的『亦聲』說

朱駿聲（1788—1858），字豐芑，號允倩，晚年自號石隱山人，江蘇吳縣人，師事著名語言學家錢大昕，是清代與王筠同時的著名說文學家。著有說文通訓定聲尚書古注便讀詩傳箋補等學術著作。其說文通訓定聲，依古韻部改編說文，且列舉大量古籍語料，以考覈本義，辨析引申義和通假關係，使漢語字詞意義的研究更加趨於條理化、系統化和科學化。正如世人所評：『（說文通訓定聲）蓋取許君說文九千餘文，類而區之，以聲為經，以形為緯，而訓詁則加詳焉。分為十八部……薈萃眾說而得其精，且轉注之法，獨創義例，根據確鑿，實發前人所未發，其生平之心得在是書矣。』[二一]

但是，朱駿聲對說文亦聲字研究的成就稍遜前人。據他統計，說文中『形聲兼會意』字共計三百三十七字，[二二]而他僅作了增補勘誤、復原許說兩個方面的工作，缺乏理論分析和歸納總結。

第一，增補。對傳世說文中標明『亦聲』且朱氏認同是會意兼形聲字者，一律增補『會意』二字。例如：

（四七）必，分極也。从八弋，弋亦聲。（二上八部）朱注本作『从八从弋，會意』，並注：『弋者，樹臬則介分也。說文「弋亦聲」，非是。』（履部弟十二）

（四八）鉤，曲也。从金从句，句亦聲。（三上句部）朱注本作『曲鉤也。从金句，會意，句亦聲』（需部弟八）。

（四九）誼，人所宜也。从言从宜，宜亦聲。（三上言部）朱注本作『从言从宜，會意，宜亦聲』，並注：『此古仁義字，經傳皆以「義」為之，今別用「誼」為恩誼字。』（隨部弟十）

（五〇）鞣，耎也。从革从柔，柔亦聲。（三下革部）朱注本作『从革从柔，會意，柔亦聲』（孚部弟六）。

（五一）齅，以鼻就臭也。从鼻从臭，臭亦聲。讀若畜牲之畜。（四上鼻部）朱注本作『从鼻从臭，會意，臭亦聲』，並注：『謂如嗅也。字亦作「嗅」。』（孚部弟六）

（五二）殯，死在棺，將遷葬柩，賓遇之。从歺从賓，賓亦聲。夏后殯於阼階，殷人殯於兩楹之間，周人殯於賓階。（四下歺部）朱注本作『从歺从賓，會意，賓亦聲』（坤部弟十六）。

（五三）冠，絭也，所以絭髮也。弁冕之總名也。从冂从元，元亦聲。冠有法制，从寸。（七下冖

部）朱注本無『絭也，所以絭髮也』一句，注云：『弁冕之總名也。从冂从元，會意，元亦聲。』（乾部弟十四）

（五四）𦌾，网也。从网从繯，繯亦聲。一曰綰也。（七下网部）朱注本作『从网繯，會意，繯亦聲』，並注：『字亦作「罥」作「羂」。』（乾部弟十四）

（五五）彰，文彰也。从彡从章，章亦聲。（九上彡部）朱注本作『从彡从章，會意，章亦聲』，並注：『按「章聲」非意。』（壯部弟十八）

第二，勘誤。對傳世說文中標明『亦聲』且朱氏衹認同是形聲字者，一律改成『从某，某聲』或簡稱『某聲』。例如：

（五六）妊，孕也。从女从壬，壬亦聲。（十二下女部）小徐本作『從女壬，壬亦聲』。段注本作『从女壬，壬亦聲』，並注：『孕者，褢子也。』桂注本作『從女從壬，壬亦聲』，並注：『「孕也」者，本書「壬」象人褢妊之形。玉篇：「妊，身懷孕也。」廣雅：「妊，㑗也。」字或作「姙」……「壬亦聲」者，當為「壬聲」。』朱注本作『从女壬聲』，並注：『字亦作「姙」。』（臨部弟三）

（五七）㚇，通也。从夊从疋，疋亦聲。（二下疋部）小徐本作『從夊，疋亦聲』，段注本作『从夊疋，疋亦聲』。王筠注本同大徐本，並注：『「从夊」取其交叉麗廔之狀。』朱駿聲注：『按：从夊疋

聲。當為「⿰囟疋」之古文。「爻」象「囟」。』（豫部弟九）

（五八）返，還也。从辵从反，反亦聲。商書曰：『祖甲返。』彶，春秋傳返从彳。（二下辵部）小徐本作『從辵反，反亦聲』，並注：『人行還也。』段注本作『从辵反，反亦聲。商書曰：「祖伊返。」』。桂注本作『從辵從反，反亦聲』，並注：『「反亦聲」者，當為「反聲」。』但無『彶，春秋傳返从彳』。句讀本作『从辵反，反亦聲。商書曰：「祖伊返。」』。朱注本作『从辵反聲』，並注：『春秋傳从彳。』（乾部弟十四）

（五九）鄯，鄯善，西胡國也。从邑从善，善亦聲。（六下邑部）小徐本作『從邑善，善亦聲』，段注本作『从邑善，善亦聲』。桂注本作『從邑從善，善亦聲』，並注：『「善亦聲」者，當為「善聲」。』朱注本作『从邑善聲』（乾部弟十四）。

（六〇）仲，中也。从人从中，中亦聲。（八上人部）小徐本作『從人中，中亦聲』，段注本作『从人中，中亦聲』，桂注本作『從人從中，中亦聲』，朱注本作『从人中聲』（豐部弟一）。

（六一）媄，色好也。从女从美，美亦聲。（十二下女部）小徐本作『從女美聲』。段注本作『从女美聲』，並注：『小徐如是。』桂注本作『從女從美，美亦聲』，並注：『「美亦聲」者，當為「美聲」。』句讀本作『從女美聲』，同段注本，並注：『「媄」者，「美」之分別字。』朱注本作『从女美聲』，並注：『字亦作「媺」。』（履部弟十二）

（六二）化，教行也。从匕从人，匕亦聲。（八上匕部）小徐本作『從人從匕，匕亦聲』，段注本作

『从匕人，匕亦聲』，桂注本作『從人從匕，匕亦聲』。朱駿聲注：『按：从人匕聲。』（隨部弟十）

（六三）潔，腹中有水气也。从水从愁，愁亦聲。（十一上水部）小徐本作『從水愁聲』，段注本作『从水愁聲』。桂注本作『從水從愁，愁亦聲』，並注：『「愁亦聲」者，當為「愁聲」。』朱駿聲注：『按：愁聲。』（孚部弟三）

（六四）婢，女之卑者也。从女从卑，卑亦聲。（十二下女部）小徐本作『女之卑者。從女卑，卑亦聲』，並注：『會意。』段注本作『从女卑，卑亦聲』，並注：『會意。據韻會，小徐無此三字。』桂注本作『從女從卑，卑亦聲』，並注：『「女之卑者也」者，「婢」「卑」聲相近。本書：「卑，賤也，執事者。」……「卑亦聲」者，當為「卑聲」。』王筠注：『此後人增之，當云「從女卑聲」。』朱駿聲注：『按：卑聲。』（解部弟十一）

從以上引例可知，朱氏改傳世說文中的『亦聲』字為形聲字有兩個依據，一是參照小徐本、段注本、桂注本、句讀本而改，如例（六一）參照小徐本，例（六三）參照小徐本和段注本，例（六四）參照句讀本；二是自己認定而改，如例（五六）、例（五七）、例（五八）、例（五九）、例（六〇）、例（六二）等。無論是小徐本還是段注本、桂注本、句讀本，均同大徐本作亦聲字，而句讀本或直接改成『从某，某聲』，或作按語『从某，某聲』『某聲』。

綜觀清代說文四大家的『亦聲』字研究，段玉裁、桂馥、王筠等三人側重於歸納條例，他們先後提出了『會意兼形聲』說（段玉裁）、『諧聲之偏旁多與字義相近』說（段玉裁）、『凡言「亦聲」，皆從部首之字得聲，既為偏旁，又為聲音』說（桂馥）、『義聲互相備』說（王筠），這些學說，或揭示出了說文『亦聲』字的構形特徵，或總結出了說文『亦聲』字的表意規律，豐富和發展了漢字構形學、『右文』說的理論；朱駿聲則側重於對糾錯證譌，為復原許說作出了重要貢獻。

二　二十世紀後三十年的『亦聲』研究

如果說清代說文四大家的『亦聲』字研究還處於濫觴時期，那麼，在繼後的二十世紀八十年代以前，說文『亦聲』字的研究基本上從學者的目光中消失了。在無數次軍事鬥爭和政治鬥爭中，中國人被迫關心生存的權利和政治的生命，學術研究成了沙漠中的飛蓬隨風而轉，不再具有學術研究的靈與肉，在此逆境中，誰還在乎心說文『亦聲』字的研究呢？儘管如此，大陸、港臺學者或有在其論著中曾談及過『亦聲』問題，如梁東漢先生的漢字的結構及其流變[二三]，蔣善國先生的漢字的組成和性質[二四]，黃永武先生的形聲多兼會意考[二五]，王力先生的同源字典[二六]，鍾如雄的漢字轉注學原理[二七]等。

二十世紀八十年代以後，隨著科學春天的來臨，我國的訓詁學復蘇了。訓詁學的復蘇，引領傳統的說文學在甘露中綻放新枝，於是學界重新關注說文亦聲字的問題。近三十年來，學界發表了三十餘篇論文，其中主要有顏亨福〈說文解字〉中的亦聲字[二八]，吳澤順〈說文解字〉亦聲字論[二九]，姚炳棋論〈說文〉中之『亦聲』『省聲』和『省』[三〇]，賀永松〈說文〉不少用作『某聲』的與『亦聲』無別〈說文〉『從某』與『亦聲』無異舉隅[三一]，郭社鳴『亦聲』例說（一、二）[三二]，薛克謬論〈說文解字〉的亦聲部首[三三]，任勝國〈說文〉亦聲字說略[三四]，季素彩論亦聲[三五]，孟廣道亦聲字詞的遺傳信息[三六]，李蓬勃亦聲字的性質與價值[三七]，吳東平〈說文解字〉中的『亦聲』研究[三八]，杜恒聯表達聲符字本義的亦聲字及聲符字意義的分化[三九]王作新〈說文〉重文亦聲字考察—兼論亦聲字的構成方式〈說文〉會意字中的『亦聲字』考[四〇]，劉恒友〈說文〉『句』聲字探微[四一]，胡文華〈說文解字〉中的『亦聲字』分析[四二]，李瑾〈說文〉亦聲字探微[四三]，顏亨福〈說文解字〉中的亦聲字—音義關係研究之一[四四]，呂菲淺談〈說文解字〉中的亦聲字[四五]等，他們從不同角度對說文『亦聲』字展開過研討，可謂討論活躍，推陳出新，觀點紛呈。

（一）關於『亦聲』字定義的討論

關於『亦聲』或『亦聲字』的定義，八十年代以來的討論空前活躍，在眾說紛紜中形成了兩大主體觀點，一部分學者緊扣字形結構分析，認為『亦聲字』就是『形聲字』或『會意兼形聲字』，另一部分學者透過『亦聲』的形成原因轉而關注字源，認為『亦聲字』屬於『孳乳字』或『同源字』。持『亦聲字』就是『形聲字』或『會意兼形聲字』觀點的主要有吳澤順、季素彩、孟廣道、李蓬勃、李國正、盧新良、王作新、劉恒友等。

（A）吳澤順說：『所謂亦聲字，是指漢字合體字中主要以聲符表義的字。』[四六]

（B）季素彩說：『亦聲，即所謂「義兼聲」或「會意兼形聲」。是指表意漢字的一個形符兼作聲符，即「於會意字中，取其一部分兼為發聲之用。此為發聲之一部分，一方與其他各部分負共同發生此字意義之責

任；一方又獨立而負發生此字聲音之責任」。』即說文解字中稱為「某亦聲」的字。』[四七]

（C）孟廣道說：『所謂亦聲字詞，指由亦聲會意字（包括會意兼形聲、形聲兼會意等名目）所記錄的單音詞。』[四八]

（D）李蓬勃說：『亦聲字反映的是合體字中一個偏旁兼有表義、標音雙重功能的文字現象，它介於會意和形聲之間。段玉裁說：「凡言『亦聲』者，會意兼形聲也。」』[四九]

（E）李國正說：『所謂亦聲，指幾個原來獨立的結構除共同會意而外，其中某個結構還兼表這個字的讀音。一旦有表音的結構存在，字的性質也就發生了變化，所以，亦聲字就是形聲字。』[五〇]

（F）盧新良說：『「亦聲字」』是一種特殊的合體字，其構成部件中有一個偏旁既標示語音，又表示語義，在「六書」中介於形聲和會意之間。從標音角度講屬於形聲字，從表意方面看，又屬於會意字。』[五一]

（G）王作新說：『「亦聲字」是指與形符相應之聲符含有顯性示意功能的複合漢字。』『它的顯著特徵即在於其具有提示字音功能的漢字構件，同時又具有顯性的表意功能。因此，亦聲字即是由提示字音並顯示字意的構件加注意符而構成的複合漢字。具有示音、示意雙重功能的構件，即可稱作亦聲偏旁。』[五二]又說：『亦聲字是以帶有顯性表意功能的聲旁與單純表義的形旁合成的漢字。』[五三]

（H）劉恒友說：『亦聲字是個歷時概念。文字的發生發展衹會是一個漸變的過程，這之中定會出現過渡性的文字。亦聲字就是一種介於會意字和形聲字之間的過渡性文字。』[五四]

持『亦聲字』是『孳乳字』或『同源字』观点的主要有王力、李國英、章瓊等。他們說：

（A）王力說：『在漢字中，有所謂會意兼形聲字。這就是形聲字的聲符與所諧的字有意義上的關連，即說文所謂「亦聲」。「亦聲」都是同源字。』[五五]

（B）李國英、章瓊說：『所謂亦聲字是聲旁具有示源作用的形聲字，即聲旁字和形聲字是原字和孳乳字之間的關係，如「娶」是「取」的孳乳字，「婢」是「卑」的孳乳字。』[五六]

（C）王作新說：『亦聲字，包括重文以及正體中的亦聲字，都是以示源性構件加注另一表意構件（形符）構成的複合漢字。』[五七]

但是，無論『形聲字』或『會意兼形聲字』說還是『孳乳字』或『同源字』說，都源於清代說文四大家段玉裁、桂馥和王筠的認識，並無新意，僅僅是表述的用詞趨於繁瑣而已。

（二）關於『亦聲』字分類的討論

關於『亦聲』字的分類問題，前人發表過的意見不是太多，但討論的範圍不僅僅不限說文正篆中的『亦聲』，個別學者將研究的範圍擴大到了說文全書。

（A）吳澤順認為：說文亦聲字實際上包括三類：一是明確說明是『亦聲』的字；二是一部分說解形式與會意字相同的字；三是一部分說解形式與形聲字相同的字。[五八]

（B）任勝國認為，說文正篆中的『亦聲』，應該分成『分化孳乳字』和『會意兼聲字』兩類。他說：『從歷時的角度看，亦聲字來源非一，簡單地認為亦聲字是會意兼形聲或是形聲兼會意都是片面的。分析說文標明的亦聲字，除去許慎誤析的不算，共有兩種類型一是分化孳乳字，一是會意兼聲字。』[五九]

（C）杜恒聯從亦聲字與聲符字意義完全重合與分化的原因、過程等方面觀察，將亦聲字分為兩類：『一類是亦聲字的本義和聲符字的本義重合，這個亦聲字實際上是聲符字的累加意符的後起字；一類是亦聲字表達聲符字的引申義。』[六〇]

（D）王作新則側重研究說文重文中的亦聲字。他認為說文『重文』中共有五十四個亦聲字，這些亦聲字由於示源構件存在著單純（獨體）與複合（合體）的結構差異，所以，其生成方式可分為三類：獨體字加注形符（如『𤮿［鬲］』『笧［冊］』等）、會意字加注形符（如『劃［畫］』『歖［喜］』等）、形聲字加注形符（如『垞［宅］』『蕰［菹］』等）。[六一]

（E）李瑾則對說文正篆中的『亦聲』和重文中的亦聲字作了綜合考察和分析，最終將亦聲字分成三類：第一類，說文直接以『亦聲』來進行說解的字，據初步統計，共二百一十二個。主要有兩種說解體例：一，從某從某，某亦聲。例如一上一部：『吏，治人者也。从一从史，史亦聲。』二，從某某，某亦聲。例如二上八部：『必，分極也。从八弋，弋亦聲。』這類字的釋義除採用同義詞或下定義的方式之外，有的還說明詞義的來源以及它與聲符的關係。第二類，說文以會意形式說解但偏旁也具有表音功能的字，即段玉裁稱之為『會意兼形聲』或『會意包形聲』字。例如四上目部：『睡，坐寐也。从目垂』。沒說『从目从垂，垂亦聲』。段玉裁注：『此以會意包形聲也。』這類字的特徵是以意為主、以音為輔。第三類，說文以形聲形式說解的字。例如十一上水部：『溢，器滿也。从水，益聲。』十上馬部：『駟，一乘也，从馬，四聲。』這些字在許慎說解中雖然沒有使用『亦聲』，但他已經說明瞭聲符的含義，它們是以音為主的

亦聲字，是漢字同源引申和孳乳分化的產物，一般是在源字的基礎之上，添加形符而成。[六二]

以上五位學者的分類，基本上能代表近三十年來關於『亦聲』字分類的觀點。但是，無論是二分法（『分化孳乳字』和『會意兼聲字』）還是三分法（『獨體字加注形符』『會意字加注形符』和『形聲字加注形符』），都沒有跳出王筠劃定的界域。王筠早已把『亦聲』字分成了三類，即『會意字而兼聲者』『形聲字而兼意者』『分別文之在本部者』。

（三）關於『亦聲』字音義關係的討論

八十年代以來的三十年間，討論『亦聲』字音義關係的論著比討論『亦聲』字分類的文章要豐富得多。以下結論可以代表近三十年的學術觀點：

（A）梁東漢認為：『形聲字的音符所代表的是詞的語音，它和詞義並沒有必然的關係。說文裡所謂「某亦聲」的字即所謂「義兼聲」、「聲兼義」或「會意兼形聲」、「形聲兼會意」的字，有許多是有問題的，因為音符本身並一定包含意義。例如「澻」，說文解釋為「腹中有水氣也。從『水』從『愁』，『愁』亦聲。」「儈」解釋為「合市也，從『人』『會』，『會』亦聲」……等等。許慎的錯誤就在於他不明確文字和語言的關係，不知道音符在絕大多數情形下衹是一個純粹表音的符號，因而往往把音符誤認為義符，又進而得出義符同時又是音符這個錯誤的結論。』[六三]

（B）高明說：『所謂「亦聲」，即段玉裁所說「會意而兼形聲也」。形聲字與會意字是兩種不同結構的字體，會意字主要是形義的合體，形符都是獨體象形字；形聲字是形和聲的合體，它所採用的義符聲符則不拘一格，無論是獨體象形字，複體會意字或形聲字，都可以充任……形聲字中的表音符號不受任何限制，衹要是讀音相同即可取用，聲符與字義沒有必然的聯繫。但是，由於形聲字的數量很多，其中難免有些形聲字的聲符和本字詞義相同或相近，能否稱之為「亦聲」或「會意兼形聲」呢？不能。因為字義有本義和引申之義，往往是時代愈晚引申之義愈廣泛，因而引申之義就有可能同聲符意義相近，雖然如此，也是一種偶然現象，既不能稱作「亦聲」，更不能稱為「會意兼形聲」；形聲字中的聲符和訓詁學中的聲訓，所謂字義寓於字音，以因求義，完全是兩回事。』[六四]

（C）吳澤順說，亦聲字有『兩個聲義結合體』，形聲字衹有『一個聲義結合體』；『亦聲字』的『具體意義由聲母承擔，義符衹表示義類』，形聲字的意義『由義符承擔』。他說：『亦聲字表面上看和形聲字相同，實上際它們內部結構是不同的。形聲字是一個義符加一個聲符，構成一個聲義結合體，而亦聲字則包括兩個聲義結合體。亦聲字的聲母本身就是一個聲義結合體，再加上一個義符，構成第二個聲義結合體。形聲字的意義由義符承擔，義符衹能表示形聲字的意義類屬……亦聲字的具體意義由聲母承擔，義符衹表示義類。從整個亦聲字的意義來說，應以聲母為主。這是亦聲字與形聲字的本質區別。』[六五]可以這樣說，用『兩個聲義結合體』來解揭示亦聲字的構形特徵乃是吳澤順先生的發明，但是，他想把形聲字與亦聲字的表義特徵區別開來，則說『形聲字的意義由義符承擔，義符衹能表示形聲字的意義類屬』，這是一個不能自圓其說、自相矛盾的解釋。

（D）任勝國認為：說文亦聲字與亦聲偏旁的意義關係，較為複雜。第一類亦聲字與亦聲偏旁是分化孳乳關係，其意義關係主要有以下幾種：①亦聲偏旁是本字，亦聲字是累增字，二者為等義關係（如『𠂢』與『派』）；②亦聲偏旁是本字，亦聲字是區別字，二者是本義，與引申義關係（如『取』與『娶』）；③亦聲偏旁為借字，亦聲字為區別字，兩者有通借關係（如『象』與『像』）。第二類亦聲字，其亦聲偏旁與亦聲字在意義上主要有兩種關係：①亦聲字從亦聲偏旁本義得義（如『半』與『料』）；②亦聲字從亦聲偏旁引申義得義（如『及』與『汲』）。[六六]總之，任勝國認為亦聲字的偏旁可表示『等義』『引申義』和『通借』等三種關係。但是，誰都清楚朱駿聲在說文通訓定聲中所說的『假借』就是字詞的『引申』，而並非通常所說的『假借』。比如『像』是專門為『象』的引申義造的區別字，不能將它們看做通假字。所以任勝國所謂亦聲偏旁或表示意義的『通借關係』，失之慎重。

（E）杜恒聯認為：『亦聲字是一種特殊的形聲字，它的聲符既表音又表意。』故將亦聲字的表義分成兩類：『一類是亦聲字的本義和聲符字的本義重合，這個亦聲字實際上是聲符字的累加意符的後起字；一類是亦聲字表達聲符字的引申義。』具體分為四種類型：一、某個字除本義外，還有引申、假借等義，一身兼職過多，本義被沖淡或湮沒了，後世在此字上累加意符構成亦聲字，以表示其本義，而原字仍舊表示本義，這樣亦聲字和其聲符字就成了部分用法相同的異體字。如『採』與『采』，『憫』與『閔』，『鬚』與『須』等。二、某個字後世常用其引申義，於是在此字上累加意符構成亦聲字，以表示其本義。如『趾』與『止』，『源』與『原』，『蓑』與『衰』等。三、某個字有本形本義，但通常亦表示一個與這個字讀音相同或非常相近的另一個字的意義（假借義）。如『薪』與『新』，『蛇』與『它』，『裘』與『求』等。四、某個字有本形本義，又非常活躍地作為聲符和其他的字構成形聲字，其本義被沖淡，於是在此字上累加一個意符構成亦聲字，以表示這個字的本義，原字不再單獨使用，專職做聲符。如『篋』與『匧』，『鉞』與『戉』，『刺』與『朿』等。[六七]

（F）呂菲認為：『亦聲』的表示可分成三種類型：一、同義關係。亦聲字和亦聲偏旁的意義沒有什麼區別，新增的意符沒有帶來新的意義，這時候的亦聲字是累增字（如『見』與『覞』）。二、引申義與本義的關係。許多亦聲字是母字的分化字，承擔著從承載本義的亦聲偏旁引申而出的意義，所以亦聲字和亦聲偏旁之間是引申義和本義的關係（如『昏』與『婚』）。三、區別字與假借字的關係作為亦聲偏旁的母字的意義與其字形沒有關係，即母字是假借字，後來在作為假借字的本字上增加相應的意符形成新字以幫助區別出假借義，這樣產生的亦聲字與原來的亦聲偏旁之間毋庸置疑必定存在著語音上的聯繫，祇是由於亦聲偏旁原來是作為假借字存在的，所以亦聲字與亦聲偏旁之間祇是區別字與假借字的關係（如『象』與『像』）。[六八]

以上六位學者的認識基本上能代表近三十年了學界的觀點。梁東漢和高明等持否定態度，他們否定『亦聲』的表意功能，認為『亦聲』雖然亦能表意，但那祇是『偶合』現象，既然是偶合現象，就不能當成一條普遍規律來看待。吳澤順、任勝國、杜恒聯和呂菲等的看法基本上維護清人段玉裁、桂馥和王筠的結論。認為『亦聲』的表意存在歷史發展的淵源關係，原字累加聲符或義符能表示本義或引申義，而因假借而形成的『亦聲』則祇能表示假借義。

（四）關於『亦聲』字成因的討論

大凡討論『亦聲』字表意特徵的文章，都會連帶論及『亦聲』的形成原因，因為漢字是義由形生的表意文字。近三十年來，雖然無人專題討論過『亦聲』字形成原因的問題，但在相關文章裡，學者的觀點已充分展示。一九六〇年蔣善國就說過：『亦聲字是漢字由象形文字演進到標音文字的一種過渡形式……它是純形聲字的先鋒。』[六九]

任勝國認為『亦聲』字來源於漢字的『分化孳乳和會意字的累增聲符。他說：『從歷時的角度看，亦聲字來源非一，簡單地認為亦聲字是會意兼形聲或是形聲兼會意都是片面的。分析說文標明的亦聲字，除去許慎誤析的不算，共有兩種類型一是分化孳乳字，一是會意兼聲字。』[七〇]

季素彩認為『亦聲』是採用會意字加注『表示語音的符號』這種造字方法產生的，它符合漢字音符化發展的規律。她說：『「亦聲」是漢字向表音階段發展的新方向，它是符合方塊漢字表音的發展規律的。方塊漢字新陳代謝的規律之一是表音，表音是一切文字的共性，方塊漢字在它自己新陳代謝的歷史中，有它自己的表音運動方式。如假借字的產生和大量使用，形聲字的出現，不標音的字轉化為標音的字，義符的音符化等式。而亦聲字是會意字的一個形符兼表字音，這就等於給會意字「加注」了表示語音的符號，正符合「義符的音符化」這一表音規律。可以說，亦聲字不僅能夠體現方塊漢字表義的特點，又符合方塊漢字表音的發展趨勢，是比較科學的漢字造字法。』[七一]

王作新亦認為：『亦聲字基本上是以示源性構件加注另一表意構件（形符）構成的』。他説：『漢字發展，有一條很重要的途徑就是增符別義而構成新字，所構新字往往是『層累』的結果。亦聲字應就是『層累』而構成的。亦聲字基本上是以示源性構件加注另一表意構件（形符）構成的複合漢字。在說文體系內，如果某一正體解析為會意字，而其下有『重文』，且『重文』是這個會意字的組合構件，那麼，這個會意字一般就是亦聲字。亦聲字的顯著特徵是其示音構件在示音之外，而又具有顯性的表意功能。如果示源性構件在文字層面上不能彰顯其與孳乳字的顯性意義關聯，那麼，即使屬於孳乳關係，但孳乳生成的後起字也不屬於亦聲字類型。』[七二]

吳東平說：說文中所列之『「亦聲」指會意字之形符有兼作聲符者……大致可分為三類，一屬孳乳分化字，二為會意兼聲字，三則原非「亦聲」而為許慎據訛變之篆體所錯析者。』[七三]

杜恒聯說：『亦聲字是一種特殊的形聲字，它的聲符既表音又表意。亦聲字可以分為兩類：一類是亦聲字的本義和聲符字的本義重合，這個亦聲字實際上是聲符字的累加意符的後起字；一類是亦聲字表達聲符字的引申義。』[七四]

以上六種看法，基本上能反映前人對『亦聲』字成因的認識。衹是前期的文章說得較為籠統，而繼後的分析日趨條理、細密。但是今人對『亦聲』字成因的討論，無論籠統還是細密，誰亦都沒有超越清人王筠的視野和界域。

綜上所述，關於說文的『亦聲』字，自南唐徐鍇以來，前人進行了多角度的討論，其中最有成就且最具代表性的是清代乾嘉時期的段玉裁、桂馥和道光時期的王筠，他們對『亦聲』字的定性具有劃時代的意義。近三十年來，說文學界雖然都很注重『亦聲』字的研究，但總體而言，研究成果雖然豐碩，然因研究理論方法之呆板陳舊，推陳出新者並不多見。

注釋

〔一〕本文原署名胡娟、鍾如雄，原爲〈說文〉四大家之『亦聲』觀和二十世紀以來〈說文〉『亦聲』字研究兩篇文章，先後載於河北師範大學文學院編中國語言文學研究（原燕趙學術）2012 年春之卷，四川辭書出版社 2012 年版；四川師範大學漢語研究所編語言歷史論叢第十一輯，四川大學出版社 2018 年版。

〔二〕清王念孫：說文解字注序，見清段玉裁說文解字注，上海古籍出版社 1988 年版。

〔三〕南唐之徐鉉、徐鍇因治說文而聞名於世，後世稱為『二徐』。徐鉉為兄，故稱『大徐』，其校定之說文解字後世稱『大徐本』；徐鍇為弟，故稱『小徐』，其繫傳之說文解字繫傳後世稱『小徐本』。宋陸游南唐書·徐鍇傳：『徐鍇，字楚金，會稽人……與兄鉉俱在近侍，號二徐。』清沈濤交翠軒筆記卷三：『戴所見必蜀本說文，故時與二徐本有異同。』

〔四〕參看鍾如雄漢字轉注學原理，電子科技大學出版社 2007 年版，第 136—137 頁。

〔五〕見于省吾主編、姚孝遂按語編撰甲骨文字詁林，中華書局 1996 年版，第 2688 頁。

〔六〕漢劉向集錄：戰國策，上海古籍出版社 1978 年版，第 758 頁。

〔七〕『朱注本』，清朱駿聲說文通訓定聲的簡稱。

〔八〕清朱駿聲：說文通訓定聲，武漢市古籍書店 1983 年影印本，第 815 頁。

〔九〕南唐徐鍇：說文解字繫傳，中華書局 1987 年版，第 280 頁。

〔一〇〕清段玉裁：說文解字注，上海古籍出版社 1988 年版，第 743 頁。

［一一］『桂注本』，清桂馥：說文解字義證的簡稱。

［一二］清桂馥：說文解字義證，中華書局 1987 年版，第 1302 頁。

［一三］『句讀本』，清王筠說文解字句讀的簡稱。

［一四］清王筠：說文解字句讀，中華書局 1988 年版，第 592 頁。

［一五］清朱駿聲：說文通訓定聲，武漢市古籍書店 1983 年影印本，第 164 頁。

［一六］清段玉裁：說文解字注，上海古籍出版社 1988 年版，第 2 頁。

［一七］清張之洞：說文解字義證敘，見清桂馥說文解字義證，中華書局 1987 年版。

［一八］見南唐徐鍇說文解字繫傳，中華書局 1987 年版，第 127 頁。

［一九］清王筠：說文釋例，中華書局 1987 年版，第 173 頁。

［二〇］同上書，第 54 頁。

［二一］清羅惇衍：說文通訓定聲序，見清朱駿聲說文通訓定聲，武漢市古籍書店 1983 年影印本。

［二二］參看清朱駿聲說文六書爻例·形聲兼會意，見說文通訓定聲，武漢市古籍書店 1983 年影印本，第 21 頁。

［二三］梁東漢：漢字的結構及其流變，上海教育出版社 1959 年版。

［二四］蔣善國：漢字的組成和性質，文字改革出版社 1960 年版。

［二五］黃永武：形聲多兼會意考，臺灣文史哲出版社 1966 年版。

［二六］王力：同源字典，商務印書館 1982 年版。

［二七］鍾如雄：漢字轉注學原理，電子科技大學出版社 2007 年版。

［二八］見貴州大學學報 1985 年第 2 期。

[二九] 見吉首大學學報 1986 年第 1 期。

[三〇] 見學術研究 1987 年第 5 期。

[三一] 見懷化師專社會科學學報 1989 年第 3 期，懷化師專學報 1990 年第 4 期。

[三二] 見黄石教育學院學報 1990 年第 1 期、1991 年第 2 期。

[三三] 見河北大學學報 1990 年第 4 期。

[三四] 見煙臺師範學院學報 1994 年第 1 期。

[三五] 見河北師院學報 1996 年第 3 期。

[三六] 見古漢語研究 1997 年第 1 期。

[三七] 見語文建設 1998 年第 7 期。

[三八] 見山西師範大學學報 2002 年第 3 期。

[三九] 見語言科學 2007 年第 2 期。

[四〇] 見三峽大學學報 2009 年第 3 期，學術交流 2009 年第 12 期。

[四一] 見長治學院學報 2010 年第 3 期。

[四二] 見蘭州學刊 2009 年第 10 期。

[四三] 見時代文學 2009 年第 4 期。

[四四] 見貴州大學學報 1985 年第 4 期。

[四五] 見太原師範學院學報 2011 年第 2 期。

[四六] 吳澤順：〈說文解字〉亦聲字論，吉首大學學報 1986 年第 1 期。

［四七］季素彩：論亦聲，河北師範學院學報 1996 年第 3 期。
［四八］孟廣道：亦聲字詞的遺傳資訊，古漢語研究 1997 年第 1 期。
［四九］李蓬勃：亦聲字的性質與價值，語文建設 1998 年第 7 期。
［五〇］李國正：古漢語文化探秘，書海出版社 1998 年版，第 450 頁。
［五一］盧新良：〈說文解字〉亦聲字研究，碩士學位論文，陝西師範大學，2005 年。
［五二］王作新：〈說文〉重文亦聲字考察——兼論亦聲字的構成方式，三峽大學學報 2009 年第 3 期。
［五三］王作新：〈說文〉會意字中的『亦聲字』考，學術交流 2009 年第 12 期。
［五四］劉恒友：〈說文〉『句』聲字探微，長治學院學報 2010 年第 3 期。
［五五］王力：同源字典，商務印書館 1982 年版，第 10 頁。
［五六］李國英、章瓊：〈說文〉學名詞簡釋，河南人民出版社 1994 年版，第 68 頁。
［五七］王作新：〈說文〉重文亦聲字考察——兼論亦聲字的構成方式，三峽大學學報 2009 年第 3 期。
［五八］吳澤順：〈說文解字〉亦聲字論，吉首大學學報 1986 年第 1 期。
［五九］任勝國：〈說文〉亦聲字說略，煙臺師範學院學報 1994 年第 1 期。
［六〇］杜恒聯：表達聲符字本義的亦聲字及聲符字意義的分化，語言科學 2007 年第 2 期。
［六一］王作新：〈說文〉重文亦聲字考察——兼論亦聲字的構成方式，三峽大學學報 2009 年第 3 期。
［六二］李瑾：〈說文〉亦聲字探微，时代文学 2009 年第 8 期。
［六三］梁東漢：漢字的結構及其流變，上海教育出版社 1959 年版，第 142 頁。
［六四］高明：中國古文字學通論，北京大學出版社 1996 年版，第 51—52 頁。

[六五] 吳澤順：〈說文解字〉亦聲字論，吉首大學學報 1986 年第 1 期。

[六六] 任勝國：〈說文〉亦聲字說略，煙臺師範學院學報 1994 年第 1 期。

[六七] 杜恒聯：表達聲符字本義的亦聲字及聲符字意義的分化，語言科學 2007 年第 2 期。

[六八] 呂菲：淺談〈說文解字〉中的亦聲字，太原師範學院學報 2011 年 2 期。

[六九] 蔣善國：漢字的組成和性質，文字改革出版社 1960 年版，第 9 頁。

[七〇] 任勝國：〈說文〉亦聲字說略，煙臺師範學院學報 1994 年第 1 期。

[七一] 季素彩：論亦聲，河北師範學院學報 1996 年第 3 期。

[七二] 王作新：漢字結構系統與傳統思維方式，武漢出版社 1999 年版，第 145 頁。

[七三] 吳東平：〈說文解字〉中的『亦聲』研究，山西師大學報 2002 年第 3 期。

[七四] 杜恒聯：表達聲符字本義的亦聲字及聲符字意義的分化，語言科學 2007 年第 2 期。

轉注字研究方法論〔一〕

任何一種理論，衹要是科學的、有用的，都應該研究。漢字的轉注理論，是一種科學的理論、適用的理論，亦應該研究。但是，古往今來，有多少先賢後學都試圖揭開轉注的神秘面紗，然而希望越大，失落感就越强烈。既然看不懂悟不出門道來，有人乾脆否定了之。這種因破解不了而産生的極端情緒與偏見，完全有可能動摇人們的研究信心。而今，要想把一種深奥的轉注理論變成大衆都能接受的意識，確實需要智慧。

『轉注字』是漢字形體在歷程演變的過程中産生的同字異構字群，其特點是字形義（或本義）完全相同，讀音相同，形體部分改變或全部改變。〔二〕在歷代文獻中它們總是以個體的面貌出現，人們根本無法看到它們成群結隊的群貌。因此轉注字的研究既需要科學的方法，更需要睿智的精思。慎子·知忠中有句名言：『狐白之裘，蓋非一狐之腋。』意思是説積小成大。而我們引用它來表達的則是另外一層意思，即如果悉心研究漢字集團中的每一個轉注字群，完全能夠建立起一個龐大的漢字轉字注系統來。

轉注字就是潛隱在漢字集團中的狐之白腋，但要準確無誤地將它們甄别出來並非易事。作爲研究者必須具備以下素質：一是通曉文字形體演變的内在規律；二是具有扎實的漢字轉注學理論基礎；三是熟練地掌握融會貫通的分析方法；四是具有庖丁解剖的神會能力。比如尚書·金縢中有這樣一句話：『乃卜三龜，一習吉。啟籥見書，乃並是吉。』對這句話，我們感到陌生的首先是『籥』字。因此，必須弄清楚『籥』的含義。顧寶田尚書譯注：『籥：鑰匙。書：記錄卜兆及其解釋的書。此類書藏於密室，需要時用鑰匙打開查閱。』[三]『籥』是否就是『鑰匙』呢？接下來再查閱有關的字書和文獻語料予以證實。說文·竹部：『籥，書僮竹笘也。从竹龠聲。』（五上）清段玉裁注：『「笘」下曰：「潁川人名小兒所書寫為笘。」按：笘謂之籥，蓋以白墡染之可拭去再書者。其拭觚之布曰幡。』[四]許慎、段玉裁等都認為『籥』的本義是指古代小孩練字用的竹片。

『籥』的本義真的是『小孩練字用的竹片』嗎？墨子·備城門：『周垣之高八尺，五十步一方，方尚必為關籥守之。』清孫詒讓閒詁：『關籥即管鑰。』禮記·月令：『（孟春之月）修鍵閉，慎管籥。』鄭玄注：『鍵，牡；閉，牝。管籥，搏鍵器也。』史記·魯仲連鄒陽列傳：『魯人投其籥，不果納。』唐張守節正義：『籥即鑰匙。投鑰匙於地。』從墨子禮記史記原文和鄭玄、張守節、孫詒讓的注文中，我們得知『籥』古代又叫『關鑰』『管鑰』『鑰匙』『搏鍵器』等，而『鑰』『關』『管』『楗（鍵）』還有『闟』，它們與『籥』是否同義呢？『闟』門門的木杠。說文·門部：『闟，關下牡也。从門龠聲。』（十二上）段玉裁注：『關者橫物，即今之門闟。關下牡者，謂以直木上貫關下插地，是與關有牝牡之別。』漢語大字典解釋為：『門直門。上穿門下插地上的直木。』[五]其實『闟』『鑰』同為一物，即遠古鎖未發明，大門關上後插在門背後兩面門閫之門牝內的木杠。這種門門的木杠橫插、豎插均可。說文·門部：『闟，關下牡也。从門龠聲。』（十二上）段玉裁注：『關下牡謂之鍵，亦謂之鑰。鑰即闟之叚借字。析言之則鍵與闟有二，渾言之則一物也。金縢「啟籥見書」，亦謂「關閉兆書」者，古無鎖鑰字，蓋古只用木為不用金鐵。』[六]集韻・藥韻：『闟，說文：「關下牡也。」或從金。』『鑰』義同『闟』。方言卷五：『戶鑰，自關而東，陳楚之間謂之鍵，自關而西謂之鑰。』孝經・五刑：『五刑之屬三千。』鄭玄注：『開人關闟者臏。』唐陸德明釋文：『（闟）音藥，字或作鑰，通用。』『關』義亦同『闟』。說文・門部：『關，以木橫持門戶也。从門𢍏聲。』但戰國古文作[illegible]（陳猷釜），象門中有閂形，會意字。廣韻・刪韻引聲類：『關，所以閉也。』墨子・備城門：『門植關必環錮。』『管』義亦同『闟』。說文・竹部：『管，如篪，六孔，十二月之音。物開地牙，故謂之管。从竹官聲。琯，古者玉琯以玉。舜之時，西王母來獻其白琯。前零陵文學姓奚，於伶道舜祠下得笙玉琯。夫以玉作音，故神人以和，鳳皇來儀也。从玉官聲。』（五上）段玉裁注：『風俗通曰：「管，漆竹，長一尺，六孔，十二月之音也。物貫地而牙，故謂之管。」「物開地牙」四字有脫誤，當作「物貫地而牙」。貫、管同音；牙、芽古今字。』清王紹蘭訂補：『開當為關，字之誤也。關之言貫。「關地」即貫地。』『管』亦有闟籥之義。左傳・僖公三十二年：『鄭人使我掌其北門之管。』漢鄭玄注：『管，鑰也。』『管鑰』連用，古人常語。

『楗』義亦同『闟』。說文・木部：『楗，限門也。从木建聲。』（六上）段注本改為：『歫門也。』清朱駿聲通訓定聲：『今蘇俗謂之木鎖，其牝為管為閉，其牡為楗。』老子第二十七章：『善閉，無關楗不可開。』朱謙之校釋：『［南宋］范應元曰：「拒門木也。橫曰關，豎曰楗。」』今本老子作『鍵』。唐李賀公莫舞歌詩：『鐵樞鐵楗重東關，大旗五丈撞雙鐶。』清王琦注：『楗，限門之木，即戶目兩端入牝孔，所以止門者。』『楗』更換類母『木』轉形為『鍵』。方言卷五：『戶鑰，自關而東，陳楚之間謂之鍵，自關而西謂之鑰。』說文·金部：『鍵，鉉也。一曰車轄。从金建聲。』（十四上）段玉裁注：『謂鼎扃也。以木橫關鼎耳而舉之。非是則既炊之鼎，不可舉也。故謂之關鍵。』清徐灝注箋：『鍵者，門關之牡也。葢以木橫持門戶而納鍵於孔中，然後以管鑰固之。』遼希麟續一切經音義卷五：『關鍵，字書：「橫曰關，豎曰鍵。」』方言卷五：『戶鑰，自關而東，陳楚之間謂之鍵，自關而西謂之鑰。』小爾雅·廣服：『鍵之曰鑰。』老子第二十三章：『善閉，無關鍵而不可開。』淮南子·主術訓：『五寸之鍵，制開闔之門。』

從前文的分析中，我們得知『籥、䦾、鑰、關、管、楗、鍵』都有門閂木杠的意義，說明它們是同義字。但是，有同義關係的字並非就是轉注字。轉注字必須具備本義相同、讀音相同、字形轉變合乎六書構形原理三個共同特徵。我們可就以上六字再作考察分辨。

遠古時期，房屋簡陋，家居閂門，主要是為了抵禦野獸破門傷人，故門閂設計大而結實，後世野獸漸少，鎖門主要為了防盜，故門閂木杠日漸演變成為門鎖。有鎖就有開鎖的䦾⿱竹是，故『䦾』的本義是閂門的木杠，後泛稱䦾⿱竹是。因此我們以『䦾』為本字，以之系聯『籥、鑰、關、管、楗、鍵』六字，凡本義與『䦾』相同者為轉注字，否則衹是同義字。根據楊雄方言『戶鑰』的解釋、陸德明釋文所說的異文（『䦾』音藥、字或作鑰』），和說文『䦾』段玉裁的注釋，我們得知『鑰』的本義同『䦾』，而且讀音相同，字形衹更換了類母，故認定二字為異體關係。而『籥』說文雖說它的本義是『書僮竹笘』，然而於歷代文獻典籍無徵，且上古文獻多用作門門的木杠，後世也泛稱闔箟，證明它亦是『闔』的異體，而非段玉裁所説『鑰即闔之叚借字』。至於『關、管、楗、鍵』四字，雖説與『籥、鑰、闔』等同義，但不同音，字形亦無轉注理據可説，衹能算作同義字。

但是，從本義、讀音的相同性看，『關、鍵』則是另一組轉注字。從戰國古文關的構形看，它的本義就是門門的木杠，故説文釋為『以木横持門戶也』，非常吻合。至於『鍵』，説文雖説它的本義是『鉉』（横貫鼎耳的木杠），然而於歷代典籍亦無徵，且上古文獻亦多用作門門的木杠，後世亦泛稱闔箟，證明它是『關』的異體。『鍵』是個方言字，因而讀音與『關』略異。方言説：『戶鑰，自關而東，陳楚之間謂之鍵。』是其證。相反，『管』雖然字義、讀音都同『關』，但它的本義是以漆竹製作的樂器。因此，它與『關、鍵』為同義同源字，而非轉注字。從以上討論中我們總結出：

第一，遠古之門戶以竹木為門門杠，故字寫作『闔』或『籥』，後世易之以金屬，故更换類母『門』或『竹』轉形為『鑰』。『籥、闔、鑰』既是異體字又是轉注字。今通用『鑰』，而『籥、闔』已廢棄。『鑰』再經同音簡化而為『鑰』（假借字）。玉篇·金部：『鑰，兵器也。』正字通·金部：『鑰，兵器。一曰戉、鉞通。俗作鑰。』今所用的『鑰匙』二字，是『鑰箟』的假借字。清張慎儀蜀方言卷下：『啟鎖之具曰鑰箟。』[七]説文·竹部：『箟，簧屬。从竹是聲。』朱駿聲通訓定聲：『今之鎖匙，字當以瑣箟為之。凡鎖，簧張則閉，以箟斂之則啟。』

第二，潛隱在漢字集團中的轉注字，衹要研究思路正確，分析方法得當，是完全能夠梳理出來的。

系聯和分離是研究轉注字行之有效的兩種方法。[八]『系聯』是尋其『同』，『分離』則是究其『別』。系聯、分離法的分析步驟是：第一，確定初文（本字），找准本義；第二，以本義系聯他字，凡本義相同者或為轉注字；第三，以讀音系聯他字，凡讀音相同者或為轉注字；第四，形變驗證，凡形體轉變與初文相關者為轉注字。第五，審核排除，凡讀音與初文相去甚遠，本義與初文不相同者非轉注字。上述五個步驟的把握要點是：『本義相同』是系聯轉注字的核心；『讀音相同』是系聯轉注字的第一道驗證碼；『形變驗證』是系聯轉注字的第二道驗證碼；『審核排除』（分離）是系聯轉注字的終極驗證碼。五個步驟必須循序分析，任何一道關卡都要縝密甄別，不能馬虎，衹有這樣做，纔能確保轉注字的系聯萬無一失。以前，我們在讀說文解字漢語大字典時，發現其中很多字本來是重文（異體），而編者卻誤將它們視為兩個或更多不相干的字分別解釋。這樣處理，已經給讀者造成誤解。下面我們對系聯、分離法在轉注字研究中的運用作個示範。以『神』與『魅』為例：

說文・示部：『神，天神，引出萬物者也。从示申。』（一上）南唐徐鍇繫傳：『天主降氣以感萬物，故言引出萬物也。』清徐灝注箋：『天地生萬物，物有主之者曰神。』許君認為『天神』是『神』的本義，字形結構為會意。在上古文獻中，『神』主要有以下三種常見義：

①天神。尚書・微子：『今殷民乃攘竊神祇之犧牷牲。』陸德明釋文：『天曰神，地曰祇。』周禮・春官・大司樂：『乃奏黃鐘，歌大呂，舞雲門，以祀天神。』鄭玄注：『天神，五帝及日月星辰也。』

②泛指鬼神。論語・述而：『子不語怪、力、亂、神。』楊伯峻譯文：『孔子不談怪異、勇力、叛亂和

鬼神。』

③人死後脫離形體的精靈。正字通・示部：『神，陽魂為神，陰魄為鬼，氣之伸者為神，氣之屈者為鬼。』禮記・樂記：『幽則有鬼神。』鄭玄注：『聖人之精氣謂之神，賢知之精氣謂之鬼。』

『神』的常見義正好與『鬼』相反，『鬼』在的上古文獻中主要表示：

①人死後脫離形體的精靈。周易・睽：『見豕負塗，載鬼一車。』墨子・節葬：『（輆沭之國）其大父死，負其大母而棄之，曰：「鬼妻不可與居處。」』

②引申為祖先。論語・為政：『子曰：「非其鬼而祭之，諂也；見義不為，無勇也。」』魏何晏注：『鄭［玄］曰：「人死曰鬼，非其祖考而祭之者，是諂求福。」』清劉寶楠正義：『非其鬼，為非祖考。』楊伯峻注：『鬼——古代人死都叫「鬼」，一般指已死的祖先而言，但也偶有泛指的。』故楊氏翻譯為『鬼神』。[九]

③泛指萬物的精靈。詩經・小雅・何人斯：『為鬼為蜮，則不可得。』向熹詩經詞典：『人死後的「靈魂」或鳥獸草木等變成的「精怪」。』爾雅・釋訓：『鬼之為言歸也。』清郝懿行義疏：『歸者，還其家也。生，寄也；死，歸也。故列子・天瑞篇云：「鬼，歸也。」又云：「古者謂死人為歸人。」說文云：「人所歸為鬼。」左氏昭公七年傳：「鬼有所歸乃不為厲。」［禮記・］禮運［鄭玄］注：「鬼者，精魂所歸。」皆與此義合。』[一〇]說文・鬼部：『鬼，人所歸為鬼。从人，象鬼頭。鬼，陰氣賊害，从厶。䰟，古文从示。』（九上）正字通・鬼部：『鬼，人死魂魄為鬼。』

由此可見，『天神』是『神』的本義。說文・鬼部中有個『䰠』字。許君解釋為：『神也。从鬼申聲。』（九上）段玉裁注：『當作：「䰠，鬼也。」神鬼者，鬼之神者也。故字从鬼申。老子曰：「其鬼不神。」［史記・］封禪書曰：「秦中冣小鬼之神也。」［山海經・］中山經：「青要之山，䰠武羅司之。」郭［璞］云：「䰠，即神字。」許意非一字也。』[九]『䰠』本是『神』的後出轉注字，許君別立一篆，據段氏推斷『許意非一字也』。山海經・中山經：『（青要之山）南望墠渚，禹父之所化。是多僕累、蒲盧，䰠武羅司之。』晉郭璞注：『武羅，神名。䰠，即神字。』[一一]清俞樾諸子平議補錄：『中次五經升山冢也，首山䰠也。䰠即神之異文。』『鬼』說文重文作『䰟』，從示鬼聲，為『鬼』的後出轉注字，而『神』本從示，後更換為從『鬼』，『䰠』怎麼就不能是『神』轉注字了？俞樾說『䰠即神之異文』，其說甚確；漢語大字典修訂版亦將『䰠』當作『神』的異體，甚是[一二]；而說文本該把『䰠』當成重文處理，卻反而另立一篆，失審。漢語大字典第一版在處理轉注字時失察甚多，我們曾寫過多篇文章討論。例如『⿱穴手』與『穵、挖』，『皸』與『皴、⿰足龜』，實為異體字，而漢語大字典的編者認為並非異體字。[一三]

要之，『神』從『申』得聲，『䰠』亦從『申』得聲，大徐本均為『食鄰切』，二字為轉注關係。『⿱穴手』從手穴會意，後世累增『手』轉形為『挖』；『⿱穴手』之『手』譌為『乙』，故字或作『穵』。『⿱穴手』與『挖』為轉注關係，與『穵』為正譌關係。『⿰足龜』是為『龜』的引申義『龜裂』造的區別字，故本義為龜裂，『皴、皸』或從『夋』得聲，或從『軍』得聲，都是『⿰足龜』後出轉注字。蜀方言卷上：『手足凍裂曰皴曰龜。』清張慎儀疏證：『今讀皴如村，讀龜如冰。』[一四]

系聯與分離法既是辨析漢語詞義的有效方法，亦是研究漢字轉注關係的有效方法。要是用此方法將全部漢字篩選一遍，就能從中梳理出一組組轉注字來，從而建構一個全新的漢字轉注字系統。

注釋

［一］本文原載於西南民族大學學報（人文社科版）2013 年第 2 期。

［二］參看鍾如雄轉注系統研究，商務印書館 2014 年版，第 353 頁。

［三］顧寶田：尚書譯注，吉林文史出版社 1995 年版，第 103 頁。

［四］清段玉裁：說文解字注，上海古籍出版社 1988 年版，第 190 頁。

［五］徐中舒主編：漢語大字典（修訂本），四川辭書出版社、湖北崇文書局 2010 年版，第 4399 頁。

［六］清段玉裁：說文解字注，上海古籍出版社 1988 年版，第 590 頁。

［七］紀國泰：〈蜀方言〉疏證補，巴蜀書社 2007 年版，第 285 頁。

［八］參看鍾如雄系聯、分離法在詞義研究中的意義，西南民族大學學報 1999 年第 1 期。

［九］楊伯峻：論語譯注，中華書局 1980 年版，第 22 頁。

［一〇］清郝懿行：爾雅義疏，上海古籍出版社 1983 年版，第 594 頁。

［一一］袁珂：山海經校注，上海古籍出版社 1980 年版，第 126 頁。

［一二］徐中舒主編：漢語大字典，四川辭書出版社、湖北崇文書局 2010 年版，第 4719 頁。

［一三］鍾如雄〈漢語大字典〉（卷四）不明關係字疏證，北京師範大學文學院編勵耘學刊（語言卷）2007 年第 1 輯，學苑出版社 2007 年版。

［一四］紀國泰：〈蜀方言〉疏證補，巴蜀書社 2007 年版，第 177 頁。

論字義的凝聚與擴散[一]

漢語的字義關係宛如處在一張漁网之上，四周的意義如果向中心點匯聚，就會形成同義關係；而中心點的意義向四周擴散，就會形成多義關係。同義關係的形成，是字義凝聚的結果，多義關係的形成，則是字義變易的結果。本文所謂『字義凝聚』是指異字同義的凝聚，『字義擴散』則是指同字的意義變易。研究字義的凝聚與擴散，能搞清楚字的同義關係、多義關係是怎麼形成的，為漢語歷史詞義學理論的建立提供實踐依據。本文以『母親』義考察為例，證明字義的凝聚與擴散是漢語中存在的普遍規律。

説文·女部云：『姐，蜀謂母曰姐，淮南謂之社。从女且聲。』（十二下）[二]清段玉裁注：『「姐」方言也。其字當蜀人所制。「社」，因類記之也。社與姐音近。』[三]從許慎的解釋和段玉裁的解讀看，『姐』與『社』之間存在字義的凝聚與擴散問題。『社』的本義與『姐』不同，但在『母親』的意義上它們凝聚在了一起，因此我們説『社』『姐』構成了同義關係。

『社』甲骨文作或，本義是『土地神』。説文·示部云：『社，地主也。从示从土。春秋傳曰：「共工之子句龍為社神。」周禮曰：「二十五家為社，各樹其土所宜之木。」，古文社。』（一上）所謂

『地主』就是土地神，亦稱『后土』，原指『共工之子句龍』，後世為他建立的神位稱『土地神位』，簡稱『地神』，亦稱『社主』。所以『社』既是地神又是社主。呂氏春秋·季冬紀：『（天子）乃命太史次諸侯之列，賦之犧牲，以供皇天上帝社稷之享。』漢高誘注：『皇天上帝，五帝也；社，后土之神，謂句龍也；稷，田官之神，謂列山氏之子柱與周棄也。』[四]禮記·祭法：『共工氏之霸九州也，其子曰后土，能平九州，故祀之以社。』尚書·甘誓：『用命賞于祖，弗用命戮于社。』偽孔安國傳：『天子親征，又載社主，謂之社。』白虎通·社稷：『社者，土地之神也。』無論是『地神』還是『社主』，原本與『姐』的意義不相干，然秦漢時期，江淮方言呼『母』的口音與『姐』相同，故以『社』記音，『社』就具有了母親義。淮南子·說山訓：『東家母死，其子哭之不哀。西家子見之，歸謂其母曰：「社何愛速死，吾必悲哭社。」夫欲其母之死者，雖死亦不能悲哭矣。』漢高誘注：『江淮謂母為社。社，讀「雖家謂公為阿社」之社也。』[五]

漢語中的每一個字都是為特定的概念創造的，因此它們記錄的往往是專屬性的概念。『姐』字，按段玉裁的說法是『蜀人所制』，用它來記錄『母』這樣一個專屬性概念，而『社』字是中原人創造的，用它來記錄『后土』這樣一個專屬性概念。後來它們記錄的意義不斷增多，宛如一滴水，初始滴在紙上還是一個很小圓點，隨之向四周浸散，就形成了一個較大的圓，集中的水滴浸散開去，越是往外浸散越是淡化，乃至看不清原來的樣子。字的意義增多猶如水滴的浸散，由此形成字義間的親疏關係。字義親疏關係形成的原因，在歷史詞義學上叫做『詞義的順向引申』，[六]亦就是字義擴散的結果。『社』的引申義至少有以下幾種：

①由后土（地神）引申為社主。

②由地神引申為社壇。

③由地神引申為祭祀地神。

④由地神引申為祭祀地神的節日。

⑤古代鄉村行政單位。

⑥宋元以來指各類群團組織或服務性單位。如詩社、戲劇社、書畫社、報社、合作社、旅社、旅行社等等。

⑦秦漢時期江淮人稱母為社。

在『社』的七種引申義中，越往後的似乎與本義『地神』之間的關聯性越微弱，如果不是搞專業的人，很難體會得到它們之間的內在聯繫。比如江淮人為什麼會稱母親為『社』？這恐怕跟華夏民族的文化意識有關。遠古先民認為『天』代表『男』代表『父』，而『地』則代表『女』代表『母』，『天父地母』乃是植根於中華民族骨髓中的一種潛意識，而『社』是主宰大地之神，『母』則是生育新生命之神，自然受到兒女們的孝敬與崇拜。因而『母』與『社』亦就很自然地聯繫起來了。因此，同為母親義的『母』與『社』自然凝聚在了一起。說文·女部：『母，牧也。从女，象褱子形。一曰象乳子也。』清段玉裁注：『以疊韻為訓。牧者，養牛人也，以譬人之乳子。引伸之，凡能生之以啓後者皆曰母。褱，褱也，象兩手褱子也。』[七]許君以『牧』釋『母』，前人認為這是一種聲訓的釋義方法，理由是『母』與『牧』讀音相同。段氏應用了兩種解釋方法：一種是聲訓法，即『以疊韻為訓』，另一種是比喻法，即『以［養牛人］譬人之乳子』。段氏很聰明，他亦覺得單憑聲訓法靠不住，故而用比喻法作補充說明。聲訓法就是以讀音為紐帶去系聯同音字，凡讀音相同或相近的字其字義亦相同或相近。這種訓詁方法雖然來源久遠，有一定的實用性，但很不科學。因為古今漢語的音節都少，而文字僅說文就一萬有餘，讀音相同的字必然很多，如果再加上『相近』條例，無限地擴大其適用範圍，聲訓法衹能是一種玄而又玄的訓詁方法，而非嚴謹的、科學的訓詁方法。許君以『牧』釋『母』，說明兩字的核心意義都是『養……的人』：『牧』是『放養牛羊的人』，好比牛羊之母；『母』則是『生養兒女的人』，則是生育兒女之母。它們的意義相似，故以『牧』喻『母』。我們之所以能將『母』『姐』『社』『牧』聚合在一起，是因為它們都具有『母』義。如果再以『母』義系聯，就能把漢字中所有表示『母』義的字凝聚成群，形成一個以『母』義為核心的同義字群。

『嫗』的本義為母親。說文·女部：『嫗，母也。从女區聲。』段玉裁注：『［禮記·］樂記：「煦嫗覆育萬物。」鄭［玄］曰：「以氣曰煦，以體曰嫗。」詩［·小雅·巷伯］毛傳：柳下惠「嫗不逮門之女。」亦以體曰嫗之意。「不逮門」者，不及入門。荀卿［大略］所謂「與後門者同衣」，即此也。凡人及鳥生子曰乳，皆必以體嫗之。』[八]漢書·嚴延年傳：『東海莫不賢知其母。延年兄弟五人皆有吏才，至大官。東海號曰「萬石嚴嫗。」』

『姁』的本義為母親。說文·女部：『姁，嫗也。从女句聲。』段玉裁注：『姁亦母偁也。』

『妣』的本義亦為母親，無論生與死。爾雅·釋親：『父為考，母為妣。』晉郭璞注引蒼頡篇曰：『考妣延年。』宋邢昺疏：『此亦生稱考妣也。』方言卷六：『南楚瀑洭之間……謂婦妣曰母姼，稱婦考曰父姼。』郭璞注：『古者通稱以考妣，為生存之稱。』尚書·舜典：『百姓如喪考妣。』孔安國傳：『考妣，父母。』唐陸德明釋文：『父曰考，母曰妣。』清羅振玉增訂殷虛書契考釋·妣：『說文解字：妣，籀文作𡛷。卜辭多作𠤎，與古金文同，多不从女。（惟義妣鬲召中鬲从女作妣，與許書籀文合。）吳中丞說：「古妣字與父相比，右為𠤎，左為𠤎。」予案：考妣之匕引申而為匕箸字。匕必有偶，猶父之與母相匕矣。』[九]

『姑』的本義為丈夫的母親。爾雅·釋親：『（婦）稱夫之母曰姑。』國語·魯語下：『吾聞先姑。』三國吳韋昭注：『夫之母曰姑，歿曰先姑。』妻子的母親則稱『外姑』。爾雅·釋親：『妻之母為外姑。』

漢代以前向女子傳教為婦之道的女教師稱『娿』（ē），亦稱『姆』，字亦寫作『娒』。說文·女部：『娿，女師也。从女加聲。杜林說：「加教於女也。」讀若阿。』又：『娒，女師也。从女每聲。讀若母。』段玉裁注：『許作娒，字林及禮記音義作姆也。』玉篇·女部『姆，音茂，女師也。娒，同上，說文。又莫后切。』集韻·歌韻：『娿，姆也。』左傳·襄公三十年：『甲午，宋大災，宋剝姬卒，待姆也。』晉杜預注：『姆，女師。』儀禮·士昏禮：『姆纚笄宵衣在其右。』鄭玄注：『姆，婦人年五十無子，出而不復嫁，能以婦道教人者。』禮記·內則：『女子十年不出，姆教婉娩聽從。』

『姥』的本義是母親（包括夫之母和妻之母）。宋郭茂倩樂府詩集·橫吹曲辭·琅琊王歌辭：『公死姥更嫁，孤兒甚堪憐。』宋郭茂倩樂府詩集·雜曲歌辭·焦仲卿妻：『便可白公姥，及時相遺歸。』北周衛元嵩元包經·少陰：『稚牧於姥，子育於母。』

『姼』（chǐ）的本義是美女。說文·女部：『姼，美女也。从女多聲。㚰，姼或从氏。』但在秦漢以前的方言中，『姼』義已向妻之母義凝聚，不過衹能作為『母』的後置定語（『母姼』）複合使用，而不能單說。方言卷六：『南楚瀑洭之間……謂婦妣曰母姼，稱婦考曰父姼。』郭璞注：『古者通稱以考妣，為生存之稱。』廣雅·釋親：『妻之父謂之父姼，妻之母謂之母姼。』『父姼』『母姼』相當於後世所謂『岳父』『岳母』。從這個意義上說，『姼』還不是岳母的稱謂，而僅僅表示妻子娘家。章太炎新方言·釋親屬：『案：姼說文本訓美女，音尺氏切；其為婦妣、婦考之稱，與爹、奢、姐、社同字……婦考為姼，姼即爹、奢、社也；婦妣為姼，姼即姐、社也……姼既同社，故為母稱。山西平陽為叔母曰姼，姼音多駕切。』[一〇]

『娘』字產生於漢魏時期，本義為少女。玉篇·女部：『娘，女良切，少女之號。』宋郭茂倩樂府詩集·清商曲辭·子夜歌：『見娘喜容媚，願得結金蘭。』元王實甫西廂記第一本第一折：『顛不剌的見了千萬，似這般可喜娘的龐兒罕曾見。』到唐宋，『娘』義向母親義凝聚。古今韻會舉要·陽韻：『娘，母稱曰娘。』太平廣記卷九十九引唐道世法苑珠林：『母語女言：「汝還努力為吾寫經。」女云：「娘欲寫何經？」』

『媪』本義為對老年婦女的尊稱。說文·女部：『媪，母老偁也。从女𥁕聲。讀若奧。』段注本作『母老偁也』。戰國策·趙策四：『老臣以為媪之愛燕后，賢於長安君。』史記·高祖本紀：『母曰劉媪。』南朝宋裴駰集解：『文穎曰：「幽州及漢中皆謂老嫗為媪。」孟康曰：「長老尊稱也。」』先秦時期已向母親義凝聚。廣雅・釋親：『媼，母也。』清王念孫疏證：『媼為母之異名。』韓非子・外儲說右上：『薄疑歸言之媼也，曰：「衛君之愛疑奚與媼？」媼曰：「不如吾愛子也。」』

『媞』古代江淮方言區稱母親。說文・女部：『媞，諦也。一曰妍黠也。一曰江淮之間謂母曰媞。从女是聲。』廣韻・紙韻：『媞，江淮呼母也。』

『媓』本為堯女舜妻之名。尸子卷下：『堯聞其（舜）賢……於是妻之以媓，媵之以娥。』秦漢時期南楚方言向母親義凝聚。方言卷六：『媓，南楚瀑洭之間母謂之媓。』玉篇・女部：『媓，胡光切，母也。』

『㜷』古時吳方言稱母親。集韻・薺韻：『吳俗呼母曰㜷。』

『嬭』的本義為母親的乳房，字轉形為『奶』（會意兼形聲）。玉篇・女部：『嬭，乳也。』正字通・女部：『嬭，改作奶。』繼後向母親義凝聚（代稱）。廣雅・釋親：『嬭，母也。』廣韻・薺韻：『嬭，楚人呼母。』『嬭』單說稱呼母親，疊音『嬭嬭』稱呼祖母。章太炎新方言・釋親屬：『廣雅：嬭，母也。今多謂祖母為嬭嬭，或以稱母。』[一一]

『嬤』亦作『嬷、⿰女婁』，舊讀mā，今讀mó，疊音『嬤嬤』稱呼母親，不能單說。改併四聲篇海・女部引俗字背篇：『嬤，俗呼母親為嬤嬤。』正字通・女部：『嬤，即嗎孁之轉音，俗改從麽。』字彙・女部：『嬤，俗呼母為嬤嬤。』元武漢臣生金閣第二折：『我家中有個嬤嬤，是我父親手裡的人，他可也看生見長我的。』

『孃』亦写作『娘』，本義為煩擾，音汝陽切。說文・女部：『孃，煩擾也。一曰肥大也。从女襄聲。』魏晉以後則向母親義凝聚，音變讀女良切。玉篇・女部：『孃，女良切，母也。』郭茂倩樂府詩集・橫吹曲辭・木蘭詩：『但辭爺孃去，暮宿黃河邊。』唐杜甫兵車行：『耶孃妻子走相送，塵埃不見咸陽橋。』

『㜷』齊人稱呼母親。玉篇・女部：『㜷，齊人呼母。』唐李商隱李賀小傳：『長吉了不能讀，欻下榻叩頭，言：「阿㜷老且病，賀不願去。」』

『媽』面稱母親。玉篇・女部：『媽，母也。』集韻・姥韻：『媽，博雅：「母也。」』今普通話稱『媽』或『媽媽』。

『母、姐、（毑、𣬶、她、媎）、社、嫗、姁、妣、姑、姆（娒）、姥、姼、娘、媪、媓、媞、嬭、嬤、孃、㜷、媽』等二十個字（不算異體），它們的來源不完全相同——或來源於共通語（『母、嫗、姑、妣、姥、姆、娘、媪、嬤、媽』），或來源於方言（『姐、社、姼、媓、媞、㜷』），或來源於字義的擴散即引申義（『姆、姼、娘、媪、媓、嬭、孃』）；它們或通稱母親，或專稱丈夫的母親（『姑』），然而它們都在『母』義下凝聚，構成了一組同義字群。

字義的擴散是指字義在演變的歷史過程中其指稱的對象發生了變化，變化的規律或由專稱、特稱到泛稱、通稱、統稱，或由泛稱、通稱、統稱到專稱、特稱，或由專稱、特稱到代稱、喻稱，或由專稱、特稱到轉稱，或由他族稱謂轉借為本族稱謂等等。比如：

『姐』（毑、𣬶、她、媎）本為蜀人謂母之稱，今成都話中尊稱母輩女性仍沿用此稱，不過不能單說『姐』，而說『大姐』；不能稱親戚朋友的母親，祗能稱素不相識的人。後來向其他方言區擴散，由專稱母親向母輩婦女、祖母等擴散。章太炎新方言・釋親屬：『說文：蜀人謂母曰姐。今山西汾州謂母為姐。湖南別為祖母為唉姐。廣雅：毑，母也。與姐分言。玉篇云：姐古文作毑。曹憲亦同音子我、子倚二反。案：毑从也聲，似不當與姐同字。今淮西、蘄州別謂母毑，音如貤，與也聲合。』[一二] 按華夏民族的傳統習俗，凡同胞中比自己年長的女人都要盡撫養弟弟妹妹的責任，故唐代以來尊稱同父母（或同父或同母）所生子女中年齡比自己大的女性為姐。唐李白寄東魯二稚子：『小兒名伯禽，與姐亦齊肩。』宋吳曾能改齋漫錄卷二：『近世多以女兒為姐，蓋尊之也。』再尊稱親戚朋友中同輩而年長的女性或年輕女性為姐。在當今服務、娛樂界稱女性為姐已習以為常，究其來源，乃是漢魏以來尊稱樂伎之遺風。南宋吳曾在能改齋漫錄卷二中對『姐』的意義擴散作過如下論述：『婦人以姐為稱……。按：魏繁欽與文帝牋曰：「自左瞋、史妠、謇姐名倡。」魏志曰：「文帝令杜夔與左瞋等於賓客中吹笙鼓琴。」李善注云：「其史妠、謇姐蓋亦當時之樂人。」以是知婦人之稱姐，漢魏已然矣。』稱樂伎為姐始於漢魏，其後則通稱女子為姐，這類稱呼都帶有敬重之意。再則女人體貌言行，嬌柔輕緩，從容不迫，故『姐』的表意再向『慢』擴散。廣韻・馬韻：『姐，慢也。』再向『嫭』義擴散，音讀jù。說文・女部：『嫭，嬌也。从女虘聲。』段注本作『驕也』，並注：『驕，俗本作嬌，小徐不誤。古無嬌字，凡云嬌即驕也。』集韻・御韻：『嫭，說文：「嬌也。」或作姐。』漢王符潛夫論・述赦：『孺子可令姐。』文選・嵇康〈憂憤詩〉：『恃愛肆嫭，不訓不師。』唐李善注：『說文：「嬌也。」嬌與姐同耳。』章太炎新方言・釋言引說文作『驕也』，並注：『嫭，將預切；姐，茲也切。魚、模轉麻，故嫭為姐。蘇州小兒恃愛而驕為姐，齒音歸舌，為丁也切。』[一三] 又向『㜺』

（zàn）義擴散，音讀xù。說文·女部：『嬪，白好也。从女贊聲。』段玉裁注：『色白之好也。』廣雅·釋詁一：『嬪，好也。』廣韻·翰韻：『嬪，美好皃。』所謂『白好』，就是膚色白而有光澤。

『妣』本為母親的通稱，然母有生有死，故向已故的母親擴散。禮記·曲禮下：『生曰父曰母曰妻，死曰考曰妣曰嬪。』公羊傳·隱公元年：『仲子者何？桓之母也。』漢何休注：『生稱母，死稱妣。』說文釋『妣』為『歿母』，採用的是禮記的說法，然禮記是西漢的書，其說祇能證明稱已故的母親為『妣』始於漢代。在先秦時期，『妣』又稱祖母或祖母輩以上的祖先。詩經·小雅·斯干：『似續妣祖，築室百堵。』漢鄭玄箋：『妣，先妣姜嫄也。祖，先祖也。』『先妣』就是先祖母。清顧炎武日知錄卷二云：『愚攷古人自祖母以上，通謂之妣。經文多以「妣」對「祖」而並言之。』

『姑』本稱丈夫的母親，而父親的姊妹猶如丈夫母親的之威嚴，故擴散到稱姑媽。爾雅·釋親亦曰：『父之姊妹曰姑。』詩經·邶風·泉水：『問我諸姑，遂及伯姊。』毛傳：『父之姊妹稱姑。』公羊傳·莊公三年：『請后五廟以存姑姊妹。』漢何休注：『父之姊妹為姑。』丈夫的姊妹亦猶如丈夫母親的之威嚴，再擴散到稱丈夫的姊妹。郭茂倩樂府詩集·雜曲歌辭·焦仲卿妻：『卻與小姑別，淚落連珠子。』唐李白去婦辭：『回頭語小姑，莫嫁如兄夫。』明成化說唱詞話叢刊·石郎駙馬傳：『國姑見報心歡喜，等候嫂子姓張人。』無論丈夫的母親、妻子的母親還是父親的姊妹、丈夫的姊妹都是女性，再擴散到泛稱成年女人。呂氏春秋·先識：『商王大亂，沈於酒德，辟遠箕子，爰［愛］近姑與息。』清畢沅曰：『尸子：「棄黎老之言，用姑息之語。」注云：「姑，婦也；息，小兒也。」與此同意。』[一一四]南朝梁宗懔荊楚歲時記：『（正月十五日）其迎夕紫姑，以卜將來蠶桑，並占眾事。』又宋元以後稱出家為尼的女人為姑。元關漢卿望江亭第一折：『逐朝每日到俺觀裡來，與貧姑攀談。』清平山堂話本·快嘴李翠蓮記：『夫家娘家著不得，剃了頭髮做師姑。』

『姆』（娒）本稱向女子傳教為婦之道的女教師，唐宋時期向母親、乳母擴散。集韻·哿韻：『姆，博雅：「毑，母也。」或作姐。』唐韓愈殿中少監馬君墓誌：『姆抱幼子立側。』在今吳方言中，『姆』與『媽』複合成『姆媽』（m’ma）面稱母親，亦尊稱母親輩的婦女，包括保姆（見沈從文堂兄）。江蘇的宜興、常州，湖南的常德，浙江的寧波、嘉興、杭州、金華等地亦稱母親。在湘方言中，如湖南婁底湄江、常德石門等，祖母亦叫『姆媽』。

『姥』本稱母親（包括夫妻之母）。郭茂倩樂府詩集·橫吹曲辭·琅琊王歌辭：『公死姥更嫁，孤兒甚堪憐。』又雜曲歌辭·焦仲卿妻：『便可白公姥，及時相遺歸。』北周衛元嵩元包經·少陰：『稚牧於姥，子育於母。』魏晉以後其義擴散到老年婦女。玉篇·女部：『姥，莫古切，老母也。』晉書·王羲之傳：『會稽有孤居姥養一鵝，善鳴，求市未能得。』唐玄應一切經音義卷十三：『姥，今以女老者為姥也。』元明以後，『姥』在北方方言中疊音為『姥姥』（lǎolɑo），稱外祖母。明沈榜宛署雜記卷十七：『外甥稱母之父曰老爺，母之母曰姥姥。』亦尊稱老年婦女（包括接生婆）。

『㚰』本稱美女，但在秦漢以前的方言中已向妻母擴散，不過衹能作為『母』的後置定語（『母㚰』）複合使用，而不能單說。方言卷六：『南楚瀑洭之間……謂婦妣曰母㚰，稱婦考曰父㚰。』郭璞注：『古者通稱以考妣，為生存之稱。』廣雅・釋親：『妻之父謂之父姼，妻之母謂之母姼。』『父姼』『母姼』相當於後世所謂『岳父、岳母』。從這個意義上說，『姼』還不是『岳母』的稱謂，而僅僅表示妻子娘家。到近代方言中則向叔母擴散。章太炎新方言・釋親屬：『案：姼說文本訓美女，音尺氏切；其為婦妣、婦考之稱，與爹、奢、姐、社同字……婦考為姼，姼即爹、奢、社也；婦妣為姼，姼即姐、社也……姼既同社，故為母稱。山西平陽為叔母曰姼，姼音多駕切。』[一五]

『娘』本稱少女。玉篇・女部：『娘，女良切，少女之號。』郭茂倩樂府詩集・清商曲辭・子夜歌：『見娘喜容媚，願得結金蘭。』元王實甫西廂記第一本第一折：『顛不剌的見了千萬，似這般可喜娘的龐兒罕曾見。』到唐宋則向母親擴散。元熊忠古今韻會舉要・陽韻：『娘，母稱曰娘。』太平廣記卷九十九引道世法苑珠林：『母語女言：「汝還努力為吾寫經。」女云：「娘欲寫何經？」』王實甫西廂記第二本第四折：『白頭娘不負荷，青春女成耽擱。』在近代漢語中可通稱已婚的母輩女人或成年職業女性，如『繡娘』『廚娘』『漁娘』等。

『媼』本尊稱老年婦女，漢魏時期專稱母親。廣雅・釋親：『媼，母也。』王念孫疏證：『媼為母之異名。』韓非子・外儲說右上：『薄疑歸言之媼也，曰：「衛君之愛疑奚與媼？」媼曰：「不如吾愛子也。」』在近代方言中再擴散到稱祖母。章太炎新方言・釋親屬：『山西平陽呼祖母曰媼，媼音小變作尼到切。』[一六]『社』稱母，由稱地神擴散而來；『媼亦也可稱地神，則由稱母擴散而來。正字通・女部：『媼，地神曰媼。』漢書・禮樂志二：『后土富媼。』唐顏師古注引三國魏張晏曰：『媼，老母稱也。坤為母，故稱媼。』

『媓』本為堯女舜妻之名，秦漢時期南楚方言轉稱母親。方言卷六：『媓，南楚瀑洭之間母謂之媓。』『嫗』本專稱母親，後通稱成年女人。南史・隱逸傳下・鄧鬱：『從少嫗三十，並著絳紫羅繡袿襹，年皆可十七八許。』

『嬭』（奶）本為母親的乳房，後代稱母親。廣雅・釋親：『嬭，母也。』廣韻・薺韻：『嬭，楚人呼母。』『嬭』單說稱呼母親，疊音『嬭嬭』稱呼祖母。章太炎新方言・釋親屬：『廣雅：嬭，母也。今多謂祖母為嬭嬭，或以稱母。』[一七]『嬭』變讀（忍氏切，今音ěr）稱呼姐姐。集韻・紙韻：『嬭，姊之謂嬭。』

『孃』本為煩擾（音汝陽切），魏晉以後稱母親為孃（音變讀女良切）。郭茂倩樂府詩集・横吹曲辭・木蘭詩：『但辭爺孃去，暮宿黃河邊。』唐杜甫兵車行：『耶孃妻子走相送，塵埃不見咸陽橋。』

『嬤』疊音『嬤嬤』稱呼母親。金韓道昭改併四聲篇海・女部引俗字背篇：『嬤，俗呼母親為嬤嬤。』正字通・女部：『嬤，即嗎孁之轉音，俗改从麽。』字彙・女部：『嬤，俗呼母為嬤嬤。』元武漢臣生金閣第二折：『我家中有個嬤嬤，是我父親手裡的人，他可也看生見長我的。』後泛稱老年婦女。元關漢卿金線池第三折：『妾身張嬤嬤，這是李妗妗，這是閔大嫂。』明湯顯祖邯鄲夢・死竄：『老嬤嬤，甚麽響？』再專稱奶媽。清曹雪芹紅樓夢第十九回：『偏奶母李嬤嬤拄拐進來請安，瞧瞧寶玉。』

研究字義的凝聚與擴散，能在錯綜複雜的字義系統中梳理清楚每一個意義的形成原因，對於漢語詞義系統的分類建立和辭書釋義的準確解釋都有積極意義。比如我們常常發現前人或字書釋義有誤，但對其錯誤不知道如何糾正，如果運用字義凝聚與擴散的理論來分析，是極容易分辨清楚的。如漢語大字典・女部云：

『婁，通「𤢖」，母豬。』『婁』怎麼會有『母豬』義？說文·女部：『婁，空也。从母中女，空之意也。』『婁』的本義為手編竹簍，引申為空。『婁』與『豬』複合纔表示腹中無子而空的豬，即未懷仔是豬，單說『婁』無『母豬』義。左傳·定公十四年：『既定爾婁豬，盍歸吾艾豭？』杜預注：『婁豬，求子豬。』『婁豬』雖與與『艾豭』對文，但單說『豭』有公豬義，而單說『豬』則無公母區別，衹有複合說成『婁豬』纔有母豬義。集韻·矦韻：『𤢖，求子豕。通作婁。』後世受了集韻釋義的誤導，纔把『婁』釋為母豬的。因為『𤢖』有母豬義，而『婁』絕無母豬義。

注釋

[一] 本文原署名曾玉洪、鍾如雄，載於西南民族大學學報（人文社會科學版）2013 年第 5 期。

[二] 漢許慎：說文解字，中華書局 1963 年版，第 259 頁。

[三] 清段玉裁：說文解字注，上海古籍出版社 1988 年版，第 615 頁。

[四] 許維遹：呂氏春秋集釋，文學古籍刊行社 1955 年版，第 463 頁。

[五] 劉文典：淮南鴻烈集解，中華書局 1989 年版，第 538 頁。

[六] 參看鍾如雄說文解字論綱，四川人民出版社 2000 年版，第 260 頁。

[七] 清段玉裁：說文解字注，上海古籍出版社 1988 年版，第 614 頁。

[八] 同上書，第 614—615 頁。

[九] 清羅振玉：殷虛書契考釋三種，中華書局 2006 年版，第 427—428 頁。

〔一〇〕章太炎全集（七），上海人民出版社1999年版，第84—85頁。

〔一一〕同上書，第84頁。

〔一二〕同上。

〔一三〕同上書，第55頁。

〔一四〕見許維遹呂氏春秋集釋，文學古籍刊行社1955年版，第683頁。

〔一五〕章太炎全集（七），上海人民出版社1999年版，第84—85頁。

〔一六〕同上書，第84頁。

〔一七〕同上。

漢語大字典不明關係字疏證［一］

漢語大字典［二］（以下簡稱大字典）是我國第一部以解釋漢字的形、音、義為主要任務的大型語文工具書，是國家哲學社會科學『六五』規劃的重點科研專案。承擔該字典編寫任務的是當時川、鄂兩省著名的語言學家和優秀的科研工作者。這些專家學者，將其潛心研究的成果毫不保留地著錄到了這部工具書裡，為千千萬萬莘莘學者奉獻一部既可以檢閱又可以研讀的典範的語文工具書。

大字典的新異、奇特，主要表現在編者對漢字變易形體的精心安排上，在楷書單字條目下盡可能收列能反映形體演變關係的、最具代表性的異形字，而排列以漢字發展嬗變的歷史先後（甲、金、篆、隸等）為序，讓讀者一目了然。與此同時，在正文中對同一個漢字的異體關係，在異體字下根據不同情況分別用『同某』『後作某』『也作某』表示，讓讀者能在紛繁複雜的六萬來個單字中輕鬆地找到它們，並很清楚地分辨出它們之間是何種關係。但是，由於該書的編撰受時代的局限，而且書成於衆手，難免美玉微瑕。比如因『過於細求，忽視詞義的概括性』『義項分合不當』『釋義不確』等等，前賢已有批評。下面就該字典中五十八組不明關係字（即凡例應該注明關係而未加注明的異體字）之間的脈絡作簡要梳理，以見教於方家。

一　⿱䀠夰：䀠：⿱䀠大：瞿：眗

⿱䀠夰 jù 廣韻九遇切，去遇見。又苦礦切，集韻畎迥切。魚部。①驚恐舉目而視。說文・夰部：「⿱䀠夰，舉目⿱䀠夰驚然也。」集韻・梗韻：「⿱䀠夰，驚而舉目視。」編者未注「同䀠」。䀠 jù 廣韻九遇切，去遇見。又舉朱切。魚部。同「瞿」。左右驚視。說文・䀠部：「䀠，左右視也。」徐灝注箋：「左右視者，驚顧之狀。」正字通・目部：「䀠，瞿本字。」六書故・人三：「䀠，兩目中又眂䀠然也。」編者祇注「同瞿」，而未注「同⿱䀠夰」。⿱䀠大（一）jù 廣韻舉朱切，平虞見。又集韻果羽切。魚部。①怒目斜視。說文・䀠部：「⿱䀠大，目衺。」王筠句讀：「九經字樣：怒皃也。」桂馥義證：「怒而衺視也。」集韻・噳韻：「⿱䀠大，目衺也。」（二）jù 集韻俱遇切，去遇見。同「䀠」。心懼向左右顧看。集韻・遇韻：「䀠，左右視。或從大。」編者⿱䀠夰在（二）下注「同䀠」，而（一）下未注「同⿱䀠夰」。瞿（一）jù 廣韻九遇切，去遇見。魚部。驚視貌。說文・瞿部：「瞿，鷹隼之視也。」徐鍇繫傳：「驚視也。」編者未注「同䀠」或「同⿱䀠夰、⿱䀠大」等。

疏證：「䀠」金文作（䀠鼎），從雙目會意，本義爲因驚恐而左右掃視。說文・䀠部：「䀠，左右視也。从二目。讀若拘。又若良士瞿瞿。」（四上）清饒炯部首訂：「會意。从二目。左右視也，即申釋二目會意之旨，蓋驚恐者目善搖。」後增類母「大」換形爲「⿱䀠大」，突出強調人的驚視；再換「大」爲「夰」變成「⿱䀠夰」。說文將「䀠、⿱䀠大、⿱䀠夰」分別部居於䀠部和夰部的正篆內作不同解釋，說明許氏不知道它們是重文關係。漢以後，又省一目增一聲母更形爲「眗」。廣韻・虞韻：「䀠，作左右視也。眗，上同。」[三]集韻・

虞韻：『眲，左右視也。或作眴。』大字典已注明『眴，同「眲（瞿）」』清畢振姬原心：『豕有食於其死母者，眴然視而走。』又『瞿』是在『眲』上增益類母『隹』轉注出來的形聲字。説文·瞿部：『瞿，鷹隼之視也。』小徐本作：『鷹視也。從隹從眲，眲亦聲。讀若章句之句。』（四上）『瞿』從隹，所以許氏誤將其看成『鷹隼之視』。其實上古文獻中『瞿』並無『鷹隼之視』的用例，恰恰相反都是用來描寫人類的驚視。正字通·目部云：『眲，瞿本字。』甚安。『䀠、界、瞿、眴』都是從『眲』相繼轉注出來的異體字，它們本義相同（因驚恐而左右掃視），讀音相同（九遇切或舉朱切），僅僅是字形略有差異，不該依説文而作爲不同的字處理。

二　瞙：眛

瞙 mò 廣韻慕各切，入鐸明。目不明。玉篇·目部：『瞙，字統云：目不明。』正字通·目部：『瞙，俗謂目瞖曰瞙。』編者未注『同眛』。眛 mò 廣韻莫撥切，入末明。月部。①目不正。説文·目部：『眛，目不明也。』廣韻·末韻：『眛，目不正也。』清王引之經義述聞·春秋名字解詁上：『説文·目部前有「眛」字，「目不明也」……後有「眛」字，「目不正也」。』『而今本「目不明」之「眛」，右畔誤寫「本末」之「末」而音「莫撥切」，「目不正」之「眛」，右畔誤寫「午未」之「未」而音「莫佩切」，「正」字誤作「明」，所當互易者也。玉篇「目不正」之「正」，雖與今本説文誤作「明」，而「莫達切」之音尚不誤。「莫達」與「莫撥」同，可據廣韻：「眛，目不正也，莫撥切」以正之矣。』編者亦未注『同瞙』。

疏證：『眛』的本義是眼睛因患有白内障之類的病而看不清楚。説文・目部：『眛，目不明也。从目末聲。』説文同部還有個『眛』字，許慎依然解釋成『目不明也』[四]。『眛』與『眛』是同一個字還是兩個不同的字？清段玉裁認爲是同一個字。他説：『其訓皆曰「目不明」，何不類居而畫分二處。且玉篇於「⿰目量」「瞯」二字之間云：「眛，莫達切，目不明。」蓋依説文舊次。則知説文原書從「末」之「眛」當在此，淺人改爲從「未」，則又增從「末」之「眛」於前也。』[五]而王引之則説説文本有『眛』『眛』兩字，今本説文之所以同解作『目不明』，是因爲後世將『眛，目不正也』中的『「正」字誤作「明」』了，而玉篇廣韻仍舊作『目不正也』[六]。大字典從王氏説，故劃分二處。我們認爲段氏説最爲可信。二字原本一字，『眛』爲後人誤增，玉篇廣韻作者未加考證而沿襲舊誤。『眛』原爲形聲字，後世更換聲母『末』轉形成『瞙』。『眛、瞙』本義、讀音均同，是一組異體字。

三　⿰目斬：眨

⿰目斬 zhǎn 龍龕手鑑音斬。眨眼。元關漢卿望江亭第二折：『我雖是個裙釵輩，見别人⿰目斬眼擡頭，我早先知來意。』元曾瑞懷離・四門子：『腳兒又疾，口兒又喃，我見他低頭眼⿰目斬。』西遊記第八回附録：『欲待烹與母親喫，只見鯉魚閃閃⿰目斬眼。』編者未注『同眨』。眨 zhǎ 廣韻側洽切，入洽莊。盍部。①眼睛一閉一開。説文新附・目部：『眨，目動也。』廣韻・洽韻：『眨，目動。』唐玄應一切經音義卷十一引字苑：『眨，目數開閉也。』景德傳燈録卷二十九：『眨眼參差千里莽，低頭思慮萬重灘。』編者亦未注『同⿰目斬』。

疏證：『眨』本義是眼睛閉上瞬息又睜開。說文・目部新附字：『眨，目動也。从目乏聲。』（四上）眨眼實際上並非整個眼睛在動，而是指上下眼簾瞬息開合。唐玄應一切經音義卷十一引字苑說：『眨，目數開閉也。』較爲精當。『眨』從『乏』得聲，後世換成『斬』聲轉換爲『䁪』。廣韻『乏』房法切（入聲乏韻），『斬』側減切（上聲豏韻），屬陽入對轉。今四川話『眨』至少有三種讀音：成都讀 za_{21} 或 zan_{21}，川南仍讀入聲［za］（短促調）。『眨』『䁪』本義、讀音微變，是一對異體字。

四　瞰：看：⿰倝目：矙：闞

瞰 kàn 廣韻苦濫切，去闞溪。談部。①視；看。廣雅・釋詁一：『瞰，視也。』漢書・揚雄傳上：『闞帝唐之嵩高兮，脈隆周之大寧。』唐顏師古注：『瞰，視也。』文心雕龍・鎔裁：『篇章戶牖，左右相瞰。』……②俯視。字彙・目部：『瞰，俯視曰瞰。』楚辭・九章・悲回風：『馮崑崙以瞰霧兮，隱岐山以清江。』後漢書・光武帝紀上：『雲車十餘丈，瞰臨城中。』李賢注：『瞰，俯視曰瞰。』編者未注『同看』或『同闞』等。看 kàn 廣韻苦旰切，去翰溪。元部。①以手加額遮目而望。數文・目部：『看，晞也。』徐鍇繫傳：『以手翳目而望也。』宋玉賦曰：若姣姬揚袂障目而望所思。』……編者亦未注『同瞰』或『同闞』等。闞 kàn 廣韻苦濫切，去闞溪。又苦暫切。談部。①望，視。後作『瞰』。說文・門部：『闞，望也。』唐慧琳一切經音義卷九十三引蒼頡篇：『闞，視也。』尸子・君治：『禹於是疏河决江，十年未闞其家。』三國魏嵇康琴賦：『邪睨崑崙，俯闞海湄。』

疏證：人類用眼睛看望的行爲，我們的祖先最早是用『目』和『手』的聚象來表示的。說文·目部：『看，睎也。从手下目。𥉌，看或从倝。』（四上）清桂馥義證：『九經字樣：「凡物不見審，則手遮目看之，故看從手下目。」』後隨著漢字聲化的需要，『手』從原形中去掉後增加了個聲母『倝』而更換爲形聲字『𥉌』，說文作爲重文收入。說文·門部還有個『闞』字，許慎解釋爲：『望也。从門敢聲。』（十二上）段玉裁注：『望有倚門倚閭者，故从門。』從目敢聲的『𥉌』和從門敢聲的『闞』，都表示『看』的行爲，都是形聲字，衹是構形的方式不同。『闞』中因沒有表示『看』的物體——眼睛，故後世增益『目』或再更換聲母轉形爲『瞰』『矙』『𥌭』。孟子·滕文公下：『陽貨矙孔子之亡也，而饋孔子蒸豚。』楚辭·九章·悲回風：『馮崑崙以瞰霧兮，隱岐山以清江。』宋洪興祖補注：『馮，登也。瞰，視也，共濫切。』說文·目部云：『看，睎也。』又云：『睎，望也。』門部云：『闞，望也。』廣雅·釋詁一云：『瞰，視也。』集韻·闞韻云：『瞰，視也。或從闞，或從嚴。』篇海類編·身體類·目部云：『𥌭，同瞰。』說明『看、𥉌、闞、瞰、矙』本義、讀音均同，是先後轉形的一組異體字。

五　𥏼：傷

𥏼 shāng 集韻尸羊切，平陽書。陽部。傷。說文·矢部：『𥏼，傷也。』段玉裁注：『謂矢之所傷也。引伸凡傷之稱。』編者未注『同傷』。傷 shāng 廣韻式羊切，平陽書。又式亮切。陽部。①創傷，皮肉破損處。說文·人部：『傷，創也。』莊子·人間世：『咶其葉，則口爛而爲傷。』韓非子·備內：『醫善吮人之傷，含人之血，非骨肉之親也，利所加也。』禮記・月令：『命理瞻傷，察創，視折。』鄭玄注：『理，治獄官也。創之淺者曰傷。』編者未注『同𥏫』。

疏證：說文依據以類相從的原則，將『傷』『𥏫』分別部居在人部和矢部，這樣的安排，說明許慎不知道它們是異體關係。說文・人部：『傷，創也。从人，𥏫省聲』。（八上）又矢部：『𥏫，傷也。从矢昜聲。』（五下）又刃部：『刅，傷也。从刃从一。創，或从刀倉聲。』（四下）以『創』訓『傷』，以『傷』訓『𥏫』，或以『創』訓『傷』，這類遞訓、互訓正好說明三個字是同義詞。無論是創還是傷，都是鋒利或尖銳的物體刺入或劃破人的皮膚後呈現的裂口，所以『傷』更換類母『人』轉形爲『𥏫』，再更換聲母『昜』轉形爲『𥏫』和『⿰矢倉』。廣韻・陽韻：『𥏫，傷也。』集韻・陽韻：『𥏫，亦從倉。』正字通・矢部：『𥏫，同𥏫。』又：『⿰矢倉，俗𥏫字。』『傷』和『𥏫』本義相同，讀音亦相同，是一組轉注字，段玉裁以『矢之所傷』強爲區別，不可愚信。

六　耔：耔

耔 zǐ 廣韻即里切，上止精。之部。①培土。玉篇・耒部：『耔，壅苗本也。』詩經・小雅・甫田：『今適南畝，或耘或耔。』毛傳：『耔，雝本也。』晉陶潛歸去來辭：『懷良辰以孤往，或植杖而耘耔。』編者未注『同耔』。耔 zǐ 廣韻即里切，上止精。之部。給禾苗的根部培土。說文・禾部：『耔，壅禾本。』徐鍇繫傳：『古文言耘耔是也，以土壅根也。耔之言字也，養之也。』晉陶潛歸去來辭：『懷良辰以孤往，或植杖而耘耔。』編者亦未注『同耔』。

疏證：説文・禾部：『秄，壅禾本。从禾子聲。』（七上）『壅』就是把泥土或肥料培在植物的根部。篇海類編・地理類・土部：『壅，培也。』論語・道虛：『物黄，人雖灌溉壅養，終不能青。』『壅』亦作『雝』。『秄』爲給禾苗培土的方法，與農耕密切相關，故更換類母『禾』轉形爲『耔』。玉篇・耒部：『耔，壅苗本也。』詩經・小雅・甫田：『今適南畝，或耘或耔。』毛傳：『耔，雝本也。』向熹詩經詞典：『耔，給苗根培土。』陶潛歸去來辭『秄』的異文亦作『耔』。『秄、耔』實爲異體（轉注）字。

七　皓：暤：皞（皡、皥）

皓 hào 集韻下老切，上晧匣。又古老切。幽部。①光明；明亮。説文・日部『晧』。清王筠句讀：『「晧，日出皃。」皃葢光之譌。……釋詁：「晧，光也。」當爲許君所本。字俗作皓。』詩・陳風・月出：『月出皓兮，姣人懰兮。』編者未注『同皜』或『同暤（暤）』。皞 hào ①潔白明亮貌。説文・日部：『暤，晧旰也。』段玉裁注：『晧旰，謂潔白光明之皃。俗从白作皞。』按：廣韻作暤。宋楊澤民四園竹：『殘霞殿雨，皞氣入窗扉。』編者亦未注『同皓』或『同皜』。

疏證：『皓』的原形字是『晧』。説文・日部：『晧，日出皃。从日告聲。』（七上）段玉裁注：『晧，謂光明之皃也。天下惟潔白者冣光明，故引伸爲凡白之稱，又改其字从白作「皓」矣。』段氏所説的『改其字从白作皓』，就是我們所説的更換類母『日』轉形爲『皓』。『皓』從『告』得聲，再更換聲母轉形爲

『暤（暭）』。說文・日部：『暤，皓旰也。从日皋聲。』（七上）正字通・日部：『皞，俗暤字。』孟子・盡心下：『王者之民，皞皞如也。』明郭勳雍熙樂府・梧葉兒・述樂：『皞皞平安日，熙熙自在天。』再依『晧』的更換規律轉形爲『皞（皡）』。說文『暤』段玉裁注：『俗从白作皞。』又『晧』再更換聲母『告』轉形爲『暠』。玉篇・日部：『暠，白也。』集韻・晧韻：『顥，說文［・頁部］：「白皃。」或作皓、暠。』亦依『晧』的更換規律再轉形爲『皜』。玉篇・白部：『皜，胡老切。皞，同上，皓，同上。』孟子・滕文公上：『江漢以濯之，秋陽以暴之，皜皜乎不可尚也！』王力古代漢語注：『皜（hào），光明潔白。』[七]

『晧、皓、暤（暭）、皞（皡）、暠（皜）』本義相同，讀音相同，爲一組異體（轉注）字。

八　⿺瓜交：瓝

⿺瓜交 bó 廣韻蒲角切，入覺並。藥部。小瓜。說文・瓜部：『⿺瓜交，小瓜也。』段玉裁注：『謂有種小瓜名⿺瓜交。』編者未注『同瓝』。瓝 bó 廣韻蒲角切，入覺並。藥部。①小瓜。爾雅・釋草：『瓝瓝，其紹瓞。』郭璞注：『俗呼瓝瓜爲瓞。』編者亦未注『同⿺瓜交』。

疏證：『⿺瓜交』與『瓝』爲異體字。說文・瓜部：『⿺瓜交，小瓜也。从瓜交聲。』（七下）又：『瓞，⿺瓜交也。从瓜失聲。』許氏以『⿺瓜交』訓『瓞』，說明二者同義可互訓。『瓝』見於爾雅，說文失收，且後世亦無用例，說明已被『⿺瓜交』字所取代。『⿺瓜交』從『交』得聲，後世更換聲母轉形爲『瓝』。『瓝』從『勺』得聲。廣韻・肴韻『交』古肴切，上古屬宵部；藥韻『勺』市若切，上古屬藥部。『⿺瓜交』與『瓝』陰入對轉。

九　痸：癡：痴

痸 chì 廣韻尺制切，去祭昌。又集韻尺列切。①癡病。字彙補·疒部：『痸，癡病。』山海經·北山經：『單張之山有鳥焉，名曰白鵺，食之以嗌痛，可以已痸。』郭璞注：『痸，癡病也。』編者未注『同癡』。癡 chī 廣韻丑之切，平之徹。之部。①呆傻，遲鈍。方言卷十：『癡，騃也。』說文·疒部：『癡，不慧也。』段玉裁注：『癡者，遲鈍之意，故與慧正相反。』山海經·北山經：（人魚）食之無癡疾。』編者亦未注『同痸』。

疏證：『痸』『癡』『㾈』是一組異體字。方言卷十：『癡，騃也。』『騃』唐玄應一切經音義卷六引蒼頡篇：『騃，無知之皃也。』廣雅·釋詁三：『騃，癡也。』漢書·息夫躬傳：『外有直項之名，內實騃不曉政事。』唐顏師古注：『騃，愚也。』說文·疒部：『癡，不慧也。从疒疑聲。』（七下）段玉裁說是『遲鈍之意』。『癡』從『疑』得聲，後更換聲母轉形爲『痸』『㾈』『痴』。玉篇·疒部：『癡，癡⿸疒黎，不達也。』廣韻·之韻：『癡，癡⿸疒黎，不達之皃。』字彙補·疒部：『痸，癡病。』改併四聲篇海·疒部引搜真玉鏡：『㾈，音癡，字義同，俗用。』正字通·疒部：『㾈，俗癡字。』山海經·北山經：『（單張之山）有鳥焉，其狀如雉，而文首、白翼、黃足，名曰白鵺，食之以嗌痛，可以已痸。』晉郭璞注：『痸，癡病也。』廣韻『疑』語其切（平聲之韻），『知』陟離切（平聲支韻），『制』征例切（去聲祭韻），『㾈』魚羈切（平聲支韻），其韻母讀音相近。[八] 在今西南官話中，『癡（癡）』有 ci_{21}、ci_{55} 兩讀，聲調的差異不影響意義的表達。

十　眂：視

眂 shì 廣韻常利切，去至禪。又集韻稱脂切。支部。視。說文·目部：『眂，眂皃。』徐鍇繫傳：『眂，視皃。』字彙·目部：『眂，與視同。』宋王安石送李著作之官高郵序：『初，君眂金陵酒政，人惜君不試於劇，而淪於卑冗。』編者未注『同視』。視 shì 廣韻承矢切，上旨禪。又常利切。脂部。①看。說文·見部：『視，瞻也。』段玉裁注：『目部曰：「瞻，臨視也。」視不必皆臨，則瞻與視小別矣。渾言不別也。』易·履：『眇能視，跛能履。』韓非子·外儲說右上：『鳥以數十目視人，人以二目視鳥。』編者亦未注『同眂』。

疏證：『視』的初文作『眎』。說文·見部：『視，瞻也。从見从示。眎，古文視。眂，亦古文視。』（八下）許慎認爲：『視』從見從示會意，而古文或從目從示會意，或從目氏聲。廣韻·至韻：『視，看視。眎，古文。』集韻·至韻：『視，古作眎。』列子·天瑞：『國君卿大夫眎之，猶衆庶也。』唐殷敬順釋文：『眎，作眂。云眂古文視字也。』『眎』從目從示，示亦聲，故更換聲母『示』轉形爲『眂』。說文·見部『眂』作爲重文收錄。魏張揖古今字詁：『古文眎、眂二形，今作視，同。時旨、時至二反。』（清任大椿小學鈎沈）玉篇·目部：『眂，古文視。』周禮·春官·司服：『凡兵事，韋弁服；眂朝，則皮弁服。』漢鄭玄注：『視朝，視內外朝之事。』清孫詒讓正義：『注云「視朝，視內外朝之事」者，亦注用今字作「視」也。』漢書·王莽傳：『公每見，叩頭流涕固辭；今移病，固當聽其讓，令眡事邪？』唐顏師古注：『眡，古視字。』後再換形爲會意兼形聲『視』和從目氏聲『眡』。說文·目部：『眡，眡皃。从目氏聲。』（四上）徐鍇繫傳：『眡，視皃。』徐氏改『眡皃』爲『視皃』，猶未安。因爲『眡』亦是『視』的異體，就是看的行爲，無所謂『貌』。說文·目部：『看，睎也。从手下目。𥄫，看或从倝。』『看』的異體有『瞰』。廣雅·釋詁一云：『瞰，視也。』集韻·闞韻云：『瞰，視也。或從闞，或從嚴。』『視』與『看（瞰）』有什麽差別呢。『眡』又寫作『𥄉』，類篇·目部稱脂切（大字典音chī，誤讀），其訓爲：『𥄉，視也。或書作𥄉。』段玉裁說文·目部注：『𥄉、眡一字。』文選·馬融〈長笛賦〉：『寒熊振頷，特麚𥄉髟。』唐李善注：『𥄉，視。』李善以異體爲訓。『眎、眡、眡、視』爲一組轉形字。

十一 瘤：疣：肬

瘤yóu 改併四聲篇海引搜真玉鏡音由。瘜肉，寄生性肉疙瘩。字彙·疒部：『瘤，息惡肉。』明黃道周本治論：『蠹生其中，則醜竅而瘤㬪。』編者未注『同疣』。疣yóu 廣韻羽求切，平尤云。之部。肉瘤。也作『肬』。玉篇·疒部：『疣，結病也，今疣贅之腫也。』廣韻·尤韻：『疣，釋名曰：疣，丘也。出皮上聚高，如地之有丘也。』按：今本釋名作『肬』。莊子·大宗師：『彼以身爲附贅縣疣。』郭象注：『若疣之自縣，贅之自附。』山海經·北山經：『（滑水）多滑魚，其狀如鱓，赤背，其聲如梧，食之已疣。』郭璞注：『疣，贅也。』編者亦未注『同瘤』。肬yóu 廣韻羽求切，平尤云。之部。同『疣』。一種病毒感染的皮膚病，也叫肉瘤，通稱瘊子。說文·肉部：「肬，贅也。从肉，尤聲。䵵，籀文肬从黑。」段玉裁注：「肬，贅肬也。各本奪肬字，今補。」

疏證：「肬」是寄生在身體局部的肉疙瘩（肉瘤），俗稱瘊子。說文·肉部：「肬，贅也。从肉尤聲。䵵，籀文肬从黑。」（四下）段玉裁注：「肬，贅肬也。各本奪肬字，今補。」黄帝内經·靈樞經·經脈：「虛則生肬，小者如指痂疥。」「肬」籀文從類母「黑」作「䵵」，說文作爲重文收入正篆下。集韻·尤韻：「肬，說文：『肬，贅也。』或作䵵。」「肬」是一種皮膚病，故再更換類母轉形爲「疣」。廣韻·尤韻引釋名作「疣」，而今本釋名·釋疾病作「肬」[九]。廣雅·釋言：「⿸疒禹，疣也。」清桂馥札樸·覽古·食肬：「肬、疣古今字。謂贅肬也。蟝蛸能治肬，故名曰蝕肬。」再更換聲母轉形爲「⿸疒酉」。字彙·疒部：「⿸疒酉，息惡肉。」「息」就是「瘜」。說文·疒部：「寄肉也。从疒息聲。」（七下）徐鍇繫傳：「息者，身外生之也。」所謂「身外生之」，就是寄生在身體局部的肉疙瘩，與「肬」無別。再增益類母轉形爲「疣」。龍龕手鑑·疒部收有俗字「疣」。「肬、䵵、疣、⿸疒酉」是一組轉形字，大字典將「肬」「疣」強分成二字，不當。

十二　痿：⿸疒韋

⿸疒韋 wěi 集韻羽鬼切，上尾云。弱病。玉篇·疒部：「⿸疒韋，⿸疒韋弱也。」集韻·尾韻：「⿸疒韋，俗痿字。」⿸疒韋與痿意近。」醫宗金鑑·運氣要訣·六氣客氣主病歌：「皮⿸疒韋肉苛足痿軟，濡瀉滿腫乃溼根。」舊注：「皮⿸疒韋痹而重著。」編者未注「同痿」。痿 wěi 廣韻於爲切，平之影。又人垂切。微部。①身體某一部分萎縮或失去機能，不能行動。說文・疒部：『痿，痹也。』段玉裁注：『古多痿痹聯言，因痹而痿也。』玉篇・疒部：『痿，不能行也。』素問・痿論：『居處相濕，肌肉濡漬，痹而不人仁，發爲肉痿。』史記・韓信盧綰列傳：『僕之思歸，如痿人不忘起，盲者不忘視也。』司馬貞索隱引張揖云：『痿，不能起。』漢書・昌邑哀王髆傳：『身體長大，疾痿，行步不便。』顏師古注：『痿，風痺疾也。』編者亦未注『同㾯』。

疏證：說文・疒部：『痿，痹也。从疒委聲。』（七下）又：『痹，溼病也。从疒畀聲。』所謂『溼病』，傳統中醫指因風寒濕熱浸入身體而引起疼痛、麻木等症狀。黃帝內經・素問・痹論：『風、寒、溼三氣雜至，合而爲痹也。其風氣勝者爲行痹，寒氣勝者爲痛痹，溼氣勝者爲著痹也。』[一〇]『痿』爲『痹』，『㾯』亦爲『痹』。集韻・尾韻：『㾯，俗痿字。㾯與痿意近。』集韻解形甚審而釋義失信。『痿』與『㾯』不是『意近』而是義同。清吳謙等編醫宗金鑑・運氣要訣・六氣客氣主病歌：『皮㾯肉苛足痿軟，濡瀉滿腫乃溼根。』舊注：『皮㾯痹而重著。』可知『㾯』是由『痿』更換聲母『委』轉形出來的形聲字。

十二　𤸷：㾜

𤸷 fù 集韻房六切，入屋奉。病重發。方言卷三：『𤸷，病也。』郭璞注：『謂勞複也。』字彙・疒部：『𤸷，病重發也。』編者未注『同㾜』。㾜 fù 廣韻敷救切，去宥敷。又房六切，扶富切。病重發。玉篇・疒部：『㾜，勞也，再病也。』廣韻・宥韻：『㾜，病重發也。』編者亦未注『同𤸷』。

疏證：『𤸷』說文漏收。方言卷三：『瘼、𤸷，病也。東齊海岱之間或曰瘼，秦曰瘎。』郭璞注：『謂勞復也。』清錢繹箋疏：『⿸疒復，通作⿸疒复。』[一二]『⿸疒復』與『⿸疒复』衹是聲母的不同，即由『復』聲母換成了『複』聲母，這種換聲並不影響讀音和意義的變化，它們仍舊念『房六切』，仍舊表示『病重發』。廣雅·釋言：『⿸疒复，⿸疒甚也。』清王念孫疏證：『⿸疒复、復、⿸疒甚、湛並通。傷寒論有大病差後勞復治法。』可證『⿸疒復、⿸疒复』是一對轉形字。

十四 ⿸疒偏：⿸疒扁

⿸疒偏 biàn 篇海類編毗面切。肉⿸疒偏。篇海類編·人事類·疒部：『⿸疒偏，肉⿸疒偏。』一說『⿸疒扁』的訛字。正字通·疒部：『⿸疒偏，⿸疒扁字之譌。』編者未注『同⿸疒扁』，反倒說是『⿸疒扁的譌字』。⿸疒扁 Piān 廣韻芳連切（集韻紕延切），平仙滂。真韻。半身不遂症。說文·疒部：『⿸疒扁，半枯也。』段玉裁注：『⿸疒扁之言偏也。』王筠句讀：『群書皆作偏，王冰注素問曰：偏枯，半身不隨。』集韻·僊韻：『⿸疒扁，公孫綽有⿸疒扁枯之藥以起死者。』編者亦未注『同⿸疒扁』。

疏證：『⿸疒扁』本義爲半身不隨症，俗稱『偏癱』。說文·疒部：『⿸疒扁，半枯也。从疒扁聲。』（七下）所謂『半枯』就是偏癱。『⿸疒扁』，段玉裁注『⿸疒扁之言偏也』，因爲『群書皆作偏』，故古今方俗多寫作『偏』。『⿸疒扁』從『偏』得聲，後世更換聲母轉形爲『⿸疒偏』。『⿸疒扁』與『⿸疒偏』義同音同，爲一對轉形字。

十五　𥩟：竨

𥩟 Pǎ 玉篇匹馬切。矮貌。玉篇·立部：『𥩟短皃。』清翟灝通俗編·雜字：『俗謂蹲曰𥩟倒，讀匹馬切。謂短而矮𥩟，讀葩上聲。』編者未注『同竨』。竨 Pà 廣韻傍下切，上馬並。支部。矮人立貌。說文·立部：『竨，矮人立竨竨皃。』廣韻·馬韻：『竨，矮人立也。』編者亦未注『同𥩟』。

疏證：『竨』是個狀態形容詞，形容人的個頭兒超乎尋常的矮小。說文·立部：『竨，矮人立竨竨皃。从立卑聲。』（十下）廣韻·馬韻解釋爲『矮人立』，不準確。『竨』的異體寫作『𥪕』。字彙·立部云『𥪕』同『竨』。正字通·立部云：『竨，俗竨字。』『竨』從『卑』得聲，後世更換聲母轉形爲『𥩟』。人矮就是短小，故玉篇·立部釋爲『短皃』。清翟灝通俗編·雜字：『俗謂蹲曰𥩟倒，讀匹馬切。謂短而矮𥩟，讀葩上聲。』今西南官話形容人的個頭兒超乎尋常的矮小依然說『竨』（疊音『竨竨』）。如：『人還可以，就是個子太矮，矮𥩟𥩟（竨竨）的。』普通話的上聲在成都話念去聲，這是一條很嚴密的對應規律。因此『𥩟』在普通話中唸上聲 Pǎ，在成都話裡唸去聲 Pà。由此而論，『𥩟』念上聲，『竨』念去聲，是古今方俗讀音變化的結果。『𥩟、竨』爲一對轉形字。

十六　𡧸：宆：挖

𡧸 wā 集韻烏八切，入黠影。穿。集韻·黠韻：『𡧸，穿也。』編者未注『同挖』。宆 wā 廣韻烏八切，入點影。同『挖』。廣韻・黠韻：『穵，手穵爲穴。』正字通・穴部：『穵，鑿地成穴也。與掘、穿字別義通。』清朱駿聲說文通訓定聲・泰部：『穵，今蘇俗謂竊賊穴牆曰穵。』元高明琵琶記・拐兒紿誤：『何用剜牆穵壁，強如黑夜偷兒。』編者亦未注『同⿱穴手』。挖 wā 字彙補翁豁切。①掘。如：挖土，挖溝。字彙補・手部：『挖，挑挖也。』明湯顯祖牡丹亭・回生：『敢太歲頭上動土，向小姐腳跟挖窟』紅樓夢第四十九回：『黛玉換上掐金挖雲紅香羊皮小靴。』編者亦未注『同⿱穴手』。

疏證：說文・穴部：『穵，空大也。从穴乙聲。』（七下）『空大』小徐本作『空』，音鬱八反。[一二]玉篇・穴部：『穵，空也。』又說文・穴部：『空，竅也。从穴工聲。』段玉裁注：『今俗語所謂孔也。天地之閒，亦一孔耳。』又：『竅，空也。从穴敫聲。』段玉裁注：『空、孔古今字。』[一三]由此可知，『空』『孔』『竅』義同，都是指洞穴。但是，『穵』的本義是洞穴可疑。許慎說『从穴乙聲』是『穵』的構形，段玉裁說『是从乙鳥之乙』。我們認爲，『穵』從穴從乙（手）會意，其中的『乙』並非『乙鳥之乙』，而是『手』的譌變，本義爲以手刨土。廣韻・黠韻：『穵，手穵爲穴。』就是朱駿聲所說的『今蘇俗謂竊賊穴牆曰穵』，後世再增附類母『手』轉形爲『挖』。『洞穴』是『挖』的結果，是引申義，許慎所釋『穵，空也』（依小徐本），是引伸義而非本義。『穵』的本字作『⿱穴手』，正是從穴從手。集韻・黠韻：『⿱穴手，穿也。』『穿』說文說：『通也。从牙在穴中。』『穿』指老鼠打洞。詩經・召南・行露：『誰謂鼠無牙，何以穿我墉？』引伸爲洞穴。玉篇・穴部：『穿，穴也。』字彙・穴部：『穿，孔也。』周禮・考工記・陶人：『甑實二鬴，厚半寸，脣寸，七穿。』孫詒讓正義：『穿即謂空。』『穵』指人類挖洞。遠古先民穴居。墨子・辭過：『古之民未知爲宮室時，就陵阜而居，穴而處。』所謂『穴而處』，就是挖地穴而居。『窐、挖、穵』是一對轉形字，而『穵』則是『窐』的譌體。

十七 ⿱穴夬：⿱穴抉：掘

⿱穴夬 yuè 廣韻於決切，入屑影。月部。①穿；通。說文・穴部：『⿱穴夬，穿也。』桂馥義證：『通作決。後漢書・耿恭傳：「衣履穿決。」』玉篇・穴部：『⿱穴夬，穿也。』編者未注『同⿱穴抉』。⿱穴抉 yuè 廣韻於決切，入屑影。月部。①穿透。說文・穴部：『⿱穴抉，深抉也。』編者未注『同⿱穴夬』。掘 jué 廣韻其月切，入月羣。又衢物切。術部。①挖。廣韻・物韻：『掘，掘地。』集韻・月韻：『掘，穿也。』易・繫辭下：『斷木爲杵，掘地爲臼。』史記・高祖本紀：『項羽燒秦宮室，掘始皇帝塚。』編者亦未注『同⿱穴夬』。

疏證：說文・穴部：『⿱穴夬，穿也。从穴決省聲。』（七下）段玉裁改作『夬聲』，並注：『大徐作「決省聲」，此不知古音者爲之也。』『穿』義同『穵（⿱穴抉、挖）』。廣韻・黠韻：『穵，手穵爲穴。』集韻・黠韻：『⿱穴抉，穿也。』正字通・穴部：『穵、掘、穿字別義通，鑿地成穴也。與掘、穿字別義通。』『⿱穴夬』爲形聲字，或更換類母『穴』轉形為『抉』。說文・手部：『抉，挑也。从手夬聲。』（十二上）段玉裁注：『抉者，有所入以出之也。』廣韻・屑韻：『抉，抉出。』其實『抉』是『⿱穴夬』的異體，本義亦是『穿』。廣雅・釋詁三：『抉，穿也。』左傳・襄公十七年：『齊人獲臧堅。齊侯使夙沙衛唁之，且曰：「無死！」堅稽首曰：「拜命之辱！抑君賜不終，姑又使其刑臣禮於士。」以杙抉其傷而死。』陸德明釋文：『抉，烏穴反。徐［邈］又古穴反。』[一四]或再將『突』更抉整合轉形爲『窫』。說文·穴部：『窫，深抉也。从穴从抉。』（七下）許慎析爲會意，誤，且又誤將重文『抉』『窫』當別字；小徐本作『抉聲』，甚安，段玉裁說是『此以會意包形聲，小徐作「抉聲」亦通』，不確。廣韻·屑韻：『窫，說文曰：深抉也。』後世類母、聲母全換再轉形爲『掘』。集韻·月韻：『掘，穿也。』正字通說『窋、掘、穿字別義通』。至於『突』『窫』的讀音，大徐本與廣韻均爲『於決切』，但桂馥說文義證說『通作決』。所謂『通作決』，就是說讀音應與『決』同。桂說可從。『突、抉、窫、掘』異體無疑。

十八　窊：溛：窐：漥：洼

窊wā廣韻烏瓜切，平麻影。又烏吳切。魚部。①低凹；低下。說文·穴部：『窊，汙衺下也。』段玉裁注：『凡下皆得謂之窊。』廣韻·禡韻：『窊，下處也。』漢書·禮樂志：『都麗遂芳，窅窊桂華。』顏師古注引蘇林曰：『窊音窊下之窊。』晉左思吳都賦：『原隰殊品，窊隆異等。』編者未注『同窪』。窪wā廣韻於佳切，平佳影。又烏瓜切。支部。③低凹；低凹的地方。如：窪地；鼻窪子；坑坑窪窪。集韻·佳韻：『窪，曲也。』馬王堆漢墓帛書·老子甲本·道經：『窪則盈，敝則新。』按：今本老子第二十二章作『漥』。編者亦未注『同窊』。溛wā廣韻烏瓜切，平麻影。②同『窊』。低窪；凹陷。集韻·麻韻：『窊，說文：「汙衺下也。」或從水。』篇海類編·地理類·水部：『溛，凹也。』編者亦未注『同窪』。窐wā廣韻烏瓜切，平麻影。魚部。③凹陷；低下。廣雅·釋詁一：『窐，下也。』龍龕手鑑·穴部：『窐，凹也。』老子第二十二章：『窪則盈。』朱謙之校釋：『窪字道藏河上本作「窊」。窪、窊字同，皆洿下低陷之義。』新唐書・南蠻傳下：『扶南，在日南之七千里，地卑窪。』編者亦未注『同窊』。漥同『窪（窪）』。說文・水部：『漥，水清也。一曰窊也。』徐鍇繫傳：『漥，臣鍇曰：老子：「漥則盈。」』按：四部叢刊老子第二十二章作『窪』，馬王堆漢墓帛書・老子甲本・道經作『洼』。桂馥義證：『水清也者，（玄應）一切經音義七引作「小水也」。馥謂「清」當作「積」。集韻（闞韻）：「洿，漥（窪）也。」玉篇：「漥，牛蹄積（跡）水也。」一曰窊也者，一切經音義（六）引字林音隱，云：「漥（窪），或作窊，一瓜反。」廣雅（釋詁一）：「漥（窪），下也。」』編者亦未注『同窊』。

疏證：『窪』的初文作『窊』。說文・穴部：『窊，汙衺下也。从穴瓜聲。』（七下）段玉裁注：『凡下皆得謂之窊。』『汙衺下』就是地面凹陷得很深，與『隆』相對。宋魏泰東軒筆錄卷十二：『其使婢執箕帚治地，至堂前，孰視地之窊處。』『窊處』就是堂屋地面深陷的地方。『窊』從『瓜』得聲，後世增益類母『水』轉形爲『洼』。集韻・麻韻：『窊，說文：「汙衺下也。」或從水。』篇海類編・地理類・水部：『洼，凹也。』或更換聲母轉形爲『窐』。說文・穴部：『窐，甑空也。从穴圭聲。』徐鍇繫傳：『甑下孔也。』『甑下孔』是『窐』的引伸義而非本義，許、徐所訓不確。大字典從舊說，亦失審。呂氏春秋・任地：『后稷曰：「子能以窐爲突乎？」』漢高誘注：『窐，容下汙也。』孫詒讓注：『容當爲容，形近而譌。一切經音義十云：「凹」，蒼頡篇作「容」。烏交反，埶下也。窐，即埶下之義。』『窐』從『圭』得聲，後世增益類母『水』轉形爲『漥』。說文・水部：『漥，水清也。一曰窊也。从水窐聲。』（十一上）許慎

『水清』說無文獻語料證明，故徐鍇繫傳采其『窊』說：『漥，臣鍇曰：老子：「漥則盈。」』今本老子第二十二章作『漥則盈』，而馬王堆漢墓帛書・老子甲本・道經則作『窪』。再則『窪』在廣韻・麻韻，而大字典誤為『佳韻』。再省『穴』作『洼』。說文・穴部：『洼，深池也。从水圭聲。』（十一上）『深池』就是孟子・梁惠王上所謂『洿池』，即江河回水處（深淵）。方言卷三：『窪，洿也。自關而東曰窪。』郭璞注：『皆洿池也。』而『窪』的本義同『窊』，『洿池』是引伸義，許慎失審。集韻・佳韻：『窪，曲也。』今四部叢刊本老子第二十二章有『漥則盈，敝則新』一語，而一九七三年長沙馬王堆漢墓出土的帛書老子甲本・道經則作『窪則盈，敝則新』。再增益類母『穴』轉形爲『窪』。廣雅・釋詁一：『窪，下也。』龍龕手鑑・穴部：『窪，凹也。』老子第二十二章：『窪則盈。』朱謙之校釋：『窪字道藏河上本作「窊」。窪、窊字同，皆汙下低陷之義。』新唐書・南蠻傳下：『扶南，在日南之七千里，地卑窪。』『窊、溛、窐、漥（窪）、洼』，本義、讀音均同，是同一個字的不同變體。

十九　㓟：㱟：皮

㓟 Pǐ 龍龕手鑑疋美反。枝析。亦作『㱟』。龍龕手鑑・皮部：『㓟』，『㱟』的俗字。字彙補・皮部：『㓟，枝析也。亦作㱟。』編者未注『同皮』。皮 Pí 廣韻符羈切（集韻蒲糜切），平支並。歌部。①剝（皮）。廣雅・釋詁三：『皮，離也。』又釋言：『皮，剝也。』戰國策・韓策二：『因自皮面抉眼，自屠出腸，遂以死。』鮑彪注：『去面之皮。』鹽鐵論・散不足：『（富者）鮮羔䍪，𦏁胎扁，皮黃口。』漢王褒僮約：

『落桑皮稷。』宋范鎮東齋記事卷五：『吉州有捕猿者，殺其母，皮之，並其子賣於龍泉蕭氏。』編者亦未注『後作㓟』或『㱨』。

疏證：『皮』金文作[金文字形]（叔皮父簋），本義是剝取獸類動物的表層組織。説文・皮部：『皮，剝取獸革者[一五]謂之皮。从又，爲省聲。[古文字形]，古文皮。[籀文字形]，籀文皮。』（三下）謝彥華聞載：『據字形從又，説曰剝取，是當曰剝，所剝之革曰皮，爲引伸義。』廣雅・釋詁三：『皮，離也。』又釋言：『皮、膚，剝也。』王念孫疏證：『鄭［玄］注［禮記・］內則云：「膚，切肉也。」是皮、膚皆離之義。』[一六]『皮』從尸從[字形]，會意字，許説『爲省聲』，不確；古文從竹從尸從又，籀文從口從尸從又，均譌。後世增益類母『刀』或『歹』轉形爲『㓟（剫）』和『㱨』。龍龕手鑑・皮部説『㓟』爲『㱨』的俗字。字彙補・皮部：『㓟，枝析也。亦作㱨。』『枝析』之『枝』同『肢』。孟子・梁惠王上：『為長者折枝，與人曰：「我不能。」是不為也，非不能也。』王力古代漢語：『枝，通肢。折枝，指按摩。』[一七]『枝析』即『肢析』，就是剝離動物的皮。大字典編者不知，故照搬字彙補的解釋，宜改釋。

二十 䏘：𪗺

䏘 pī 龍龕手鑑普皮反。①［䏘］䫌開口貌。正字通・皮部：『䏘，䏘䫌，開口貌。』古文苑・王延壽〈王孫賦〉：『口嗛呥以鹼齺，脣皺嗜以䏘䫌。』章樵注：『䏘䫌，開口貌。』②同『披』。張開。龍龕手鑑・皮部：『䏘𪗺』，同『披』。篇海類編・身體類・皮部：『䏘，張開也。』編者未注『同䏘』。𪗺廣韻敷羈切

（集韻攀糜切），平支滂。又匹鄙切，符鄙切。①同『⿰皮支』。器物出現裂紋，破損。集韻・支韻：『⿰皮支，方言：「南楚之間，器破而未離謂之⿰皮支。」或從皮。』②同『披』。張開。字彙補・皮部：『⿰皮支，又音披，義同。』編者亦未注『同⿰月皮』。

疏證：廣韻・支韻：『⿰皮支，器破而未離。敷羈切，又皮美切。』大字典・支部『⿰皮支』下沒引用廣韻的解釋，祇引用集韻的解釋。集韻・支韻云：『⿰皮支，方言：「南楚之間，器破而未離謂之⿰皮支。」或從皮。』『⿰皮支』指器物（主要是皮革）被劃開口子，故更换『支』轉形爲『⿰比皮』。『比』有皮義，而『皮』爲剝動植物的表層組織。說文・皮部：『皮，剝取獸革者謂之皮。』左傳・莊公十年：『（公子偃）自雩門竊出，蒙皋比而先犯之。』杜預注：『皋比，虎皮。』陸德明釋文：『皋比，音毗，注同。』[一八]清胡鳴玉訂譌雜録卷九：『皋比，音皮，流俗往往作上聲用，非是。朱子張横渠傳：「勇撤皋比。」蓋以虎皮爲講席也。』『⿰比皮』從比從皮會意，亦指器物（主要是皮革）被劃開口子。後世再更换『比』轉形爲『⿰月皮』，聲、義與『⿰比皮』『⿰比皮』同，而『⿰月皮⿰月見』則爲狀態形容詞。正字通・皮部：『⿰月皮，⿰月皮⿰月見，開口貌。』大字典認爲『⿰比皮』單說：『同「披」。張開。』失審。『⿰皮支、⿰比皮、⿰月皮』同字而異體。

二十一　皸：皴：⿰⻊困

皴 cūn 廣韻七倫切，平諄清。諄部。①皮膚皺裂。說文新附・皮部：『皴，皮細起也。』齊民要術・種紅藍花梔子：『夜煮細糠湯淨洗面，拭乾以藥塗之，令手輭滑冬不皴。』唐杜甫乾元中寓居同谷縣作歌七首之一：『中原無書歸不得，手腳凍皴皮肉死。』編者未注『同皸』。皸 jūn 廣韻舉云切，平文見。又居運。諄部。皮膚受凍而破裂。說文新附・皮部：『皸，足坼也。』鄭珍新附攷：『群經音義引通俗文云：「手足坼裂曰皸。」當兼手足言之乃備。』廣雅・釋言：『皸，跛也。』集韻・諄韻：『皸，皴也。』正字通・皮部：『皸，凍裂也。』漢書・趙充國傳：『將軍士寒，手足皸瘃。』顔師古注引文穎曰：『皸，坼裂。瘃，寒創也。』新唐書・突厥傳上：『會雨雪，士皸寒。』編者亦未注『同皴』。䠅 kǔn 集韻苦本切。上混溪。諄韻。手足皮膚因受寒而皸裂。也作『皸』。說文・足部：『䠅，瘃足也。从足困聲。』徐鍇繫傳：『足遇寒裂曰瘃。』清段玉裁注：『疒部曰：「瘃，中寒腫覈也。」據趙充國傳，手足皆有皸瘃之患。此字從足，故訓爲瘃足。』朱駿聲通訓定聲：『䠅，字亦作皸。』編者亦未注『同皴』。

疏證：皮膚因受凍而坼裂，我們的祖先最早是用『龜』來表示的。集韻・諄韻：『龜，手凍坼也。』莊子・逍遥遊：『宋人有善爲不龜藥者。』陸德明釋文引晉司馬彪曰：『龜，文坼如龜文也。』所謂『文坼如龜文』，就是說手腳凍裂的口子像烏龜背殼上的紋路一樣。既然坼裂的口子如龜文，『龜裂』的『龜』就該讀本音，名詞作狀語，表示坼裂的樣態。廣雅・釋言：『皸，跛也。』王念孫疏證：『皸，說文作䠅……龜與皸聲近義同。』王所說的『聲近』，那是後世爲了區別烏龜的『龜』和皸裂的『龜』而故意變讀的，因爲『龜』不是手足凍裂的本字。最早專爲手足凍裂而造的本字是『䠅』。說文・足部：『䠅，瘃足也。从足困聲。』（二下）小徐本作『䠅』，徐鍇繫傳：『足遇寒裂曰瘃。』段玉裁注：『困聲，鍇本作困聲，非。古音由斂而侈，困聲多轉入魂韻。』後世類母和聲母全換轉形爲『皸』。說文・皮部新附字：『皸，足坼也。』

（三下）朱駿聲通訓定聲：『⿰目皮，字亦作皸。』清鄭珍新附攷：『群經音義引通俗文云：「手足坼裂曰皸。」當兼手足言之乃備。』廣雅・釋言：『皸，⿰目皮也。』正字通・皮部：『皸，凍裂也。』再更換聲母『軍』轉形爲『皴』。說文・皮部新附字：『皴，皮細起也。』集韻・諄韻：『皸，皴也。』集韻以後出轉注字釋被轉注字。『⿰目皮』從『困』得聲（廣韻去倫切，平諄溪，又渠殞切），『皸』從『軍』得聲（廣韻舉云切，平文見），『皴』從『夋』得聲（廣韻七倫切，平諄清，諄部），上古都屬諄部，聲紐接近，可通轉。又今西南官話『⿰足困（⿰足困）、皴、皸』均讀 cēn$_{55}$，說明它們是同字異體。

二十二　⿰耒異：⿰耒易：⿰耒睪：⿰耒翼：⿰禾異

⿰耒異 yì 廣韻與職切，入職以。耕種。廣雅・釋地：『⿰耒異，耕也。』編者未注『同⿰耒易』。⿰耒易 yì 集韻夷益切，入昔以。同『⿰耒睪』。耕。玉篇・耒部：『⿰耒易，耕也。』集韻・昔韻：『⿰耒睪，耕也。或從易。』編者亦未注『同⿰耒異』或『亦作⿰耒翼』。⿰耒睪（一）yì 廣韻羊益切，入昔以。耕。玉篇・耒部：『⿰耒睪，耕也。』（二）shì 廣韻施隻切，入昔書。耕貌。廣韻・昔韻：『⿰耒睪，耕皃。』編者亦未注『同⿰耒異』或『也作⿰耒翼』。⿰耒翼（一）chì 廣韻昌力切，入職昌。耕。廣韻・職韻：『⿰耒翼，字統云：「耕也。」』（二）同『⿰耒異』。廣雅・釋地：『⿰耒異，耕也。』王念孫疏證：『⿰耒異字或作⿰耒翼。』編者亦未注『同⿰耒易』或『也作⿰耒翼』。⿰禾異 yì 改併四聲篇海引餘文羊職切。耕。改併四聲篇海・禾部：『⿰禾異，耕也。』編者亦未注『同⿰耒異』或『也作⿰耒睪』。

疏證：『⿰耒異』從耒異聲，本義爲耕種土地。廣雅・釋地：『⿰耒異，耕也。』玉篇・耒部：『⿰耒異，余力切，耕也。』廣韻・職韻：『⿰耒異，耕也。』後世或更換聲母『異』轉形爲『⿰耒易』『⿰耒睪』『⿰耒翼』等。玉篇・耒部：『⿰耒易，盈歷切，耕也。』又：『⿰耒睪，余石切，耕也。』集韻・昔韻：『⿰耒睪，耕也。或從易。』廣雅・釋地『⿰耒異』王念孫疏證：『⿰耒異字或作⿰耒翼。』廣韻・職韻：『⿰耒翼，字統云：「耕也。」』或更換類母『耒』轉形爲『穓』。改併四聲篇海・禾部：『穓，耕也。』至於『⿰耒睪』『⿰耒翼』讀音問題，『⿰耒睪』，廣韻・職韻有羊益切、施隻切，而且『耕也』後還有『又音釋』，說明讀音的改變不影響它與『⿰耒易』等的同字異體關係；『⿰耒翼』亦有『與職切』、『昌力切』兩音，大字典應該把『⿰耒翼（二）』作爲『⿰耒睪（一）』來安排義項纔合理。『⿰耒異、⿰耒易、⿰耒翼、穓、⿰耒睪』是一組轉形字。

二十三 ⿰耳共：耾：⿰耳永

⿰耳共 hōng 集韻呼公切，平東曉。耳鳴。集韻・東韻：『⿰耳共，耳有聲。』編者未注『同耾』。耾 hōng 廣韻戶萌切，平耕匣。①耳聾；耳中聲。廣雅・釋詁三：『耾，聾也。』王念孫疏證：『耾者，集韻：「耾，耳中聲也。」凡聽而不聰，聞而不達者，耳中常耾耾然，故謂之耾也。』②耳語。玉篇・耳部：『耾，字書云：耳語也。』編者亦未注『同⿰耳共』。⿰耳宏同『耾』。集韻・耕韻：『耾，博雅：「聾也。」一曰耳中聲。一曰耾耾大聲。或從宏。』編者亦未注『同⿰耳共』。⿰耳永 hòng 集韻戶孔切，上董匣。［⿰耳永］⿰耳永］耳鳴。集韻・董韻：『⿰耳永」，⿰耳永」⿰耳永」，耳中鳴。』編者亦未注『同⿰耳共』。

疏證：『耾』，從耳厷聲，本義是耳鳴。廣雅・釋詁三：『耾，聾也。』王念孫疏證：『耾者，集韻：

「耾，耳中聲也。」凡聽而不聰，聞而不達者，耳中常耾耾然，故謂之耾也。』『宏』從『厷』得聲，故轉形爲『⿰耳共』。集韻·耕韻：『耾，博雅：「聾也。」一曰耳中聲。一曰耾耾大聲。或從宏。』再更換聲母『宏』轉形爲『⿰耳共』『⿰耳彔』』等。集韻·東韻：『⿰耳共，耳有聲。』又董韻：『⿰耳彔』，⿰耳彔』⿰耳彔』，耳中鳴。』『耾』，廣雅王念孫疏證說是『耳中聲』；『耾』，集韻亦云『耳中聲』；『⿰耳共』，集韻云『耳有聲』；『⿰耳共』，集韻云『耳中鳴』。無論是『耳中聲』『耳有聲』還是『耳中鳴』，都是指耳鳴。今普通話『耾』『⿰耳宏』『⿰耳共』與『⿰耳彔』』雖然有陽平和去聲的差別，但在方言土語中，比如西南官話中，它們念陰平或去聲調是自由的，沒有區別意義的作用。『耾、⿰耳宏、⿰耳共、⿰耳彔』』是一組轉形字。

二十四　⿱錉耳：懖

⿱錉耳 guō 玉篇古活切。無知貌。玉篇·耳部：『⿱錉耳，無知皃。』編者未注『同懖』。懖 kuò 廣韻古活切，入末見。月部。愚蠢無知而自以爲是。說文·心部：『懖，善自用之意也。商書曰：「今女懖懖。」』段玉裁注：『盤庚上篇文。』徐灝箋：『此字商書自作聒。』編者亦未注『同⿱錉耳』。

疏證：『懖』的本義是無知而自以爲是。說文·心部：『懖，善自用之意也。从心銛聲。商書曰：「今女懖懖。」⿱銛耳（篆），古文从耳。』（十下）許慎說『古文从耳』，說明『懖』的初文構形是從耳銛聲，後世更換類母『心』轉形爲『懖』，所以集韻·末韻說『懖，或從耳』。魏晉以降，人們很習慣將古文『⿱錉耳』中的聲母『銛』轉換成『錉』。集韻·末韻：『懖，亦作⿱錉耳。』但是，古文『錉』從甘，而『甘』在書寫時易與

『日』混，後世或將『⿰金⿱舌耳』誤寫成『⿰金⿱舌耳』。說文・口部：『𠯑，塞口也。从口氒省聲。⿱氒甘，古文从甘。』段玉裁注：『凡𠯑聲者，隸變爲舌，如括、刮之類。』清薛傳均問答疏證：『𠯑，塞口也，是正字。古文作昏與昏形混，隸書作舌，與口形混……凡從𠯑從舌之字，今多不分。』所以，『⿰金⿱舌心、⿰金⿱舌耳、⿰金⿱𠯑耳』是一組轉形字，而『⿰金⿱舌心、𠯑、⿰金⿱舌耳、⿰金⿱𠯑耳』則是一組異體字。另外，『𠯑』（集韻・末韻古活切）『鍩』（集韻・鎋韻古刹切）『銛』（廣韻・鹽韻古活切），大字典注音都唸 guā，而從『銛』得聲的『⿰金⿱舌心』（廣韻・末韻）和『⿰金⿱舌耳』（玉篇・耳部）同為『古活切』，爲什麼切 kuò、guō 兩種讀音來？應該統一。

二十五　⿱罒巴：罘：⿱罒包：⿱罒否：罦

⿱罒巴 fú 改併四聲篇海引奚韻縛謀切。古代一種附設有機關的捕鳥獸的网，即覆車网。改併四聲篇海・网部引奚韻：『⿱罒巴，覆車也。』編者未注『同罘』。罘 fú 集韻縛謀切。平尤奉。之部。①捕兔网。說文・网部：『⿱罒否，兔罟也。』廣韻・尤韻：『罘，兔罟。』集韻・脂韻：『罘，兔罟也。或省。』禮記・月令：『（季春之月），田獵罝罘、羅网、畢翳、餧獸之藥，勿出九門。』②同『罦』。古代一種附設有機關的捕鳥獸的网，即覆車网。正字通・网部：『罘，同罦。』莊子・胠篋：『削格羅落罝罘之多，則獸亂於澤矣。』陸德明釋文：『罘，本又作罦。爾雅云：「鳥罟謂之羅，兔罟謂之罝，罬謂之罦」。罦，覆車也。郭璞云：「今翻車也。」』漢書・司馬相如傳上：『列卒滿澤，罘罔彌山。』顏師古注：『罦，覆車也。即今之幡車罔也。王國兔爰之詩曰：「雉罹于罦。」罦亦罘字耳。』編者未注『也作⿱罒巴』。⿱罒包 fú 廣韻縛謀切。平尤奉。幽部。同

『罦』。古代一種附設有機關的捕鳥獸的网，即覆車网。說文·网部：『䍖，覆車也。或从孚。』廣韻·肴韻：『䍖，覆車网也。』編者亦未注『也作罘』。罦 fú 廣韻縛謀切。平尤奉。又芳無切。幽部。①古代一種附設有機關的捕鳥獸的网，即覆車网。爾雅·釋器：『罬謂之罦。罦，覆車也。』郭璞注：『今之翻車也。有兩轅，中施罥以捕鳥。』詩·王風·兔爰：『有兔爰爰，雉離于罦。』毛傳：『罦，覆車也。』孔穎達疏：『孫炎曰：「覆車，网可以掩兔者也。」』淮南子·主術：『豺未祭獸，罝罦不得布於野。』編者亦未注『也作罘』。

疏證：『罦』的初文作『䍖』，本義是設有機關的捕捉鳥獸的网，秦漢以後亦稱『覆車』。說文·网部：『䍖，覆車也。从网包聲。詩曰：「雉離于䍖。」罦，䍖或从孚。』（七下）段玉裁注：『古包聲、孚聲同在三部。』清邵瑛羣經正字：『今經典多從或體。』『䍖』從『包』得聲，或更換聲母轉形爲『罦』。爾雅·釋器：『罬謂之罦。罦，覆車也。』晉郭璞注：『今之翻車也。有兩轅，中施罥以捕鳥。』說文或體作『罦』，且許慎所引詩經『罦』作『䍖』，今本詩經·王風·兔爰『䍖』則作『罦』。毛傳：『罦，覆車也。』唐孔穎達等正義：『孫炎曰：「覆車，网可以掩兔者也。」』或再更換聲母『包』轉形爲『䍖』『罘』。說文·网部：『䍌，兔罟也。从网否聲。』（七下）宋徐鉉等注：『隸書作罘。縛牟切。』廣韻·尤韻：『罘，兔罟。』集韻·脂韻：『罘，兔罟也。或省。』

注意：說文說『䍌（罘）』爲『兔罟』，『䍖（罦）』爲『覆車』，而『兔罟』與『覆車』是兩種不同的獵网呢，還是同一種獵网的兩種不同的稱謂呢？詩經·王風·兔爰：『有兔爰爰，雉離于罦。』孔穎達等正義引三國孫炎曰：『覆車，网可以掩兔者也。』『网可以掩兔者』就是『可以掩兔者网』，說明『罨（罦）』並非祇限於『掩兔』，因爲詩經原文中明明說『雉離于罦』；爾雅・釋器：『罬謂之罦。罦，覆車也。』郭璞注：『今之翻車也。有兩轅，中施罥以捕鳥。』『中施罥以捕鳥』亦說明『罨（罦）』不祇限於『捕鳥』。莊子・胠篋：『夫弓弩畢弋機變之知多，則鳥亂於上矣；鈎餌罔罟罾笱之知多，則魚亂於水矣；削格羅落罝罘之知多，則獸亂於澤矣。』陸德明釋文：『罘，本又作罦。爾雅云：「鳥罟謂之羅，兔罟謂之罝，罬謂之罦」。罦，覆車也。郭璞云：「今翻車也。」』曹礎基淺注：『削格，用堅硬的竹或木做的一種捉野獸的器具，野獸踏其中的機關，腳就會給鉗住而不能脫。羅落，落网。落，通絡。罝（jiē 揭），捕獸的网。罘（fú），通罦，一種安上機關可以翻弄的捕獸网。』[一九] 曹礎基可能沒看過陸德明釋文『罘，本又作罦』這條資料，故誤將『罘』注成『通罦』，但他對『罘』的解釋是對的。『罟（罘）』是『罨（罦）』的轉形字，它們本義相同，讀音亦相同，而『㔾』則是『罨』的變體。因爲『网』亦省作『冈』，『勹』的變體作『冖』。如『罝』亦作『冝』。龍龕手鑑・网部：『冝，遮也。兔罟网也。』北周庾信擬詠懷二十七首之十四：『麟窮季氏罝，虎振周王圈。』故『罨』亦寫作『㔾』。

二十六　笄：籠

笄 lóng 改併四聲篇海・竹部引搜玉真鏡：『笄，音龍。』字彙補：『笄，義未詳。』編者並未注『同籠』。籠 lóng 說文：『籠，舉土器也。一曰笭也。从竹，从龍聲。』也未『後作某』。

疏證：其實『筭』從竹從井，會意字，音、義與『籠』同，是『籠』的後出轉注字。今川渝民間仍有將『籠』簡化成『筭』的習慣。

二十七　⿱竹⿱巩手：築：篗

⿱竹⿱巩手 zhù 集韻張六切，入屋之。用手築擣。集韻·屋韻：『⿱竹⿱巩手，以手築物。』編者並未注『同築』。築 zhù 廣韻張六切，入屋之。沃部。說文：『築，擣也。从木，筑聲。𥳑，古文。』編者亦未注『後作某』。篗同『築』。集韻·屋韻：『築，或作篗。』

疏證：『築』本從『木』，與擣土築牆相關。詩經·大雅·緜：『捄之陾陾，度之薨薨。築之登登，削屢馮馮。百堵皆興，鼛鼓弗勝。』毛傳：『登登，用力也。』高亨注：『度，填入，即把筐裡的土填在築牆版的中間。薨薨，填土聲。』〔二〇〕向熹云：『登登，用力築牆聲。』〔二一〕這種用土築成的民居在當今的中國南方的鄉間比比皆是，而遠古先民擣土築牆之俗至今還很盛行。廣雅·釋器：『築謂之杵。』王念孫疏證：『周官·鄉師〔鄭玄〕注引司馬法云：「輂：一斧，一斤，一鑿，一梩，一鉏。周輂，加二版二築。」六韜·軍用篇云：「銅築，長五尺以上。」』左傳·宣公十年：『稱畚築，程土物。』孔穎達等正義：『築者，築土之杵。』『築』為築牆用手杵，故『築』所從之『木』亦可換成『殳』。說文·殳部：『殳，以杸殊人也……从又几聲。』林義光文源云：『古象手持殳形，亦象手有所持以治物。故從殳之字與又、攴同意。』既然『從殳之字與又、攴同意』，所以從『木』的『築』可以轉換成從『殳』，從『殳』的『篗』，亦可以轉換成從『手』的『⿱筑手』。『篗、⿱筑手』的音義均同『築』，都是『築』的後出轉注字。

二十八　簻：檛：⿱竹朵：⿱竹朵

簻 zhuā 廣韻陟瓜切，平麻知。馬鞭。玉篇·竹部：『簻，箠也。』文選·馬融〈長笛賦〉：『裁以當簻便易持。』李善注：『簻，馬策也。』劉良注：『羌人裁截以當馬簻，便其易執持而復吹之也。』編者並未注『同檛』。檛 zhuā 廣韻陟瓜切，平麻知。杖；鞭。急就篇第十七章：『鐵錘檛杖梲柲杸。』顏師古注：『麤者曰檛，細者曰杖。』編者亦未注『同簻』。⿱竹朵 zhuā 廣韻陟瓜切，平麻知。歌部。同『檛』。杖；鞭。說文·竹部：『⿱竹朵，箠也。从竹朵聲。』段玉裁注：『⿱竹朵、檛古今字。』⿱竹朵同『⿱竹朵』。集韻·麻韻：『⿱竹朵，說文：「箠也。」』字彙補·竹部：『⿱竹朵，耳目資與「⿱竹朵」同。』

疏證：『⿱竹朵』見說文，本義是馬鞭子，因其聲母『朵』亦寫作『朶』，故亦寫作『⿱竹朵』，後世更換類母和聲母轉形爲『檛』。集韻·麻韻：『⿱竹朵，說文：「箠也。」或作檛。』左傳·文公十三年：『贈之以策。』杜預注：『策，馬檛。』孔穎達等正義：『檛，杖也。』『檛』或更換類母轉形爲『簻』。故『⿱竹朵』『簻』，說文玉篇均訓爲『箠也』。『檛、簻』音義都同『⿱竹朵』，都是『⿱竹朵』的後出轉注字。

二十九　籄：簣

籄 kuì 集韻求位切，去至羣。土籠。集韻·至韻：『籄，土籠也。』編者並未注『同簣』。簣 kuì 廣韻求位切，去至羣。又苦怪切。微部。盛土的竹器。玉篇·竹部：『簣，土籠也。』編者亦未注明『同籄』。

疏證：『簣』從竹貴聲，本義盛土用的竹筐。尚書·旅獒：『爲山九仞，功虧一簣。』論語·子罕：『譬如爲山，未成一簣，止，吾止也。』三國魏何晏集解：『包（咸）曰：「簣，土籠也。」』後更換成聲母『匱』轉注成『籄』。集韻·至韻：『籄，土籠也。』『籄』與『簣』音義相同，是一對轉注字。

三十　䈼：篾

䈼mí集韻民卑切，平支明。歌部。竹篾。說文·竹部：『䈼，筡也。』段玉裁注：『［爾雅·］釋草：「……簢、筡，中。」簢同䈼。謂空中者，必析之也。』玉篇·竹部：『䈼，竹篾也。』編者未注『後作篾』。

篾miè廣韻莫結切，入屑明。月部。竹子剖成的長條薄片或細長條。也指藤類、葦子等剖下的莖皮。玉篇·竹部：『篾，竹皮也。』正字通·竹部：『蔑，埤倉：析竹層也。』編者亦未注『同䈼』。

疏證：『䈼』早見於說文·竹部，訓爲『筡也』（五上）。同部：『筡，折竹笢也。从竹余聲。讀若絮。』清戚學標補考：『折當作析。方言：「筡，析竹謂之筡。」』方言卷十三：『筡，析也。析竹謂之筡。』方言所謂『析竹』，今川渝等地叫做『啓篾條』，是『筡』的動詞義，而說文所謂『䈼，筡也』，是『筡』的名詞義。『筡』始爲竹名。爾雅·釋草：『簢、筡，中。』郭璞注：『言其中空，竹類。』清郝懿行義疏：『簢、筡，皆析竹。析竹必須中空者，因以爲竹名。』[二二]郝氏剛好把竹名與析竹的關係弄反。『筡』始爲竹名，而『啓篾條』這種動作行爲亦叫『筡』，繼後稱被『啓』的『篾條』亦叫『筡』。『䈼』的本義是篾條，後來更換聲母轉形成『篾』。『篾』今川渝等地讀 mí，與『簚』的音義完全相同。『篾』的異體有『簚』。改併四聲篇海·竹部引川篇：『簚，莫結切。竹皮也。』大字典亦説『同「篾」』。『篾』亦寫作『篃』。集韻·屑韻：『蔑，析竹也。一曰桃枝竹也。或從密。』

三十一 𥝋：𩰲：𩱄

𥝋，説文：『𥝋，周成王時州靡國獻𥝋，人身，反踵，自笑，笑即上脣掩其目，食人。北方謂之土螻。尔疋云：𥝋𥝋如人，披髮。一名梟陽。从厹，象形。』fèi 廣韻扶沸切，去未奉。微部。𥝋𥝋，獸名。即『狒狒』，一種身似猴，頭似狗，毛色灰褐的動物。集韻·未韻：『𥝋，或作狒。』編者亦未注『也作𩰲』。𩰲同『𥝋』。集韻·未韻：『𥝋，……或作𩰲。』唐李賀追賦畫江潭苑四首之三：『𩰲𩰲啼深竹，鵁鶄老濕沙。』王琦彙解：『𩰲，人面，黑身，有毛……今之所謂人熊，野人是也。』編者亦未注『也作（𩱄）』。

疏證：『狒』本作『𥝋』，象形字。許慎所見爾雅作『𥝋𥝋』，今本爾雅·釋獸作『狒狒』。『狒』從犬弗聲，今川渝等地仍讀 fú 音。象形的『𥝋』轉變爲形聲的『狒』後，繼後亦産生了『𩰲』『𩱄』等多種譌體。

三十二 䂵：鑿

䂵 zuó 龍龕手鑑音昨。穿䂵。龍龕手鑑·臼部：『䂵，穿䂵也。』編者未注明『同鑿』。鑿 záo （又音

zuò）廣韻在各切，入鐸從。藥部。鑿子。挖槽或穿孔用大手工具。杆狀，下端爲楔形或錐形，端末有刃口。用錘敲擊上端使上端刃部楔入工件以切去材料。如：平鑿；圓弧鑿；菱形鑿。說文・金部：『鑿，所以穿木也。』段玉裁注：『穿木之器曰鑿。』釋名・釋用器：『鑿，有所穿鑿也。』編者亦未注明『同⿱⿰丵殳臼』。

疏證：『鑿』戰國古文從金從凿（侯馬盟書），繼後增『殳』作『鑿』。說文釋爲：『穿木也。从金，鑿省聲。』（十四上），段氏改爲『所以穿木也』，說文不誤。『鑿』的本義是表示打孔這一行爲。詩經・豳風・七月：『二之日鑿冰沖沖。』朱熹集傳：『鑿冰，謂取冰於山也。』廣雅・釋詁三：『鑿，穿也。』集韻・號韻：『鑿，穿空也。』『空』即『空穴來風』之『空』，『孔』字的異體。類篇・金部：『鑿，穿孔也。』穿孔必用工具，故引申爲穿孔的工具，初爲石木製成，後多用鐵，今西南官話稱鐵製的爲『鑿』或『鑿子』。『鑿』爲入聲字，普通話或音zuò，而古入聲在成都話中已消失，其字通通讀陽平，故讀 cuo_{21}。『鑿』本有『臼』且從金，後再以『臼』更換『金』轉形爲『⿱⿰丵殳臼』。龍龕手鑑・臼部：『⿱⿰丵殳臼，穿⿱⿰丵殳臼也。』『⿱⿰丵殳臼』與『鑿』讀音、本義相同，衹有構形上的差異。

三十三　皈：歸

皈guī龍龕手鑑音歸。歸。孟姜女變文：『勞貴遠道故相看，冒涉風霜捐氣力，千萬珍重早皈還。』李陵變文：『漢將得脫，皈報帝知。』敦煌變文集・難陀出家緣起：『發心從此轉慇勤，啓首皈衣（依）禮世尊。』編者未注『同歸』。歸guī廣韻舉韋切，平微見。微部。女子出嫁。說文・止部：『歸，女嫁也。』易・

漸：『女歸，吉。』孔穎達疏：『女人生有外成之義，以夫爲家，故謂嫁曰歸也。』國語・晉語四：『秦伯歸女五人。』韋昭注：『歸，嫁也。』編者也未注明『也作皈』。

疏證：說文・止部：『歸，女嫁也。从止，从婦省，𠂤聲。，籀文省。』甲骨文從𠂤從帚作，或增『止』作，本義爲返回。尚書大傳・虞夏傳：『名曰歸了歸來。』鄭玄注：『言返其本也。』廣雅・釋詁一：『歸，往也。』釋詁三：『歸，就也。』釋言：『歸，返也。』後世在甲骨文的基礎上以『反』更换『帚』作『歸』，敦煌變文或將『𠂤』連筆寫而變成『自』，『自』缺筆寫作『白』。『歸』又有『皈』『皈』兩種異體，而後世誤以爲『皈』是正字，實際上『歸、𠂤、帰、歸、皈』等，都是『歸』的後出轉注字。敦煌變文集・伍自胥變文：『客行猶同海泛舟，博（薄）暮皈巢畏日晚。』『皈巢』即『歸巢』。

三十四　⿰臭害：⿰臭曷：餀

⿰臭害 hài 廣韻火犗切，去夬曉。［⿰臭害⿰臭奈］臭。廣韻・夬韻：『⿰臭害，⿰臭害⿰臭奈，臭皃。』編者未注『同曷（左臭）』。

⿰臭曷 hài 廣韻呼艾切，去泰曉。同『餀』。食物腐敗發臭。廣韻・泰韻：『同⿰臭曷，同餀，食臭。』編者亦未注明『同⿰臭害』。餀 hài 廣韻呼艾切，去泰曉。月部。食物腐敗發臭。說文・［食］部：『餀，食臭也。从食，艾聲。爾雅：「餀謂之餯。」』爾雅・釋器：『餀謂之餯。』郭璞注：『說物臭也。』陸德明釋文：『李云：「餀餯皆穢臭。」』孫錦標南通方音疏證・釋饌：『味餀，俗以味變者爲餀。』

疏證：爾雅・釋器：『餀謂之餯。』說文・食部：『餀，食臭也。从食艾聲。爾雅曰：「餀謂之餯。」』

（五下）並引爾雅證明其說有據。爾雅所謂『餀喙』，就是今宿所謂『餀口』。西南官話謂久存的臘肉、豬油、清油等食品以及用這類油脂食品加工的食品，喫起來口感覺餀喇叫做『餀口』。四川方音詞典：『哈 ha_{55}（形）哈喇：臘肉～了，不好喫了。又說*哈齁。』又：『哈齁 ha_{55} hou_{55}（形）哈喇：這個罐筒肉要不得了，一大股～氣氣。』又：『哈喉 ha_{55} hou_{21}（形）喫哈喇食物時刺激喉嚨的感覺：這麽～的肉，你還要喫嗦？』[二三]西南官話中的『哈』，本字就是『餀』，所以『哈齁』『哈喉』『哈口』應寫作『餀齁』『餀喉』『餀口』，而『哈喇』的本字廣韻·夬韻所說的『⿰食害，⿰食害⿰食祭』，古讀hàizhài，今西南官話讀 ha_{55} la_{21}。『餀』從食艾聲，後形聲平行對轉為『⿰食害』『餲』，其讀音、本義相同，不當一分爲三。

三十五　䑯：䑛

䑯 dì 廣韻徒禮切，上薺定。船。玉篇·舟部：『䑯，船也。』編者未注『同䑛』。䑛 dì 廣韻都計切，去霽端。［䑛艡］戰船。廣雅·釋水：『䑛艡，舟也。』王念孫疏證：『䑛艡，猶抵當也。』玉篇·舟部：『䑛，䑛艡，戰船也。』廣韻·霽韻：『䑛，䑛艡，水戰船。出字林。』清陳壽祺浙江提督總兵李公神道碑文：『麾兵士急伏䑛艡，候賊礟盡，突過其東，發一礟殲之。』編者亦未注『同䑯』。

疏證：『䑯』『䑛』在廣韻中聲調雖上去不同，聲母亦有清濁之別，但它們是同一字的兩種寫法，讀音的細微差異可能是方言的關係，後世濁上變去，它們讀音相同了。

三十六　⿰衤蹙：⿰衤戚

⿰衤蹙 cù 玉篇子六切。美好，鮮明。玉篇·衣部：『⿰衤蹙，好也，鮮明也。』編者未注『同⿰衤戚』或『同⿰糹戚』。

⿰衤戚（一）chǔ 廣韻創舉切，上語初。美好貌。廣韻·語韻：『⿰衤戚，埤蒼云：「鮮也，一曰煤耗也。」』類篇·衣部：『⿰衤戚，美皃。』（二）zú 廣韻子六切，入屋精。①衣服色澤鮮明。廣韻·屋韻：『⿰衤戚，好衣皃。』集韻·屋韻：『⿰衤戚，衣鮮明皃。』②鮮白。篇海類編·衣部：『⿰衤戚，鮮白也。』編者亦未注『同⿰衤戚』。

疏證：『⿰衤蹙』的本義就是指新衣服色澤鮮豔漂亮，廣韻省其『足』強分爲兩義，音亦有『創舉切』『子六切』兩讀。就玉篇的讀音看，反切下字『六』以及『⿰衤蹙』中的『足』都應該讀入聲。今四川省崇州市以下的樂山、宜賓、自貢、瀘州和重慶的江津市以上沿岷江、長江地區都有入聲，這些地區的口音中，『六、足、屋』仍然讀入聲。可見『⿰衤戚』在廣韻中有兩種讀音是方言的影響。另外，同是『子六切』，大字典卻有 cù、zú 兩種拼讀，應統一爲 cù。

三十七　⿰羊彖：⿰羊彖

⿰羊彖 chuàn 集韻寵戀切，去線徹。長尾羊。集韻·線韻：『⿰羊彖，羊長尾。』篇海類編·獸類·羊部：『羊長尾也。』編者未注明『同⿰羊彖』。⿰羊彖 chuàn 玉篇丑練切。尾長。玉篇·羊部：『⿰羊彖，長尾。』編者亦未注明『同⿰羊彖』。

疏證：玉篇・羊部説『䍧』是『長尾』，而集韻篇海類編・獸類・羊部均説『䍧』是『羊長尾』。顯然『長尾』是『䍧』的特徵，而大字典解釋成『長尾羊』，不知何據。其實『羊長尾』既是『䍧』的本義，亦是『䍧』的本義。甲骨文中已有（䍧）（甲6334）字，雖然在字書中出現比『䍧』稍晚，繼後在『豕』上增加一點而變成『䍧』。

三十八　𦏁：𦎲

𦏁 wěi 廣韻於詭切，上紙影。歌部。又於僞切。歌部。羊相互擠在一起。説文・羊部：『𦏁，羊相䍴也。从羊，委聲。』徐鍇繫傳：『羊性好𦏁䍴也。』段玉裁注：『𦏁䍴，疊韻字。猶委積也。夏小正：「三月𦎲。」傳曰：「羊有相還之時，其類𦎲𦎲然。」其𦏁䍴之謂與。』編者未注『同𦏁』。𦎲 wěi 集韻羽鬼切，上尾云。①［𦎲𦎲］羊相互追逐的樣子。集韻・尾韻：『𦎲，𦎲𦎲，羊相逐皃。』大戴禮記・夏小正：『𦎲，羊有相還之時，其類𦎲𦎲然記變爾。』②公羊。集韻・尾韻：『𦎲，羝也。』大戴禮記・夏小正：『𦏁，羝也。』編者亦未注『同𦏁』。

疏證：説文釋『𦏁』爲『羊相䍴也』，集韻・尾韻釋『𦎲』爲『羝也』，釋重言『𦎲𦎲』爲『羊相逐皃』。所以大字典襲其説而將『𦏁』解釋爲『羊相互擠在一起』，將『𦎲』解釋爲『公羊』，將重言『𦎲𦎲』解釋爲『羊相互追逐的樣子』。我們認爲，『𦏁』的本義是羊群在山野莽原上被驅逐時往頭羊聚集。説文・羊部：『䍴，𦏁䍴也。从羊責聲。』（四上）朱駿聲通訓定聲：『𦏁䍴猶委積也。羊性寒則散，熱則聚。』羊的『䍴𦏁』不是朱氏所說的因熱而聚，而是指羊群在遷徙的途中聚集，亦就是古人所說的『羊有相還之時，其䍷䍷然』。『䍷』的本義同『䍴』，集韻·尾韻依大戴禮記之『䍷䍷然』而釋爲『羊相逐皃』並不錯，因爲羊在聚集的過程中相互追逐是其特性，『相逐』的目的是爲了聚集。聚集必然有個目標，領頭的公羊就是目標，故『䍷』的引申義爲公羊。『䍴』從羊委聲，更換聲母作『䍷』。『䍴、䍷』同字異體。

三十九　䊅：𥸽

䊅 míng 集韻彌並切，平清明。漬米。集韻·清韻：『䊅，漬米也。』編者未注『同𥸽』。𥸽 míng 廣韻莫經切，平清明。耕部。說文·米部：『𥸽，漬米也。从米尼聲。交阯有𥸽泠縣。』段玉裁注：『漬，屚也，謂米之棄於地者也。』按：廣韻類篇作『漬米』。編者亦未注『同䊅』。

疏證：說文·米部釋『𥸽』爲『漬米也』（七上）。何爲『漬米』？大字典沒有解釋。段玉裁說『漬米』就是『屚』米，即『米之棄於地』。朱駿聲通訓定聲：『謂抛散於地。』[二四] 如果理解爲『抛散』，『漬』就應該讀 sè，因爲『漬』亦表示雨水灑落。表示雨水灑落的本字是『涑』。說文·水部：『涑，小雨零皃。从水束聲。』（十一上）唐寫本玉篇·水部引作『小雨落也』。米粒似雨滴，亦可灑落。但是許慎爲什麼不直接說『𥸽，涑米也』呢？說文·水部：『漬，漚也。从水區聲。』浸泡謂之漚。淘米後再浸泡一會兒則易烹飪，所以『漬米』就是浸泡米。『𥸽』從尼得聲，後更換爲『名』聲作『䊅』。『𥸽、䊅』同字異體。

四十　⿰米戚：粥：鬻

⿰米戚 zú 集韻子六切，入屋精。方言。熬米作成食品。集韻・屋韻：『⿰米戚，吳俗謂熬米爲餌曰⿰米戚。』編者未注『同粥』或『同鬻』。粥（一）zhōu 廣韻之六切，入屋章。沃部。①稀飯。也泛指糧食或其他東西煮成的半流質食物。爾雅・釋言：『粥，淖糜也。』廣韻・屋韻：『粥，糜也。』禮記・檀弓上：『饘粥之食，自天子達。』孔穎達疏：『厚曰饘，希曰粥。』編者亦未注『同⿰米戚』或本作『鬻』。鬻 zhōu 廣韻余六切，入屋以。又集韻之六切。沃部。同『粥』。爾雅・釋言：『鬻，糜也。』郝懿行義疏：『鬻者，經典省作粥而訓糜。』集韻・屋韻：『鬻，糜也。亦書作粥。』儀禮・士喪禮：『夏祝鬻餘飯，用二鬲於西牆下。』按：清毛奇齡喪禮吾說篇・重說解曰：『鬻。粥也。取死者養疾所餘米而熬爲粥也。』左傳・昭公七年：『饘於是，鬻於是，以胡余口。』孔穎達疏：『稠者曰糜，淖者曰鬻。』

疏證：『粥』初文作『鬻』。說文・䰜部：『鬻，⿰飠建也。从䰜建聲。』（三下）段玉裁注：『鬻，會意……鉉本誤衍聲字。』段氏說甚是。『⿰飠建』的轉注字有『鬻』『⿰飠建』『餰』『飦』等，均見說文。䰜部：『鬻，鬻也。从䰜侃聲。餰，鬻或从食衍聲。飦，或从干聲。⿰飠建，或从建聲。』（三下）[二五]『鬻』與『鬻、⿰飠建、餰、飦』等爲同義關係。『粥』是『鬻』的省形字（省掉『䰜』的一部分），『⿰米戚』從米戚聲，本義亦是稀飯，是『鬻』轉注字。『鬻』（粥）『䰜』古音都應讀子六切。玉篇・衣部從『戚』得聲的『⿰米易』亦是子六切。今普通話『粥（鬻）』讀 zhōu，『⿰米戚』讀 zù（大字典注爲陽平，不妥），從入聲轉到陰聲去了。在西南官話中，『粥（鬻）』『糏』或仍讀zu（入聲），或讀zu_{21}，因爲普通話的去聲在成都等西南官話中讀陽平。

四十一　⿰米糜：⿰米靡

⿰米糜mí改併四聲篇海引類篇音糜。碎。字彙補·米部：『⿰米糜，碎也。』編者未注『同⿰米靡』。⿰米靡（一）mí廣韻靡爲切，平支明。歌部。説文·米部：『⿰米靡，碎也。』徐鍇繫傳：『謂⿰米靡米麥也。』段玉裁注：『糜與⿰米靡音同義少別，凡言粉碎之義當作⿰米靡。』太平御覽卷八五四引通俗文：『碎糠曰⿰米靡。』編者亦未注『同⿰米糜』。

疏證：『⿰米靡』，説文釋爲『碎』。什麽是『碎』？段氏説是『粉碎』，朱駿聲説通俗文『碎糠曰⿰米靡』的『碎』就是『粉也』。『⿰米糜』字彙補亦釋爲『碎』。那麽『⿰米靡、⿰米糜、碎、粉』均同義。『⿰米靡』從米靡聲，後更換聲母『靡』轉形爲『⿰米糜』，二者讀音、本義相同，爲同字異體。

四十二　⿰歹聿：殔

⿰歹聿sì廣韻息利切，去至心。脂部。①寄殯，暫時埋於路旁。釋名·釋喪制：『假葬於道側曰⿰歹聿。⿰歹聿，翳也。』畢沅疏證：『説文無⿰歹聿有殔，云「瘞也」……蓋⿰歹聿本未葬而塗殯之名。假葬者，亦依此以爲名也。』呂氏春秋·先識：『威公薨，⿰歹聿，九月不得葬。』高誘注：『下棺置地中謂之⿰歹聿。』逸周書·作雒：『武王既歸，成歲十二月，崩鎬，⿰歹聿於岐周。』編者未注『同殔』。殔yì廣韻羊至切，去至以。微部。埋柩。説文·歺部：『殔，瘞也。』桂馥義證：『呂氏春秋·先識篇：「威公薨，殔，九月不得葬。」高誘注：「下棺置地中謂之殔。」』小爾雅·廣名：『埋柩謂之殔。』廣韻·至韻：『殔，釋名：假葬於道曰殔。』編者亦未注『同肂』。

疏證：說文·歺部：『殔，瘞也。从歺隶聲。』（四下）土部：『瘞，幽薶也。从土㾜聲。』（十三下）『幽薶』就是暫時殯在墓地等待良辰吉日再下葬，亦就是呂氏春秋高誘注所謂『下棺置地中謂之殔』，釋名所謂『假葬於道側』不可信。『肂』是『殔』的譌體。『殔』的聲母『隶』前人常常誤寫成『聿』，與『隸』誤寫成『肆』相同。再則同是呂氏春秋·先識覽[二六]釋名·釋喪制[二七]的文字，今本作『肂』，而桂馥義證引作『殔』。從異文看，它們亦是同字異形，其讀音有別，可能是方言造成的。

四十三　荂：華（蕐）：蘤：蔿：花（芲）

荂 fū 廣韻芳無切，平虞敷。又況於切。元部。①草木的花。爾雅·釋草：『華，荂也。』郭璞注：『今江東呼華爲荂。音敷。』說文·𠌶部：『𠌶，艸木華也。荂，𠌶或从艸从夸。』文選·左思〈吳都賦〉：『異荂蓲蘛，夏曄冬蒨。』李善注：『荂，枯瓜切。』編者未注明『同華』。華（一）huā 廣韻呼瓜切，平麻曉。魚部。①花，花朵。說文·華部：『華，榮也。』詩經·周南·桃夭：『桃之夭夭，灼灼其華。』漢蔡邕釋誨：『夫華離蒂而萎，條去榦而枯。』晉陸機短歌行：『時不重至，華不再揚。』編者亦未注『同荂』。

疏證：『華』的初文是『𠌶』，象形字，象草木之花盛開的外形。說文·𠌶部：『𠌶，艸木华也。从𠂹亏声。荂，或从艸从夸。』（六下）又華部：『華，榮也。从艸从𠌶。』從艸從𠌶是『𠌶』轉注字。段玉裁

注：『雩與華音義皆同。』徐灝注箋：『雩、華亦一字，而説文別之者，以所屬之字相從各異也……雩乃古象形文，上象蓓蕾，下象莖葉，小篆變爲亏耳。』高鴻晉中國字例：『按字原象形，甲文用爲祭名。秦人或加艸爲意符，遂有華字。及後華借用爲光華意，秦漢人乃另造荂，荂見方言。六朝人又另造花字。日久而華字爲借意所專，荂字少用，花字遂獨行。』段、徐、高分別從不同角度説明了『雩、華、荂、花』之間的本源、孳變、轉換關係，言簡意賅。在先秦古籍中還有個『蒍』字。方言卷三：『蒍，化也。』郭璞注：『蒍，音花。』説文・艸部：『蒍，艸也。从艸爲聲。』草名顯然不是『蒍』的本義。俞樾春秋名字解詁補義：『蒍即古花字……草木著花，非所本有，忽有忽無，有似人爲，更同物化，故方言訓爲化。廣雅・釋詁三：「蒍，七也。」七即古化字。』俞氏説是。大字典從説文説而將『蒍』作爲『（二）huā 集韻呼瓜切，平麻曉』變化義處理，似覺不妥。『蒍』後增形符『白』而轉形爲『蘤』。廣雅・釋草：『蘤、葩、菁、花，華也。』王念孫疏證：『後漢書・張衡傳云：「百卉含蘤。」李善注引張氏字詁云：「蘤，古花字也。」「含蘤」即「含華」。南都賦云「芙蓉含華」是也。蘤之言芛也。玉篇［・草部］云：「蘤、華，榮也。」爲詭切。」爾雅［・釋草］云：「芛、皇［葟］、華、榮。」郭璞注云：「今呼草木華初生者爲芛。音豬豬。」釋文：「羊捶反。」芛與蘤聲義正相近矣。蘤字從艸從白爲聲。古音爲如化，故花字從化聲而古作蘤……顧炎武唐韻正云：「考花字，自南北朝以上不見於書……唯後漢書・李諧傳載其述身賦曰：「樹先春而動色，艸迎歲而發花。」又曰：「肆雕章之腴旨，咀文苑之英花。」花字與華竝用，而五經、楚辭、諸子、先秦、兩漢之書，皆古本相傳，凡華字未改爲花者。」……引之案：廣雅釋花爲華，字詁又云：「蘤，古花字。」

則魏時已行此字，不始於後魏矣。』[二八]王氏從形、音、義三個方面探討了『華』『爲』『蘤』『花』等的變易關係，亦極爲精審。『花』的異構字有『苍』。篇海類編·花木類·艸部：『苍，音花，義同，俗用。』金董解元西廂記諸宫調卷一：『東風驚落滿庭苍，玉人不見朱扉亞。』從本源考察，『華』應是『蕐』的譌體。玉篇·蕐部：『蕐，胡瓜切。榮也……今作華。』[二九]大字典亦説『同華』。清平山堂話本·羊角哀死戰荊軻：『立蕐表，柱上建牌額。』由此可見，『華』的初文是『雩』，上象蓓蕾，下象莖葉，象草木之花盛開的外形，象形字。小篆變下垂的莖葉爲『亏』，字即寫作『雩』；秦人或加類母『草』作『蕐』，譌變成『華』，繼後或便於書寫，將象形字更換成『从艸夸聲』的形聲字，於是寫作『荂』。『夸、爲、化』古音讀音相近，故漢魏六朝時期採用形聲平行對轉的原則，再轉換出『爲』和『花』；或又在『爲』的形體中增附類母『白』轉形爲『蘤』，今統一用『花』字。

四十四　薑：䕬：𧅄：葁

葁 jiāng 集韻居良切，平陽見。山草。玉篇·艸部：『葁，山草也。』編者未注『同薑』。薑 jiāng 廣韻居良切，平陽見。陽部。薑科，多年生草本作一年生栽培。根莖肥大，呈不規則塊狀，有辛辣味，可作蔬菜、調料，並供藥用。集韻·陽韻：『薑，説文：「禦溼之菜。」或省。』論語·鄉黨：『不撤薑食，不多食。』呂氏春秋·本味：『和之美者，陽樸之薑，招摇之桂。』編者也未注『同葁』。䕬同『薑』。説文·艸部：『䕬，禦溼之菜也。从艸彊聲。』廣韻·陽韻：『䕬』，同『薑』。𧅄同『薑』。廣韻·陽韻：『𧅄，説文：「禦溼之菜。」或省。』清韓騏趙忠毅鐵如意歌：『妖蘁障日天地閉，代州戍卒性蘁桂。』

疏證：『萋』的初文是『薑』，從艸畺聲，形聲字。說文所收之『薑』，是漢代更換聲母『畺』後轉注出來的形聲字，繼後再更換聲母『彊』轉注出『蘁』來，因爲『畺、彊、疆』本是先後創造的異體字。大字典『蘁』條云：『蘁同「薑」。廣韻·陽韻：「蘁，說文：『禦溼之菜。』或省。」』而張氏澤存堂本宋本廣韻沒有這條解釋，衹有『薑，菜名。說文云：「禦濕之菜。」史記云：千畦薑韭與千戶侯等。居良切。蘁上同。』而其中將說文的『禦溼之菜也』引作『禦濕之菜』[三〇]，大字典卻誤引作『禦濕之菜』。『蘁』再更換聲母『彊』而轉形爲『萋』。玉篇說『萋』是『山草』。其實萋原本是野生的，現在仍有野生的和人工栽培的區分，儘管如此，其本質不變——可作蔬菜、佐料，並供藥用。今通用簡化字『姜』。

四十五　茜：蒨：⿱艹替：⿰犭蒨

茜（一）qiàn 廣韻倉甸切，去霰清。真部。①茜草。茜草科。多年生草本。莖方形，有倒生刺，根黃紅色，含茜素等，可作紅色染料和入藥。說文·艸部：『茜，茅蒐也。』漢書·食貨志：『……若千畝卮茜，千畦薑韭：此其人笠皆與千戶侯等。』顏師古注引孟康曰：『茜草、卮子可用染也。』編者未注『同蒨』。蒨 qiàn 廣韻倉甸切，去霰清。元部。①茜草。根可作絳色染料。爾雅·釋草『茹藘，茅蒐』晉郭璞注：『食之蒨，可以染絳。』陸德明釋文：『蒨，本或作茜。』文心雕龍·通變：『夫青生於藍，絳生於蒨。』編者亦未注『同茜』。⿰犭蒨同『蒨』。字彙補·艸部：『⿰犭蒨，同蒨。』明王思任名園詠序：『菰蘆中之園平，其取蒨者在竹與水。』⿱艹晉同『茜』。玉篇・艸部：『⿱艹晉，同茜。』

疏證：說文有『茜』而無『蒨』。許慎說『茜，茅蒐也』，其釋詞顯然出自爾雅。爾雅郭璞注：『今之蒨也，可以染絳。』陸德明釋文說：『蒨，本或作茜。』郝懿行義疏：『茜與蒨同。』今本爾雅郭璞注作：『今之蒨也，可以染絳。』[三二]大字典引作『食之蒨也，可以染絳』，『食之』爲『今之』之誤。『茜』從艸西聲，更換聲母『西』轉注爲『蒨』。今四川省瀘州市有地名『茜草壩』，亦寫作『蒨草壩』，因其地多生茜草而得名。又，『茜』更換聲母作『⿱艹晉』。玉篇・艸部：『茜，此見切。說文曰「茅蒐」，可以染緋。⿱艹晉，同上。』大字典引作『⿱艹晉，同茜』，並非玉篇原文。再更換聲母作『⿱艹猜』。玉篇・艸部：『⿱艹猜，此見切。青蔥之皃。』恐非『⿱艹猜』本義。字彙補・艸部：『⿱艹猜，同蒨。』可信。

四十六　蔌：蔬

蔌 sū 廣韻桑谷切，入屋心。屋部。①蔬菜。爾雅・釋器：『菜謂之蔌。』郭璞注：『蔌者，菜茹之總名。』詩經・大雅・韓奕：『其蔌維何？維筍及蒲。』毛傳：『蔌，菜殽也。』南朝梁宗懔荊楚歲時記：『歲暮，家家具肴菜，詣宿歲之位，以迎新年。』編者未注『同蔬』。蔬 shū（一）廣韻所葅切，平魚生。魚部。草菜可食者的通名。爾雅・釋天：『蔬不熟爲饉。』郭璞注：『凡草菜可食者通名爲蔬。』國語・魯語上：『昔烈山氏之有天下也，其子曰柱，能殖百穀百蔬。』韋昭注：『草實曰蔬。』編者未注『同蔌』。

疏證：『蔬』的初文作『蔌』。爾雅・釋器云：『菜謂之蔌。』郭璞注：『蔌者，菜茹之總名。』說文・艸部：『菜，艸之可食者。从艸采聲。』（一下）可見『菜』『蔌』都是人類一切可以喫的草。又說文・艸部新附字：『蔬，菜也。从艸疏聲。』鄭珍新附攷：『古本葢亦止作疏。群經音義引字林云：「蔬，菜也。」是漢魏間字。』鄭氏明確指出『蔬』『是漢魏間字』，比『蔌』字後出。『蔌』從艸欶聲，更換聲母作『蔬』，依然是個形聲字。『蔌』與『蔬』古音有入聲和平聲的差别，可能是方言與共同語的讀音不同造成的；今普通話已無此差别，而有卷舌音與非卷舌音的差别。但是，在方言中比如西南官話『蔌、蔬』均讀 sū。

四十七　莞：䓴

䓴 guān 集韻古丸切，平桓見。元部。蒲草類植物。說文・艸部：『䓴，夫蘺也。』集韻・桓韻：『䓴，蒲類。』編者未注『同莞』。莞（一）guān 廣韻古丸切，平桓見。又胡官切。元部。①蒲草。爾雅・釋草：『莞，苻蘺；其上蒚。』郭璞注：『今西方人呼蒲爲莞蘺……今江東謂之苻蘺，西方亦名蒲，中莖爲蒚，用之爲席。』大戴禮記・勸學：『譬之如汙邪，水潦灟焉，莞蒲生焉。』漢王褒僮約：『種莞織席。』漢書・東方朔傳：『以韋帶劍，莞蒲爲席，兵木無刃。』編者未注『同䓴』。

疏證：『莞』『䓴』均見於說文，都是蒲草。說文・艸部：『莞，艸也，可以作席。从艸完聲。』（一下）又：『䓴，夫蘺也。从艸睆聲。』爾雅郭璞注云『䓴』的主要功能是『用之爲席』；說文說『莞』的主要功能亦是『可以作席』；漢王褒僮約說『種莞織席』。『莞』是形聲字，後更換聲母轉形爲『䓴』。

『莞、蔙』實爲一字。

四十八　蘖（櫱）：蘗：巘：枿

蘗 niè 篇海類編魚揭切。①樹木砍後重生的枝條。篇海類編・花木類・艸部：『蘗，餘枿也。』編者未注『同蘖』或『同枿』。蘖 niè 集韻魚列切，入薛疑。月部。①樹木被砍或倒下或再生出來的枝芽。集韻・薛韻：『蘖，木餘也。或作巘。』書・盤庚上：『若顛木之有由蘖。』國語・魯語上：『山不槎蘖，澤不伐夭。』編者也未注『同蘗』或『同巘』等。巘同『蘖』。說文・木部：『巘，伐木餘也。商書曰：若顛木之有甹巘。』集韻・薛韻：『蘖，木餘也。或作巘。』枿 niè 廣韻五割切，入曷疑。月部。同『蘖』。1. 樹木砍伐後留下的樁子。爾雅・釋詁下：『枿，餘也。』郭璞注：『晉魏之間曰蘖。』郝懿行疏：『枿者……說文作「巘」，或「蘖」，云「伐木餘也」。』唐柳宗元與蕭翰林俛書：『雖朽枿腐敗，不能生植，猶足蒸出芝菌，以爲瑞物。』……2. 草木砍伐後餘樁重生的枝條。清段玉裁說文解字注・木部：『巘，韋昭曰：「以株生曰蘖。」枿者，亦蘖之異文。』漢書・敘傳下：『三枿之起，本根既朽枯楊生華，何惟其舊。』顏師古注引劉德曰：『詩云：「包有三枿。」謂木斫髡而復枿生也，喻魏、齊、韓皆滅而復起，若髡木更生也。』

疏證：『蘖』战国古文作𣎵，象樹幹被砍或劈斷後從餘留的樹樁上生長出來的小樹苗，象形字。周秦兩漢時期漸次更換字形，轉注爲形聲字『枿』『蘖』（櫱，戰國古文）、『巘』，說文記錄下了本字及其轉注字的形體。說文・木部：『巘，伐木餘也。从木獻聲。商書曰：若顛木之有甹巘。櫱，巘或从木辥聲。𣎵，古文𣡌從木，無頭。枿，亦古文𣡌。』（六上）所謂『伐』當然包括天然的（如雷電、山火、地震等）燒劈和人類的砍伐、大型動物的破壞等。伐後餘生的樹椿再展生機，從樹椿處生長出小樹苗。蘖生的小樹苗也可能長成參天大樹，但多數比較低矮，很難成材，所以不受重視。『枿』從木從卉，會意字，在周秦時期已從𣎴中轉換出來。漢書·敘傳下顔師古注引漢劉德曰：『詩云：「包有三枿。」』而傳世詩經·商頌·長髮作『苞有三蘖』。其中改了兩個字：『包／苞』『枿／蘖』。『枿』的本義與『𣡌』『蘖』沒有區別，大字典卻將『草木砍伐後餘椿重生的枝條』列爲義項②，將『樹木砍伐後留下的椿子』列爲義項①，源流顛倒，甚為不妥。有生存的樹椿纔有蘖生的小樹苗，這是一般常識，但是，對『枿』而言，表意強調的是『樹幹被砍或劈斷後從餘留的樹椿上生長出來的小樹苗』，而不是『樹木砍伐後留下的椿子』。『蘖』的變體有『櫱』。說文或體有『櫱』。集韻·薛韻：『蘖，木餘也。或作𣡌，或作櫱。』廣雅·釋詁一：『櫱，始也。』王念孫疏證：『櫱，與萌芽同義。盤庚云：「若顛木之有甹𣡌。」芽米謂之櫱，災始生謂之孽，義竝與櫱同。』廣雅『櫱，始也』，解釋的是『櫱』的引申義而非本義，而本義同『𣡌』。

四十九　眨：𨘢

𨘢 zhǎ 眼睛很快地一閉一開。醒世恒言·獨孤生歸途鬧夢：『把眼𨘢𨘢，把腳踏踏，分明是醒的，怎麼有此詫異的事！』編者未注『同眨』。眨 zhǎ 廣韻側洽切，入洽莊。盍部。①眼睛一閉一開。說文新附·目部：『眨，目動也。』廣韻·恰韻：『眨，目動。』唐玄應一切經音義卷十一引字苑：『眨，目數開閉也。』

景德傳燈録卷二十九：『眨眼參差千里莽，低頭思慮萬重灘。』宋張耒寄楊應之：『揚眉鼠子事輕肥，眨眼小兒誇謹厚。』水滸全傳第二十六回：『武都頭，他是個殺人不眨眼的男子。』編者亦未注明『同⿱羽疌』。

疏證：『眨』是個形聲字，本義表示眼睛快速地撲閃。說文・目部新附字：『眨，目動也。从目乏聲。』（四上）『目動』的釋義不精確，字苑解釋爲『目數開閉』也不精確，現代漢語詞典釋爲『（眼睛）閉上立刻又睜開』較好。[三二] 眼睛的撲閃猶如鳥羽的上下翻飛，故更換爲從羽疌聲作『⿱羽疌』。『眨』廣韻側洽切，『⿱羽疌』的讀音亦是側洽切，大字典將其視爲兩個不同的字，不妥。

五十　⿰羽皇：翁：⿰羽訇：翃：⿰宏羽：羾

⿰羽皇 hōng 改併四聲篇海引川篇音轟。羽聲。改併四聲篇海・羽部引川篇：『⿰羽皇，羽聲也。』編者未注『同⿰羽訇』或『同翃』等。⿰羽訇 hōng 廣韻呼宏切，平耕曉。①飛聲。廣韻・耕韻：『⿰羽訇，飛聲。』②同『翁』。飛。集韻・耕韻：『翁，翁翁，飛也。或作⿰羽訇。』翁 hōng 廣韻呼宏切，平耕曉。又虎横切。鳥飛。廣雅・釋詁三：『翁，飛也。』玉篇・羽部：『翁，羣鳥弄翅也。』廣韻・庚韻：『翁，翁然飛聲。』編者亦未注『同⿰羽訇』或『同翃』等。羾（一）hóng 廣韻戶公切，平東匣。東部。飛聲。說文新附・羽部：『羾，飛聲也。』編者仍未注『同⿰羽訇』或『翃』等。翃 hóng 廣韻戶萌切，平耕匣。耕部。飛。廣雅・釋詁三：『翃，飛也。』集韻・耕韻：『翃，翃翃，飛也。』又蟲飛。廣韻・耕韻：『翃，蟲飛。』編者仍未注『同⿰羽訇』或『同⿰羽皇』等』。⿰宏羽『翃』的訛化。字彙補・羽部：『⿰宏羽，飛也。』康熙字典・羽部：『⿰宏羽，翃字之譌。』

疏證：䳒、翁、䎍、翃、翝、翌這六個字大字典分三類處理的：就字義將它們分爲『飛』和第『飛聲』兩組，『翁、翃、翝』表示『飛』，『䳒、翌、䎍』表示『飛聲』，其中『䎍』兼有『飛』和『飛聲』兩種意義；就讀音將它們分爲『呼宏切』和『戶公切』兩組，『䳒、䎍、翁』讀 hōng（呼宏切），『翃、翝、翌』讀 hóng（戶公切）；就構形理據將它們分爲譌化和非譌化兩組，『翝』是『翃』的譌化字，『䳒、翁、䎍、翃、翌』是非譌化字。我們認爲，這樣的處理雖說都有依據，卻非理性地割裂了它們的異體關係。就字義而言，看似有『飛』和『飛聲』兩種意義，客觀上它們都强調鳥類的飛行以及飛行時翅膀扇動發出的聲響。前人在解釋各有偏重，所以纔造成『飛』和『飛聲』兩種釋義的並存。就讀音而言，古代都讀平聲的，今音的讀音規律——反切上字『呼、戶』的清濁，決定著被切字是讀陰平聲還是陽平聲，『呼』（曉母）是清音聲母字，被切字讀陰平，『戶』（匣母）是濁音聲母字，被切字則讀陽平，所以『䳒、䎍、翁』與『翃、翝、翌』纔有陰陽的對立。但現代方言比如西南官話，這些字的讀音是自由的，主要讀陰平，偶爾也讀陽平。就譌化與非譌化而言，大字典依康熙字典説『翝』是『翃字之譌』。事實上『翃』從厷聲，『翝』從宏聲，讀音相同，屬於更换聲母平行對轉的轉注字，不當再依康熙字典注成『「翃」的譌化』。

五十一　翾：𦑣：翧

𦑣 xuān 改併四聲篇海引玉篇音宣。飛貌。改併四聲篇海·羽部引玉篇：『𦑣，飛皃。』編者未注『同翧』或『同翾』。翧 xuān 廣韻況袁切，平元曉。［翧翧］飛。廣雅·釋訓：『翧翧，飛也。』玉篇·羽部：

『𦐔，飛也。』明劉基條風：『𦐔彼翧鳩，如笙如簧。』編者亦未注『同翧』或『同翾』。翾 xuān 廣韻許緣切，平仙曉。①輕輕地飛。說文·羽部：『翾，小飛也。』楚辭·九歌·東君：『翾飛兮翠曾，展詩兮會舞。』洪興祖補注：『翾，小飛也。』南朝梁蕭統玄圃講：『林際數羽翾，漪間赤尾吸。』唐駱賓王螢火賦：『彼翾飛之質弱，尚矯翼之淩空。』編者亦未注『同翧』或『同𦐔』。

疏證：『𦐔』的初文作『翾』。說文·羽部：『翾，小飛也。从羽睘聲。』『睘』爲『瞏』之省形。說文·目部：『睘，目驚視也。从目袁聲。詩曰：「獨行睘睘。」』（四上）郭沫若金文叢攷·釋共：『余謂睘即玉環之初文，象衣之當胸有環也。從目，示人首所在之處。小篆誤作睘。說文云：「目驚視也。从目袁聲。」義非其本，字形亦失。』[三三]郭氏的考釋應該不誤。『睘』讀 huán（旬宣切），不讀 qióng（葵營切）。凡從『睘』得聲的字都有圓、環繞、往返等義。『翾』不是『小飛』，而是指鳥人的頭頂上或某一個目標上飛來飛去——或高或低或近或遠，象戲玩的樣子，西南官話叫『旋』（陽平），大字典解釋爲『輕輕地飛』不準確。『翾』更換聲母『睘』轉形爲『𦐔』。玉篇·羽部：『𦐔，飛也。』光說『飛』，飛的樣態不明。繼後再更換聲母『宣』再轉注爲『翧』。『翾』『𦐔』『翧』本義同，讀音同，是同字異體。

五十二　裹：綶

綶 guǒ 字彙古火切。纏裹；纏束。篇海類編·衣服類·糸部：『綶，纏綶也。』編者未注『同裹』。裹 guǒ 廣韻古火切，上果見。又古臥切。歌部。①纏繞；包紮。說文·衣部：『裹，纏也。』段玉裁注：『纏者，繞也。』玉篇·衣部：『裹，苞也。』詩·大雅·公劉：『迺積迺倉，迺裹餱糧。』鄭玄注：『乃裹糧食於囊橐之中，棄其餘而去。』宋辛棄疾滿江紅·漢水東流：『馬革裹屍當自誓，峨眉伐性休重說。』編者亦未注『同綶』。

疏證：『裹』的本義是指用草木的葉子、獸皮、布帛、或囊橐等將某種體積小的物品苞裹起來，或用藤蔓、繩索將高大的物體纏束起來。說文·衣部：『裹，纏也。从衣果聲。』（八上）玉篇·衣部：『裹，苞也。』『纏』與『苞』，分別從兩個方面來詮釋『裹』的意義內涵。繼後更換類母『衣』轉形爲『綶』。『綶』從糸果聲。『衣』『糸』大同而小別，所以篇海類編說『綶』是『纏綶』。『裹』『綶』本義相同，讀音亦相同，屬於一組轉注字。

五十三　素：縤

縤 sù 玉篇桑故切。生帛。玉篇·糸部：『縤，生帛也。』編者未注『同素』。素 sù 廣韻桑故切，去暮心。魚部。①本色的生帛。說文·素部：『素，白緻繒也。』小爾雅·廣服：『縞之麤者曰素。』禮記·雜記下：『純以素，紃以五采。』孔穎達疏：『素，謂生帛。』唐杜牧杜秋娘詩：『寒衣一匹素，夜借鄰人機。』編者亦未注『同縤』。

疏證：『素』的本義是蠶絲織成而尚未染色的生帛，即白質的絲織品。說文·素部：『素，白緻繒也。从糸𠂹。取其澤也。』（十三上）段玉裁改為『白致繒』，並注：『繒之白而細者也。致者，今之緻字，漢人作注不作緻，近人改爲緻，又於糸部增「緻」篆，皆非也。鄭注襍記曰：「素，生帛也。」然則生帛曰素，對湅繒曰練而言。以其白色也，故爲凡白之偁；以白受采也，故凡物之質曰素……澤者，光潤也。毛潤則易下𠂹，故从糸𠂹，會意。』[三四]段氏說甚是。『素』本爲會意字，繼後增附類母『糸』轉換爲形聲字『縤』。『素、縤』本義相同，讀音亦相同，屬於一組轉注字。

五十四　㬥：襮（襮）

㬥bó集韻伯各切，入鐸幫。藥部。連領於衣。說文·糸部：『㬥，頸連也。』段玉裁注：『頸當作領。玉篇作領連是也，謂連領於衣也。衣部曰：「襮黼，領也。」[三五]毛傳：「襮，領也。」領謂之襮，連領謂之襮。玉篇以爲同字也。』編者未注『同襮』。襮同『襮』。說文·衣部：『襮，黼領也。从衣暴聲。詩曰：「素衣朱襮。」』字彙補·衣部：『襮，古襮字。』編者亦未注『同㬥』。襮bó廣韻捕各切，入鐸幫。又博沃切。鐸部。①刺有花紋的衣領。爾雅·釋器：『黼領謂之襮。』郭璞注：『繡刺黼文以褗領。』詩·唐風·揚之水：『素衣朱襮，從子于沃。』毛傳：『襮，領也。』朱熹集傳：『諸侯之服，繡黼領而丹。』又衣領。元歐陽玄漁家傲：『貂袖豹袪銀鼠襮，美人來往氈車續。』編者亦未注『同㬥』。

疏證：『襮』的初文作『㬥』。說文·糸部：『㬥，頸連也。从糸，暴省聲。』（十三上）『省聲』實爲省形。又衣部：『襮，黼領也。从衣暴聲。詩曰：「素衣朱襮」』（八上）許慎認爲『㬥』『襮』是不同的字。段注說得更爲明白：『領謂之襮，連領謂之㬥。』但他亦似有所疑，不敢斷然下結論，故補充說明：

『玉篇以爲同字也。』玉篇・糸部：『㬥，布各切。領連也。亦作襮。』大字典未引此說。『襮』從衣暴聲，是『襮』的後出轉注字。說文『襮』下引詩經作『襮』，今本詩經作『襮』，字彙補說『襮，古襮字』是其證。在『襮』字產生以前，銘文還有個從衣虍、戈聲的『⿸虍⿰衣戈』（見㦰鼎）。『⿸虍⿰衣戈、襮、襮』都是『㬥』的後出轉注字。既然是同一字的不同異體，那麼說文爲什麼要分別解釋爲『頸（領）連』和『黼領』呢？我們認爲，是許慎沒弄清楚二者的關係而強爲作解造成的。段注說『領謂之襮，連領謂之㬥』，其中心意思還是『領』，具體說來亦就是爾雅所說的『黼領』（刺有花紋的衣領）。

五十五　綮：⿱⿰户攴糸：⿱啓糸

⿱⿰户攴糸 qǐ 篇海類編祛禮切。細密的絲織品。篇海類編・衣服類・糸部：『⿱啓糸，緻繒也。或作綮、⿱⿰户攴糸。』編者未注『同綮』。綮（一）qǐ 廣韻康禮切，上薺溪。支部。①細緻的繒帛。說文・糸部：『綮，⿱⿰户攴糸繒也。』段玉裁注：『凡細膩曰致，今之緻字也。』編者亦未注『同⿱啓糸』。⿱⿰户攴糸同『綮』。篇海類編・衣服類・糸部：『綮，或作⿱啓糸。』

疏證：說文・糸部：『綮，⿱⿰户攴糸繒也。一曰徽幟信也，有齒。从糸𢼄聲。』（十三上）段玉裁改『𦤺』爲『致』，並注：『凡細膩曰致，今之緻字也。』又說文・素部：『素，白緻繒也。从糸𠂹。取其澤也。』（十三上）段玉裁注：『繒之白而細者也。致者，今之緻字，漢人作注不作緻，近人改爲緻，又於糸部增「緻」篆，皆非也。鄭［玄］注襍記曰：「素，生帛也。」然則生帛曰素，對湅繒曰練而言。以其白色也，故爲凡白之倆；以白受采也，故凡物之質曰素……澤者，光潤也。毛潤則易下㲻，故从糸㲻，會意。』由此可見，『綮』與『素』都是『緻繒』，衹不過『素』是尚未染色的生帛（白質的絲織品），而『綮』則是細軟的絲帛，沒有染與不染的區分。『綮』本爲形聲字，繼後更換聲母『⿸戶攴』轉注爲『⿱⿸戶攴糸』『⿱⿸戶戈糸』。甲骨文、（⿸戶攴）從戶從攴（又），會敲門之意，或從戶從攴從口作（啓），或从戶从戈作（⿸戶戈），『⿸戶攴、⿸戶戈、啓』同字異體，故由『⿸戶攴、啓、⿸戶戈』得聲的『綮、⿱⿸戶戈糸、⿱⿸戶攴糸』亦是同字異體。

五十六　趒：跳

趒（一）tiào 廣韻徒聊切，平蕭定。又土彫切。宵部。①跳躍。說文·走部：『趒，雀行也。』段玉裁注：『今人概用跳字。』徐灝箋：『此謂人之躍行如雀也，與足部跳音義同。』清夢麟雉朝飛：『雉朝飛，其羽灼灼，雌前趒，子後躍。』清姚鼐金麓邨招同浦栁愚毛俟園宗棠圃飲莫愁湖亭：『煙深出鷺翔，波靜鬻魚趒。』編者未注『同跳』。跳 tiào 廣韻徒聊切，平蕭定。又集韻徒了切。宵部。①跳起，雙腿或單腿用力使身體突地離開原位。說文·足部：『跳，蹶也。』錢坫斠銓：『通俗文：「超踴曰跳。」』說苑·辨物：『其後，齊有飛鳥一足來下，止於殿前，舒展而跳。』水滸全傳第二十六回：『武松卻用手畧按一按，托地已跳在桌子上。』魯迅吶喊·社戲：『阿發一面跳，一面說道。』編者亦未注『同趒』。

疏證：說文·足部：『蹶，僵也。从足厥聲。一曰跳也。亦讀若橜。，蹶或从闕。』（二下）又曰：『跳，蹶也。从足兆聲。一曰躍也。』許慎是用『蹶』的異訓來訓釋『跳』的。又走部說『趒』是『雀行』。

『雀行』並非鳥行走，而是狀人的行走如鳥行，即徐灝注箋所謂『人之躍行如雀也』。由此可知『趒』的本義指人雙腳離地往前跳躍，而不是指『雀行』本身。『趒』從足兆聲，形聲字。類母『走』本身與人的運動密切相關，而『足』則是人站立、行走的唯一部件，與『走』類似，故可相互更換，由此而轉注出『跳』字來。段玉裁說『今人概用跳字』，是說用字的規範，『趒』『跳』本爲同字異體。至於其讀音，廣韻・蕭韻都是『徒聊切』，而大字典『趒』讀 tiáo（陽平），『跳』讀 tiào（去聲），不知所本。應該都讀去聲（tiào）。普通話的去聲在今成都話中統統讀陽平（［—21］），在四川的綿竹市統統讀陰平（［—55］）。『趒、跳』在今成都話中都讀 tiao21，並無差異。

五十七　輜（輜）：輺

輺 zī 龍龕手鑑・車部：『輺，俗，音咨。』字彙補・車部：『輺，即斯切，音咨。見篇海。』編者未注『同輜』。輜（一）zī 廣韻側持切，平之莊。又楚持切。之部。①古代有帷蓋的車。也名衣車。說文・車部：『輜，軿車前、衣車後也。』按：左傳・定公九年『寢於其中而逃』唐孔穎達疏：『說文云：輜，軿衣也，前後有蔽。』釋名・釋車：『輜軿之形同。有邸曰輜，無邸曰軿。』畢沅疏證：『宋書・禮志：引字林曰：「軿車有衣蔽無後轅，其有後轅者謂之輜。」』史記・孫子吳起列傳：『而孫子爲師，居輜車中，坐爲計謀。』……②庫車，一般指裝載軍需物資的車。在道曰車，止舍曰庫。也指器械財物。釋名・釋車：『輜車，載輜重……輜，厠也。所載衣物雜厠其中也。』集韻・之韻：『輜，字林曰：「載衣物車」，前後皆蔽，若今庫車。』孫子・火攻：『凡火攻有五：一曰火人。二曰火積，三曰火輜，四曰火庫，五曰火隊。』李筌注：『燒其輜重，焚其庫室。』杜牧注：『器械財貨及軍士衣裝，在車中上道未止曰輜，在城營壘已有止舍曰庫，其所藏二者皆同。』編者亦未注『後也作輅』。

疏證：『輜』初文作『輜』，說文正篆字。字彙・車部：『輜，同輜。』大字典已作爲異體字收錄。後省筆作『輜』。說文・車部：『輜，軿車前、衣車後也。从車甾聲。』（十四上）又：『軿，輜車也。从車並聲。』許慎互訓，說明『輜』『軿』都是車，區別在於：軿車有衣蔽無後轅，輜車既有衣蔽又有後轅。朱駿聲『軿』字注：『輜、軿皆衣車。前後皆蔽曰輜，前有蔽曰軿。』『輜』後更換聲母『甾』轉形爲『輅』。五侯鯖字海・車部：『輅，車輛也。』『輜（輜）、輅』同字異體。

五十八　䡊：轓

䡊 fǎn 廣韻府遠切，上阮非。元部。古代車箱兩旁反出如耳的部分，用以障蔽塵泥。說文・車部：『䡊，車耳反出也。』段玉裁注：『車耳即駁也。其反出者謂之䡊。反出謂圜角有邪倚向外者也。』廣雅・釋器：『轓謂之䡊。』王念孫疏證：『䡊、轓聲近義同。䡊字亦作版。』古今韻會舉要・阮韻：『䡊，應劭曰：「車轓爲䡊，以簞爲之，或用革，所以爲藩屏、翳塵泥也。」』唐公房碑：『鼠齧䡊車被具，君乃畫地爲獄，召鼠誅之。』編者未注『同轓』或『後也作轓』。轓 fān 廣韻孚袁切，平元敷。①車蔽。即車箱兩旁的遮蔽物。廣雅・釋器：『轓謂之䡊。』王念孫疏證：『說文：「䡊，車耳反出也。」䡊、轓聲近義同。』集韻・阮韻：

『轓，車蔽。』篇海類編・器用類・車部：『轓，小車兩耳，所以爲藩屏，翳塵泥也，以簟爲之，或用革。』漢書・景帝紀：『令長吏二千石車朱兩轓，千石至六百石朱左轓。』顔師古注：『轓，應劭曰：「車耳反出，所以爲之藩屏，翳塵泥也。」二千石雙朱，其次乃偏其左。䡊以簟爲之，或用革。如淳曰：「轓，小車兩屏也。」據許慎、李登說，轓，車之蔽也。左氏傳云：「以轓伐欒盈，即是有障蔽之車也。」』編者亦未注『同䡊』。

疏證：大字典對『䡊』『轓』的釋詞分別是『古代車箱兩旁反出如耳的部分，用以障蔽塵泥』『車蔽。即車箱兩旁的遮蔽物』，所引例證基本上亦是相同的。然而卻不認爲它們是同字異體。『䡊』是『轓』的初文。說文・車部：『䡊，車耳反出也。从車从反，反亦聲。』（十四上）所謂『車耳反出』，就是車箱兩旁翻出用以障蔽塵泥的構件，因其像人頭上的兩耳朵，所以叫做『車耳』或『䡊』。『轓』是『䡊』更換聲母『反』轉注出來的異體字。廣雅・釋器云：『轓謂之䡊。』就是用後出轉注字來解釋初文意義的。王念孫疏證說『䡊、轓聲近義同』，亦肯定了兩字的本義是相同的，祇不過在廣韻中『䡊』是『府遠切』，而『轓』是『孚袁切』，聲調有平、上的區別，所以他纔說『聲近』。後出轉注字與本字之間讀音不完全相同在古今漢語中極爲普遍，因爲文字創造是以特定時期的實際讀音爲標音依據的，聲調或韻母稍有差異極爲正常。即使同一個字在不同的方言或同一個方言中讀音亦有變化。所以『䡊、轓』在廣韻中有平、上兩種讀音並不能影響它們的異體關係。

大字典編撰凡例第十四條規定：『異體關係在異體字下根據不同情況分別用「同某」「後作某」「也作

某」表示。』這就是說，大字典單字下衹要注明『同某』或『也作某』的字，它們之間就構成了異體的關係，如果沒注明『同某』或『也作某』的，它們之間就不存在異體關係。但事實上以上五十八組字存在異體的關係，而大字典編撰者並未注明是『同某』還是『也作某』等。對漢字異體的研究，既是字書編撰者的重要任務，亦是所有漢字文化遺産整理者的重要使命，因爲要宏揚中華民族的優秀文化，不認識漢字不行。但是如果教育專家、學者連奉獻給後代作爲典範的字書都錯誤百出，那真是貽誤後人。以上補缺可謂吹毛求疵，若能對大字典的修訂有用，我們很是欣慰。

注釋

[一] 本文原為〈漢語大字典〉（卷四）不明關係字疏證〈漢語大字典〉（卷五）不明關係字疏證兩篇，分別載於北京師範大學文學院編勵耘學刊（語言卷）2007 年第一輯，學苑出版社 2007 年版；西南民族大学学报 2008 年第 3 期。

[二] 本文所据為徐中舒主編漢語大字典，四川辭書出版社、湖北辭書出版社 1988 年版。

[三] 宋本廣韻，北京市中國書店 1982 年影印本。第 60 頁。

[四] 漢許慎撰，宋徐鉉等校定：說文解字，中華書局 1963 年版，第 72—73 頁。

[五] 清段玉裁：說文解字注，上海古籍出版社 1988 年版，第 134 頁。

[六] 清王引之：經義述聞，江蘇古籍出版社 2000 年版，第 535—536 頁。

[七] 王力主編：古代漢語（校訂重排本），中華書局 1999 年版，第 310 頁。

[八] 宋本廣韻，北京市中國書店 1982 年影印本，第 59、39、40 頁。

[九] 清王先謙：釋名疏證補，上海古籍出版社 1984 年版，第 402 頁。

[一〇] 謝華編著：黃帝內經，中醫古籍出版社 2002 年版，第 176 頁。

[一一] 清錢繹：方言箋疏，上海古籍出版社 1984 年版，第 209—210 頁。

[一二] 南唐徐鍇：說文解字繫傳，中華書局 1987 年版，第 151 頁。

[一三] 清段玉裁：說文解字注，上海古籍出版社 1988 年版，第 344 頁。

[一四] 唐陸德明：經典釋文，中華書局 1983 年版，第 261 頁。

[一五] 此『者』為連詞，相當於『則』。『剝取獸革者謂之皮』，即『剝取獸革則謂之皮』。

[一六] 清王念孫：廣雅疏證，中華書局 1983 年版，第 106 頁。

[一七] 王力主編：古代漢語（校訂重排本），中華書局 1999 年版，第 293 頁。

[一八] 唐陸德明：經典釋文，上海古籍出版社 1984 年版，第 895 頁。

[一九] 曹礎基：莊子淺注，中華書局 1982 年版，第 141—142 頁。

[二〇] 高亨：詩經今注，上海古籍出版社 1980 年版，第 379 頁。

[二一] 向熹：詩經詞典，四川人民出版社 1986 年版，第 76 頁。

[二二] 清郝懿行：爾雅義疏，上海古籍出版社 1983 年版，第 1028 頁。

[二三] 王文虎、張一舟、周家筠：四川方音詞典，四川人民出版社 1987 年版，第 140 頁。

[二四] 清朱駿聲：說文通訓定聲，武漢市古籍書店 1983 年版，第 583 頁。

[二五] 漢許慎撰，宋徐鉉等校定：說文解字，中華書局 1963 年版，第 62 頁。

[二六] 許維遹：呂氏春秋集釋，文學古籍刊行社 1955 年版，第 989 頁。

［二七］清王先謙：釋名疏證補，上海古籍出版社 1984 年版，第 429 頁。

［二八］清王念孫：廣雅疏證，中華書局 1983 年版，第 336 頁。

［二九］宋本玉篇，北京市中國書店 1983 年影印本，第 280 頁。

［三〇］宋本廣韻，北京市中國書店 1982 年影印本，第 153 頁。

［三一］清郝懿行：爾雅義疏，上海古籍出版社 1983 年版，第 939 頁。

［三二］現代漢語詞典，商務印書館 1983 年版，第 1448 頁。

［三三］郭沫若：金文叢攷，見郭沫若全集（考古編 5），科學出版社 2002 年版，第 464 頁。

［三四］清段玉裁：説文解字注，上海古籍出版社 1988 年第 2 版，第 662 頁。

［三五］説文大徐本原文作：『襮，黼領也。』大字典標點錯誤。

漢語大字典譌誤不明字辨正[一]

漢語大字典（以下簡稱大字典）[二]是我國第一部以解釋漢字的形、音、義爲主要任務的大型語文工具書，是國家哲學社會科學『六五』規劃的重點科研專案。承擔該字典編寫任務的是當時川、鄂兩省著名的語言學家和優秀的科研工作者。這些專家學者，將其潛心研究的成果毫不保留地著錄到了這部工具書裡，爲千千萬萬莘莘學者奉獻一部既可以檢閱又可以研讀的典範的語文工具書。

大字典的新異、奇特，主要表現在編者對漢字變易形體的精心安排上，在楷書單字條目下盡可能收列能反映形體演變關係的、最具代表性的異形字，而排列以漢字發展嬗變的歷史先後（甲、金、篆、隸等）爲序，讓讀者一目了然。與此同時，在正文中對同一個漢字的『正』『譌』關係，均在後出異體字下注明『某的譌字』，讓讀者很清楚地分辨出它們之間的關係。但是，由於該書的編撰受時代的局限，而且書成於衆手，有的本是譌字卻未注明是『某的譌字』，有的不是譌字反而注明是『某的譌字』，真僞顛倒，令讀者疑惑不解，更不利於異體字的整理和研究。本文僅就第五卷中有關譌誤不明字之間的脈絡關係作簡要辨正，以見教於方家。所謂『譌誤不明字』，是指『本不譌而誤成譌字者』和『本是譌字而未注明譌字者』之類的異體字。這類問題，在大字典中較爲普遍，僅第五卷中就有十一組，現分别辨正如下。

一　⿱浦皿：⿱浦皿

⿱浦皿，『⿱浦皿』的譌字。玉篇·血部：『⿱浦皿，申時食。籀文餔字。』按：說文·食部：『餔，⿱浦皿日加申時食也。从食甫聲。⿱浦皿，籀文餔，从皿浦聲。』編者注明『「⿱浦皿」的譌字』。⿱浦皿同『餔』。說文·食部：『餔，⿱浦皿日加申時食也。从食甫聲。⿱浦皿，籀文餔。』餔bū廣韻博孤切，平模幫。魚部。夕食，申時食。唐玄應一切經音義卷十四引三蒼：『餔，夕食也。』說文·食部：『餔，⿱浦皿日加申時食也。』莊子·盜跖：『盜跖乃方休卒徒山之陽，膾人肝而餔之。』唐陸德明釋文：『餔，字林：「日申時食也。」』編者未注明『也作⿱浦皿』。

辨譌：『餔』的初文作『⿱浦皿』。說文·食部：『餔，⿱浦皿日加申時食也。从食甫聲。，籀文餔从皿溥聲。』（五下）清段玉裁改『日加申時食也』爲『申時食也』，並注：『皿，飲食器也。』[三]籀文『⿱浦皿』即『餔』的初文。『⿱浦皿』從皿溥聲，筆畫較多，後世類母、聲母全更換轉形爲『餔』。『皿』與『食』相關：『皿』爲食之器，『食』爲皿之用。皿中有血爲『⿱浦皿』，血爲祭祀神靈之食或歃血，故從皿、從血之字可以互換。比如『盟』，甲骨文作（京津755），象器皿中有血珠之形，會意，周代金文或從皿明聲作（師望鼎），或從血明聲作（魯侯爵等）。[四]『餔』亦如是，或從皿作『⿱浦皿』，或從血作『⿱浦皿』，並非譌字。

二　裁：裓

裓，『裁』的譌字。改併四聲篇海·衣部引搜真玉鏡：『裓，裓衣也。』康熙字典·衣部：『裓，疑裁字之譌。』編者從舊說注明是『「裁」的譌字』。裁 cái 廣韻昨哉切，平咍從。之部。裁剪，用剪刀把紙或布割裂。如：裁衣；裁紙。說文·衣部：『裁，制衣也。』段玉裁注：『裁者，衣之始也。』編者未注明『也作裓』。

辨譌：說文·衣部：『裁，制衣也。从衣𢦏。』（八上）[五]『制衣』就是裁剪布料而縫製成衣。方言卷二：『鋠、摫，裁也。梁、益之間曰裁木爲器曰鋠，裂帛爲衣曰摫。』郭璞注：『皆析破之名也。』[六]廣雅·釋詁二：『裁，裂也』；『裂，裁也』。又：『斬、割、鋠、摫，裁也。』[七]製衣就是用剪刀裁剪布料而縫製成衣服，裁剪布料必用剪刀，故累增類母『刀』轉形爲『裓』。在漢魏以後的漢字系統中，同一個字有多個異體，主要是累增或更換類母和聲母造成的。比如『華』是象形字，後採用從艸為聲構形而造『蔿』字，累增類母『白』而再造『蘤』字。說文·艸部：『蔿，艸也。从艸爲聲。』草名顯然不是『蔿』的本義。方言卷三：『蔿，化也。』晉郭璞注：『蔿，音花。』清俞樾春秋名字解詁補義：『蔿即古花字……草木著花，非所本有，忽有忽無，有似人爲，更同物化，故方言訓爲化。』俞氏說甚安。又廣雅·釋草：『蘤、葩、菁、花，華也。』清王念孫疏證：『後漢書·張衡傳云：「百卉含蘤。」李善注引張氏字詁云：「蘤，古花字也。」「含蘤」即「含華」。南都賦云「芙蓉含華」是也。蘤之言芛也。玉篇「·草部」云：「蘤、華，榮也。爲詭切。」爾雅［・釋草］云：「芛、皇［葟］、華、榮。」郭璞注云：「今呼草木華初生者爲芛。音⿰豸青豬。」釋文：「羊捶反。」芛與蘤聲義正相近矣。蘤字從艸從白爲聲。古音爲如化，故花字從化聲而古作蘤……顧炎武唐韻正云：「考花字，自南北朝以上不見於書……唯後漢書・李諧傳載其述身賦曰：「樹先春而動色，艸迎歲而發花。」又曰：「肆雕章之腴旨，咀文苑之英花。」花字與華竝用，而五經、楚辭、諸子、先秦、兩漢之書，皆古本相傳，凡華字未改爲花者。」……引之案：廣雅釋花爲華，字詁又云：「蘤，古花字。」則魏時已行此字，不始於後魏矣。』而大字典從說文說而將『蔿』作爲『（二）huā 集韻呼瓜切，平麻曉』處理，似覺不妥。同理，『裁』從衣從刀、𢦏聲，是『裁』的後出轉形字，不當從康熙字典『疑裁字之譌』說。

三　袷：⿰衤圅

袷，『⿰衤圅』的譌字。康熙字典・衣部：『袷，博雅：「袖也。」』按：今本廣雅・釋器字作『⿰衤圅』。編者注明是『「⿰衤圅」的譌字』。⿰衤圅同『⿰衤函』。集韻・覃部：『⿰衤函，博雅：「⿰衤函⿰衤朵，袖也。」或從圅。』⿰衤圅 hān 集韻胡南切，平覃匣。［⿰衤函⿰衤朵］衣袖。廣雅・釋器：『⿰衤函⿰衤朵，袖也。』編者未注明『同「⿰衤圅」』。

辨譌：『⿰衤圅』初文從衣圅聲。廣雅・釋器：『⿰衤函⿰衤朵，袖也。』大字典專立『［⿰衤函⿰衤朵］』一條，並引廣雅・釋器『⿰衤圅⿰衤朵，袖也』爲證，誤。今本廣雅・釋器作『⿰衤圅⿰衤朵』，而不作『⿰衤函⿰衤朵』，其實大字典在『袷』字條下已有按語說明，因此如果無別的例證，就不當收『［⿰衤函⿰衤朵］』一條。『⿰衤圅』從『圅』得聲，而『圅』與『含』

『函』同音，故『䘶』更換聲母轉形爲『䘶』『裣』。更換聲母在漢字發展史上極爲普遍。比如從艸函聲的『菡』。說文·艸部：『菡，菡藺也。从艸圅聲。』（一下）清邵英羣經正字：『今經典作菡萏。』又：『藺，菡藺。芙蓉華未發爲菡藺，已爲芙蓉。从艸閻聲。』爾雅·釋草：『荷，芙蕖……其華菡萏。』詩經·陳風·澤陂：『彼澤之陂，有蒲菡萏。』玉篇·艸部：『萏，同菡。』宋楊萬里暮立荷橋：『欲問紅蕖幾萏開。』『菡、萏』都是『藺』的轉形字。同理，『䘶、裣』亦是『䘶』的的轉形字。『裣』從衣含聲，其構形有理據可說，並非譌字。

四 蒟：蒟

蒟，『蒟』的譌字。康熙字典·艸部：『蒟，川篇：「音劬，醬也。」按：即蒟字之譌。』編者注明是「『蒟』的譌字」。蒟jǔ廣韻俱雨切，上麌見。魚部。蔞葉。胡椒科。藤本。果實叫『蒟子』，可以作醬，故也叫『蒟醬』。也作『枸』。說文·艸部：『蒟，果也。』史記·西南夷列傳『南越食（唐）蒙蜀枸醬』南朝宋裴駰集解引徐廣曰：『枸，一作蒟。』司馬貞索隱引劉德曰：『蒟樹如桑，其椹長二三寸，味酢；取其實以爲醬美。』又云：『蒟緣樹而生，非木也。今蜀土家出蒟，實似桑椹，味辛似薑，不酢。』華陽國志·巴志：『其果實之珍者，樹有荔芰，蔓有辛蒟。』本草綱目·草部·蒟醬：『時珍曰：蒟醬，今兩廣、滇南及川南、渝、瀘、威、茂、施諸州皆有之。其苗謂之蔞葉。蔓生依樹，根大如箸。彼人食檳榔者，以此葉及蚌灰少許同嚼食之，云辟瘴癘，去胸中惡氣。故諺曰：「檳榔浮留，可以忘憂。」其花實即蒟子也。』

編者未注明『也作「蒟」』。

辨譌：『蒟』本字作『枸』。說文·木部：『枸，木也，可爲醬，出蜀。从木句聲。』（六上）清朱駿聲通訓定聲：『即扶留藤實也。』清朱珔段借義證：『玉篇·木部「枸」亦作「蒟」。史記漢書有枸醬，蜀都賦華陽國志作蒟醬。艸部：「蒟，果也。」蓋本一物。』或更換類母和聲母轉形爲『蒟』。說文·艸部：『蒟，果也。从艸竘聲。』『蒟』從『竘』得聲。說文·立部：『竘。健也。一曰匠也。从立句聲。讀若齲。逸周書有竘匠。丘羽切。』（十下）『竘』的異體字有『蒟』。龍龕手鑑·立部：『蒟，俗；竘，正。』大字典卷四亦云：『蒟，同竘。』『竘』從立句聲。說文·句部：『句，曲也。从口丩聲。古矦切，又九遇切。』（三上）段玉裁注：『古音總如鉤。後人句曲音鉤，章句音屨。又改句曲字爲勾。』唐王仁昫刊謬補缺切韻·侯韻：『句，俗作勾。』既然『句』俗可作『勾』，故凡從『句』得聲的字亦可從『勾』。如鐵鉤的『鉤』亦寫作『鈎』，因此『竘』亦寫作『蒟』，而從『竘』得聲的『蒟』，理所當然亦可寫作『蒟』。『蒟』的構形確有理據可說，不當盲從康熙字典『蒟字之譌』說。

五　緒：䌛：繇：䌛

緒，『繇』的譌字。字彙補·糸部：『緒，繇字之譌。吳本後漢書：「五緒之碩盧。」』編者注明是『「繇」的譌字』。䌛，『繇』的譌字。字彙·言部：『䌛，俗作䌛。』康熙字典·言部：『䌛，按：說文本載系部，當入十一畫。字彙正字通俱譌從糸，附十畫內。非是。』編者注明是『「繇」的譌字』。繇 yáo 廣韻餘昭切，平宵以。宵部。①隨從。說文·糸部（應爲系部—引者注）：『繇（應爲『繇』—引者注），隨從也。』宋徐鉉等注：『今俗從䍃。』段玉裁注：『亦用爲傜役字。傜役者，隨從而爲之者也。』

辨譌：『繇』的初文作『繇』。說文·系部：『繇，隨從也。从系䍃聲。』（十二下）大字典誤從糸部，且字頭、引文均作『繇』，應改正。後世以『缶』換『言』而作『繇』，如宋徐鉉等所言。於是『繇』字的聲母就有『䛂』『䍃』兩種書寫形式。『繇』的類母從『系』，甲骨文作咺（一期鐵2.2）、咭（一期前7.4.1），金文作（系爵）、（小臣系卣），籀文作（說文），戰國盟書作（盟書92.45），均象手握絲之形（會意字），與象『束絲之形』的『糸』形、義相關，故從系的『繇』亦可更換從『糸』，因而又再造出『䌛、繇』兩個字來，再更換類母『系（糸）』轉形爲『繇』。『繇、繇、䌛』都是『繇』的後出轉注字，不當從康熙字典字彙補看成譌字。

六　⿰糸區：漚

⿰糸區 ōu 玉篇於侯切。漚麻。字彙補·糸部：『⿰糸區，⿰糸區麻也。』一說『漚』的譌字。康熙字典·糸部：『⿰糸區，按即漚字之譌。』編者注明『一說「漚」的譌字』。漚 ōu 廣韻烏侯切，去侯影。侯部。長時間地浸泡。說文·水部：『漚，久漬也。』廣雅·釋詁二：『漚，漬也。』詩·陳風·東門之池：『東門之池，可以漚麻。』唐王建送於丹移家洺州：『耕者求沃土，漚者求深源。』

辨譌：『漚』初文從水區聲，本義是專指漚麻。說文·水部：『漚，久漬也。从水區聲。』（十一上）

『久漬』，大字典解釋爲『長時間地浸泡』，未安。漚麻的生産過程，余兒時親眼所見：每逢仲夏收麻季節，拔後撥去杆，將皮打成捆，泡在深池中，其上再壓石板，令其不能漂浮出水面。半月餘，見麻外層青皮徹底發酵腐爛後，方撈出捶打漂洗晾曬，打捆收藏。僅僅『長時間地浸泡』，不可能『脫麻』。後來泛指草木或換下來的衣物等長時間浸泡在水中（發出腐臭味兒）。『漚』，西南地區或更换聲母寫作『漊』，音編 o_{21}。明李實蜀語：『衣物漊爛曰漚。』『漚』是讓撥下來麻皮浸泡腐爛令脫麻（線），而麻線似絲，故『漚』更換類母『水』轉形爲『編』。因此，不當從康熙字典看成譌字。

七　𧼯：⿺走堅

⿺走堅，『𧼯』的譌字。正字通·走部：『⿺走堅，𧼯字之譌，舊注音義同𧼯。改從堅，沿篇海誤分爲二字。』編者注明是『「𧼯」的譌字』。⿺走堅 qǐn 廣韻棄忍切，上軫溪。又去刃切。真部。行貌。說文·走部：『⿺走堅，行皃。』集韻·稕韻：『⿺走堅，行緩皃。』廣韻·諄韻：『𧼯，行也。』編者未注明『也作「⿺走堅」』。

辨譌：說文·走部：『𧼯，行皃。从走臤聲。讀若菣。』（二上）又臤部：『臤，堅也。从又臣聲。讀若鏗鏘之鏗。古文以爲賢字。』（三下）段玉裁注：『謂握之固也，故从手。』又：『堅，剛也。从臤从土。』清王筠句讀：『泛言之也，故入臤部，若主謂土，則入土部矣……當云從土從臤，臤亦聲。』[八]『堅』是『臤』的後出轉形字（異體字）。廣韻·山韻『臤』苦閑切，又苦寒切；先韻『堅』古賢切，其讀音相同。故從『臤』得聲的『𧼯』可更換聲轉形爲『⿺走堅』。『⿺走堅』是『𧼯』後出轉注字，明張自烈在正字通·走部中說得很清楚：『⿺走堅，⿺走臤字之譌，舊注音義同⿺走臤。改從堅，沿篇海誤分爲二字。』他認爲『舊注』兩字『音義同』，後因『篇海誤分爲二字』。但是，他認爲『⿺走堅』是『⿺走臤字之譌』，則過於武斷，大字典不當從其說。關於『⿺走臤』的本義，說文說是『行皃』，後世或說是『行也』『行緩皃』，均不準確，實際上是擡起腳後跟小步往前走。四川話有『⿺走臤著腳走』和『踮著腳走』兩種說法，但『⿺走臤』讀音 $qian_{21}$，不讀 qīn。

八　軚：軑

軚，『軑』的譌字。正字通·車部：『軑字之譌。舊注音義同軑。改從太，分爲二，非。』編者注明是『「軑」的譌字』。軑 dài 廣韻徒蓋切，去泰定。又特計切。月部。車轂端圓管狀的冒蓋。說文·車部：『軑，車輨也。』楚辭·離騷：『屯余車其千乘兮，齊玉軑而竝馳。』編者未注明『也作「軚」』。

辨譌：『軑』初文從車大聲，本義是轂輨，即包在車轂上的管狀環形或六角形金屬套。說文·走部：『軑，車輨也。从車大聲。』（二上）清桂馥義證：『方言：「關之東西曰輨，南楚曰軑。」』又：『輨，轂耑遝也。从車官聲。』段玉裁改『遝』爲『錔』，並注：『錔者，以金屬有所冒也。轂孔之裏以金裏之曰釭，轂孔之外以金表之曰輨。輨之言管也。』方言卷九：『輨、軑，鍊鏅。關之東西曰輨，南楚曰軑，趙、魏之間曰鍊鏅。』清錢繹箋疏：『輨之言管也。以鐵爲管，約轂外兩端，以金冒之曰輨。』『軑』從『大』得聲，而『太』古祇寫作『大』，於是『大』就有『徒蓋切』（廣韻·泰韻）和『他蓋切』（集韻·泰韻）兩種以上讀音。清江沅說文釋例云：『（太）古衹作大，不作太。易之「大極」，春秋之「大子」「大上」，尚書之

「大誓」，「大王王季」，史［記］漢［書］之「大上皇」「大后」，後人皆讀爲太，或徑改本書，作太及泰。」既然古有徑改之風，『軑』更換聲母轉形爲『軚』極爲正常。『軚』是『軑』後出轉形字，明張自烈在正字通·走部中說得很清楚：『軑字之譌。舊注音義同軑。改從太，分爲二，非。』他認爲『舊注』兩字『音義同』，而後人『改從太』而強『分爲二』字的。但他說『軚』是『軑字之譌』則失審，大字典從其臆斷更不應當。

九　⿱艹瓦：⿱艹互

⿱艹瓦 hù 字彙補何誤切。草名。字彙補·艸部：『⿱艹瓦，草名。』編者未注明『「⿱艹互」的譌字』。⿱艹互 hù 廣韻何誤切，去暮匣。草名。玉篇·艸部：『⿱艹互，草名。』集韻·莫韻：『⿱艹互，草名。可以爲繩。』

辨譌：『⿱艹互』從艸互聲。是一種多年生的野草，伏地叢生，扁而細長，柔韌性好，是山民搓繩捆柴挑物的材料。今川黔等山區仍有此草。余兒時曾用⿱艹互草搓過繩索。川音讀 fu_{21}，不讀 hu_{51}。⿱艹互草伏地叢生，互爲糾纏，故從『互』得聲。『⿱艹互』的構形部件『瓦』是『互』之譌變。『⿱艹互』還譌變成『⿱艹玄』。篇海類編·花木類·艸部：『⿱艹玄，同⿱艹互。』『⿱艹瓦、⿱艹玄』大字典均收錄，但均未注明是『⿱艹互』的譌字，應補充說明。

十　⿱千臼：⿱⿱丷干臼

⿱千臼 pò 龍龕手鑑疋各反。春。龍龕手鑑·臼部：『⿱千臼，春也。』編者未注明是『「⿱⿱丷干臼」的譌字』。⿱⿱丷干臼 pò 廣韻匹各切，入鐸滂。鐸部。春。說文・臼部：『齊謂春曰𦥓。』廣韻・鐸韻：『𦥓，春也。』編者亦未注明『也作舂』。

辨譌：說文・臼部：『舂，齊謂春曰舂。从臼屰聲。讀若膊。』應爲上從屰下從臼，會意字。『屰』是杵的初形，今西南官話叫『棒』；『臼』是碓的形狀，今西南官話叫『碓窩』。人持杵在碓中搗動叫『舂』，今西南官話讀 $zong_{55}$，不讀 $chong_{55}$。『舂』的『𡈼』是『屰』的譌化，故『舂』是『𦥓』之譌體。

十一　趂：趁

趂，同『趁』。玉篇・走部：『趂』，『趁』的俗字。集韻・稕韻：『趁，說文：「𧼒也。」或從尒。』唐杜甫重過何氏五首之一：『花妥鶯捎蝶，溪喧獺趂魚。』宋陸游極相思：『那堪更看，漫空相趂，柳絮榆錢。』醒世恒言・施潤澤灘闕遇友：『到此有十里之遠，人也怕走，還要趂個船兒。』編者未注明是『「趁」的譌字』。趁 zhēn 廣韻知鄰切，平真知。諄部。趁𧼒，行不進貌。說文・走部：『趁，𧼒也。』桂馥義證：『𧼒也者，本書駗驙，馬載重難行也。』集韻・真韻：『趁𧼒，行不進貌。』

辨譌：說文『趁』『𧼒』互訓。說文・走部云：『趁，𧼒也。从走㐱聲。讀若塵。』又：『𧼒，趁也。从走亶聲。』『趁』從『㐱』得聲。說文・彡部：『㐱，稠髮也。从彡从人。詩曰：「㐱髮如雲。」鬒，㐱或从髟真聲。』（九上）今本詩經・鄘風・君子偕老作『鬒髮如雲』。集韻・震韻：『㐱，髮多皃。』又髟部：『髟，長髮猋也。从長从彡。』段玉裁注：『彡，猶毛也。會意。』『鬒（㐱）』廣韻・軫韻章忍切，『尒

（尒）』廣韻・紙韻兒氏切，兩者讀音相去甚遠，因爲凡屬於形聲對轉的後出轉形字，其聲母的讀音必須與原形字的聲母讀音相同，至少是十分相近（主要是因古今方俗之音變化造成的）。『趁』的聲母『㐱』音『章忍切』，其異體字『趂』的聲母『尒』音『兒氏切』，『趁』與『趂』怎麼亦構不成轉注關係，所以『趂』祇能看作是『趁』的譌體。相反『趁』的類母『走』更換爲『足』，卻能轉形爲『跈』。集韻・真韻：『趁，𧼨，行不進貌。或從足。』『趁』『跈』是一對轉注字；『趂』是『趁』譌體。關於『趁』的本義，說文『趁』『𧼨』互訓，沒有明確的定義，集韻解釋爲『行不進貌』。何爲『行不進貌』？就是走山路時，山路崎嶇，往前走兩步又倒退一小步或半步，特別是雨後路滑，更難行走。川南土語叫『趁𧼨』，音 zen$_{33}$ zan$_{33}$（陽平，川南話無捲舌音，自貢除外），與古語同義。『趁』『𧼨』是兩個意義相同的字，而大字典『趁』字下將其作爲雙音詞『趁𧼨』來訓釋，不妥。

上文整理出大字典第五卷中『譌誤不明』字共十一組，其中第一—八組屬於『原本不譌而誤成譌字者』，第九—十一組屬於『本是譌字而未注明譌字者』。我們對譌字與非譌字的分別遵循如下原則：字形的嬗變是否具有構形理據可說。凡是因轉換形體而形成的後出異體字屬於非譌字（後出轉注字）；凡是不具有構形理據的後出異體字均屬於譌字。異體字的整理和研究，二十世紀後期以來國家語委非常重視，且從事文字學教學、研究的專家學者亦在不懈努力，已取得豐碩的研究成果。但是，對此研究總體上缺乏理性的理論指導和科學的精密分析方法，因此照樣無法理出頭緒來。我們提出的漢字構形轉換理論，[九]希望能對異體字的整理和研究有所幫助。

注釋

〔一〕本文原載於四川省語言學會編蜀語心聲——四川省語言學會第十四屆年會論文選，四川辭書出版社2009年版。

〔二〕本文所據漢語大字典版本爲徐中舒主編，四川辭書出版社、湖北辭書出版社1988年12月出版本。

〔三〕清段玉裁：說文解字注，上海古籍出版社1988年版，第220頁。

〔四〕高明：古文字類編，中華書局1980年版，第316頁。

〔五〕漢許慎撰，宋徐鉉等校定：說文解字，中華書局1963年版，第170頁。

〔六〕清錢繹：方言箋疏，上海古籍出版社1984年版，第158頁。

〔七〕清王念孫：廣雅疏證，中華書局1983年版，第47、53頁。

〔八〕清王筠：說文解字句讀，中華書局1988年版，第104頁。

〔九〕鍾如雄：轉注系統研究，商務印書館2014年版。

苦粒齋養新錄卷二　訓詁編

興衰相繼　終創輝煌

——百年訓詁學史回顧

『訓詁』簡單說來就是『以語言解釋語言』，這種方法在周秦時期叫做『隨文釋義』。隨著隨文釋義實踐的日益頻繁，人們開始注意從雜亂無章的訓詁資料中搜集、匯總和歸納，從中總結出訓詁的方法和條例來，於是我國第一部訓詁專書爾雅在戰國末期齊魯儒生的筆下誕生了。到兩漢中期我國出現了第一位語言學家，他就是被桓譚譽為『東道孔子』的楊雄，其傳世名著叫作方言。在我國訓詁發展史上，從東漢至清代相繼湧現了一大批超凡卓越的訓詁學家，他們注解經義博采衆說，考據精博，會通義理，闡釋發揮，為我國傳統訓詁方法的豐富與完善作出了不可磨滅的貢獻。

清代是我國訓詁發展史上的『黃金時代』，訓詁學家輩出，成果豐富多彩，令人歎為觀止。清代末期，在西學東漸的浪潮中，始終處於經學附庸地位的『小學』頓時迷失了發展方向。一八九九年冬上海商務印書館出版了一部馬氏文通，將外來的語言學理論和研究方法與我國的傳統訓詁方法緊密結合，打開了傳統『小學』家研究古代文獻的新思路。從此，我國的『小學』家紛紛轉向漢語語法的研究，幾乎取代了傳統訓詁學的研究。縱觀清代以前的訓詁發展史，呈現在學人面前的是一部重實踐、輕理論創新的歷史。此前的『訓詁』僅僅是『小學』的一個組成部分，還沒有成為一門獨立的學科。而『五四』運動以來的一百年間，我國的訓詁學纔開始從初創走向成熟，出現了前所未有的『U』字形發展。這一時期的訓詁學研究大抵可分為三個階段。

第一個階段（1919—1939）：承前啟後時期

這一時期的訓詁學家主要有章太炎、黃侃、沈兼士、楊樹達、陳獨秀等。在語言學研究方面，他們偏重於尋找研究漢語言文字學的新思路，主要探討和總結漢語言文字學的研究理論和方法，梳理『右文』說是非曲直，創建漢語語（字）源學；在訓詁學研究方面，則主要界定『訓詁』與『訓詁學』的內涵，總結『聲訓』『音轉』和『因聲求義』的實用原理和運用方法，或對前賢的研究成果做拾遺補缺等。其研究成果主要有章太炎的文始新方言，黃侃的說文略說文字聲韻訓詁筆記，沈兼士的聲訓論廣韻聲系，楊樹達的中國語法綱要中國修辭學，等等。這些文獻，無論在漢語言文字學發展史上還是在訓詁學發展史上，都具有劃時代的地位和意義。

第二個階段（1939—1979）：理論創建時期

在此四十年中，我國古籍的注釋與整理幾乎沒有多大成就，在訓詁學理論方法的總結與創新方面，反而出現了令人振奮的重大成果。胡朴安、齊佩瑢、王力、陸宗達等四位訓詁學家在這一時期都留下了自己濃墨重彩的一筆。

近代以前，訓詁學家群星璀璨，訓詁成果汗牛充棟，但是就沒有出現一本真正意義上的『訓詁學』著作，先賢的討論幾乎都是零星的、碎片化的，不成系統。一九三九年上海商務印書館出版了胡朴安先生的中國訓詁學史，全書較為系統地勾畫出了上下兩千年的訓詁發展史，綜述全面，評價客觀，深入淺出，言簡意賅。繼後，一九四三年齊佩瑢先生的訓詁學概論出版，全書共四章十六節，較為詳細地討論了訓詁的性質、起因、範圍、功能、術語、方法和流派等問題，為後世訓詁理論的探討和訓詁方法的總結做了一個可供借鑒的示範，匠心獨創，前無古人。中國訓詁學史和訓詁學概論的出版，標誌著我國從此有了自己的第一部訓詁史和第一部訓詁學理論著作，它們分別以『訓詁研究史上的里程碑』和『訓詁理論研究發展史上的里程碑』的名譽而載入史冊。

訓詁學概論的出版，初步建立起了訓詁學的理論體系，但是這還屬於舊訓詁學的理論體系，其最大弊端在於『崇古』，而忽視系統理論的探討。此時的王力先生已經意識到，衹有重視歷史觀和語言的社會性研究，古老的訓詁學纔能獲得新的生命力。一九四七年他發表了一篇論新訓詁學的文章，文中明確指出『必須打破小學為經學附庸的舊觀念，然後新訓詁學纔真正成為語史學的一個部門』。這種見解在當時可謂石破天驚、慧眼獨具、膽識過人、高屋建瓴。繼王力之後，一九五七年陸宗達先生在中國語文第四期上發表談談訓詁學一文，對訓詁學的實質進行了科學的闡釋，引起了學術界的極大關注。這個時期王力和陸宗達先生，主要思考和關注的是『新訓詁學』學科體系的建設問題。

第三個階段（1980至今）：學科體系建設時期

『新訓詁學』提出以來的四十年間，我國訓詁學的教學與研究和文字學、音韻學一樣，歷經一次次歷史變故之後全然止息了。高校不再開設訓詁學課程，就連以往出版的教材也看不到了，唯有陸宗達先生一九六四年出版的訓詁淺談，還能在大學圖書館的借書目錄裡找到。一九七八年以前的訓詁學研究完全處於一種『冬眠』狀態。

一九七八年，耄耋之年的陸宗達先生，以其敏銳的學術嗅覺，適時抓住了復蘇訓詁學的大好機遇。他和他學生王寧、宋永培先生等一道，在全國範圍內開展了一系列普及訓詁學的活動。首先，以北京師範大學為孵化基地，舉辦訓詁學研修班，專門培養在全國高校中從事訓詁學教學與研究的青年教師。其次，及時出版培訓和自學用的教材，創辦訓詁學研究集刊，全力以赴普及、傳播訓詁學知識。在去世前的八年裡，陸先生先後編寫出版了訓詁簡論訓詁方法論（與王寧合作）兩部教材；一九八一年創辦了訓詁研究，並擔任主編。再次，親自組建『中國訓詁學研究會』，並出任第一屆理事會會長，在全國範圍內開展訓詁學大討論。

陸先生畢生都十分重視說文學和訓詁學的知識普及和理論建設，强調學以致用。他是當代中國說文學和訓詁學的一塊永垂不朽的豐碑。

陸先生去世後，王寧、宋永培先生秉承先師教書育人、學術慎獨的優良傳統，一方面整理出版與陸先生合作的著作，在較短時間内先後出版了訓詁與訓詁學（陸宗達、王寧）和訓詁學的知識與應用（陸宗達、王寧、宋永培）兩部合著；另一方面勤奮鑽研，踵武增華，繼往開來，各自相繼出版了訓詁學原理（王寧）和當代中國新訓詁學（宋永培），為當代中國新訓詁學的理論和學科建設作出了令人敬佩的重大貢獻。

當代訓詁學的教學與研究，在陸宗達先生的大力宣導和引領下，出現前所未有的『井噴』式發展，人才輩出，各種教材或研究專著如雨後春筍，理論建設日臻完善。近四十年來全國高校相繼湧現了一大批熱愛訓詁學的優秀學者，其中最令人敬佩的有周祖謨、姜亮夫、殷孟倫、徐復、張世祿、張舜徽、楊潛齋、周大璞、洪誠、許嘉璐、楊春霖、蔣禮鴻、郭在貽、王寧、宋永培、張永言、向熹、趙振鐸、唐文、何九盈、蔣紹愚、裘錫圭、白兆麟、李學勤等。他們學而不厭，誨人不倦，著書立說，惠及後學。

但是，當代中國訓詁學還存在不少懸而未決的問題，諸如學科建設的理論基礎還很薄弱，訓詁學與其他學科的關係糾纏不清，古老的訓詁方法尚待實踐進一步證實等。例如『聲訓』和『古音通假』兩種方法，就存在界說模糊不清、以非為是的問題。最近胡娟、劉春語等在『聲訓』說的歷史反思一文中認為：『「聲訓」是用語義相因的字詞來直接解釋意義的方法』，『「古音通假」是尋求本字的方法』。我們希望今後類似的『歷史反思』越來越多，因為它會對訓詁學學科的理論建設大有裨益。

宋永培先生在當代中國新訓詁學中指出：『當代中國訓詁學，是運用當代的科學方法對兩千年傳統訓詁學和現代訓詁學的成果切實繼承並超越的科學。』因此，不僅要『圍繞著如何明確訓詁方法和訓詁學的系統條理這一中心問題作深入切實的研討』，還要在揭示訓詁原理、確立科學術語、清理理論體系、運用系統方法等方面作深入細緻的研究。

回顧百年來的中國訓詁史，展現在我們面前的是一幅由興而衰、由衰而興的坎坷畫卷。由於有歷代先賢持之以恆的不斷超越，纔迎來了訓詁學今天的輝煌，然而，當代中國訓詁學學科地位的最終確立，還有待於一代代訓詁學新人的努力。

注釋

本文原載於光明日報 2018 年 11 月 4 日第 12 版（語言文字）。

『聲訓』說的歷史反思[一]

傳統訓詁學中有一種訓詁方法叫做『聲訓』（亦稱『音訓』），自清代得名之後，隨著訓詁學理論和方法的深入研究，引起了學界的極大重視。尤其是近半個世紀以來，討論『聲訓』的文章數以百計，討論的熱點和重點依次是：聲訓的性質與範圍、語音與語義的關係、聲訓源流演變、專書的聲訓研究等等。本世紀初，陳秀利以20世紀90年代以來聲訓研究綜述為題，對前人的研究成果作了較為客觀的總結。[二]前人研究『聲訓』，較為客觀的有王力、何九盈、王寧、孫雍長、王國珍等數家，其餘多為主觀臆說，有的就連『聲訓』是什麼東西都沒搞清楚就妄下斷語，這樣做對學術的研究發展沒有任何好處。

當今的聲訓研究和實踐存在兩個突出問題：一是界說不清，相互糾纏。比如『聲訓』與『古音通假』『因聲求義』的關係到底是怎麼一回事？或曰三者同為一種訓詁方法，祇是名稱不同而已；或曰『聲訓』不同於『古音通假』，與『因聲求義』相同，即古謂『聲訓』，今謂『因聲求義』，等等。二是理論與實踐脫離，真假難辨。如孟子·梁惠王上：『天下之欲疾其君者，皆欲赴愬於王。』宋朱熹集注：『愬與訴同。』而王力本古代漢語注則說：『愬，通訴。赴愬。跑來告訴［你］。』[三]『愬，通訴』是什麼意思？『愬』與

『訴』是通假關係呢、聲訓關係呢還是因聲求義關係呢？從注釋的意圖看，作者是想說明它們是『通假』關係。如果是這樣，問題又來了，因為說文已經明確地告訴了我們『愬』與『訴』是異體關係。說文・言部：『訴，告也。从言厈省聲。論語曰：「訴子路於季孫。」𧦝，訴或从言朔。愬，訴或从朔心。』（三上）宋徐鉉等注：『厈非聲。蓋古之字音多與今異。如皀，亦音香釁，亦音門；乃，亦音仍。他皆放此，古今失傳不可詳究。』[四]清段玉裁注：『凡从㡿之字，隸變為厈，俗又為斥。』文選・班固〈北征賦〉：『諒時運之所為兮，永伊鬱其誰愬。』唐李善注引說文曰：『愬，亦訴字。』『愬』與『訴』既然是異體字，就不存在『通假』或『聲訓』『因聲求義』等問題，純粹屬於文字的辨識。在當今的論著和高校文科教材中，『通』和『同』這兩個術語的濫用極為普遍，不僅學生糊塗懵懂，即便是搞專業的教授恐怕亦很難厘清。這就要求我們應該下決心梳理清楚『聲訓、通假、因聲求義』等術語的內涵及其關係了。

一　『聲訓』說的形成

『聲訓』最早的含義是指聲威與教化，與訓詁學毫無關係。文選・任昉〈王文憲集序〉：『公不謀聲訓，而楚夏移情。』唐張銑注：『訓，教也。言不作聲譽教示，而下人感其德，已移情於善道矣。』而作為訓詁方法的一個專門術語，在清代乾隆以前，雖有聲訓之實卻無聲訓之名。乾隆時期（1736—1796）的經學家江藩，根據前人的訓詁實踐，總結出了『聲訓』條例。繼後朱駿聲傳承其說，他在說文通訓定聲・凡例中說：『訓詁之旨，與聲音同條共貫……故凡經傳及古注之以聲為訓者，必詳列各字之下，標曰聲訓。』[五]從此，在中國訓詁學史上纔有了『聲訓』這個名稱和術語。

尋根溯源，『聲訓』法濫觴於春秋戰國之際。在這一時期的經傳和諸子百家的文獻中，隨文釋義間或採用聲訓的方法。論語·顏淵『政者，正也。子帥以正，孰敢不正』中的『政者，正也』，可算是早期的聲訓語料。之後的文獻，如周易尸子孟子莊子禮記等中亦有一些零星的、前人認為是聲訓的語料。

（一）爻也者，效此者也；象也者，像此者也。（周易·繫辭下）黃壽祺、張善文注：『「爻」是效仿物之動，「象」是模象物之形。』[六]

（二）天神曰靈，地神曰祇，人神曰鬼。鬼，歸也。古者謂死人為『歸人』。老萊子曰：『人生於天地之間，寄也。』寄者，固歸也。其生也存，其死也亡。（尸子卷下）清汪繼培注：『文選魏文帝善哉行、陸士衡豫章行、古詩十九首、歸去來辭注，又陸士衡吊魏武帝文注「固」作「同」，誤。』[七]

（三）夏后氏五十而貢，殷人七十而助，周人百畝而徹，其實皆什一也。徹者，徹也；助者，藉也。（孟子·滕文公上）

（四）庸也者，用也；用也者，通也；通也者，得也。（莊子·齊物論）

（五）是故不知聲者，不可與言音；不知音者，不可與言樂。知樂則幾於禮矣。禮、樂皆得謂之有德。德者，得也。（禮記·樂記）漢鄭玄注：『幾，近也。聽樂而知政之得失，則能正君、臣、民、事、物之禮也。』

『政』與『正』，『爻』與『效』，『象』與『像』，『鬼』與『歸』，『徹』與『徹』，『助』與『藉』，『庸』與『用』，『用』與『通』，『通』與『得』，『德』與『得』，等等，後人通過語音聯想，發現『釋詞』是通過語音形式的相同或相近來訓釋『被釋詞』的意義的，於是就總結出『以聲為訓』這樣一種訓詁方法來，即朱駿聲所謂『訓詁之旨，與聲音同條共貫』。

『以聲為訓』的隨文釋義方法，被戰國末期的齊魯儒生吸收進爾雅的釋義體例中，繼後的整個漢代，無論是經傳、論著還是字書，都將它作為解釋古字古義的一種方法。何九盈先生說：『兩漢是聲訓發展的極盛時期。理論性，政治性，主觀隨意性，普遍性，是當時聲訓的四個特點。』[八]何先生的評價是很客觀的，因為今人研究的聲訓語料，主要還是兩漢文獻中的『以聲為訓』語料，尤為是白虎通義說文解字和釋名三部文獻中的語料。因此，我們可以說白虎通義是仿效先秦時期的『以聲為訓』而奠定聲訓的方法的，說文和釋名衹是傳承了白虎通義的聲訓法。到清代，江藩在歸納總結前人『以聲為訓』的基礎上，將其改說成『依聲立訓』，簡稱『聲訓』。他在說經必先通訓詁中說：『據爾雅分篇之義，訓通古今異言，訓則皆言形貌，而說經之道，不外此二字。通古言，通古音，而古義無不通矣；知形訓，知聲訓，而古訓無不明矣。如「禮記・」明堂位云：「夏曰醆，殷曰斝，周曰爵。」此古言之異也。方言：「楚謂聿，燕謂弗，秦謂筆。」此古音之異也。說文：「石，山石也。」「厓，山邊也。」此依形立訓也。「日，實也。」「月，闕也。」

此依聲立訓也。依聲立訓，於古書十據其九，如旬之為均也，音之為蔭也，妃之為配也，平之為便也，皆以聲為訓也。他如：資讀為齊，而義即通齊，巽卦「喪其資斧」是也。鮮讀為獻，而義即通獻，禮記・月令「天子乃獻羔開冰」是也。遍讀為貶，而義即通貶，玉藻「立容辨卑毋讇」是也。美讀為儀，而義即通儀，少儀「鸞和之美」是也。』[九]從此在訓詁學上『聲訓』則成為與『形訓』『義訓』同尊之訓詁方法。近人黄侃先生說：『惟聲訓乃真正之訓詁。』[一〇]

二　前人對『聲訓』本質的認識

清末民初以前，『聲訓』法重在實踐，研究者尚寡，而二十世紀八十年代以後，學界始重視其理論研究，討論之熱烈，前所未有。既然『聲訓乃真正之訓詁』，其本質特徵抑或不同於『形訓』與『義訓』，抑或與『古音通假』『因聲求義』有別。然而，綜觀近半個世紀以來的討論，歧說衆多，共識難成。倘若對聲訓本質缺乏共識，經傳、字書的聲訓研究成果則很難得到認可。比如崔樞華先生的說文解字聲訓研究，主觀上想把說文中的聲訓語料進行一番徹底梳理，為聲訓方法論的確立提供實踐依據，但客觀上沒有做到，因為對聲訓的定性決定著研究結論的真偽。崔樞華說：『從我們研究聲訓問題的實踐來看，聲訓即以聲音通訓詁，是以聲近義通的詞作訓釋的一種訓詁方法。狹義的聲訓所研究的僅僅是同源詞問題。廣義的聲訓所研究的内容則是以同源詞為主，同時包括解釋由文字變異所造成的異體字以及文字假借的現象。這三種情況在說文的訓詁中也都可以見到。在實踐中我們雖然努力排斥異體字、假借字等，但我們所確定的聲訓關係，不能保證都是同源關係。在聲音上我們明確的標準可以依從，一般不會有太大的問題；在意義上雖然也都經過認真思考，卻未能對所有的語詞都給予嚴格證明。』[一一]要確定釋詞與被釋詞之間是否同音是很容易做到的，最簡單的辦法衹要將唐作藩先生的上古音手冊[一二]或郭錫良先生的漢字古音手冊[一三]對照鈔錄一下就可以了。但是，聲訓問題不光是釋詞與被釋詞之間是否同音那麼簡單，亦不光是釋義的問題，其核心的問題是釋義的根本目的是什麼。魯國堯先生便直言不諱地指出了說文解字聲訓研究一書中存在的根本問題：『確定釋詞與被釋詞之間是否存在聲訓關係，特別是在語句為訓的情況下是否存在聲訓關係，雖然力圖避免主觀性，但是在沒有其它可以參考的材料時，衹能根據自己的理解來處理……這就難免有失之過寬特別是求之過深的現象，也就是說，很難做到完全避免主觀性。』[一四]

清代以來，對『聲訓』本質的認識主要有以下三種爭議：（一）尋求語源的方法；（二）解釋字詞意義的方法；（三）探求字詞得名之由的方法。

（一）尋求語源的方法

『語源』指字詞的聲音和意義的起源。楊樹達先生在字義同緣於語源同例證一文中反復指出：『語源同故字義同』『義同由於其語源同』。[一五]在該文中，他分析了五十四組字，其中第六組字『縊、經』是這樣分析的：

縊　說文十三篇上糸部云：『縊，經也。从糸，益聲。』引春秋經曰：『夷姜縊。』按二篇上口部云：『嗌，咽也。从口，益聲。𦕁，籀文嗌，上象口，下象頸脈理也。』按縊字所從之益，即假為嗌，縊所以從糸益者，謂以系其咽也。十二篇上手部云：『搤，捉也。从手，益聲。』此益亦假為嗌，以手捉嗌，史記婁敬所謂搤其亢也。

經　公羊·昭公十三年傳云：『靈王經而死。』何［休］注：『經謂懸縊而死也。』按經字從巠聲，巠實假為頸。史記·項羽本紀云：『皆自剄泛水上。』［司馬貞］集解：『以刀割頸為剄。』史記·淮南衡山王傳云：『令從者魏敬剄之。』［張守節］正義：『剄謂刺頸。』夫剄為以刀割頸或刺頸，知經之當為以糸系頸也。

以糸系咽謂之縊頸，以糸系頸謂之經，義同由語源同也。或問曰：史記·田單傳云：『遂經其頸於樹枝。』如子之言，經為以絲系頸，而史［記］云經其頸，然則史公非乎？曰：以糸系嗌為縊，以糸系頸為經，制字之初意也。後人慣用文字者不必盡符制字之初意，故婁敬云搤其亢，史公云經其頸也。以制字之初意繩後人之用字者，非也；以後人之用字疑制字之初意，尤大惑也。[一六]

楊先生匯釋『縊、嗌、搤、經、剄』的方法採用的是推源的方法，他認為在『致人死亡』意義上『縊、嗌、搤、經、剄』同義是因為『義同由語源同』決定的。如果把『縊、嗌、搤經、剄』分別作為被釋詞或釋詞，可以構成：

縊，嗌也；嗌，搤也；搤，縊也。

經，剄也；剄，經也。

這樣一改，就成為尋求語源的方法即『聲訓』法了。『尋求語源的方法』是早期訓詁學家對『聲訓』的共識。王力先生指出『聲訓，多數是唯心主義的』。他在同源字論中說：『聲訓，是以同音或音近的字作為訓詁，這是古人尋求語源的一種方法。聲訓，多數是唯心主義的，其中還有許多是宣傳封建禮教的，應該予以排斥。但是，也有一些聲訓是符合同源字的，不能一概抹煞。』[一七]陸宗達先生亦說：『聲訓，即直接使用同音字或雙聲、迭韻字作訓釋，明確命名的來由……在先秦古書中，用聲訓推索命名由來的，例證極多，其中有些聲訓，可以幫助我們瞭解語源和詞義的發展。』[一八]因為『名物是有來源的，在給一個專名定名時，完全沒有根據、沒有意圖幾乎是不可能的，雖然定名有偶然性，名與實絕非必然的切合，但人們為一物定名時，一定與對這一事物的觀察、認識有聯繫，因而在不同程度上有源可尋。』[一九]何九盈先生亦持相同的觀點，認為：『聲訓，古人也叫「諧聲訓詁」。它是用音同或音近的詞去說明被釋的詞的來源，也就是以詞的語音形式（聲音相諧）為先決條件來說明兩個詞之間的語源關係。』[二〇]宋永培先生認為，作為尋求語源的聲訓，衹有『用同根詞作訓釋詞』，纔能『保證解釋的可靠性』。因此他強調指出：『我們說聲訓必須遵循音近義通這個前提，就是說要把聲訓嚴格控制在用同根詞作訓釋詞這個條件之下，不能超出這個界限，這纔能夠保證解釋的可靠性。』[二一]

（二）解釋字詞意義的方法

把『聲訓』視為解釋字詞意義的方法，是就釋義的共性特徵說的。應該說，任何一種訓詁方法都是為『釋義』服務的，形訓是釋義，義訓是釋義，聲訓亦是釋義。所以將『聲訓』定為解釋字詞意義的方法過於籠統，淡化了它與形訓、義訓等訓詁方法的區別特徵。江藩所謂『以聲為訓』，實質上就是將『聲訓』視為解釋字詞意義的方法。江藩的『以聲為訓』涉及的範圍很廣泛，包括同音字（其中還包含『假借字』）的訓釋、一字多音的訓釋、一字多義的訓釋等，已經不限於解釋字詞意義了，遠遠超越了前人或後世所說的『聲訓』的範疇。

在二十世紀八十年代初期，張永言先生就說過：『聲訓又稱「音訓」，就是用同音或音近的字來解釋字（詞）義。』他認為聲訓的主要作用有三：追溯語源、探求本字和說明詞的通轉。[二二] 王寧先生亦說：『聲訓是用音近義通的詞來作訓，因為訓釋詞與被訓釋詞之間有同音關係，所以被稱作聲訓。但是，聲訓的目的並不是為了顯示讀音，而仍是為了顯示意義。』[二三] 高鈺京先生『聲訓』探微一文說得更具體：『釋義的方法，指的就是探求詞語意義的方法。前人習慣地把它分為三類，即聲訓、形訓、義訓。聲訓就是因聲求義，即通過語音尋求語義。簡單地說，就是從被釋詞的語音著眼，利用語音和語義的關係，推求它的詞義。用來解釋的詞和被釋的詞是音同、音近、或音轉的關係。』[二四]

（三）探求字詞得名之由的方法

把『聲訓』視為探求字詞得名之由的方法，是就被釋詞與釋詞之間的聲義同源關係說的。凡聲義之間具有同源關係的都能用聲訓來訓釋。孫雍長先生論聲訓的性質一文，歸納總結了前人對聲訓的種種解釋，且就漢代劉熙『名之於實，各有義類』的認識觀為立論依據，提出了自己對聲訓的看法。他說：『我們認為，不能把一切用音同或音近之字相釋的訓詁材料都視為聲訓。因為取音同或音近之字相訓衹是聲訓的一種形式特徵，而不是聲訓的全部本質屬性。聲訓的訓詁原理是語言中的「名之於實，各有義類」即聲義同源規律，而且聲訓的旨趣是描示語源，是解釋語詞產生的命名立意之義。因為旨在揭示語源之義，所以無涉於詞的所指之義（即在具體語言環境中的表達之義）；因為旨在揭示語源，所以用來訓釋的字必定與被訓釋的字具有古音相同或相近的關係，訓釋字所代表的詞與被訓釋字所代表的詞也具有本枝源流的關係。這纔是聲訓的本質屬性所在。聲訓是一種詞義訓解法，或者說它是一種詞義訓釋條例。』[一二五]

根據學者們認識的傾向性，我們將前人對『聲訓』的認識粗略地劃分為以上三類，事實上從每位學者的解釋用語中都不難看出，他們的認識都有交叉，並非涇渭分明，既認為是解釋字詞意義的方法，同時又承認是探求語源的方法，或既說是求字詞得名之由的方法，又認為是解釋字詞意義的方法。比如朱惠仙對聲訓的重新認識一文，在審視聲訓歷史含義、考察聲訓實踐的基礎上，指出：『聲訓是以音同音近詞為訓來解釋詞義、探求語源的訓詁方式，把聲訓等同於因聲求義或限定在推源的範圍內，或把一切與語音有關的訓詁活動都稱為聲訓都與聲訓實際不符。』[一二六]

三　『聲訓』的本質特徵

清人段玉裁在广雅疏证序中说：『聖人之制字，有義而後有音，有音而後有形。學者之考字，因形以得其音，因音以得其義。治經莫重於得義，得義莫切於得音。』又說：『小學有形、有音、有義，三者相求，舉一可得其二；有古形，有今形，有古音，有今音，有古義，有今義，六者互相求，舉一可得其五。』[二七]今天我們可以借用這段古訓來論證『聲訓』的本質。

在形、音、義三者中，音居中軸，上聯以求文字之義，下聯以求文字之形，但是求形的最終目的依然是為了求義，所以無論是『聲訓』『古音通假』還是『因聲求義』，其目的都是求義。既然目的是同一的，而『聲訓』『古音通假』『因聲求義』等都與語音相關，它們屬於既相同又有區別的三種求義路徑和方法。『因聲求義』是通過與錯字音同路徑，先找到文獻中該用的本字，再從本字的眾多義項中篩選出一個恰當而吻合的意義來解釋文獻中的具體含義；『古音通假』亦是通過與錯字音同路徑尋找本字，但祇需找到該用的本字即可，無需再作解釋；而『聲訓』則不存在尋找本字的問題，因為在被釋詞和釋詞中沒有錯字，所以祇是通過釋詞的音同路徑，直接解釋被釋詞的意義或得名之由。因此，在解釋字詞意義這一點上，『聲訓』與『因聲求義』相同，但它又有別於『因聲求義』，因為最初使用『聲訓』的人不是注釋家，其使用的『聲訓』，亦就不屬於解釋文獻字詞意義的訓詁方法，祇能算是作者在解釋自己所使用的那個字詞的具體含義。秦漢注釋家效仿隨文釋義的『聲訓』方式，且將其提昇為一種古籍注釋條例，與此同時，字典辭書的編纂者（如齊魯儒生、楊雄、許慎、劉熙等）則將其作為字典辭書的注釋條例，從此以後，隨文釋義、辭書編纂、古籍注釋都廣泛運用『聲訓』來解釋字詞的意義了。因此我們認為，早期的『聲訓』僅僅屬於一種隨文釋義的方式，還談不上訓詁方法；秦漢以降，因被編纂字典辭書的作者廣泛採用纔得以上昇為一種釋義方法。

宋永培先生說：『「聲訓」是古代注釋中直接體現「因聲求義」的特有方式。聲訓在漢代特別盛行，在方言釋名的訓釋中表現得很明顯，在說文和文獻注疏中也不時加以運用。可是無論古今，一些人由於未能自覺地認識與把握聲訓的使用條件，因而或者濫用聲訓，或者對聲訓的評論多有失當。例如對於東漢劉熙的釋名，以往許多人的看法是表面的和偏頗的。釋名那樣大規模地從聲音上來探求與記錄事物的得名之由，其功績是讓人敬佩的。由於劉熙富有文獻的根基，並且把握了當初造詞之時聲音寄寓著意義的來源這個原則，所以從總體上看，釋名運用聲訓來解說詞義來源是正確的，有些甚至是很深刻的……正確的聲訓是用「音近義通」的同根詞來訓釋，這纔能達到探索詞義來源的目的。』[二八] 宋先生這段評述是有他的道理的。

『同根詞』是指在同一種語言中詞根相同、意義相同或相近的詞。同根詞本身就是同音的或音近的。正因為如此，王寧先生纔強調說：『聲訓的目的並不是為了顯示讀音，而仍是為了顯示意義。』

縱觀先秦、兩漢文獻中的隨文釋義和字書編纂、古籍注釋，聲訓的釋義方式主要有三種類型：（一）以同字為訓；（二）以聲母字為訓；（三）以同音異形字為訓。

（一）以同字為訓

『同字為訓』，即用相同的字來解釋。釋詞與被釋詞的構成條件是：（1）字形完全相同；（2）釋義為被釋詞的引申義或本義；（3）詞性相同或有變異；（4）釋詞念被釋詞的本音或變音。例如：

（六）夏后氏五十而貢，殷人七十而助，周人百畝而徹，其實皆什一也。徹者，徹也；助者，藉也。（孟子·滕文公上）

（七）蜎，蜎也。从虫肙聲。（說文·虫部）

（八）被，被也。所以被覆人也。（釋名·釋衣服）

例（六）的『徹者，徹也』：被釋詞上古音屬透母月部[二九]，義為賦稅名稱，即指抽稅的比例為十分之一（名詞）；釋詞『徹』為引申義，義為抽取（動詞），讀音與被釋詞相同。漢趙岐注：『民耕五十畝，貢上五畝；耕七十畝者，以七畝助公家；耕百畝者，徹取十畝以為賦。雖異名而多少同，故曰皆什一也。徹猶取，人徹取物也。』宋孫奭疏：『徹者，徹也……徹猶徹取。』[三〇]『徹』甲骨文作，本義為撤除。說文·支部：『徹，通也。从彳从支从育。徹，古文徹。』（三下）許君釋義有誤，清羅振玉增訂殷虛書契考釋·徹云：『說文解字：「徹，通也。」古文作徹。此从鬲从又，象手象鬲之形，蓋食畢而徹去之。許書之徹从支，殆从又之譌矣。卒食之徹，乃本義，訓通者，借義也。』[三一]左傳·宣公十二年：『諸侯相見，軍衛不徹，警也。』晉杜預注：『徹，去也。』引申為抽取，特指周代的抽稅制度。廣雅·釋詁二：『徹，稅也。』論語·顏淵：『哀公問於有若曰：「年饑，用不足，如之何？」有若對曰：「盍徹乎？」』三國魏何晏注：『周法：什一而稅謂之徹。』後漢書·陸康傳：『夫十一而稅，周謂之徹。』故知孟子『徹者，徹也』，以引申義為訓，以動詞釋名詞。

例（七）的『蜎，蜎也』（大徐本）[三二]：被釋詞上古音屬影母元部，義為蟲名（名詞）；釋詞『蜎』與被釋詞同義，且詞性、讀音均與被釋詞相同。故知大徐本『蜎，蜎也』，以本字之本義為訓。

例（八）的『被，被也』：被釋詞上古音屬並母歌部，義為牀上用品的名稱，即被子（名詞）；釋詞為引申義，義為蓋（被子）、覆蓋（動詞），讀音與被釋詞相同，中古音有上、去之別。孫玉文先生說：『釋名·釋衣服：「被，被也，所以被覆人也。」前一個「被」是名詞，寢衣，讀上聲；後一個「被」是動詞，覆蓋，讀去聲。從音變構詞的角度來說，動詞的「被」來自於名詞的「被」，釋名衹是拿滋生詞解釋原始詞，未為的論。』[三三]說文·衣部：『被，寢衣也，長一身有半。从衣皮聲。』（八上）此釋詞引自論語·鄉黨：『必有寢衣，長一身有半。』何晏注：『今之被也。』引申為覆蓋。楚辭·招魂：『皋蘭被徑兮斯路漸。』漢王逸注：『被，覆也。』文選·張衡〈東京賦〉：『芙蓉覆水，秋蘭被涯。』唐李善注引三國吳薛綜曰：『被，亦覆也。』故知釋名『被，被也』，以引申義為訓，以動詞釋名詞。

（二）以聲母字為訓

文字學上所說的『聲符』，我們稱之為『聲義擴散性字母』，簡稱『聲母』[三四]。『以聲母字為訓』，即用同諧聲的字來解釋。釋詞與被釋詞的構成條件是：（1）釋詞或為被釋詞的聲母，或以被釋詞為聲母的形聲字，或為同一聲母的形聲字；（2）兩者多為古今字或異體字；（3）釋義為被釋詞的引申義或本義；

(4) 詞性相同或有變異；(5) 釋詞讀被釋詞的本音或變音。例如：

(九) 嫁，家也。婦人外成，以出適人為家。(白虎通義·嫁娶)

(一〇) 婚者，昏時行禮，故曰婚。(白虎通義·嫁娶)

(一一) 姑者，故也。(白虎通義·三綱五紀)

(一二) 土，地之吐生物者也。二，象地之下地之中，物出形也。(説文·土部)

(一三) 午，啎也。五月，陰氣午逆陽，冒地而出。此予(與)矢同意。(説文·午部)

(一四) 腳，卻也。以其坐時卻在後也。(釋名·釋形體)

例(九)的『嫁，家也』：被釋詞是以釋詞『家』為聲母構成的形聲字，義為女子出嫁成家(動詞)；釋詞為引申義，亦表示出嫁成家，詞性與被釋詞相同，讀音衹有平、去之別。『家』甲骨文作，本義為居住的房屋。説文·宀部：『家，居也。从宀，豭省聲。』(七下)古人豬人共室，故『家』從豕。[三五]玉篇·宀部：『家，人所居，通曰家。』詩經·大雅·緜：『古公亶父，陶復陶穴，未有家室。』毛傳：『室內為家。』引申為娶妻成家。周易·蒙卦：『子克家。』聞一多義證類纂：『「子克家」猶言子能娶矣。』『娶妻成家』為男娶女嫁，故在『家』上增附類母『女』作『嫁』，表示女子出嫁成家，故白虎通義説『婦人外成，以出適人為家』。

例（一〇）可改為：『婚，昏也』。被釋詞是以釋詞『昏』為聲母構成的形聲字，義為出嫁的女子在黃昏成婚（動詞）；釋詞『昏』為引申義，義為在黃昏成婚，與被釋詞的詞性、讀音均同。『昏』甲骨文作，本義為天色漸暗。說文·日部：『昏，日冥也。从日，氐省。氐者，下也。一曰民聲。』（七上）段玉裁注：『字从氐省為會意，絕非從民聲為形聲也。葢隸書淆亂，乃有从民作昬者。』詩經·陳風·東門之楊：『昏以為期，明星煌煌。』引申為結婚。正字通·女部：『婚，古作昏。』左傳·僖公二十七年：『楚始得曹，而新昏於衛，若伐曹衛，楚必救之，則齊宋免矣。』後世增附類母『女』另造『婚』字。『婚』的本義為妻子的父親。古代女人在娘家以父親為天，出嫁後則以丈夫為天，故出嫁成家亦稱『婚』。左傳·桓公十五年：『祭仲專，鄭伯患之，使其婿雍糾殺之。將享諸郊，雍姬知之，謂其母曰：「父與夫孰親？」其母曰：「人盡夫也，父一而已，胡可比也？」』杜預注：『婦人在室在則天父，出則天夫，女以為疑，故母以所生為本解之。』白虎通義云：『昏時行禮，故曰婚。』說文·女部：『婚，婦家也。禮娶婦以昏時。婦人陰也，故曰婚。从女从昏，昏亦聲。㜌，籒文婚。』（十二下）引申為姻親、結婚。

例（一一）的『姑者，故也』：被釋詞與釋詞均從『古』得聲，詞性亦相同，且均為名詞，但讀音則有平、去之別。『古』金文作，本義為遠古時代。爾雅·釋詁下：『古，故也。』說文·古部：『古，故也。从十口。識前言者也。𠖠，古文古。』（三上）引申為開始、開端、古老、祖宗等。『故』『姑』均從『古』得聲，而『故』與『古』金文同字，後世分化成兩個字，故爾雅說文均以『故』訓『古』。白虎通義以『故』訓『姑』，因為古時稱丈夫的母親或父親妹妹為『姑』，她們是長輩女性，都與祖先有關。爾雅·

釋親：『（婦）稱夫之母曰姑……父之姊妹曰姑。』說文・女部：『姑，夫母也。从女古聲。』（三上）詩經・邶風・泉水：『問我諸姑，遂及伯姊。』毛傳：『父之姊妹稱姑。』國語・魯語下『先姑』三國吳韋昭注：『夫之母曰姑，歿曰先。』

例（一二）可改為：『土，吐也』。釋詞從被釋詞『土』得聲，義為吐生萬物（動詞）；被釋詞為本義，義為土地（名詞）；讀音與被釋詞相同。『土』甲骨文作，本義為土塊、泥土，引申為土地。詩經・小雅・北山：『溥天之下，莫非王土。』亦特指耕種的土地。爾雅・釋言：『土，田也。』清郝懿行義疏：『土為田之大名，田為已耕之土。對文則別，散則通也。』說文・口部：『吐，寫也。从口土聲。』（二上）詩經・大雅・烝民：『柔則茹之，剛則吐之。』『土』能生長萬物，而萬物從土中冒出，猶如人將舌頭從口中伸出、或將食物、口沫等從口中吐出一樣，故用『吐』來解釋植物從土地中生長而出。

例（一三）的『午，啎也』：釋詞從被釋詞『午』得聲，義為逆向、對立（動詞）；釋詞『啎』為引申義，義亦為逆向、對立，與被釋詞的詞性、讀音均同。『午』甲骨文作、、等，象舂碓用的木杵，形象字。後世增附類母『木』轉形為『杵』。說文・木部：『杵，舂杵也。从木午聲。』（六上）南唐徐鍇繫傳：『此當言「從午，午亦聲」。』段玉裁注：『杵，舂擣粟也，其器曰杵。』周易・繫辭下：『斷木為杵，掘地為臼。』引申為逆向、對立、抵觸、違背等，故另造『啎（牾）、仵、忤』等字來表示。說文・午部：『啎，逆也。从午吾聲。』（十四下）『从午吾聲』，亦可析為『从吾午聲』。玉篇・午部：『啎，相觸也，逆也。』文選・宋玉〈高唐賦〉：『眴互橫啎，背穴偃蹠。』李善注：『許慎淮南子曰：「啎，逆也。」

路有橫石，逆當其前。』或更換類母『吾』轉形為『仵』。管子・心術上：『自用則不虛，不虛則仵於物矣。』再更換類母『人』轉形為『忤』。廣韻・暮韻：『忤，逆也。』莊子・刻意：『無則於忤，虛則至之。』唐成玄英注：『忤，逆也。』又說文『午，牾也』，清王筠句讀：『廣雅：「午，仵也。」淮南子・天文訓：「午，仵也。」仵、忤皆牾之俗體。』[三六]同一個『午』字，淮南子的釋詞為『忤』，說文的釋詞為『牾』，釋名（釋天：『午，仵也。陰氣從下上，與陽氣相仵逆也。』）廣雅的釋詞作『仵』，字形各異，實為同字異體。

例（一四）的『腳，卻也』：釋詞為被釋詞的初文，都指小腿；其詞性、讀音均同。說文・卩部：『腳，節欲也。从卩谷聲。』（九上）朱駿聲通訓定聲：『按：退也。从卩，節制意，谷聲。與从邑之郤別。俗字作卻。』然清吳善述認為『卻』是『腳』的初文。說文廣義校訂云：『卻，本古腳字，故从骨卩之卩，與厀从卩同意……自以卻為退卻字，本義別加肉作腳。』吳說甚是。睡虎地秦墓竹簡・治獄程式・經死：『頭北［背］傅廦，舌出齊唇吻，下遺矢弱［溺］，汙兩卻。』可見，秦漢時『腳』或用本字『卻』。清王先謙釋名疏證補云：『王啟原曰：「古人席地而坐，故記言授坐不跪，必先跪而後坐，故兩足比竝斂蹠向後。」水經注言太公釣渭水，兩膝跡猶存，即復坐榻亦然。高士傳言管甯常坐一木榻，未嘗箕股，其榻上當膝處皆穿。此漢魏時猶如此，今闕裡所存至聖四配像，皆坐腳向後者。』[三七]『卻』後世增附類母『肉』轉形為『腳』。說文・肉部：『腳，脛也。从肉卻聲。』（四下）荀子・正論：『詈侮捽搏，捶笞臏腳。』俗字作『腳』。廣韻・藥韻：『腳，釋名曰：「腳，卻也。以其坐時卻在後也。」腳，俗。』墨子・明鬼下：

『羊起觸之，折其腳。』後世更換類母『肉』轉形為『踋』。遼釋行均龍龕手鑑・足部：『踋，俗，音腳。』直音篇・足部：『踋，腳同，足也。』清吳任臣字彙補・瓦部：『踋，同腳。』又說文・肉部：『脛，胻也。从肉巠聲。』段玉裁注：『厀下踝上曰脛。脛之言莖也，如莖之載物也。』又：『胻，脛耑也。从肉，行聲。』段玉裁注：『耑，猶頭也。脛近膝者曰胻。』桂馥義證：『謂股下脛上也。』正字通・肉部：『腿，脛股後肉也。俗稱大股腿，腓小腿。』

（三）以同音異形字為訓

『以同音異形字為訓』，即用同音字來解釋。釋詞與被釋詞的構成條件是：（1）字形無絲毫相似；（2）意義為同義或同源；（3）詞性相同或有變異；（4）讀音相同或大致相同。例如：

（一五）禮樂皆得謂之有德。德者，得也。（禮記・樂記）

（一六）教者，效也。上為之，下效之。（白虎通義・三教）

（一七）鼓者，郭也。春分之音也，萬物郭皮甲而出，故謂之鼓。（風俗通義・聲音）

（一八）韭，菜名，一種而久[生]者，故謂之韭。象形，在一之上。一，地也。此與端同意。（七下韭部）

（一九）紅，絳也。白色之似絳者也。（釋名・釋采帛）

例（一五）的『德者，得也』：釋詞的本義為拾得、獲得，而鄭玄則認為：『聽樂而知政之得失，則能正君、臣、民、事、物之禮。』唐孔穎達亦說：『言王者能使禮樂皆得其所，謂之有德之君。所以名為德者，得禮樂之稱也。』[三八]在『獲得』意義上，『得、德』上古同義。如史記・項羽本紀：『（項）羽乃曰：「吾聞漢購我頭千金，邑萬戶，吾為公德。」』劉宋裴駰集解引晉徐廣曰：『亦可是「功德」之「德」。』東漢班固認為應該釋為『獲得』，故在漢書・項籍傳中改寫作『得』。禮記以『得』釋『德』，亦證明二字同義，而並非假借關係。

例（一六）的『教者，效也』：釋詞甲骨文作□，本義為模仿、效法。說文・攴部：『效，象也。从攴交聲。』（三下）段玉裁注：『象當作像。人部曰：「像，似也。」』玉篇・攴部：『效，法效也。』周易・繫辭下：『知崇禮卑，崇效天，卑法地。』晉韓康伯注：『極知之崇，象天高而統萬物。』清陳澧東塾讀書記・論語：『學之為言效也，後覺者必效先覺之所為。』被釋詞甲骨文作□、□等，表示鞭打孩子使其學好。說文・教部：『教，上所施，下所效也。从攴从𡥈。𧥮，古文教。𢽈，亦古文教。』（三下）徐鍇繫傳：『攴所執以教道人也。』段玉裁注：『上施，故从攴；下效，故从𡥈。』釋名・釋言語：『教者，效也。下所法效也。』可見，『效』為模仿學習，『教』為叫人模仿學習，兩者在『模仿』『效法』上同義，故用『效』來解釋『教』。白虎通義的解釋，後被說文釋名引用。

例（一七）的『鼓者，郭也』：釋詞甲骨文作□，本義為城郭，即外城牆。釋名・釋宮室：『郭，廓也，廓落在城外也。』孟子・公孫丑下：『三里之城，七里之郭。』既然『郭』是外城牆，就具有擴張義。

『壴』甲骨文作壴，象豎鼓之形，義為將皮革蒙在圓桶形木製品上製成的大型的打擊樂器。說文·壴部：『壴，陳樂立而上見也。从屮从豆。』（五上）許慎釋義未安。清徐灝注箋：『戴氏侗曰：「壴，樂器類，艸木籩豆，非所取象。其中蓋象鼓，上象設業崇牙之形，下象建鼓之虡。」伯曰：「疑此即鼓字。」』郭沫若卜辭通纂·世系：『壴，乃鼓之初文，象形。』『壴』不是『鼓』的初文，而是『皷』的初文。『鼓』甲骨文作鼓，象擊鼓之形。『壴（皷）』『鼓』本不同字，前者是名詞，後者為動詞，後世『壴』廢，『鼓』則兼名、動兩義。製作鼓時，要將皮革周邊繃緊釘死，使打擊時發出空響，因而『鼓』亦具有擴張義。故『郭』『鼓』為同義相訓。東漢的說文釋名兩部字書，先後都援引風俗通義的解釋。說文·鼓部：『鼓者，郭也。春分之音，萬物郭皮甲而出，故謂之鼓。从壴支（攴），象其手擊之也。周禮：「六鼓：靁鼓八面，靈鼓六面，路鼓四面，鼖鼓、皐鼓、晉鼓皆兩面。鼓，籀文鼓从古聲。」』（五上）釋名·釋音樂：『鼓，郭也。張皮以冒之。其中空也。』漢書·律曆志唐顏師古注亦云：『鼓者，郭也。言郭張皮而為之也。』但在較早的白虎通義中，『鼓』的釋詞則為『震』。禮樂云：『鼓，震也，煩氣也。萬物憤懣，震而出，雷以動之，溫以暖之，風以散之，雨以濡之，奮至德之聲，感和平之氣也。同聲相應，同氣相求，神明報應，天地佑之，其本乃在萬物之始耶，故謂之鼓也。』

例（一八）的『韭，菜名，一種而久者』：取整個釋詞中的『久』與被釋詞『韭』對釋，說明『韭』的意義是『久生的菜』，即割了又長、長了再割的菜。說文·韭部：『韭，菜名，一種而久者，故謂之韭。象形，在一之上。一，地也。此與耑同意。』（七下）『韭，菜名，一種而久者』，段注本作『韭菜也，一種而久生者』，段玉裁注：『（韭菜也）三字一句……韭、久迭韻。』[三九] 詩經・豳風・七月：『四之日其早蚤，獻羔祭韭。』北魏賈思勰齊民要術・種葵：『諺曰：「觸露不掐葵，日中不剪韭。」』後世增附類母『艸』轉形為『韮』。廣韻・有韻：『韭，俗作韮。』南齊書・庾杲之傳：『（杲之）清平自業，食唯有韮葅、瀹韮、生韮、雜菜。或戲之曰：「誰謂庾郎貧，食鮭常有二十七種。」言三九也。』『三九』指庾杲之常喫的『韮葅』『瀹韮』『生韮』菜中含有三個『韮』字。

例（一九）的『紅，絳也』：『絳』為大紅色。說文・糸部：『絳，大赤也。从糸夅聲。』（十三上）段玉裁注：『大赤者，今俗所謂大紅也。』墨子・公孟：『昔者楚莊王鮮冠組纓，絳衣博袍，以治其國。』『紅』為淺紅色。說文・糸部：『紅，帛赤白色。从糸工聲。』段玉裁注：『此今所謂大粉紅、桃紅也。』楚辭・招魂：『紅壁沙版，玄玉梁些。』王逸注：『紅，赤白色。』清王先謙釋名疏證補云：『畢沅曰：「說文：『紅，帛赤白色。从糸工聲。』『工』『夅』聲相近，故前文云『絳，工也』，此則云『紅，絳也』。」吳翊寅云：『紅，絳也。』吳校作『紅亦工也』，併案：『紅从工聲，依本書例當以聲近為訓。絳既訓工，故云「紅亦工也」。』再者，凡形聲字從『工』『共』『夅』得聲的字都有『大』義。說文・水部：『洚，水不遵道。一曰下也。从水夅聲。』（十一上）段玉裁注：『孟子・滕文公篇：「書曰：『洚水警予。』」洚水者，洪水也。」孟子・告子篇：「水逆行謂之洚水。洚水者，洪水也，仁人之所惡也。」水不遵道，正謂逆行，惟其逆行，是以絕大。洚、洪二字，義實相因……洚與夅音義同。』[四〇]

考察『以同字為訓』『以聲母字為訓』和『以同音異形字為訓』之後，便可做出以下分類：

（一）『以同字為訓』——被釋詞與釋詞字形相同；或讀本音或讀變音；或為本義或為引申義。兩者同音或音近是客觀存在的，因此不存在所謂『聲訓』的問題。

（二）『以聲母字為訓』——被釋詞與釋詞或同屬一個聲母，或為母子關係；或讀本音或讀變音；都屬於同一個本義的引申義。其中有些本來就是本字（初文）與後起字（今字）的關係。因此，兩者同音或音近亦是客觀存在的，亦不存在所謂『聲訓』的問題，它倒是與『右文說』密切相關，稱之為『以母釋子之法』（王筠語）[四一]，或『以子釋母之法』『以子釋子之法』（段玉裁語）等最為恰當。

（三）『以同音異形字為訓』——被釋詞與釋詞的字形無絲毫相似，而衹是讀音相同或相近，『義實相因』（段玉裁語）。其中多數為同義詞，亦有部分是同源字。因此衹有『以同音異形字為訓』纔能叫做『聲訓』。

為此，我們可給『聲訓』作如是定義：『聲訓』是用語義相因的字詞來直接解釋意義的方法。構成『聲訓』的條件是：釋詞與被釋詞之間語義相因，讀音相同或近似，字形無絲毫相似。『聲訓』運用的範圍是：隨文釋義與字書注釋。在古籍注釋中的運用屬於仿效用法。『聲訓』注釋的方式是：直接地一對一地解釋意義。而不像『因聲求義』那樣通過語音的相同路徑探求字義，更不像『古音通假』那樣通過語音的相同路徑探求錯字的本字。[四二]『聲訓』的目的是：直接解釋被釋詞的意義，或進一步探求被釋詞的命名理據。如禮記·檀弓上：『國子高曰：「葬也者，藏也；藏也者，欲人之弗得見也。」』人去世後為什麼要『藏』（掩蓋），目的是『欲人之弗得見』，即不想讓活著的親人再看見就要埋『葬』。『葬』甲骨文作[illegible]，說文·茻部：『葬，藏也。从死在茻中。一其中，所以薦之。易曰：「古之葬者，厚衣之以薪。」』（一下）遠古時期，人死後在其屍體上覆蓋一層厚厚的草木叫做『葬』，故禮記直接解釋為『藏』，而說文不僅直接引用過來解釋，而且說明『葬』的命名理據是『从死在茻中』，再引周易·繫辭下『古之葬者，厚衣之以薪』以為證。

四 『聲訓』與『假借』『因聲求義』的區別

前人認為『聲訓』的構成原理重在語音的『相同』，讀音不同無法構成『聲訓』。這樣講亦有道理。但問題在於是否祇要釋詞與被釋詞之間有同音關係都叫做『聲訓』？如果僅以『音同音近』為必備條件，那麼在古今字典辭書的釋詞中，都能找出許許多多『聲訓』來。前人還認為，『古音通假』『因聲求義』都包括在『聲訓』中。這種認識是因受語音相同的影響而產生的錯覺。如果再不加以區別，則會繼續貽誤後學。誠然，『古音通假』『因聲求義』和『聲訓』都與語音相關，但是它們的功用不完全相同，祇要用心分辨是完全能梳理清楚的。

（一）『聲訓』與『古音通假』的區別

『聲訓』是用語義相因的字詞來直接解釋意義的方法。這個定義就排除了『古音通假』的特徵。『古音通假』是通過語音形式的同音路徑，探求書面語言中錯字的本字的訓詁方法，其本質是『因聲求字』。『因聲求字』的思考步驟是：⑴在被釋詞明確而釋詞不明時，則必須通過書面語言中已知的錯字去尋找本字；（2）尋找的路徑是語音形式的『相同（或相近）』；（3）通過語音形式的『相同（或相近）』，將書面語言中已知的錯字與疑似的本字聯繫起來；（4）用本字來改正書面語言中已知的錯字。例如老子第二十二章：『不自見，故明；不自是，故彰；不自伐，故有功；不自矜，故長。』陳永栽、黃炳輝翻譯成：『不固執己見，所以聰明；不自以為是，所以彰顯；不誇耀自己，所以有所作為；不自負，所以能進步。』[四三]陳、黃二氏認為句中無錯字，故按原文翻譯，而我們覺得其中的『是』是個錯字。根據『是』的讀音尋求其本字，發現『是』應該是『視』字的傳寫之誤。『不自是』原本應作『不自視』，用今天的話來說就是『不視自』，意為『不看重自己』。有兩條語料可為佐證：第一，『不自是，故彰』，馬王堆漢墓帛書・老子乙本作『不自視，故章』。第二，上古文獻中『視』有誤寫作『是』用例。如荀子・解蔽：『曾子曰：「是其庭可以搏鼠，惡能與我歌矣。」』唐楊倞注：『是，蓋當為視。』章詩同注：『是，借作「視」。「庭」借作「莛」，草莖，歌詠時用為擊節的短棍。』

由此可知，『古音通假』是『因聲求字』的方法，而非『聲訓』法。因為『聲訓』的被釋詞和釋詞都是明確的，直接用釋詞的意義去解釋被釋詞的意義；而『古音通假』則衹有被釋詞（錯字）是明確的，在釋詞（本字）不確定的情況下，必須通過與被釋詞語音相同的路徑去一一尋找同音字，然後在相關的同音字中篩選出疑似的釋詞，最終再從疑似的釋詞中選擇出一個對等的意義來解釋被釋詞的意義。清代學者江藩在說經必先明假借中對『古音通假』的運用程式有一段說辭：『許氏說文論六書，「假借」曰：「本無其字，依聲讬事，令長是也。」此謂造字之始則然也，至於經典古字聲近而通，則有不限於無字之假借者，往往本字見存而古本則不用本字，而用同聲之字。何也？古者傳經，多以口授，而傳寫則易於別出。學者改本字讀之，則怡然理順，依借字解之，則以文害辭。是以漢世經師作注，有「讀為」之例，有「當作」之條，皆由聲同聲近者，以意逆之而得其本字，所謂好學深思，心知其意也。』[四四]從中我們領悟到『古音通假』是『因聲求字』的方法，『聲訓』則是直接解釋字義的方法，它無所謂『因聲』與不『因聲』，因為釋詞與被釋詞的同音關係是客觀存在著的。

（二）『聲訓』與『因聲求義』的區別

以往很多學者認為『因聲求義』即為『聲訓』，而『聲訓』則等同於『因聲求義』。這種看法有失偏頗。『音訓』之本旨在於注音釋義。晉書·徐邈傳：『（邈）撰正五經音訓，學者宗之。』清人江藩所說的『音訓』，則是指古籍中的『音讀訓詁』，與晉人和今人所說的『音訓』都不相同。他在不可附會無據一節中說：『音訓明，方知此字為何語；考據確，方知此物為何物，此事為何事，此人為何人，然後知聖人此言是何意義。』[四五]此義漢語大詞典失收。[四六]作為與『形訓』相對的訓詁學術語的『音訓』，乃是『聲訓』的別稱。但是，『因聲求義』不同於『聲訓』，它是通過語音形式的同音路徑，解釋書面語言中錯字的意義的釋義方法，『聲訓』則是用語義相因的字詞來直接解釋意義的方法。

『因聲求義』的思考步驟與『古音通假』大體相同，不同點僅僅在於：『古音通假』的目的是找到本字為止，而『因聲求義』不僅要找到本字，而且還要在本字包含的所有意義中篩選出一個最恰當的意義來解釋語境中的意義。比如詩經·王風·君子于役：『君子于役，不知其期。曷至哉？雞棲于時。日之夕矣，牛羊下來。』句中的『時』，毛詩作『塒』，毛傳：『鑿牆而棲曰塒。』孔穎達等正義引漢李巡曰：『寒鄉鑿牆為雞作棲曰塒。』『時』為假借字，『塒』為本字。唐陸德明釋文：『棲，音西。時，如字，本亦作塒，音同。爾雅同，玉篇時理反。鑿牆以棲雞。』[四七]作為『古音通假』，祇要找到『時』的本字『塒』之後就可以了，可不再解釋『塒』在詩句中的具體含義，而作為『因聲求義』，則在找到『時』的本字『塒』之後，還要繼續解釋它在詩句中的具體含義。這亦再度說明，『古音通假』是尋求本字的方法，『因聲求義』則是通過本字再解釋字義的方法。二者的共同點都是通過語音形式的同音路徑，尋找書面語言中錯字的本字，不同點則是，前者祇需找到本字為止，後者則在找到本字之後，還要繼續解釋字義。

我們用很大的篇幅來梳理前人對『聲訓』的認識，目的是要使『聲訓』的研究回歸科學。祇憑主觀臆斷是不能從根本上解決聲訓的本質問題的。古人聲訓有主觀錯誤，不可全信。如說文·犬部：『孔子曰：「狗，叩也。」叩氣吠以守。从犬句聲。』（十上）誰能明白孔聖人用『叩』來訓『狗』的心意呢？

注釋

[一] 本文原署名鍾如雄、胡娟、劉春語，載於東亞人文學第四十三輯，韓國東亞人文學會出版發行，2018 年 6 月。

[二] 陳秀利：20 世紀 90 年代以來聲訓研究綜述，佳木斯大學社會科學報 2007 年第 5 期。

[三] 王力主編：古代漢語（校訂重排本），中華書局 1999 年版，第 293 頁。

[四] 漢許慎撰，宋徐鉉等校定：說文解字，中華書局 1963 年版，第 56 頁。

[五] 清朱駿聲：說文通訓定聲，武漢市古籍書店 1983 影印本，第 14 頁。

[六] 黃壽祺、張善文：周易譯注，上海古籍出版社 2001 年版，第 571 頁。

[七] 戰國尸佼撰，清汪繼培輯：尸子，四川大學古籍管理研究所、中華諸子寶藏編纂委員會編：諸子集成補編九，四川人民出版社 1999 年版，第 712 頁。

[八] 何九盈：中國古代語言學史，河南人民出版社 1985 年版，第 62 頁。

[九] 清江藩撰，周春健校注：經解入門，華東師範大學出版社 2010 年版，第 81—82 頁。

[一〇] 黃侃述，黃焯編：文字聲韻訓詁筆記，上海古籍出版社 1983 年版，第 83 頁。

[一一] 崔樞華：說文解字聲訓研究，北京師範大學出版社 2000 年版，第 20 頁。

[一二] 唐作藩：上古音手冊，中華書局 2013 年版。

[一三] 郭錫良：漢字古音手冊，商務印書館 2010 年版。

[一四] 魯國堯：說文解字聲訓研究序，見崔樞華說文解字聲訓研究，北京師範大學出版社 2000 年版，第 5 頁。

[一五] 楊樹達：積微居小學金石論叢，上海古籍出版社 2007 年版，第 108、109 頁。

[一六] 同上書，第 84—85 頁。

[一七] 王力：同源字典，商務印書館 1982 年版，第 10 頁。

[一八] 陸宗達：說文解字通論，北京出版社 1981 年版，第 96 頁。

[一九] 陸宗達、王寧：訓詁方法論，中國社會科學出版社 1983 年版，第 89 頁。

[二〇] 何九盈：中國古代語言學史，河南人民出版社 1985 年版，第 61 頁。

[二一] 宋永培：訓詁方法新論，見宋永培〈說文〉與訓詁研究論集，商務印書館 2013 年版，第 66 頁。

[二二] 張永言：訓詁學簡論，華中工學院出版社 1985 年版，第 135 頁。
[二三] 王寧：論形訓與聲訓——兼論字與詞、義與訓在實踐中的區别，北京師範大學學報 1989 年第 4 期。
[二四] 高鈺京：『聲訓』探微，邊疆經濟與文化 2006 年第 8 期。
[二五] 孫雍長：論聲訓的性質，徐州師範大學學報（哲學社會科學版）2001 年第 2 期。
[二六] 朱惠仙：對聲訓的重新認識，浙江工業大學學報（哲學社會科學版）2006 年第 1 期。
[二七] 見清王念孫廣雅疏證，中華書局 1983 年版。
[二八] 宋永培：訓詁方法新論，見宋永培〈説文〉與訓詁研究論集，商務印書館 2013 年版，第 66 頁。
[二九] 郭錫良：漢字古音手册，商務印書館 2010 年版，第 30 頁。
[三〇] 宋孫奭：孟子注疏，見清阮元校刻十三經注疏，中華書局 1980 年版，第 2702—2703 頁。
[三一] 清羅振玉：殷虚書契考釋三種，中華書局 2006 年版，第 526 頁。
[三二] 漢許慎撰，宋徐鉉等校定：説文解字，中華書局 1963 年版，第 282 頁。
[三三] 孫玉文：漢語變調構詞考辨，商務印書館 2015 年版，第 1637 頁。
[三四] 鍾如雄：轉注系統研究，商務印書館 2014 年版，第 93 頁。
[三五] 參看鍾如雄系聯、分離法在詞義研究中的意義，見西南民族大學學報（人文社會科學版）1999 年第 1 期；中國人民大學報刊資料中心編語言文字學（H1）1999 年第 10 期。
[三六] 清王筠：説文解字句讀，中華書局 1988 年版，第 595 頁。
[三七] 清王先謙：釋名疏證補，上海古籍出版社 1984 年版，第 123 頁。
[三八] 唐孔穎達等正義：禮記，見清阮元校刻十三經注疏，中華書局 1980 年版，第 1528 頁。

〔三九〕清段玉裁：說文解字注，上海古籍出版社1988年版，第336頁。

〔四〇〕同上書，第546頁。

〔四一〕清王筠：說文解字句讀，中華書局1988年影印本，第536頁。

〔四二〕鍾如雄、胡娟：『古音通假』說的歷史反思，四川師範大學漢語研究所編語言歷史論叢第十輯，巴蜀書社2015年版。

〔四三〕〔菲〕陳永栽、黄炳輝：老子章句解讀，上海古籍出版社2001年版，第97頁。

〔四四〕清江藩撰，周春健校注：經解入門，華東師範大學出版社2010年版，第83頁。

〔四五〕同上書，第121頁。

〔四六〕羅竹風主編：漢語大詞典（縮印本），上海漢語大辭典出版社1997年版，第7393頁。

〔四七〕唐陸德明撰，黄焯斷句：經典釋文，中華書局1983年版，第331頁。

『古音通假』說的歷史反思［一］

『古音通假』這個稱謂，不知是在何時進入了訓詁學和文字學研究的視野的？它的發明雖說曾為傳統訓詁方法找到了一條『因聲求義』的路徑，但是，清代以來的訓詁學者由於過分地誇大其神奇功效，使得原本簡單的字詞解釋卻偏要『通假』它一番，致使『古音通假』成了訓詁學的一面『魔鏡』。

平心而論，今之所謂訓詁學者，絕大多數都沒有搞清楚『古音通假』的基本原理，因為僅『古音通假』這個名稱，就存在三個問題：

第一，『古音』指的是哪個時代的音？漢人所說的『古音』，肯定是先秦時期的語音；唐人所說的『古音』，肯定是魏晉南北朝以前的語音；清人所說的『古音』，肯定是元明以前的語音；今人所說的『古音』，肯定是清代以前的語音。然而漢語的語音，各個時代都在變化，而『古音通假』是用來解決歷代書面文獻語言中字詞的意義問題的，我們要解決書面文獻語言中字詞的意義問題，到底應該用何時何地的古音來證明『通假』？

第二，『通假』能解決書面文獻語言中字詞意義的哪些問題，怎麼纔能做到真實地解決問題？有人說靠『同音』關係來解決，但問題在於是否凡是有同音關係的字詞都能『通假』？因為在漢語中，有很多同音的字詞，本身就有同義關係，反之亦有很多同義的字詞，它們並非有同音關係。

第三，既然『通假』是用來解決書面文獻語言中的字詞意義的問題的，現代書面文獻語言能不能用『古音通假』解決？如果能，那麼就應該有『今音通假』。因為現代書面文獻語言中亦存在字詞的『通假』問題，衹不過我們不承認它們屬於『通假』罷了，衹稱之為寫『錯別字』。這樣問題就來了，為什麼今人寫錯別字不叫『今音通假』，而古人寫錯別字卻要美其名曰『古音通假』？難道古今人寫錯別字亦存在是非問題嗎？王力先生說：『（古音通假）這一學說標誌著中國語言學發展的一個新階段，它擺脫了文字形體的束縛，把語音跟詞義直接聯繫起來。這樣做，實際上是糾正了前人把文字看成是直接表示概念的唯心主義觀點。』[二]王先生這樣講，是否符合書面文獻語言的實際呢？

我們認為，『古音通假』存在諸多不清楚、不確定的因素。本文就『古音通假』說的形成原因、本質特徵等談談看法。

一　『古音通假』說得名之由

先秦以前的書面文獻，由於作者用字的不規範，或因後世傳鈔者的筆誤，經常出現『錯別字』。後人看前人寫作的書籍，應該說很容易發現他們的錯誤。但是，時代愈久的書面文獻，後世看起來愈是喫力，因為古字古義本身生澀難懂，再加上傳鈔者的筆誤，簡牘的錯亂，簡文的脫衍，淺人的臆改等等，僅看書面文字，更是很難讀懂古人所說的微言大義的，在此情況下，就需要老師宿儒作注。漢書・藝文志云：『倉頡多古字，俗師失其讀，宣帝時征齊人能正讀者，張敞從受之。傳至外孫之子杜林，為作訓故。』清段玉裁說文解字敘注：『云倉頡多古字者，謂（倉頡）篇中大半古文大篆，且周秦時所用音義，在漢時則為古字，如張揖作古今字詁所記者是也。俗師失其讀者，失其音義也。正讀者，正其音義。』[三]

東漢以前，訓詁學家在作注時始發現古籍中存在著『同音替代』的用字現象，但當時他們並未萌生『古音通假』這樣的認識，而通通採用『改讀』的方法來加以訓釋。例如詩經・鄘風・柏舟：『汎彼柏舟，在彼中河。髧彼兩髦，實為我儀。之死矢靡它。』毛傳：『矢，誓。』毛氏認為，『之死矢靡它』應為『之死誓靡它』之誤，故將『矢』改讀為『誓』。因為詩經中原本有『誓』字。如衛風・氓：『言笑晏晏，信誓旦旦。』但是，在大雅・大明『矢于牧野，維予侯心』的注釋中，毛氏卻沒有改讀。清馬瑞辰傳箋通釋：『爾雅・釋言：「矢，誓也。」虞翻易注曰：「矢，古誓字。」』三國吳虞翻則認為，『矢』是『誓』古字，不存在通假的問題。東漢的鄭玄則大量地運用改讀的方法來箋注毛詩和三禮等經書，且形成了一套與『通假』有關的術語，即『讀為』『讀曰』『讀如』『之言』『之為言』和『假借字』等。例如：

（一）野有死麕，白茅純束。（詩經・召南・野有死麕）鄭玄箋：『純，讀如屯。』

（二）有敦瓜苦，烝在栗薪』。（詩經・豳風・東山）鄭玄箋：『古者栗裂聲同也。』

（三）（大卜）掌三夢之法：一曰致夢，二曰觭夢，三曰咸陟。（周禮・春官・大卜）鄭玄注：

『陟之言得也。』

（四）周禮・地官・甸師：『祭禮，共蕭茅。』鄭玄注引鄭司農曰：『蕭，字或為莤。莤，讀為縮。束茅立於祭前，沃酒其上，酒滲下去，若神飲之，故謂之縮。縮，浚也。』

（五）豐肉而短，寬緩以荼，若是者為之危弓。（周禮・考工記・弓人）鄭玄注：『荼，古文舒。假借字。』

（六）鬠笄用桑，長四寸纋中。（儀禮・士喪禮）鄭玄注：『桑之為言喪也。』

（七）起居竟信其志，猶將不忘百姓之病也。（禮記・儒行）鄭玄注：『信，讀如屈伸之伸。假借字也。』

（八）國君則平衡，大夫則綏之。（禮記・曲禮）鄭玄注：『綏讀曰妥。』

鄭玄所謂『讀為、讀曰、讀如、古某聲同、假借字』等，旨在說明甲、乙兩個字同音，同時甲字須按乙字的意思來解釋。這說明，鄭玄已經把這種用字現象看成是一種純粹的借音表意現象了。因此，要想求得甲字的意義，就必須讀以乙字。這種擺脫文字形體的束縛、因聲以求義的方法，鄭玄謂之『假借』法。關於『假借』在書面文獻中形成的原因，鄭玄有其獨到的認識。唐陸德明經典釋文卷一序錄・條例引鄭玄云：『其始書之也，倉卒無其字，或以音類比方假借為之，趣於近之而已。』[四]鄭玄把『以音類比方』的用字現象稱為『假借』，而假借產生的根本原因，是作者在行文時『倉卒無其字』。鄭玄第一次提出了『假借字』這個概念，並且認為『假借字』是個群體性概念，即衹有『甲』字和『乙』字對比分析時纔能叫做『假借字』，單一的一個字不能構成假借關係。由此可知，鄭玄是第一個提出『假借』說的訓詁學家。清代學者錢大昕在潛研堂文集卷三古同音假借說中說：『漢人言「讀若」者，皆文字假借之例，不特寓其音，並可通其字。』[五]他認為，漢人所說的『讀若』都是用來說明古籍中的『假借』的，而這類『假借』就是因聲以求本字。王引之在經義述聞序中亦說：『毛公詩傳多易假借之字，而訓以本字，已開改讀之先。至康成箋詩注禮，婁云「某讀為某」，而假借之例大明。後人或病康成破字者，不知古字多假借也。』[六]王引之的話說得在理，『假借』說應當濫觴於毛傳，形成於鄭玄。

漢末以後，先秦文獻離現實社會愈來愈古遠，於是各種『講疏』『集解』性質的注釋紛紛出現，訓詁學家們對古籍中的假借現象也愈來愈重視，此時像『古字通、通用字、某通作某』等與假借有關的名詞術語頻繁用於經書文獻的注釋中。如左傳·文公十七年：『古人有言曰：「畏首畏尾，身其餘幾。」又曰：「鹿死不擇音。」』晉杜預注：『音，所茠蔭之處。古字聲同，皆相假借。』唐陸德明釋文：『茠，虛求切。蔭，於鳩切。』[七]從此以往，『假借』說日昌，而至宋元之際『因聲求義』說興起，從此『假借』與『因聲求義』二法，便成為訓詁學之津梁。宋元時代的文字學家戴侗，甚明文字、語音和字義之間的相互關係。他在六書故·六書通釋中有段精闢的論述：

夫文，聲之象也；聲，氣之鳴也。有其氣則有其聲，有其聲有其文。聲與文，雖出於人，亦各其自然之徵也。有有形而有聲者，有有事而有聲者，有有意而有聲者。有形而有聲者，象其形而聲從之，求其義於形可也；有事而有聲者，指其事而聲從之，求其義於事可也；有意而有聲者，會其意而聲從之，求其義於意可也。是三者雖不求諸聲，猶未失其義也。䲭聲則非聲，無以辨義矣。雖然，䲭聲者，猶有宗也。譬若人然，雖不知其名，猶可知其姓，雖不察其精，抑猶未失其粗者也。至於假借，則不可以形求，不可以事指，不可以意會，不可以類傳，直借彼之聲以為之聲而已耳。求諸其聲則得，求諸其文則惑，不可不知也。書學既廢，章句之士知因文以求義矣，未知因聲以求義也。夫文字之用，莫博於䲭聲，莫變於假借。因文以求義，而不知因聲以求義，吾未見其能盡文字之情也。[八]

戴侗認為，漢語中的文字、語音都是字義的形式，作為『六書』理論中的象形、指事、會意三書，都是以形和音的形式去記錄語言中的意義的，所以無論是採用『因文求義』法還是『因聲求義』法去探求字義，都能得到正確的解釋。而諧聲、假借二書，則是用語音的形式去記錄語言中的意義的，因此，探求字義最為有效的方法是採用『因聲求義』法。但請注意，戴侗所說的『因聲求義』法不再是文字學『六書』中的『假借』法了，因為他已明確指出屬於『文字之用』。明清時期，尤其是大清，戴侗發明的『因聲求義』法被演繹成了一種訓詁信條，然而因為當今學者多不知『因聲求義』法乃是宋元戴侗的發明，因此，往往將此種訓詁方法附會給清人王氏父子。周祖謨先生說：『（從聲音上推求文字的假借，）憑藉古韻的知識，按照文字上的同音或音近的關係，再參之以文義來推求本字，就可以解決許多古書中難解的文句和古人所加

的訓詁上的問題。這是清人研究訓詁方面的一大發明。』[九]

對『因聲求義』，王氏父子是有過顯赫之論。王念孫在廣雅疏證序中説：

竊以訓詁之旨本於聲音。故有聲同字異、聲近義同，雖或類聚群分，實亦同條共貫。譬如振裘必提其領，舉網必挈其綱。故曰：『本立而道生，知天下之至嘖而不可亂也。』此之不寤，則有字別為音，音別為義，或望文虚造而違古義，或墨守成訓而尟會通。易簡之理既失，而大道多歧矣。今則就古音以求古義，引伸觸類不限形體，苟可以發明前訓，斯淩雜之譏，亦所不辭。其或張君誤采，博攷以證其失；先儒誤説，參酌而寤其非。以燕石之瑜，補荊璞之瑕。適不知量者之用心云爾。[一〇]

段玉裁對其同門學友的『就古音以求古義』之説大加褒揚，云：『小學有形、有音、有義，三者互相求，舉一可得其二。有古形有今形，有古音有今音，有古義有今義，六者互相求，舉一可得其五。古今者，不定之名也。三代為古，則漢為今，漢魏晉為古，則唐宋以下為今。聖人之制字，有義而後有音，有音而後有形；學者之考字，因形以得其音，因音以得其義。治經莫重於得義，得義莫切於得音……懷祖能以三者互求，以六者互求，尤能以古音得經義，蓋天下一人而已矣！』[一一]王念孫的『就古音以求古義』，段玉裁的『以古音得經義』，後來就演變成了『古音通假』。不過在有清一代，還沒有『古音通假』這種稱謂，他們依然稱之為『假借』。段玉裁古假借必同部説云：『自爾雅而下，訓詁之學不外假借、轉注二耑。如禮記·」緇衣［毛］傳：「適，之；館，舍；粲，餐也。」「適、之」「館、舍」為轉注，「粲、餐」為假借也。［詩經·豳風·］七月［毛］傳：「壺，瓠；叔，拾也。」「叔、拾」為轉注，「壺、瓠」為假借也。「粲、壺」自有本義，假借必取諸同部。故如「真、文」之與「蒸、侵」，「寒、刪」之與「覃、談」，「支、佳」之與「之、咍」，斷無有彼此互訓假借者。』[一二] 王引之在經義述聞序中亦云：『大人曰：訓詁之指存乎聲音。字之聲同聲近者，經傳往往假借。學者以聲求之義，破其假借之字，而讀以本字，則渙然冰釋，如其假借之字，而強為之解，則詰籟為病矣。』[一三]

二 『古音通假』的本質特徵

從清人的解釋用語中，我們得知『就古音以求古義』就是『假借』，亦就是元戴侗所謂『因聲求義』。但無論是『假借』還是『因聲求義』，都屬於訓詁的方法問題，而它的所指並非是詞義學研究的方法問題。當今不少學者，不僅把它與詞義學的研究方法混為一談，而且還將它與『聲訓』方法混為一談。關於『聲訓』的問題，我們將另文討論。

對『古音通假』這個術語的解釋，當今可謂眾說紛紜。以下三家說法可以代表目前學界的看法。第一種是王力先生主編的古代漢語教材中的認識：

所謂古音通假，就是古代漢語書面語言裡同音或音近的字的通用和假借。語言裡的『詞』是音義的結合物，古人在記錄語言裡的某個『詞』的時候，往往用聲音相同或相近的字來書寫，有時寫成這個樣子，有時寫成那個樣子。兩個字形體不同，意義不同，只是由於聲音相同或相近，古人就用甲字來代替乙字。（例略）假借字的產生，大致有兩種情況，一種是本有其字，而人們在書寫的時候，寫了一個同音字，如：表示『小擊』的意思本字是『攴』，人們書寫時寫作『剝』。詩經·豳風·七月：『八月剝棗。』『剝』是『攴』的假借字。第二種是本無其字，從一開始就借用一個同音字來表示。（例略）[一四]

王力先生的解釋明顯有兩點不足：其一，將『本無其字』的字形借用放在『古音通假』裡講，很容易攪亂初學者的分辨能力。『本無其字』的借用事實上不會產生『古音通假』，因為說『通假』必然會牽涉到兩個字形。比如禮記·儒行鄭玄注：『信，讀如屈伸之伸，假借字也。』其中『信』和『伸』都在古籍中存在，而『本無其字』的假借，永遠不會出現兩個字形，它充其量屬於同一個字形貯存著兩個『詞』的意義罷了，不存在『因聲求義』的問題。其二，說『古人在記錄語言裡的某個「詞」的時候，往往用聲音相同或相近的字來書寫，有時寫成這個樣子，有時寫成那個樣子』。這樣講既不客觀更不科學。試想，某個人在書寫某個字的時候，目無章法，隨心所欲地隨便書寫，要是都那樣，誰還能看得懂呢？還是鄭玄講得客觀，『其始書之也，倉卒無其字，或以音類比方假借為之，趣於近之而已』。大凡識文斷字的人都曾有過『提筆忘字』的經歷。記得有一次我們在給學生講詞義的逆向引申時，舉了屈原離騷中的『朝飲木蘭之墜露兮，夕餐秋菊之落英』，一邊講『落』除了『草木凋零』義外還有『開始』義，一邊在黑板上書寫。當寫到『英』字時，怎麼亦想不起它的樣子來，大腦裡頓時一片空白，儘管學生再三提示，依然想不上來。這恐怕就是前人戲說的『秀才提筆多忘字』吧。假若『倉卒無（忘）其字』，且無旁人指點，就會寫同音的字。

第二種是許嘉璐先生主編的古代漢語教材中的認識：

> 通假字不是同源字。通假的本字與借字只是讀音相同，卻沒有意義上的聯繫。如跳蚤的『蚤』和早晚的『早』，本身意義相去甚遠。[一五]

許嘉璐先生說：『通假的本字與借字只是讀音相同，卻沒有意義上的聯繫。』這不符合古今書面語用字的事實。因為『通假』就是寫錯別字，而寫錯別字的人怎麼會考慮到他（她）寫的錯別字中不會涉及到古今字、同源字的問題呢？如果他（她）要是明白什麼是古今字、同源字，什麼是通假字，就不會寫錯了。從當今寫錯別字的規律看，用諧聲字代替本字的現象最為多見，而大凡涉及到諧聲字，就存在字義聯繫的問題，除非你完全否『右文』的表義問題。其實許先生的第二句話『本身意義相去甚遠』已經否定了他的結論。

第三種是朱振家先生主編的古代漢語教材中的認識：

假借與通假不同，假借是本無其字，通假是本有其字，只是臨時借用音同音近的字。如臨時借用跳蚤的『蚤』記録早晨的『早』，借用器具的『壺』記録葫蘆瓜的『瓠』，借用肉乾的『脩』記録修長的『修』，借用香草的『芸』記録除草的『耘』，借用論辯的『辯』記録變化的『變』，借用雞爪的『距』記録抵拒的『拒』，等等。假借與通假，既有相同點，又有重要區别，主要有兩點：（一）六書中的假借，是借用同音字來寫意義抽象、難以用形象法造字的詞，所謂『本無其字』；用字通假是已有本字，臨時借用同音字來替代，特點是『本無其字』。（二）用字通假一般是暫時的借用，而六書假借往往是長期的甚至久借不還，所謂鵲巢鳩佔。如『蚤』通假『早』，當後世字詞關係確定以後，就只用本字而不再借用。而表示黄昏義的『莫』字被假借後，久佔不還，便另造一個『暮』字來表『黄昏』。應該注意：假借和通假都是以音同音近為必備條件，而且指的是上古音，不是今音。[一六]

朱振家先生主編的古代漢語教材直接把『本無其字』的造字稱為『假借』，而把『本有其字』的用字稱為『通假』，這樣區分，可謂涇渭分明。問題是自東漢鄭玄以來，學界都習慣稱『古音通假』為『假借』，與『本無其字』的造字『假借』相混，我們怎麼能有效加以區别呢？這還不是主要問題，以下兩個問題朱振家先生没有處理好：（一）既然六書中的假借屬於『本無其字』的假借，就不存在『長期的甚至久借不還』的問題。因為既然是『本無其字』的假借，無論何時何地都不會產生『本字』。比如『我』原為砍伐工具，後借為第一人稱代詞，自古及今它依然被第一人稱代詞所專用，並未再為第一人稱代詞『我』這個詞造字，亦沒有為砍伐工具的『我』再造本字。這樣的借用纔能說得上是『本無其字』。至於『蚤』與『早』，既然有兩個字形，它們分別因本義而造，而在同時代的書面語中『蚤』借為『早』，它們理所當然屬於『本有其字』的通假，幹嗎將其作為『本無其字』的假借論據呢？這說明編者對『假借』與『通假』的界域還是模糊不清的。（二）朱振家先生說：『假借和通假都是以音同音近為必備條件，而且指的是上古音，不是今音。』這樣說亦欠客觀。誰都知道，所謂『上古音』就是漢代以前的讀音。如果通假衹是上古漢語的用字現象，這種說法自然成立，問題是無論是上古的、中古的、近代的還是現代的書面文獻，都存在通假問題，這是事實。我們總不能用上古音來解決當代人用字錯誤的問題吧。

今天到底應該怎樣認識『古音通假』纔實際、客觀呢？先看一則語料。

植樹造零；白收起家；勤撈致富；擇油錄取；得財兼幣；檢查宴收；大力支喫；為民儲害；提錢釋放；攻官小姐。[一七]

這則笑話是江西人記錄的，共十句四十個字，其中有十三個錯別字。如『造林』寫成『造零』，『白手』寫成『白收』，『勤勞』寫成『勤撈』，『擇優』寫成『擇油』，『德才』寫成『得財』，『兼備』寫成『兼幣』，『驗收』寫成『宴收』，『支持』寫成『支喫』，『除害』寫成『儲害』。『提前』寫成『提錢』，『公關』寫成『攻官』等。雖說是則笑話，但不一定都是編的，它道出了當代中下層人書寫文字的習慣。從作者的角度想，算是『倉卒無其字，或以音類比方假借為之』；從讀者的角度看，之所以能識別其中的錯別字，是因為讀者心中有對比的『本字』。再看這些字寫錯的原因——全部都是寫同音字，但是我們可以把『同音字』細分成兩類：同音字^{1}——僅僅同音，字義上無絲毫相同。如『零』與『林』，『手』與『收』，『油』與『優』，『得』與『德』，『幣』與『備』，『宴』與『驗』，『喫』與『持』，『儲』與『除』，『錢』與『前』，『攻官』與『公關』等。同音字^{2}——不僅同音，字義有一定聯繫。如『撈』與『勞』，『財』與『才』等。由此看來，從共時的角度看是用字『通假』，從歷時的角度看是『因聲求字』。明代音韻學家劉監在經史正音切韻指南序中說：『聲韻之學，其來尚矣。凡窮經博史以聲求字，必得韻而後知韻，必得法而後明法，必得傳而後通誠。諸韻之總括，訂字之權衡也。雖五土音均同一致，孰不以韻為則焉。』[一八]

通過以上分析，我們知道，『古音通假』的本質大體明白了：從作者寫字角度而言，屬於寫錯別字；從後世研究角度來看，則是『因聲求字』的方法。再看一則漢代語料，更會加深我們的認識。長沙馬王堆帛書五十二病方·傷痙第一治方：

傷痙：痙者，傷，風入傷，身信而不能詘。治之，燸鹽令黃，取一斗，裹以布，卒醇酒中，入即出，蔽以市，以熨頭。熬則舉，適下。為布裹更熨。熨寒，更燸以熨，熨勿絕。一熨，寒汗出；汗出多，能詘信，止。熨時及已熨四日內，毋更衣，毋見風，過四日自適。熨先食後食，次。毋禁，毋時。令。

文中的『信、次』二字疑為錯別字，我們可以運用『因聲求字』的方法，從同時期或更早的文獻和後世編撰的字典辭書中找出它們的本字來，以糾正該醫方中的錯別字。

（一）『信』為『伸』字之誤。周易・繫辭下：『往者屈也，來者信也。』唐陸德明釋文：『信，本又作伸。』荀子・不苟：『剛強猛毅，靡所不信，非驕暴也。』唐楊倞注：『信，讀為伸。古字通用。』禮記・儒行：『起居竟信其志，猶將不忘百姓之病也。』鄭玄注：『信，讀如屈伸之伸，假借字也。』臨沂銀雀山漢墓孫臏兵法・善者：『故善者，制險量阻，敦三軍，利詘信。』集韻・真韻：『伸，經典作信。』故知傷痓『身信而不能詘』中的『信』通『伸』，指風寒病人的身體發僵不能彎曲。

（二）『次』為『恣』字之誤。『熨先食後食次』，意為鹽熨是在飯前還是飯後隨便。說文・欠部：『次，不前不精也。从欠二聲。𠓞，古文次。』（八下）清王筠句讀：『不前者，逗留不進也。左傳［・莊公三年］：「凡師，一宿為舍，再宿為信，過信為次。」精者，擇也。不擇則粗，是次也。』[一九]清朱駿聲通訓定聲：『從欠二，二亦聲。』次序排列不爭前後曰『次』，不精心也曰『次』，故引申為任意、隨便。後專為『次』的引申義造區別字『恣』。說文・心部：『恣，縱也。从心次聲。』（十下）段玉裁注：『縱者，緩也。一曰捨也。』『恣』的本義為放縱。呂氏春秋・適威：『驕則恣，恣則極物。』引申為聽任、任意。管子・任法：『猶金之在鑪，恣冶之所以鑄。』史記・秦始皇本紀：『宮室、車馬、衣服、苑囿、馳獵恣毒，事無大小皆決於毒。』故知傷痓『熨先食後食，次』中的『次』通『恣』，指『隨意』沒有禁忌。漢語大字典『次』下漏收『任意、隨便』[二〇]，宜據此增補。

從考察分析五十二病方・傷痓第一治方中『信』與『伸』、『次』與『恣』的關係，我們不難明白，前人所謂『通假』或本無其字的『假借』，實際上就是寫錯別字。古人寫錯別字與今人寫錯別字沒有什麽不同，完全沒有必要為古人諱言，美其名曰『通假』或『古音通假』。寫錯別字是就用字不規範說的，而且還是為不同時期用字的不規範說的，與字詞的語源義無關。比如『吃』與『喫』、『后』與『後』這兩對同音字，在一九六四年簡化字總表未公佈以前如果寫錯了，就叫做寫錯別字，而在一九六四年以後寫錯了，則祇能叫做用字不規範，而不會有人說你寫錯了字，但在臺、港、澳地區，自古及今寫錯了，都叫做寫錯別字。因為大陸在一九六四年以後通過同音簡化，將它們合二為一了，而臺、港、澳地區尚未簡化，至今依然嚴格區分。再如『胜』與『勝』、『圣』與『聖』、『葯』與『藥』三組字，古代不僅字義不同，而且根本不同音，一九六四年簡化字總表公佈後，人們總認為『勝、聖、藥』是『胜、圣、药』的繁體字。由此推斷，在古代文字使用的不規範時期，寫錯別字是在所難免的。今天我們看到的出土的秦漢竹簡、帛書，其中絕大多數都是中下層人士書寫的，用字極不統一，古字、借字、譌字摻雜其間，閱讀起來極為困難。

至此我們對『通假』的本質有了認識：它是通過同音的路徑尋找古今文獻中錯字的本字的訓詁方法，簡稱『因聲求字』法。而『古音通假』則是通過同音的路徑尋找古代文獻中錯字的本字的訓詁方法。古今文獻中都存在錯字問題，因此稱之為『通假』更為恰當。『通假』是探尋錯字之本字的方法，與釋義沒有直接的關係。因為一切訓詁方法都必須達到同一個目的——解釋語義。然而訓詁方法的不同，是因為它們解釋對象的不同。『古音通假』（或稱『因聲求字』法）是通過語音形式的同音路徑，以探求書面語言中錯字的本字的訓詁方法，『因聲求義』法是通過語音形式的同音路徑，以解釋書面語言中錯字的意義的釋義方法，『聲訓』法則是通過語音形式的同音路徑，以探求字義得名之由的方法。前人總是把三者混為一談，所以永遠理不清楚它們之間的關係。

三 『古音通假』成因再認識

既然『通假』或『因聲求字』是通過語音形式的同音路徑，以探求書面語言中錯字的本字的訓詁方法，因此，我們就有必要搞清楚書面語用字錯誤的原因和尋找書面文獻中錯字的本字的思路。導致書面語用字的錯誤主要有兩大原因：（一）無意用錯字與故意用錯字；（二）本無通假與無錯生非。前者是由客觀原因造成的，後者則屬於主觀原因造成的。

（一）無意用錯字與故意用錯字

第一，無意用錯字。古往今來，書面語用字錯誤的原因是多元的，或因倉促忘記本字的寫法而用同音字替代；或因謄鈔、雕刻、照排時不小心而選錯了形體相似的字；或因炫耀學識而故意襲用前人古籍中的錯別字。前兩類合起來叫做『無意用錯字』，後一類叫做『故意用錯字』。

第一種，行文寫錯字。無意用錯字的第一個原因是無意寫錯字。作者著述，或因大腦瞬息斷路，或因粗心大意，都會寫錯字。二〇一一年五月十三日轟動世界的北京故宮竊案被破獲之後，故宮博物院院長特意到北京市公安局贈送錦旗，對該局能迅速偵破案表示感謝。這本來是一件很普通的公務活動，然而僅僅因為那錦旗上寫的十個大字『撼祖國強盛，衛京都泰安』，而致使故宮陷入爭議漩渦。有人指出錦旗中的『撼』意為『撼動』『搬動』，與表示保衛的『捍』不是同一個字。一字之差，導致所要表達的意思完全相反，明顯寫了個錯別字。多數网友的第一反應是喫驚，或表示『難以理解』，或說『被撼倒了』，更有甚者甚至質疑：『作為故宮這樣的文化單位，犯這樣低級的錯誤，顯得太沒有文化了』。十四日晚，故宮相關負責人表示：『撼』字沒錯，顯得厚重，『跟「撼山易，撼解放軍難」中「撼」字使用是一樣的。』這種解釋實在是越描越黑。

從文字使用的角度看，表示『保衛、捍衛』的意義寫成『撼』顯然是錯誤的，無可爭議。『捍』的本字作『扞』。說文・手部：『扞，忮也。从手干聲。』（十二上）廣韻・翰韻：『扞，以手扞。又衛也。』尚書・文侯之命：『汝多修，扞我於艱。』偽孔安國傳：『扞我於艱難，謂救周誅犬戎。』漢書・刑法志：『夫仁人在上，為下所卬，猶子弟之衛父兄，若手足之扞頭目，何可當也？』唐顏師古注：『扞，禦難也。』後更換聲母『干』轉形為『捍』。集韻・翰韻：『扞，衛也。或作捍。』商君書・賞刑：『千乘之國，若有以捍城者，攻將湊其城。』唐韓愈張中丞傳後敘：『守一城，捍天下，以千百就盡之卒，戰百萬日滋之師。』而『撼』本字作『揻』，本義為搖動。說文・手部：『揻，搖也。从手咸聲。』宋徐鉉等注：『今別作撼。』清朱駿聲通訓定聲：『揻，字亦作撼。』廣雅・釋詁一：『撼，動也。』清王念孫疏證：『說文：「揻，搖也。」揻與撼同。』文選・司馬相如〈長門賦〉：『擠玉戶以撼金鋪兮，聲噌吰而似鐘音。』唐李善注引說文曰：『撼，搖也。』韓愈調張籍：『撼山易，撼岳家軍難。』如此看來，將『捍衛』之『捍』寫成形似的同音字『撼』，屬於無意用錯字。在當今高考作文中，把『抱負』誤為『報負』，『必須』誤成『必需』，『興趣』誤成『性趣』，『貢獻』誤成『供獻』，『抑或』誤成『亦或』，『艱苦』誤成『堅苦』，『修養』誤成『休養』，『拼搏』誤成『拼博』，『安裝』誤成『按裝』，『以防』誤成『以妨』，『勤奮』誤成『勤憤』，『期待』誤成『期侍』，『享受』誤成『亨受』，『潛規則』誤成『淺規則』，等等，都因音同或形似而寫錯字。[二一]

無意用錯字，古代文獻甚多。如睡虎地秦簡日書甲種啻：

凡為室日，不可以築室。築大內，大人死，築右圯，長婦死，築左圯，中子婦死，築外垣，孫子死，築北垣，牛羊死。殺日，勿以殺六畜，不可以取婦、家女、禱祠、出貨。四廢日，不可以為室覆屋。[二二]

這段簡文說的是，凡是在上帝建造宮室、宰殺牲口、『四廢日』那天，凡間的人都不能做同樣的事情，不然則會犯沖煞。簡文中『取婦』的『取』用的是『古字』，『家女』的『家』用的同音字，但無論是用『古字』還是『同音字』，後人都認為是『通假』，因為在先秦時期，『嫁娶』的本字已經有了。說文·又部：『取，捕取也。从又从耳。周禮：「獲者取左耳。」司馬法曰：「載獻聝。」聝者，耳也。』（三下）[二三]『取』的本義為把野獸或戰俘的左耳割下來以記功。周禮·夏官·大司馬：『（狩）大獸公之，小獸私之，獲者取左耳。』鄭玄注：『得禽獸者取左耳，當以記功。』引申為捕捉、獲取、戰勝、搶娶、收取、尋求、選取、治理、召喚、憑藉等等。遠古娶妻如同捕獵野獸、戰俘，故稱『搶婚』。在母系社會向父系社會轉型時期，搶婚制曾經盛行一時。最初是氏族或部落的頭人、酋長以及英勇善戰的武士，把從戰爭中搶來的女人作為性奴。『妻』甲骨文作□（前1.9.7），象長髮女人被人強壓、跪跽之形。後來允許通婚氏族之間也實行搶婚制，於是搶婚就成為某些部落的一種婚姻形式。周易爻辭多處提到『匪寇婚媾』的搶婚現象。如賁卦：『六四，賁如皤如，白馬翰如；匪寇婚媾。』屯卦：『六四，乘馬班如，求婚媾；往吉，無不利。』睽卦：『上九，睽孤，見豕負塗，載鬼一車，先張之弧，後說之弧，匪寇婚媾。往遇雨則吉。』又據儀禮·士昏禮記載，新男要乘黑色蓬帳的『墨車』去迎親，而迎親的人全都要穿黑色的衣服，這些規定其實都是搶婚制的遺俗。妻子既然是『搶』來的，所以婚禮在黃昏時舉行最為適宜。從文字演變看，『娶』甲骨文本作□（取），象割耳之形，由於男人『取』的對象為女性，故增附類母『女』轉形為『娶』。說文·女部：『娶，取婦也。从女从取，取亦聲。』（十二下）在『娶』字未造的先秦時期以及秦漢以後，『娶妻』的『娶』都習慣寫作『取』。例如：

（九）取妻如之何？必告父母。（詩經·齊風·南山）

（一〇）取妻如何？匪媒不得。（詩經·豳風·伐柯）

（一一）六三，勿用取女，見金夫，不有躬，無攸利。（周易·蒙卦）

（一二）莊公取齊女為夫人，曰哀姜。（史記·魯周公世家）

（一三）毋禁取婦、嫁女、祠祀、飲酒、食肉。（資治通鑑・漢文帝後七年）

例（九）的『取妻』，孟子・萬章上引作『娶妻』。例（一〇）的『取妻』，陸德明釋文：『取，亦作娶。』例（一一）孔穎達等正義：『為女不能自保其躬，固守貞信，乃「非禮而動」，行既不順，若欲取之，無所利益。』按『見金夫，不有躬』，漢語大字典讀為『見金，夫不有躬』，[二四]誤。因為『金夫』是對男子的美稱。[二五]例（一三）的『取婦』，元胡三省注：『取，讀曰娶。』從先秦前後的用字習慣看，睡虎地秦簡日書『娶妻』寫作『取妻』，屬於寫『古字』或『本字』，不存在寫錯字的問題，倘若以當今的規範原則律之，則屬於『通假』。『娶妻』義屬於『取』的引申義，漢語大字典引朱駿聲『取，叚借為娶』以證明『取』通『娶』，很不妥當，因為朱駿聲所說的『叚借』就是字義的引申。簡文中『家女』的『家』也屬於用『古字』或『本字』。說文・宀部：『家，居也。从宀，豭省聲。𠖔，古文家。』（七下）玉篇・宀部：『家，人所居，通稱家。』詩經・大雅・緜：『古公亶父，陶復陶穴，未有家室。』毛傳：『室內曰家。』女子成年後需離開父母家與外姓男子結為夫婦、組建家庭，故引申為『嫁』。說文・女部：『嫁，女適人也。从女家聲。』（十二下）漢語大字典未收『出嫁』義項，應據出土文獻增補。

又馬王堆帛書雜禁方：『夫妻相去，取雄隹左蚤四，小女子左蚤四，以鍪熬並冶，傅，人得矣。取其左麋直酒中，飲之，必得之。』其中『蚤』『靡』『直』的本字應為『爪』『眉』『置』。前兩組顯然是同音關係，通過音聲求字方法可以訓釋，後一組為諧聲字。說文・乚部：『直，正見也。从乚从目从十。𥄂，古文直。』（十二下）大徐本引徐鍇注：『乚，隱也。今十目所見是直也。』正對著看，就有端正義，故引申為直接扔進或放置，後另造『置』字表示。說文・网部：『置，赦也。从网直。』（七下）段玉裁增『直亦聲』。從構形意看，『釋放』是『置』的本義，引申為放置、擱置。然而放置、擱置義上古文獻中多用『寘』來表示。例如詩經・魏風・伐檀：『坎坎伐檀兮，寘之河之干兮。』左傳・隱公元年：『遂寘姜氏於城潁。』陸德明釋文：『寘，之豉切，置也。』說文・宀部未收『寘』字，徐鉉作為『新附字』補入，云：『寘，置也。从宀真聲。』（七下）『置』從『直』得聲，均放置、擱置義。

第二種，傳鈔寫錯字。無意用錯字的第二個原因的傳鈔寫錯字。古籍在歷代傳鈔過程中因疏忽大意、漫不經心而鈔刻錯字。段玉裁在重刊明道二年國語序中就指出過國語在傳鈔、刻印中的錯誤：『譌踳奪屚，參縒乖異，皆傳校而失其真者也』。『古書之壞於不校者固多，壞於校者尤多。壞於不校者，以校治之，壞於校者，久且不可治。邢子才曰：「誤書思之，更是一適。以善思為適，不以擅改為適也。」』[二六]愈早的古籍，傳鈔翻刻愈多，出錯則愈多，通假亦就愈多。如戰國策，原系戰國時期各國史官或策士輯錄，有國策國事事語短長長書等不同名稱，西漢時劉向進行了整理，按戰國時期秦、齊、楚、趙等十二國次序，刪去重複，編訂為三十三篇，定名為戰國策，東漢高誘為之作注。流傳到北宋，正文和注解都有散佚，曾鞏作了校補。到南宋時有姚宏的續注本和鮑彪的新注本，元吳師道在鮑本基礎上又作了補正。儘管如此，書中文字錯誤仍多，難以校讀。如西周策・蘇厲謂周君：

楚有養由基者，善射也矣。去柳葉百步而射之，百發百中。左右皆曰善。有一人過曰：『善射，可教射也矣。』養由基曰：『人皆善，子乃曰可教射，子何不代我射之也。』客曰：『我不能教子支左屈右。夫射柳葉者，百發百中，而不已善息。少焉氣力倦，弓撥矢鉤，一發不中，前功盡矣。』[二七]

西漢司馬遷在史記·周本紀中將這段文字改寫成：

楚有養由基者，善射也者矣。去柳葉者百步而射之，百發而百中之。左右觀者數千人皆曰善射。有一夫立其旁曰：『善，可教射矣。』養由基怒，釋弓搤劍，曰：『客安能教我射乎？』客曰：『非吾能教子支左詘右也。夫去柳葉百步而射之，百發而百中之，不以善息。少焉氣衰力倦，弓撥矢鉤，一發不中者，百發盡息。』[二八]

前人曾懷疑蘇厲謂周君文中的『已、鉤』為假借字。姚本『已』，鮑本、錢、劉作『以』。清黃丕烈札記：『史記作「以」。』『鉤』，鮑本作『拘』，吴師道補曰：『「拘」有鉤音，古或通。』黃丕烈札記：『「拘」當是。此亦因史記而譌為「鉤」耳。』從文獻形成的先後來看，戰國策早於史記，史記的文字是改寫戰國策的，而改寫必有根據，故推測：『以』或體作『㠯』，與『已』形似。戰國策原文作『㠯』，史記引文作『以』，而後世因音同、形似誤鈔成了『已』。王引之云：『㠯，或作「以」，或作「已」。鄭玄注禮記・檀弓曰：「『以』與『已』字本同。」』〔二九〕這祇能說明在秦漢時期二字習慣混用。

『鉤』鮑本作『拘』，黄丕烈說：『「拘」當是。此亦因史記而譌為「鉤」耳。』戰國策原文作『鉤』不誤，黄氏說非是。『鉤』的本字作『句』，本義為鉤子（名詞）。說文・句部：『鉤，曲也。从金从句，句亦聲。』（三上）段注本作『曲鉤也』，段玉裁注：『「鉤」字韻會補。曲物曰鉤，因之以鉤取物亦曰鉤。鉤鑲、吳鉤、釣鉤皆金為之，故从金。按：「句」之屬三字皆會意兼形聲。』〔三〇〕『鉤』為木鉤、鐵鉤，故引申為鉤取，即段玉裁所謂『曲物曰鉤，因之以鉤取物亦曰鉤』。在上古文獻中，『鉤』已有鉤取、鉤住義。左傳・襄公二十三年：『又注則乘槐本而覆，或以戟鉤之，斷肘而死。』莊子・天運：『論先王之道而明周、召之跡，一君無所鉤用。』陸德明釋文：『鉤，取也。』後人因『弓撥』之『撥』為動詞，故改『鉤』為『拘』以成對文，史記引作『鉤』並非『譌』誤。再則戰國策『支左屈右』，史記引作『支左詘右』。『詘』與『屈』異體字。說文・尾部：『屈，無尾也。从尾出聲。』（八下）清桂馥義證：『無尾也者，本書「趉」讀若無尾之屈。埤倉：「屈，短尾。」廣韻：「屈，短尾鳥。」一切經音義卷十二：「淮南子『屈奇之服』許叔重曰：『屈，短也。奇，長也。』」馥案：古詩：「我牛尾禿速。」禿速，屈之反語。』〔三一〕引申為彎曲。玉篇・出部：『屈，曲也。』周易・繫辭下：『尺蠖之屈，以求信也。』後世為『彎曲』義另造區別字『詘』。說文・言部：『詘，詰詘也。一曰屈襞也。从言出聲。誳，詘或从屈。』（三上）段玉裁注：『二字雙聲，屈曲之意。』荀子・勸學：『若挈裘領，詘五指而頓之，順者不可勝數也。』唐楊倞注：『詘，與屈同。』馬王堆帛書五十二病方・傷痙第一治方：『傷痙：痙者，傷，風入傷，身信而不能詘。』『詘』

的或體作『詘』，說文收入重文。淮南子・氾論訓：『詘寸而伸尺，聖人為之。』由此可知，從用字的角度看，戰國策用的是本字，史記用的是區別字。『支左屈右』，吳師道引列女傳云：『左手如拒，右手如附枝，右手發之，左手不知。此射之道也。』

第二，故意寫錯字。說『故意寫錯字』似乎不合情理，事實上古往今來，故意寫錯字的用字現象普遍存在，祇是人們沒有刻意往這方面想而已。故意寫錯字亦有兩個原因，一是沿襲前人的錯誤寫法，二是書寫時為了少寫筆劃，規範用字。

（A）沿襲前人的錯誤寫法，或因師徒相傳而成慣性，或因炫耀學識而任意為之，因而導致某些錯別字古往今來襲用不改。比如『無』與『毋』。『無』作為動詞或副詞都表示否定，意思『沒有』或『不』。例如：

（一四）是故軍無輜重則亡，無糧食則亡，無委積則亡。（孫子・軍爭）

（一五）上以為廉，忠實無他腸，乃拜綰為河間王太傅。（史記・萬石張叔列傳）

（一六）無偏無党，王道蕩蕩。（尚書・洪範）

表示『不要』意思，本來必須用副詞否定『毋』。如詩經・小雅・角弓：『毋教猱升木，如涂涂附。』鄭玄箋：『毋，禁詞。』但在上古文獻中常常錯誤地寫作『無』，而且漢魏以來沿用不改。例如：

（一七）無若丹朱敖，惟慢遊是好。（尚書・益稷）

（一八）王無罪歲，斯天下之民至焉。（孟子・梁惠王上）

（一九）請公無渡河，河廣風威厲。（南朝梁劉孝威：公無渡河）

（二〇）丈夫不下英雄淚，壯士無忘漂母飧。（清洪仁玕：二月下澣軍次遂安城北）

『無罪歲』之『無』，楊伯峻注：『無，同毋，表示禁止的副詞。』漢語大字典說『無通毋』。但在上古文獻中，表示『沒有』亦常常錯誤地寫作『毋』，且漢魏以來仍沿用不改。例如：

（二一）言而毋儀，譬如運鈞之上而立朝夕者也。（墨子・非命上）

（二二）（趙禹）為吏以來舍毋食客。（史記・酷吏列傳）

（二三）今欲依古義為農桑之政，計戶口而為考課之法，而議者惑以為毋益有擾，有司惑焉，當何施而可？（宋蘇軾：策問三首之一）

在出土的秦漢簡帛文獻中，『無』錯寫成『毋』極為普遍。例如：

（二四）人毋（無）故而憂也。為桃更（梗）而敃之，以癸日日入投之道。遽曰：『某！』免於

憂矣。（睡虎地秦簡日書甲種・詰）

（二五）行祠，東行南［南行］，祠道左；西北行，祠道右。其謞曰大常行，合三土皇，耐為四席。席叕其後，亦席三叕。其祝曰：『毋（無）王事，唯福是司，勉飲食，多投福！』（睡虎地秦簡日書乙種・行行祠）

（二六）令傷者毋（不）痛，毋（不）出血。取故蒲席厭□□□□燔席冶按其痏。（五十二病方・諸傷第七治方）

（二七）犬所齧，令毋痛及易瘳方：令齧者臥，而令人以酒財沃其傷。已沃而強，越之，嘗試。毋禁。（五十二病方・犬筮人傷者第三治方）

秦漢簡帛文獻中的錯別字之多，令人喫驚。究其原因，其書寫者主要都是些初通文墨的中下層巫醫或學徒，他們識字量少，不具備分辨本字與別字的能力，故在書寫時多憑口音用字，幾乎沒有錯別字的概念，與那些故意炫耀學識的老師宿儒完全不同。比如『鼂』本來是一種蟲名。說文・黽部：『鼂，匽鼂也。讀若朝。楊雄說：「匽鼂，蟲名。」杜林以為「朝旦」，非是。从黽从旦。[illegible]，篆文鼂从皀。』（十三下）清王筠句讀：『臨海水土異物志：「鼂，似鼅鼄，一名匽鼂。一枚有三斛膏。」異魚圖贊：「鼅鼄海鯨，名曰匽鼂。一枚剖之，有三斛膏。」』但是在戰國時已借用來表示早晨的『朝』。楚辭・九歌・湘君：『鼂騁騖兮江皋，夕弭節兮北渚。』其中『鼂』明明是個錯別字，然後世學者依然沿用不改。東漢班固著漢書時照樣用錯字

『鼂』來表示『朝』。嚴助傳：『邊境之民為之早閉晏開，鼂不及夕，臣安竊為陛下重之。』唐顏師古注：『鼂，古朝字也。』清代段玉裁批評許慎說：『此「㠯為」，乃說叚借之例。杜林用「鼂」為朝旦字，葢見杜林倉頡故。攷屈原賦「甲之鼂吾以行」，王逸曰：「鼂，旦也。」……是古叚「鼂」為「朝」，本無不合，許云「非是」，未審。』[三二] 按理說『鼂』字比『朝』字難寫得多，本不該用錯別字的。然而古人既然有用，後人為了標榜學識淵博沿用不改，可見襲用古人的錯別字已成千古積弊。

（B）規範用錯字。規範用錯字亦是造成假借字氾濫的原因之一。比如『鍋』的本義為古代盛膏器。方言卷九：『車釭，燕齊海岱之間謂之鍋。』又：『盛膏者乃謂之鍋。』清錢繹箋疏：『膏施於車釭，故釭亦得鍋名。』而表示燒火做飯的炊具祇能用『𩰫』。說文・鬲部：『𩰫，秦名土釜曰𩰫。从鬲𢆉聲。讀若過。』（三下）段玉裁注：『今俗作鍋。』清光緒年修崇明縣誌・方言引宋陸游詩：『沙𩰫煮麥人。』按今本陸游集・埭西小聚作『鍋』。清姚鼐荅王生：『閭井歲苦饑，併日塵生𩰫。』『𩰫』的異體作『⿰鬲两』。廣雅・釋器：『⿰鬲两，釜也。』清王念孫疏證：『⿰鬲两，即今鍋字。』集韻・戈韻：『𩰫，說文：「秦名土釜曰𩰫。」或作⿰鬲两。』後世更換聲母『𢆉』轉形為『⿰鬲戈』。集韻・戈韻：『鍋，鍋鑹，溫器。或作⿰鬲戈。』但是，在魏晉時期書面語就開始借用『鍋』來表示炊具了。唐慧琳一切經音義卷十四：『鍋，燒器也。字書云：「小鑊也。」』廣韻・戈韻：『鍋，溫器。』晉徐廣孝子傳：『（吳人陳遺）母好喫鍋底焦飯。』今簡化為『鍋』，且成了規範用字。一九六四年的簡化字總表中，以前在書面語中屬於錯字的，在該表中都規範為『正字』了。

（二）本無通假與無錯生非

本無通假與無錯生非，屬於後人識字錯誤形成的『通假』。整理古籍，首先是要讀懂古籍，而讀古籍首先碰到的難題就是過文字關。趙振鐸先生在讀書雜志·弁言中說：『漢字的發展，從殷周古文到小篆、隸書、楷書，字形經過若干變遷，加上行書、草書和民間俗體，字形之間的差異很大。雕版發明之前，書籍全靠抄寫流通，而抄寫的人不全是精通文字學的專家，難免出現差錯；就是雕版印書，雖然經過讎校，但是仍有不少訛誤有待校正。』[三三]疏通文字譌誤是古籍校勘的首要而嚴肅工作，歷代注釋家無不慎重其事。清朱一新無邪堂答問卷三云：『國朝於校勘之學最精，而亦往往喜援他書以改本文，不知古人同述一事，同引一書，字多有異同，非如今之校勘家，一字不敢竄易也。今人動以此律彼，專輒改訂，使古書皆失真面目。此甚陋習，不可從。凡本義可通者，即有他書顯證，亦不得輕改；古書詞義簡奥，又不當以今人文法求之。』在審訂古籍文字異同方面，清代學者獨有偏勝，而後世學者，多不曉六文，動輒疑古，妄加臆斷，以為古人作文總用通假。故凡文意不順，則以『通假』為訓。更有甚者，認為漢字的演變經歷過『形義字』『假借字』和『形聲字』三個階段，而『從甲骨文、金文直到秦以前，應該屬於假借字階段。這個時期的文字，雖然一方面保存了一大批象形、會意字，一方面又有了形聲字的萌芽，但更主要的是大量使用假借字，從表形向表音方向發展』。[三四]既然在漢代以前漫長的時期都『大量使用假借字』，後人用通假來解釋上古文獻也就是順理成章的了，所以，凡是解釋找不到理據的都往『通假』裡面扔，因此半個世紀以來的中國訓詁學界『通假』之風盛行。王力先生在訓詁學上的一些問題中早就警告過：『無論如何，寫別字總是特殊情況，我們不能設想古書上有大量的別字。』

觀念認識的錯誤決定『通假』說的濫用，在前人的注釋中俯拾皆是。如左傳·僖公四年：『爾貢包茅不入，王祭不共，無以縮酒，寡人是徵。』『縮酒』本指將酒灌在捆紮成束的茅草中祭祀天地神靈。說文·酉部：『莤，禮祭，束茅加於裸圭而灌鬯酒，是為莤，象神歆飲之也。一曰：莤，榼上塞也。从酉艸。春秋傳曰：「爾貢包茅不入，王祭不共，無以莤酒。」』（十四上）段玉裁注：『周禮禮記·內則二鄭所引左傳皆作「縮」。然則，「縮」，古文叚借；「莤」者，小篆新造字……而周禮「蕭茅」或作「莤」，皆漢人所造字。』段氏認為，先秦以前有『莤』音『莤』義而無『莤』字，故假借『縮』字表示，漢代纔造『莤』字。此說不可信。如果秦代以前沒有『莤』字，許慎引左傳為什麼不作『縮酒』，而作『莤酒』呢？周禮·地官·甸師：『祭禮，共蕭茅。』鄭玄注引鄭司農曰：『蕭，字或為莤。莤，讀為縮。束茅立於祭前，沃酒其上，酒滲下去，若神飲之，故謂之縮。縮，浚也。』

再如前文所引馬王堆帛書五十二病方·傷痙第一治方中的『裹以布，卒醇酒中，入即出，蔽以市，以熨頭』，嚴健民先生認為其中『卒』通『淬』。他說：『卒（淬）：將高熱鐵器，投入冷水中，使之急速冷卻，叫淬火。「卒醇酒中，入即出」，強調將炒熱的鹽用布包好後，投入好酒中，很快拿出來進行熨療。』。[三五] 魏啟鵬、胡翔驊說：『「市」通「紱」，本義是繫印章或佩玉的絲帶，這裡指用絲織物將炒熱淬酒後的鹽包起來，對病人實行藥熨療法。』[三六] 其實整句話並無『通假』。『卒醇酒中』說的是將布包好的熱鹽快速放入醇酒中。其中的『卒』表示『急速』『快速』。玉篇·衣部：『卒，急也。』廣韻·沒韻：『卒，遽也。』史記・仲尼弟子列傳：『慮不先定，不可以應卒。』唐司馬貞索隱：『卒，謂急卒也。』『蔽以市』之『市』是『韍、韠』的本字。說文・市部云：『市，韠也。上古衣蔽前而已，市以象之。天子朱市，諸侯赤市，大夫葱衡。从巾，象連帶之形。韍，篆文市从韋从犮。』（七下）宋徐鉉等注：『今俗作紱。』[三七]清朱駿聲通訓定聲：『祭服曰市。上古衣獸皮，先知蔽前，繼之蔽後。市象前蔽以存古。』『市』本為形象字，因『蔽膝』用皮革做成，故另造『韠』字。說文・韋部重出字有『韠』字，云：『韠，韍也，所以蔽前以韋。下廣二尺，上廣一尺，其頸五寸。一命緼韠，再命赤韠。从韋畢聲。』（五下）清沈濤古本考：『韠，廣韻・五質引韍作紱，即韍之俗，又引無「以韋」二字，蓋古本如是，今本誤衍。』詩經・檜風・素冠：『庶見素韠兮，我心蘊結兮。』宋朱熹集傳：『韠，蔽膝也。以韋為之。冕服謂之韍，其餘曰韠。韠從裳色，素衣素裳則素韠也。』或更換聲母『畢』轉形為『韍』，故說文作為『市』的重文收錄。清段玉裁注：『鄭玄注禮曰：「古者佃漁而食之，衣其皮，先知蔽前，後知蔽後，後王易之以布帛而獨存其蔽前者，不忘本也。」』禮記・玉藻：『一命縕紱幽衡，再命赤紱幽衡，三命赤紱葱衡。』鄭玄注：『此玄冕爵弁之韠，尊祭服異其名耳。』唐孔穎達等正義：『他服稱韠，祭服稱韍，是異其名。韍、韠皆言為蔽，取蔽鄣之義也。』再更換類母『韋』轉形為『紱、䩉』。周易・困：『紱服方來。』孔穎達等正義：『紱，祭服也。』正字通・糸部：『朱紱，朱裳也。』漢語大字典將此義列在第二義項，而將『系官印的絲帶』列為第一義項，顛倒了字義發展的歷史，欠妥。[三八]魏啟鵬、胡翔驊受其影響，故誤將『蔽以市』之『市』釋為『絲織物』。又『䩉』是轉形字。郭沫若師克盨銘考釋：『「赤市五黃」：市一般作芾，亦作紱或韍等，古之蔽膝，今之圍腰，古人以為命服。詩・小雅・采芑云：「服其命服，朱芾斯皇，有瑲蔥珩。」又曹風・候人：「三百赤芾」，毛傳云：「一命緼芾黝珩，再命赤芾黝珩，三命赤芾蔥珩。」禮記・玉藻亦云：「一命緼韍幽衡，再命赤韍幽衡，三命赤韍蔥衡。」自漢以來，均以珩若衡為玉佩。珩乃後起字，衡乃假借字。珩若衡在金文則作黃。』[三九]漢語大字典在『鞁』衹收了『同「黻」』一個義項，未收『蔽膝』義項，應補。此外，『市』增附類母轉形為『芾』，因為遠古以皮革為『蔽膝』，或以草為之。詩經・小雅・采菽：『赤芾在股，邪幅在下。』鄭玄箋：『芾，大古蔽膝之象也。冕服謂之芾蔽膝，其他服謂之韠。以韋為之。』漢語大字典說：『芾，通「韍」。古代禮服上的蔽膝。』失審。從上文分析得知，『韠』的初文作『市』，後轉形為形聲字『韠、韍』，再更換類母或聲母轉形為『鞁、紱』，或增附類母『艸』轉形為『芾』，其本義為蔽膝，相當於後世所說的『圍裙』『圍腰』。[四〇]

清人戴震在爾雅注疏箋補・序中說：『夫今人讀書，尚未識字，輒目故訓之學不足為。其究也，文字之鮮能通，妄謂通其語言；語言之鮮能通，妄謂通其心志。』[四一]戴震之門生王念孫及其子王引之，都是有清一代訓詁學的鴻儒泰斗，迄今為士林所欽仰，然而其治學亦多有失，許嘉璐先生在經義述聞・弁言中批評他們愛犯的毛病之一即是『輕信假借，遽改古書』。許先生說：『假借之例，至王氏而大明。既已操之優如裕如矣，每遇己意以為古籍或前說之未安者，輒以假借之說通之，「通」則「通」矣，曰古義必如是，則未可許也。過猶不及，豈大家每不能免於斯蔽邪？』[四二]如經義述聞卷五毛詩・士貳其行云：『鄭風・氓篇：「女也不爽，士貳其行。」箋曰：「我心於女故無差貳，而復關之行有二意。」正義曰：「言我心於汝男子也，不為差貳，而士何謂二三其行於己也？」（『己』原文作『已』——引者注）引之謹案：「貳」與「二」通。既言「士貳其行」，又言「士也罔極，二三其德」，文义重沓，非其原本也。「貳」当为「貣」之譌，「貣」音他得切，即「忒」之借字也。』[四三]王引之說『貳』為『貣』譌體，而『貣』又是『忒』之錯字，繞了一大圈，還不如按原字解釋更為貼切，可謂無錯生非。就連國學大家亦難免通假之弊，後學更當謹慎，絕對不要輕下斷語。凡遇古籍之難懂文字，最好先求諸說文。前輩訓詁學家如陸宗達先生曾告誡我們要善於『運用說文解字分析假借現象』，[四四]因為『六書也者，文字之綱領，而治學之津涉也。』（戴震文集卷三六書論序）『凡治經，經典多用假借字，其本字多見於說文，學者必於爾雅、傳注得經義，必於說文得字義。既讀經注，復求之說文，則可知若為假借字，若為本字，此治經之法也。』[四五]把文字的引申義當成通假義，把區別字或轉形字當成通假字，乃是造成識字錯誤的普遍現象。王力先生早就指出：『為一個字的引申義造的後起區別字和這個字之間的關係，根本沒有假借的關係，而被人們誤認為假借。』

綜上所述，我們得出三條結論：

第一，『古音通假』是通過語音形式的同音路徑，探求書面語言中錯字的本字的訓詁方法，簡稱『因聲求字』法。

第二，『因聲求字』法不同於『因聲求義』法和『聲訓』法。『因聲求義』法是通過語音形式的同音路徑，解釋書面語言中錯字的意義的釋義方法，『聲訓』法則是通過語音形式的同音路徑，用語義相因的字詞來直接解釋意義的方法。簡言之，『古音通假』是尋找本字的方法，『因聲求義』是解釋字義的方法，『聲訓』是探求字義是怎麼獲得的。

第三，古代文獻中的通假字原本很少，但因後世的誤刻、襲用、同音簡化和誤解等原因而日趨增多，因此我們在校勘古代文獻時，切勿臆斷改字。

注釋

［一］本文原署名鍾如雄、胡娟，載於四川師範大學語言研究所編語言歷史論叢第十輯，巴蜀書社 2015 年版。

［二］王力：訓詁學上的一些問題，龍蟲並雕齋文集，中華書局 1980 年版，第 338 頁。

［三］清段玉裁：說文解字注，上海古籍出版社 1988 年版，第 759 頁。

［四］唐陸德明：經典釋文，中華書局 1983 年版，第 2 頁。

［五］清錢大昕：錢大昕全集（九），江蘇古籍出版社 1997 年版，第 43 頁。

［六］清王引之：經義述聞，江蘇古籍出版社 2000 年版，第 2 頁。

［七］晉杜預：左傳（春秋經傳集解），上海古籍出版社 1997 年版，第 516 頁。

［八］元戴侗：六書故，文淵閣四庫全書（經部小學類），上海人民出版社、迪志文化出版有限公司 1999 年版。

［九］周祖謨：漢語訓詁學，文字音韻訓詁論集，北京大學出版社 2000 年版，第 311 頁。

［一〇］清王念孫：廣雅疏證，中華書局 1983 年版。

［一一］清段玉裁：廣雅疏證序，見清王念孫廣雅疏證，中華書局 1983 年版。

［一二］清段玉裁：說文解字注，上海古籍出版社 1988 年版，第 817 頁。

［一三］清王引之：經義述聞，江蘇古籍出版社 2000 年版，第 2 頁。
［一四］王力主編：古代漢語，中華書局 1981 年版，第 541 頁。
［一五］許嘉璐：古代漢語，高等教育出版社 1992 年版，第 100 頁。
［一六］朱振家：古代漢語，高等教育出版社 2010 年版，第 34—35 頁。
［一七］劉彬：不該有的錯別字，龍門陣 2007 年第 5 期。
［一八］明劉監：經史正音切韻指南，文淵閣四庫全書（經部小學類），上海人民出版社、迪志文化出版有限公司 1999 年版。
［一九］清王筠：說文解字句讀，中華書局 1988 年版，第 328 頁。
［二〇］徐中舒主編：漢語大字典（修訂本），四川辭書出版社、湖北崇文書局 2010 年版，第 2287 頁。
［二一］黃耀明：2010 年高考作文高頻錯別字淺析，語文建設 2010 年第 9 期。
［二二］胡小強：秦簡日書集釋，岳麓書社 2000 年版，第 78 頁。
［二三］漢許慎撰，宋徐鉉等校定：說文解字，中華書局 1963 年版，第 64 頁。
［二四］徐中舒主編：漢語大字典（修訂本），四川辭書出版社、湖北崇文書局 2010 年版，第 430 頁。
［二五］黃壽祺、張善文：周易譯注，上海古籍出版社 2001 年版，第 53 頁。
［二六］國語，上海書店 1987 年影印本。
［二七］漢劉向集錄：戰國策，上海古籍出版社 1978 年版，第 56 頁。
［二八］漢司馬遷撰，南朝裴駰集解，唐司馬貞索隱，張守節正義：史記，中華書局 1982 年版，第 165 頁。
［二九］清王引之：經傳釋詞，岳麓書社 1984 年版，第 6 頁。
［三〇］清段玉裁：說文解字注，上海古籍出版社 1988 年版，第 88 頁。

［三一］清桂馥：説文解字義證，中華書局1987年版，第741頁。
［三二］清段玉裁：説文解字注，上海古籍出版社1988年版，第681頁。
［三三］趙振鐸：讀書雜志·弁言，見清王念孫讀書雜志，江蘇古籍出版社2000年版。
［三四］劉又辛：『右文説』説，語言研究1982年第1期。
［三五］嚴健民編著：五十二病方注補譯，中醫古籍出版社2005年版，第19頁。
［三六］魏啟鵬、胡翔驊：馬王堆漢墓醫書校釋（壹），成都出版社1992年版，第55頁。
［三七］漢許慎撰，宋徐鉉等校定：説文解字，中華書局1963年版，第160頁。
［三八］徐中舒主編：漢語大字典，四川辭書出版社、湖北崇文書局2010年版，第3601頁。
［三九］郭沫若：郭沫若全集考古編（6），科學出版社2002年版，第369—370頁。
［四〇］鍾如雄：〈詛楚文〉『鞈輸』考釋，四川大學漢語史研究所編漢語史研究集刊第十二輯，巴蜀書社2009年版；或見鍾如雄苦粒齋漢學論叢，中國社會科學出版社2013年版。
［四一］清戴震：戴震文集，中華書局1980年版，第45—46頁。
［四二］清王引之：經義述聞，江蘇古籍出版社2000年版。
［四三］清王引之：經義述聞，江蘇古籍出版社2000年版，第129頁。
［四四］陸宗達：説文解字通論，北京出版社1981年版，第129頁。
［四五］清段玉裁：聘禮辭曰非禮也敢對曰非禮也敢説，經韻樓集（卷二），上海古籍出版社1988年版。

釋『殿』[一]

說文・殳部云：『殿，擊聲也。从殳屍聲。』（三下）清段玉裁注：『此字本義未見，叚借為宮殿字。［儀禮・］燕禮［鄭玄］注：「人君為殿屋。」［賈公彥］疏云：「漢時殿屋，四向流水。」廣雅［・釋宮］曰：「堂堭，壂也。」爾雅［・釋宮］：「無屋曰榭。」郭［璞］注：「即今之堂堭。」然則，無室謂之殿矣。』[二]段氏找不到『宮殿』義與『擊聲』義之間的聯繫，便說『叚借為宮殿字』。其說無據，不宜採信。

『臀』的初文作『屍』，構形從尾從几，會意，表示人的臀部坐於几上，由此指稱『臀部』。說文・部云：『屍，髀也。从尸下丌，居几。脽，屍或从肉隼。臀，屍或从骨殿聲。』（八上）宋徐鉉等注：『丌、几皆所以凥止也。』[三]清朱駿聲通訓定聲作：『屍、脽、臀，髀也。从尸下丌，居几。或从肉隼聲。或从骨殿聲。字亦作臀。』並注：『按：臀者，人之下基也，故从尸丌。坐得几而安，故从几，會意。』廣雅・釋詁四：「屍，微也。」按：猶尾也。聲類：「臀，尻也。」［周］易・夬、姤：「臀無膚」；困：「臀困於株木」。虞［翻］注：「坎為臀，周語故名之曰黑臀。」』[四]又骨部云：『髀，股也。从骨卑聲。𨂂，古文髀。』（四下）段玉裁改作『股外也』，並注：『股外曰髀，髀上曰髖。』肉部曰：「股，髀也。」渾言之，此曰髀，股外也，析言之，其義相足。大部曰：「奎，兩髀之間也。」』[五] 又肉部：『股，髀也。从肉殳聲。』（四下）段玉裁注：『髀，股外也。言股則統髀，故言髀也。』周易·說：『乾為首，坤為腹，震為足，巽為股。』唐孔穎達等正義：『股隨於足，則巽順之謂，故為股也。』

『屍』為『髀』（屁股），後增『殳』作『殿』，本義為『擊臀』，今俗稱『打屁股』，說文釋為『擊聲』不確。後引申為被打的對象即『屁股』，與『屍』同義。清桂馥札樸·溫經·脅：『殿即屍也，謂脽也。』繼後在『殿』下增類母『骨』或『肉』作『臀』『臋（臀）』，仍指『髀』。說文云：『臀，屍或从骨殿聲。』段玉裁注：『今周易春秋考工記皆作「臋」，玉篇·骨部：「臀，與臋同。」』玉篇·肉部：『臋，尻也。』字彙補·肉部：『臋，與臀同。』『臀』為人體腰椎以下大腿以上部位，故引申為泛指物體的底部。周禮·考工記·㮚人：『其臋一寸，其實一豆。』漢鄭玄注引杜子春曰：『謂覆之，其底深一寸也。』唐陸德明釋文：『此謂鬴之底著地者。』此指釜底。表示『髀』的『臋』，普通話念 tún，而西南官話則讀 dian$_{21}$。如『臀部』讀 dian$_{21}$ bu$_{21}$，不讀 *tun$_{21}$ bu$_{21}$，『臀圍』讀 dian$_{21}$ wei$_{21}$，不讀 *tun$_{21}$ wei$_{21}$，聲母『殿』在其中依然具有表音和表義的作用，但在日常生活中衹說『屁股』，不說『臀部』，而字可寫作『殿』，與『屍（臀）』同義。

『鼓（鼓）』的本義表示擊鼓行為，引申義則表示被敲擊的鼓。名詞『鼓』初文作『壴』，後增類母『皮』作『皷』，後世用『鼓』的引申義來表示『壴』，『鼓』行而『壴』廢棄不用矣。『殿』本義為打髀股，引申為屁股，與『鼓』的引申原理相同。『屁股』為人體大腿以上腰椎以下部位，其特徵是：肥大敦厚、身後外凸，坐時有固體穩身等作用，故引申為宮室前（外）高大方形的土臺。先秦以前所謂『殿』，就是宮室前人造的方形土臺，土臺上沒有屋舍，與『堂』同義。說文・土部：『堂，殿也。从土尚聲。𡔈，古文堂。𡕍，籒文堂从高省。』（十三下）[六]段玉裁注：『許以「殿」釋「堂」者，以今釋古也。古曰堂，漢以後曰殿。古上下皆偁堂，漢上下皆偁殿，至唐以後，人臣無有偁殿者矣。』[七]玉篇・土部：『堂，土為屋基也。』尚書・大誥：『若考作室，既厎法，厥子乃弗肯堂，矧肯構？』偽孔安國傳：『子乃不肯為堂基，況肯構立屋乎？』清俞樾平議：『古人封土而高之，其形四方，即謂之堂。』顧寶田注譯：『堂，宅基，此指打地基。構，架起樑柱。』禮記・檀弓上：『昔者夫子曰：吾見封之若堂者也。』漢鄭玄注：『堂，形四方而高。』清陳澔集說：『若堂者，如堂之基，四方而高也。』上古的『堂』『殿』『闍』同義，均為四方形的高大土臺，並無居室，複音為『堂堭』，其上或建有木屋，名之曰『榭』。爾雅・釋宮：『室有東西廂曰廟，無東西廂有室曰寢，無室曰榭。』晉郭璞注：『榭即今之堂堭。』宋邢昺疏：『堂堭，即今殿也，殿亦無室。』又：『無屋曰榭。』郭璞注：『即今之堂堭。』說文『殿』段玉裁注：『無室謂之殿矣。』邢昺、段玉裁都說『殿亦無室』『無室謂之殿』，甚是。尸子・綽子：『松栢之鼠，不知堂密之有美樅。』其中的『堂密』，亦是指人造的高而平的土臺，相當於『堂』『殿』，並非郭璞所謂『形似堂室』的山。[八]後在『殿』下增『土』作『壂』。廣雅・釋宮：『堂堭，壂也。』

在『殿』上建屋，始於始皇時期。故以『殿』代稱建在殿上的高大寬敞的房屋。漢書・霍光傳：『（鴟）鴞數鳴殿前樹上。』唐顏師古注：『古者室屋高大，則通呼為殿耳，非指天子宮中。』儀禮・燕禮漢鄭玄注：『人君為殿屋。』唐賈公彥疏：『漢時殿屋，四向流水。』說文『屍』清朱駿聲注：『御覽［卷一百七十五居處部］引說文：「殿，堂之高大者也。」蒼頡篇：「殿，大堂也。」按：堂有陛，四緣皆高起。始皇作前殿，始名曰殿，言有圻鄂也。漢書・黄霸傳：「先上殿。」［顏師古］注：「屋之高殿，通呼為殿。」』

『殿堂』連用在漢代以前衹表示四方形的高大土臺。文選・宋玉〈神女賦〉：『振繡衣，被桂裳，被不短，纖不長。步裔裔兮曜殿堂，忽兮改容，婉若游龍乘雲翔。』句中的『裔裔』，唐李善注為『行貌』，就是形容步履輕盈婀娜的樣子。『殿堂』是指『高大的土臺』，而不是『高大堂屋』，漢語大辭典釋義失確。[九]漢代以後，『殿堂』纔表示高大的堂屋。說文・木部：『柧，棱也。从木瓜聲。又柧棱，殿堂上最高之處也。』（六上）又：『棱，柧也。从木夌聲。』『殿堂上最高之處』，就是指宮殿上轉角處的瓦脊，古人稱『柧棱』。

『擊髀』的『殿』（動詞）之所以能引申出宮室前（外）方形高大的土臺的『殿』（名詞），源於古人的『坐』相。遠古未有椅凳之時，跪坐於地，臀部壓在腳後跟上，謂之『席地而坐』。左傳・昭公二十七年：『夏四月，（吳公子）光伏甲於堀室而享王。王使甲坐於道，及其門。門階戶席，皆王親也，夾之以鈹。羞者獻體改服於門外。執羞者坐行而入，執鈹者夾承之，及體以相授也。』晉杜預注：『坐行，膝行。』禮記・玉藻：『君子之飲酒也，受一爵而色灑如也，二爵而言言斯，禮已三爵，而油油以退。退則坐取屨，隱辟而後屨。坐左納右，坐右納左。』孔穎達等正義：『坐，跪也。』陳澔集說：『坐取屨，跪而取屨也。隱辟而後屨，不敢向人而著屨也。跪左足而納右足之屨，跪右足而納左足之屨。此納屨之儀也。』壓在地面上方形高大的土臺，形似壓在腳後跟上的臀部，故在『殿』上增『骨』或『肉』以表示『臀部』（屁、臀），而以臀部來比喻『方形高大的土臺』，繼後在代稱建在殿上的高大寬敞的房屋。

另外，從字義的順向引申規律看，『擊髀』的『殿』與其引申義密切相關。『殿』為『擊髀』，被打擊的髀股在人身下部，故引申為行軍時走在最後，即殿後。廣韻・散韻：『軍在前曰啟，後曰殿。』論語・庸也：『子曰：「孟之反不伐，奔而殿，將入門，策其馬，曰：『非敢後也，馬不進也。』」』文選・張衡〈東京賦〉：『殿未出乎城闕，旆已反乎郊畛。』唐李善注引三國吳薛綜曰：『殿，後軍也。』三國演義第十八回：『操軍雖敗，必有勁將為後殿，以防追兵。』腳注：『後殿——指揮行軍時的後衛部隊，就是「殿軍」。』[一〇]再引申為最後、末尾等。廣雅・釋詁四：『殿，後也。』史記・絳侯周勃世家：『擊章鄲車騎，殿。』劉宋裴駰集解引孫檢曰：『一說上功為最，下功為殿。』漢書・宣帝紀：『丞相御史課殿最以聞。』顏師古注：『殿，後也，課居後也。』因坐時『髀股』有固體穩身功能，故引申為鎮守。詩經・小雅・采菽：『樂只君子，殿天子之邦。』毛傳：『殿，鎮也。』小爾雅・廣言：『殿，鎮也。』

終上所述，『殿』的本義為打髀股，引申為宮室前人造的方形土臺，再引申為建在殿上的高大寬敞的房屋，再引申為殿後、最後、鎮守等，合乎漢語詞義引申的規律。

注釋

［一］本文原載於河北師範大學文學院編中國語言文學研究（原燕趙學術）2014年春之卷，四川辭書出版社2014年版。

［二］清段玉裁：說文解字注，上海古籍出版社 1988 年版，第 119 頁。

［三］漢許慎撰，宋徐鉉等校定：說文解字，中華書局 1963 年版，第 174 頁。

［四］清朱駿聲：說文通訓定聲，武漢市古籍書店 1983 影印本，第 799 頁。

［五］清段玉裁：說文解字注，上海古籍出版社 1988 年版，第 165 頁。

［六］漢許慎，宋徐鉉等校定：說文解字，中華書局 1963 年版，第 287 頁。

［七］清段玉裁：說文解字注，上海古籍出版社 1988 年版，第 685 頁。

［八］鍾如雄、劉春語：釋『密』，四川師範大學漢語研究所編語言歷史論叢第五輯，巴蜀書社 2013 年版。

［九］羅竹風主編：漢語大詞典（縮印本），上海漢語大詞典出版社 1997 年版，第 4018 頁。

［一〇］明羅貫中：三國演義，人民文學出版社 1973 年版。

釋『池』[一]

孟子·梁惠王上：『不違農時，穀不可勝食也；數罟不入洿池，魚鼈不可勝食也。』其中的『洿池』，漢趙岐未作注，宋孫奭在串講時說『細密之网不入於洿池，則魚鼈不可勝食』，依然未作注。[二]王力先生主編的古代漢語注成：『洿（wū），濁水不流。洿池，即池塘。』[三]這個解釋很成問題。第一，水既然是『濁』的，而且還是『不流』的，怎麼能養魚鼈？既然不能養魚鼈，哪來『不可勝食』的『魚鼈』？第二，『洿池，即池塘』，『洿』字沒有著落，有沒有都是一樣的嗎？第三，『池』就是現在所說的『池塘』，那麼『護城河』為什麼不能叫做『護城池』呢？諸多疑問都集中在『池』上。孟子所說的『洿池』肯定不是現在意義上的『池塘』，那又是什麼呢？楊伯峻先生認為是『池沼』。他說：『數罟——數音朔（shuò），細也，密也。罟，魚网。古代曾經規定，网眼在四寸（古代的尺寸小，四寸衹相當於今天的92公釐，不過二寸七分六厘罷了）以下的叫做密网，禁止放在湖泊内捕魚意思在保留魚種。洿池——「洿」音烏，大也。廣雅·釋詁云：「洿，深也。」亦通。』其譯文是：『如果細密的魚网不到大的池沼裡去捕魚，那魚類也會喫不完了。』[四]『池沼』或『湖泊』的解釋比『池塘』好，因為池沼是天然之物，池塘往往是人造之物，較為接近原意。朱振家先生則認為『洿池』的『池』應該是『護城河』，而不是什麼池塘。他在他主編的古代漢語（下冊）中談及漢語『常用義變易所形成的古今詞義的差異』時，就是用『池』的意義變易來證明的。他說：『上古漢語「池」的常用義是護城河，不是池塘。如[左傳・]齊桓公伐楚：「楚國方城以為城，漢水以為池。」楚國把方城山當作城牆，把漢水當作護城河。池塘義是非常用義。孟子・梁惠王上：「數罟（cùgǔ，密网）不入洿（wū）池。」後來池塘義逐漸取代了「護城河」的位置，上昇為常用義。』[五]我們暫且不論『護城河』是『池』在上古漢語中的常用義是否正確，但是說孟子『洿池』中的『池』就是『護城河』，恐怕就有問題。因為護城河的主要功能是軍事上的防禦和生活中的引用水供給以及消防，其水亦並不以深取勝，所以無所謂『洿池』可言，至於是否要用來養魚以供食用，尚未見其他古籍有如是記載。

『池』的本義是河流沱江的專稱，故又寫作『沱』，音亦唸 tuó 而不唸 chí。說文・水部：『沱，江別流也。出嶓山東，別為沱。从水它聲。』（十一上）段玉裁注：『按：今說文衍「流」字，宜刪。沱為江之別。』[六]尚書・禹貢：『華陽黑水惟梁州，岷、嶓既藝，沱、潛既道。』其中的『沱』就是指今天流經四川廣漢的沱江，俗亦稱鴨子河。晉常璩華陽國志・蜀志云：『夏書曰：「岷山道江，東別為沱。」』劉琳注：『漢志・蜀郡・郫縣下云：「禹貢江沱在西，東入大江。」在郫縣之西出於江而又東入於江者，唯有今柏條河。柏條河過新都為毘河至金堂會青白江、綿遠河等，南流至瀘州復入大江。今仍稱沱江。』北魏酈道元水經注卷三十三江水：『又有湔水入焉，水出綿虒道，亦曰綿虒縣之玉壘山。呂忱云：一曰半浣水也，下注江。江水又東別為沱，開明之所鑿也，郭景純所謂玉壘作東別之標者也。』[七]清楊守敬疏：『此注但敘湔水注江，不復言沱注江，以沱下流即湔水故也。』

傳世說文無『池』字，段玉裁注依初學記補入：『池，陂也。从水也聲。』並注：『此篆及解各本無，今補。按徐鉉等曰：池沼之池通用江沱字，今別作「池」，非是。學者以為確不可易也。攷初學記引說文：「池者，陂也。从水也聲。」依阜部「陂」下「一曰池也」，衣部「褫，讀若遲」覈之，則「池」與「陂」為轉注，徐堅所據不誤。又攷左傳·隱［公］三年正義引應劭風俗通云：「池者，陂也。从水也聲。」風俗通一書訓詁多襲說文，然則應所見固有「池」篆，別於「沱」篆，顯然徐堅所見同應，而孔穎達引風俗通不引說文者，猶上文引廣雅「沼，池也」，不系諸說文耳。逮其後說文佚此，而淺人謂「沱、池」無二。夫形聲之字多含會意。「沱」訓「江別」，故从「它」。「池」之言有它也，停水曰「池」，故从也。「也」本訓「女陰也」。詩謂水所出為泉，所聚為池，故曰池之竭矣，不云自瀕，池之竭矣，不云自中，豈與「沱」同字乎？漢碑作「池沼」字皆从「也」，廣雅曰：「沼，池也」「池，沼也」，二字互訓，與許合，直離切……今本初學記「也」聲誤為「它」聲，今本左傳正義「陂也」誤為「陂池」，皆淺人所改。』[八]段氏考證的結論有一點應該充分肯定，他恢復了失傳已久的說文有關『池』的解釋，作為很常用字『池』，許慎不可能不收。但是，他批評『淺人謂「沱」「池」無二』，『今本初學記「也」聲誤為「它」聲，今本左傳正義「陂也」誤為「陂池」，皆淺人所改』，則過於武斷。我們祇要梳理清楚『池、陂、阪、沼、湖、泊、澤』等字與『沱』之間的語義關係，而『沱』『池』之間的形、義關係就渙然冰釋了。

說文·水部：『池者，陂也。从水也聲。』（十一上）（依段注本）又：『沼，池也。从水召聲。』阜部：『陂，阪也。一曰沱也。从阜皮聲。』（十四下）又：『阪，坡者曰阪。一曰澤障，一曰山脅也。』[九]『池』『沼』有『陂』義，『陂』有『阪』義，『阪』有『澤障』義，那麼『池、沼、陂、沱』都有『澤障』義。『澤障』是什麼？說文・水部：『澤，光潤也。从水睪聲。』（十一上）『澤』的本義』顯然不是『光潤，而是『水聚會處』。釋名・釋地：『下而有水曰澤。言潤澤也。』[一〇]『下而有水』，就是江河兩岸低窪而淤積洪水和雨水的地方，亦就是廣雅・釋地所說的『池也』。而『澤障』是指水澤堤岸。尚書・禹貢：『九川滌源，九澤既陂。』僞孔安國傳：『九川之澤已陂障無決溢也。』『九川之澤已陂障』，就是說九大湖泊（雷夏、大野、彭蠡、震澤、雲夢、滎波、菏澤、孟豬、野豬）已修建起堤防。江河兩岸低窪而淤積洪水和雨水的地方叫『澤』，亦泛指水草叢生的湖泊。風俗通・山澤：『水草交厝，名之曰澤。』詩經・小雅・鴻鴈：『鴻鴈于飛，集于中澤。』毛傳：『中澤，澤中也。』『澤』中有水草，故可以焚燒。孟子・滕文公上：『舜使益掌火，益烈山澤而焚之，禽獸逃匿。』說文・水部：『湖，大陂也。从水胡聲。』段玉裁注：『阜部曰：「陂，一曰池也。」然則大陂謂大池也。古言鴻隙大陂，言汪汪若千頃，皆謂大池也。池以鍾水，湖特鍾水之大者也。』[一一]段氏認為，『湖』與『池』的區別在於『鍾水』面積的大小，鍾水之大者曰湖，鍾水之小者曰池。說文無『泊』字，元戴侗六書故・地理三云：『泊，北人以止水為泊，有高雞泊、白水泊、楊柳泊。』『湖』與『泊』的區別在於方言地域稱謂的不同，北方人謂之泊，南方人謂之湖。這樣『池、陂、阪、沼、湖、泊』『澤』的語義特徵可作出如下歸類：（一）『池、沼、湖、泊、澤』表示湖泊義，『陂、阪』表示湖泊的堤防。而湖泊與湖泊的堤防是同一物體的兩個方面，二者脣齒相依；（二）『湖』（『池、沼、澤』）和『泊』的稱謂不同與方與言地域有關；（三）『湖』（『泊、沼、澤』）與『池』有大小的差異，『湖』比『池』大。

但是這種分類衹能說明『池、陂、阪、沼、湖、泊、澤』等在漢代以後的特徵，因為在先秦以前『池』的原形字是『沱』，本義是河流沱江的專稱。陳夢家先生在禺邗王壺考釋中清楚地指出『沱、池一字』，而『池沼』『停水』『城池』之類都不是『沱（池）』的『朔義』。他說：『金文沱、池一字，以池為池沼，為停水，為城池，皆非朔義。池即沱也，而沱者水之別流也……江之別流曰沱，亦曰渚，亦曰是汜。』不過，陳先生所說的『水之別流』亦不是『沱（池）』的本義，而是從本義沱江中引申出來的意義。

『湖、泊、沼、澤』因江河而生成，沒有江河哪來『湖、泊、沼、澤』，這是誰都明白的常識。江河之水冬枯夏漲，兩岸的平地若低於河牀，每逢夏季洪水暴漲，漫防決堤便成汪洋；洪水退後，深積的澇水無法排泄，年復一年，沿江兩岸就形成了一個個大大小小的沼澤、湖泊。最早的沼澤、湖泊都是天然形成的，後來帝王將相、政府官員，或興修水利，或防禦圍城，或人造風景，則依川流而挖築湖泊，這樣以來，就有了人工建造的湖、池。由此而論，『沱（池）』的引申脈絡就明晰了：

（一）由專稱沱江，引申為泛指江河或江河的支流。爾雅·釋水：『江有沱，河有灉，汝有濆。』郝懿行義疏：『詩·汝濆正義引李巡曰：「江、河、汝旁有肥美之地名，然則此以地言，彼以水言，名同義異。」李說是也。』詩經·召南·江有汜：『江有沱，子有歸，不我過。』毛傳：『沱，江之別者。』說文·阜部：『隍，城池也。有水曰池，無水曰隍。』（十四下）周禮·夏官·職方氏：『正北曰並州……其川虖池。』廣韻·歌韻：『池，虖池，水名，在並州界。出周禮。』集韻·戈韻：『池，呼池，水名。通作沱。』『池水』，今音chíshuǐ，即淮河的支流。水經注·淮水：『淮水又東，池水注之。水出東城縣東北，流逕東城縣故城南……池水又東北流歷二山間，東北入于淮，謂之池河口也。』再引申為護城河。寫作『池』，音chí。左傳·僖公四年：『楚國方城以為城，漢水以為池。』漢賈誼過秦論：『然後踐華為城，因河為池。』漢書·蒯通傳：『皆為池，不可攻也。』唐顏師古注：『以金喻堅，湯喻沸熱不可近。』宋史·李綱傳上：『天下城池，豈有如都城者？』今有成語『金城湯池』。再引申為水道、溝渠。寫作『池』，音chí。周禮·秋官·雍氏：『雍氏掌溝、瀆、澮、池之禁。』漢鄭玄注：『池為陂障之水道也。』禮記·月令：『（仲春之月）毋竭川澤，毋漉陂池。』鄭玄注：『穿地通水曰池。』再引申為承接屋簷水的半圓形管道（承霤）。寫作『池』，音chí。漢書·宣帝紀：『（神爵元年）金之九莖產於函德殿銅池中。』顏師古注：『承霤是也，以銅為之。』

（二）由專稱沱江，引申為江河水灣、回水的地方（俗稱『回水沱』）。寫作『沱』。如今重慶市的李家沱、朱沱等，都是因該地是長江上游的回水沱而得名。再引申為池沼、停水、水塘。寫作『池』，音chí。玉篇·水部：『池，停水。』廣韻·支韻：『池，停水曰池。』詩經·大雅·召旻：『池之竭矣，不云自頻。』南朝宋謝靈運登池上樓詩：『池塘生春草，園柳變鳴禽。』唐白居易感鶴詩：『委質小池內，爭食群雞前。』再引申為墓穴。寫作『池』，音chí。小爾雅·廣名：『埋柩謂之殔。』呂氏春秋·異用：『周文王使人抇（hú）池，得死人之骸。』再引申為硯池。寫作『池』，音chí。晉傅玄硯賦：『節方圓以定形，鍛金鐵以為池。』唐陸龜蒙顧道士亡弟子奉束帛乞銘於襲美因賦贈詩：『唯我有文無賣處筆鋒銷盡墨池荒。』再引申為衣服邊緣、字畫的鑲飾。寫作『池』，音 chí。晉左思嬌女詩：『衣被皆重池，難以沉水碧。』顏師古匡謬正俗卷七：『池氊。或問云：今之臥氊著裏施緣者，何以呼為池氊？荅曰：禮［記・喪大記］云：「魚躍拂池。」池者，緣飾之名，謂其形象水池也。左太沖嬌女詩云：「衣被皆重池。」即其證也。今人被頭別施帛為緣者，猶謂之被池。此氊亦有緣，故得池名耳。』明文震亨長物志・御府書畫：『傍有木印黑字一行，俱裝池匠花押名款。』再引申為像水池的建築物或物品，如舞池、樂池、電池等。寫作『池』，音 chí。

從前文的分析中我們不難出，在先秦以前『沱、池』是同一個字的兩書寫形式，而『沱』先出，『池』是由『沱』轉注出來的。黃侃字正初編・支韻亦說：『沱，正；池，別。今承用。』[三]它們屬於形聲字平行對轉，讀音相同，本義亦相同。初學記所引說文原文『池，陂也。从水也聲』的解釋屬於『池』的引申義，漢代以後，按照變音分義的方法，『沱』『池』各自分擔著一部分引申義，並且獨自再孳乳新的意義。因此孟子・梁惠王上中的『洿池』應指深的江河，而解釋成指污濁的護城河或污濁的池塘，都不妥當。

注釋

［一］本文原署名鍾如雄、胡娟，載於四川大學漢語史研究所編漢語史研究集刊第十六輯，巴蜀書社 2013 年版。

［二］漢趙岐章句，宋孫奭疏：孟子注疏，見清阮元校刻十三經注疏，中華書局 1980 年版，第 2666 頁。

［三］王力主編：古代漢語（校訂重排本），中華書局 1999 年版，第 288 頁。

［四］楊伯峻：孟子譯注，中華書局 1980 年版，第 6—7 頁。

［五］朱振家主編：古代漢語（修訂本），高等教育出版社 1994 年版，第 77—78 頁。

［六］清段玉裁：說文解字注，上海古籍出版社 1988 年版，第 517 頁。

［七］北魏酈道元撰，陳橋驛校點：水經注，上海古籍出版社 1990 年版，第 627 頁。

［八］清段玉裁：說文解字注，上海古籍出版社 1988 年版，第 553—554 頁。

［九］漢許慎撰，宋徐鉉等校定：說文解字，中華書局 1963 年版，第 302 頁。

［一〇］清王先謙：釋名疏證補，上海古籍出版社 1984 年版，第 54 頁。

［一一］清段玉裁：說文解字注，上海古籍出版社 1988 年版，第 554 頁。

［一二］黃侃：字正初編，武漢大學出版社 1983 年版，第 21 頁。

『窈窕』本義考[一]

——與劉毓慶先生商榷

中國語文二〇〇二年第二期刊發了劉毓慶先生『窈窕』考一文。文中指出：『所謂「窈窕」者，其初當是形容居處洞穴之狀』，『「窈窕」本義為言洞穴之幽深』。作者特別強調：『「窈窕」二字本義是形容洞穴，因穴道多呈深曲狀，故「窈窕」亦引申有了婉曲修長之意。』細讀劉文，知其結論自相矛盾：既說『「窈窕」本義為言洞穴之幽深』，又說『這樣的深宮，亦自然可名之以「窈窕」』。此結論實囿於正義之說，並無新意。竊以為，『窈窕』的本義是指洞穴中的複室（深宮），並非『形容居處洞穴之狀』。詩經·周南·關雎：『窈窕淑女，君子好逑。』毛傳：『窈窕，幽閒也。淑，善；逑，匹也。言后妃有關雎之德，幽閒貞專之善女宜為君子好匹。』

何謂『幽閒』？說文·丝部：『幽，隱也。从山，中丝，丝亦聲。』（四下）南唐徐鍇繫傳：『山中隱處。』清段玉裁注：『阜部曰：「隱，蔽也。」「幽」从山，猶「隱」从阜，取遮蔽之意。』徐氏釋『幽』為『山中隱處』，就是暗指山洞。『幽』與『岫』一韻之轉。說文·山部：『岫，山穴也。从山由聲。𥥔，籀文从穴。』（九下）爾雅·釋山：『岫，山有穴為岫。』晉郭璞注：『岫，謂巖穴。』『巖』本指山崖，而山崖有洞穴者亦叫『巖』。說文·厂部：『厂，山石之厓巖，人可居。象形。』（九下）楚辭·東方朔〈七諫·哀命〉：『處玄舍之幽門兮，穴巖石而窟伏。』漢王逸注：『巖，穴也。』『閒』的本義為空隙（廣韻·襉韻古莧切）。說文·門部：『閒，隟也。从門从月。閑，古文閒。』（十二上）徐鍇繫傳：『夫門當夜閉，閉而見月光，是有閒隙也。』[二]清朱駿聲通訓定聲：『古文從門從外。按：從內而見外，則有閒也。』引申為空闊寬大（集韻·山韻何間切）。楚辭·宋玉〈招魂〉：『像設居室，靜閒安些。』漢王逸注：『空寬曰閒。』由此可知，毛傳所謂『幽閒』，即『閒幽』，實指幽深而寬大的宮室，而『幽固貞專之善女』，即指『（身居）深宮的淑女』。漢鄭玄則將『窈窕淑女』串講為『幽閒處深宮貞專之善女』，在毛傳的釋詞『幽閒』與『貞專』之間增益『處深宮』，確有誤導後人將『幽閒』理解成『幽深而閒靜』之弊。唐孔穎達等正義：『后妃，雎，說樂君子猶能不淫其色，退在深宮之中，不褻瀆而相慢也。后妃既有是德，又不妒忌，思得淑女以配君子，故窈窕然處幽閒貞專之善女，宜為君子之好匹也……窈窕者，謂淑女所居之宮形狀窈窕。故箋言：幽閒，深宮是也。傳知然者，以其淑女已為善稱，則窈窕宜為居處，故云幽閒，言其幽深而閒靜也。』在孔氏看來：毛傳明瞭詩中的『淑女已為善稱』，因此，將『窈窕』釋為『幽閒』；『幽閒』實言深宮，鄭箋已心折首肯，故有『幽閒，深宮是也』之訓。但鄭箋為何又將『幽閒』貫於『處深宮』之前呢？這樣表達，說明鄭箋對毛傳『幽閒』之說尚存疑慮，故明訓『深宮』，則又將『幽深而閒靜』之意隱於串講之中。孔氏自知鄭箋前後矛盾，但因大唐經師格守『疏不破注』信條，亦衹好附會鄭箋，言『窈窕者，謂淑女所居之宮形狀窈窕然』，並將鄭箋『幽閒處深宮貞專之善女』，改換成『窈窕然處幽閒貞專之善女』，明示後人鄭箋自相矛盾。但不管怎樣，鄭箋、正義都認為『幽閒』，亦就是『窈窕』，與『淑女』所居有關，並非言其『好貌』或『貞專』。

『窈窕淑女』是指『（身居）深宮的美麗少女』。此觀點可以得到古代建築史和上古文獻詞義的有力支持。在上古文獻資料中，對中國遠古先民的居住形態有較多的記述。周易·繫辭下云：『上古穴居而野處，後世聖人易之以宮室，上棟下宇，以待風雨。』墨子·辭過云：『子墨子曰：「古之民未知為宮室時，就陵阜而居，穴而處。下潤濕傷民，故聖王作為宮室。」』孟子·滕文公下云：『當堯之時，水逆行，氾濫於中國，蛇龍居之，民無所定；下者為巢，上者為營窟。書曰：「洚水警余。」洚水者，洪水也。使禹治之。禹掘地而注之海，驅蛇龍而放之菹；水由地中行，江、淮、河、漢是也。險阻既遠，鳥獸之害人者消，然後人得平土而居之。』呂氏春秋·先己云：『故子華子曰：「丘陵成，而穴者安矣；大小深淵成，而魚鱉安矣。」』漢高誘注：『穴而處之；深而居之。』韓非子·五蠹云：『上古之世，人民少而禽獸眾，人民不勝禽獸蟲蛇，有聖人作，構木為巢，以避群害，而民悅之，使王天下，號曰有巢氏。』禮記·禮運云：『昔者先王未有宮室，冬則居營窟，夏則居橧巢。未有火化，食草木之實、鳥獸之肉，飲其血，茹其毛；未有麻絲，衣其羽皮。後聖人作，然後修火之利，範金合土，以為臺榭宮室牖戶。』鄭玄注：『寒則累土，暑則聚薪柴，居其上。』孔穎達等正義：『冬則居營窟者，營，累其土而為窟。地高則穴於地，地下則窟於地上，謂於地上累土而為窟。夏則居修巢者，謂修聚其薪為以巢。』風俗通義·山澤云：『堯遭洪水，萬民皆山棲巢居，以避其害。禹決江疏河，民乃下丘，營度壇之場，而邑落之。』僅上述史料，已勾畫出遠古先民的居住狀況及其變遷。遠古先民『穴居野處』『山棲巢居』，選擇的地方是陵阜山岳。他們為什麼要『就陵阜而居』呢？這是因為『昔堯遭洪水，民居水中高土』（說文・川部）。『堯遭洪水』事件，尚書有如下記載：『帝曰：「諮！四岳，湯湯洪水方割，蕩蕩懷山襄陵，浩浩滔天。」』（堯典）『禹曰：「洪水滔天，浩浩懷山襄陵，下民昏墊。」』（益稷）洪水滔天，懷山襄陵，『民無所定』，衹好『就陵阜而居』。康有為先生在孔子改制考卷二中說：『人為萬物之靈，其生尤後者也。洪水者，大地所共也。人類之生，皆在洪水之後，故大地民眾，皆蓲萌于夏禹之時。』丁山先生說：『堯典洪水即中國歷史的起點。』[三]宋永培先生指出：『先秦文獻對洪水事件的記載雖失之簡略，但承認洪水是史實，卻是無疑的。』[四]堯遭洪水時，『四海溟腷，民皆上丘陵』（淮南子・本經訓）。堯率民眾穴居丘陵，故帝堯由此而得名。說文・丘部：『丘，土之高也，非人所為也。』（八上）垚部：『垚，土之高也。』（十三下）（依小徐本）段玉裁注：『堯本謂高，陶唐氏以為號。』清徐灝注箋：『垚、堯，古今字。』又阜部：『陶，再成丘也。在濟陰。从阜匋聲。夏書曰：「东至于陶丘。」陶丘有堯城，堯嘗所居，故號陶唐氏。』（十四下）段玉裁注：『謂堯始居陶丘，後為唐侯，故曰陶。』宋永培先生說：『陶是「丘」，也是「土之高也」。堯時洪水滔天，則陶丘亦為水中高土，」』[五]堯既然率民穴居高山之上，自然被擁戴為山中之王，故名之曰『堯』。『陶』為高山陵阜，故高山上的洞穴叫『陶𥨍』『陶穴』。詩經・大雅・綿說周之祖先『古公亶父，陶復陶穴，未有家室』。『復』，說文・穴部作『𥨍』，釋為『地室也，从穴復聲』（七下），引詩經作『陶復陶穴』。朱駿聲通訓定聲：『凡直穿曰穴，旁穿曰寝。地覆於上，故曰寝也。』宋朱熹集傳說：『陶，窯灶也……古公之時居於窯竈土室之中。』清馬瑞辰傳箋通釋：『說文引詩「陶復陶穴」作「寝」者，蓋三家詩云：寝，地室也。』『陶』本是高山陵阜，其上必然有天然洞穴，是逃難災民的理想居住地，故轉注為『窯』。說文・穴部云：『窯，燒瓦竈也。从穴羔聲。』（七下）『窯』的構形意為『从穴从羔，羔亦聲』，與『家』同為會意字，兩者均表示窯洞中有家養的動物，亦都代表人居的洞穴。直至清代，方俗中依然有稱人居的洞穴為『窯』者。清俞正燮癸巳存稿・『窯竈云：『今西人依山居曰窯，河北言奸盜所居亦曰窯。』因燒瓦竈與人居之穴相似，故引申為燒瓦竈。『窯』後轉注（換聲）為『窯（窰，窔）』，其本義依然是人居的洞穴。今西北、中原地區尚有大批鄉民居住在『窯』中，而北方、上海等地區至今俗稱『家』『房子』『住所』『店鋪』『妓院』等為『窯』或『窯子』。

說文・穴部云：『窈，深遠也。从穴幼聲。』段玉裁改『深』為『穼』。又：『穼，深也。一曰灶突。从穴从火，从求省。』段玉裁注：『此以今字釋古字也。穼、㴱古今字，篆作穼、㴱，隸變作罙、深。水部「㴱」下但云水名，不言淺之反，是知古深淺字作罙，深行而罙廢矣。』[六]『穼』的本義應為竈上排煙的通道，漢魏人稱為『竈突』，今北方人稱『煙筒』，南方人稱『煙囪』。『穼』因其深長如洞穴而得名。『窈』為幽深的洞穴，故許君以『深遠』釋之，後轉形為『窅』。說文・穴部：『窅，冥也。从穴皀聲。』段玉裁注：『冥者，窈也。』清王筠句讀：『疑窅、窈一字。』又轉形為『窔』。說文・穴部：『窔，窅窔，深也。从穴交聲。』玉篇・穴部：『窔，幽深也。』文選・司馬相如〈上林賦〉：『夷峻築堂，累臺增成，巖窔洞房。』唐李善注引晉郭璞曰：『言於產空底為室，潛通臺上也。』『突』是『窔』的轉注字。集韻・嘯韻：『窔，室中東南隅謂之窔。或作突。』文選的『巖窔』，史記・司馬相如列傳作『巖突』。南朝宋裴駰集解引晉郭璞曰：『在巖穴底為室，潛通臺上者。』故知『窔』『突』的本義不僅是洞穴，而且是洞穴中的『樓室』。

說文・穴部：『窕，深肆極也。从穴兆聲。讀若挑。』清王筠句讀：『深肆，蓋即深邃。』爾雅・釋言：『窕，肆也。』清王引之經義述聞：『窕、肆，皆謂深之極也。』說文有『隸』而無『肆』。長部云：『隸，極陳也。从長隶聲。⿱髟隶，或从髟。』（九下）廣韻・至韻：『肆，陳也，恣也，極也，放也。』說文从「隶」，極陳也。』『肆』的本義是陳屍示眾。周禮・秋官・掌戮：『凡殺人者，踣諸市，肆之三日，刑盜於市。』鄭玄注：『踣，僵屍也。肆猶申也、陳也。』古代陳屍均不少於三日，故引申為長。詩經・大雅・崧高：『其詩孔碩，其風肆好。』毛傳：『肆，長也。』孔穎達等正義：『肆者，陳設之言，是進長之義，故以肆為長。』故『深肆』言洞穴之深長，『深肆極』言洞穴幽深而無盡頭，即今所謂『無底洞』。『窕』得聲於『兆』。『兆』的本義是龜板被燒灼後的裂紋。說文・卜部：『𠧞，灼龜坼也。从卜兆，象形。』（四上）裂紋有隙，故引申為區域。爾雅・釋言：『兆，域也。』由此可知，『窕』的本義是指洞穴中的某一區域，亦就是『⿱穴復』（複室）。『窕』轉聲為『窱』說文・穴部：『窱，杳窱也。从穴條聲。』朱駿聲通訓定聲：『與窈窕略同。』廣韻・嘯韻：『窱，窅窱，深邃皃。』又筱韻：『窱，窈窱，深遠皃。』『窱』從『條』得聲。說文・木部：『條，小枝也。从木攸聲。』（六上）又：『枝，木別生條也。从木支聲。』樹枝『別生』

於樹幹，故有長而遠義。詩經・豳風・七月：『取彼斧斨，以伐遠揚。』毛傳：『遠，枝遠也。』朱熹集傳：『遠揚，遠枝揚起者也。』故知『窱』亦指幽深的洞穴。

『堯遭洪水』時，先民被迫逃上高山陵阜穴居野處。初始之時，棲身於天然洞穴，爾後隨著人口的繁衍，或為『橧巢』，或『為營窟』。『橧巢』就是在樹木之上構築巢穴。廣雅・釋宮：『橧，巢也。』清桂馥曰：『永平山中人築室不用磚瓦土墼，但橫木柴，累為四壁，上覆木片，謂之苫片，與豕所居無異。』馥謂即古之橧也。家語・問禮篇：「夏則居橧巢。」注云：「有柴為橧，在樹曰巢。」』（札樸・滇游續筆・橧）『營窟』即人工鑿造連環洞穴。說文・宮部：『營，市居也。从宮熒省聲。』（七下）段玉裁改『市』為『帀』，並注：『帀居，謂圍繞而居。』孔穎達等禮記正義云：『營，累其土而為窟。地高則穴於地，地下則窟於地上，謂於地上累土而為窟。』清焦循孟子正義云：『營窟當是相連為營穴。』洪水退後，先民或移民平地生活。有關史前先民穴居的變易，沈福煦先生作過如是描述：『在史前時欺，我國北方多穴居，這是由於我國北方一帶（多指黃河流域）氣候乾燥，土層也較厚，所以當時人們挖土為穴而成之。最早所開挖的橫向的洞穴，後來也因為人口漸多，這樣理想的地方較難找到，所以就發展成為斜穴，即坡地上的斜洞穴。後來聚落遷至平原地帶，於是就變成了袋形的豎穴。這種豎穴後來漸漸加大加深，用樹幹（留住枝杈）作為出入洞的扶梯，上面又加蓋頂。以後，也許覺得如此深的洞穴，出人畢竟不方便，於是就改成為半穴居的形式。這種形式又由袋形半穴居發展成為直壁半穴居。這種形式的洞穴，都有比較考究的屋頂。屋頂由中間一根木頭支撐發展成為多杆支撐。最後也與巢居自上而下相仿，漸漸地向地面發展，成了建於地上的建築。』[七]後世先民儘管從穴居或半穴居走進地面上的建築物，但他們依然稱居住的房屋為『洞房』，其女子亦照樣保守深居宮室的傳統，稱其所居為『閨房』。漢枚乘七發云：『今夫貴人之子（女），必宮居而閨處。』唐白居易長恨歌亦云：『楊家有女初長成，養在深閨人未識。』先民認為，穴居之室『以深為貴』（後漢書·東夷傳），而母系社會人之所貴者自然是女性，所以她們理應居處深宮。陝西臨潼姜寨村史前聚落遺址，其房屋形式大部分是半穴居式。其戶型分為大、中、小三種，小型房子即為後室，是『母系社會中一家庭裡成年女子過對偶生活的住房，好比如今新結婚住的「鴛鴦樓」』（沈福煦語）。母系社會以女性為寵，其所居之室幽深而森嚴，後世則以『貴人之子』『大家閨秀』為寵，其所居之室亦幽深而森嚴，一般男子不敢輕妄涉足。故中國則有以女性所居之室代稱女性的傳統，如『下陳、後宮、蘭閨、椒室、房下、屋裡』之類。『窈窕』初為人類所居之洞穴，其內幽深之室為女子所居，故後世亦代稱尊貴而年輕的知識女性。漢書·杜欽傳：『必鄉舉，求窈窕。』漢張超誚青衣賦：『但願周公，以配窈窕。』古人認為，衹有外形豐滿健壯且賢良淑德的青春女子，纔是最佳的妻子人選，因為她們有較高的婦德修養和旺盛的生育能力，婚後既能相夫持家，更能為家族繁育眾多後代。而後現代選妻，漸背遠祖之標準，重『色』輕『德』，卻慣引『窈窕淑女』以飾其說，加之『窈窕』古有『好貌』之誤訓，故將古之『窈窕』（深宮）與今之『苗條』（修長柔美）混為一談，而訓詁家亦不分清白，一誤再誤，反而俗成其說。

總之『窈窕』的本義，析言為洞穴中的複室，相當於後世的閨房（內室），渾言則是深宮。因古代女子多居於此，故亦專稱女子所居之室，繼後亦代稱尊貴而年輕的知識女性。詩經『窈窕淑女，君子好逑』與

『關關雎鳩，在河之洲』對文見義。『關關』實指『雎鳩』動情的求偶叫聲，『窈窕』實指『淑女』的居住地。雎雄『雎鳩』可自由自在地在『河洲』嬉戲，『君子』則祇能望『淑女』之深宮而興歎。『窈窕』為深宮說實始於毛傳。孔穎達等曾說：『（毛）傳知然者，以其淑女已為善稱，則窈窕宜為居處。』而明言『深宮』應是鄭箋。後人不明毛傳之意，而排鄭箋之說。至明，經學大師楊慎力排異說，重申毛傳、鄭箋之說。他說：『「窈窕」訓「深宮」為是。深宮之地是「幽閒」。深宮固門曰「幽」，內言不出曰「閒」。「窈窕」言其「居」，「貞專」言其「德」。今解者混之，遂以「窈窕」為「德」，誤矣。』（升庵經說卷四）此說可從。鄭箋之說後人為何多不加採信？符定一先生說是：『鄭箋「幽閒處深宮」亦申毛義，唯有正義誤會鄭箋。』[八]其實，鄭玄在邶風·靜女箋中曾再次申述：『貞女在窈窕之處，媒氏達之，可以配人君。』所謂『窈窕之處』，就是後世所謂『深宮』。後人不悟其理，惜矣！今劉毓慶先生仍惑於正義之說，可信乎？

在結束本文之前，還應指出，劉文引用書證多誤。如墨子『古之民未知為宮室』[九]，誤引為『古之民未有宮室』；禮記『昔者先王未有宮室』，漏引『者』，正義『地高則穴於地，地下則窟於地上』[一〇]，誤引為『地高則穴居，地低則窟於地上』；呂氏春秋『丘陵成而穴者安矣』[一一]誤引『矣』為『也』；張超誚青衣賦引為誚衣賦，漏引『青』等。茲提出，請正。

注釋

[一] 本文原署名李豔紅、鍾如雄，載於西南民族大學學報（人文社會科學版）2006年第6期。

〔二〕南唐徐鍇：說文解字繫傳，中華書局 1987 年版，第 234 頁。

〔三〕同上書，第 12 頁。

〔四〕同上。

〔五〕孫一冰主編：隱語行語黑話，首都師範大學出版社 1993 年版，第 171 頁。

〔六〕清段玉裁：說文解字注，上海古籍出版社 1988 年版，第 344 頁。

〔七〕沈福煦：中國古代建築文化史，上海古籍出版社 2001 年版，第 23 頁。

〔八〕符定一：聯綿字典，中華書局 1954 年版，第 355—356 頁。

〔九〕清孫詒讓：墨子閒詁，中華書局 2001 年版，第 30 頁。

〔一〇〕清阮元校刻：十三經注疏，中華書局 1980 年版，第 1416 頁。

〔一一〕見許維遹呂氏春秋集解，文學古籍刊行社 1955 年版，第 160 頁。

『好逑』本義考[一]

詩經·周南·關雎：『關關雎鳩，在河之洲。窈窕淑女，君子好逑。』這章詩中有兩個地方很費解，一個是『窈窕』，毛傳：『窈窕，幽閒也。』漢鄭玄箋：『言后妃之德和諧，則幽閒處深宮貞專之善女，能為君子和好衆妾之怨者。』唐孔穎達等正義：『言后妃雖悅樂深宮之內，不妄淫褻君子，若雎鳩之有別。』[二]我們在『窈窕』本義考一文中釋為『深宮』，詳細訓釋請看該文。[三]二是『好逑』，本指什麼？這是本文要重點討論的問題。

一 『仇』『𩀤』同源

『君子好逑』，毛傳：『逑，匹也。』鄭玄箋：『怨耦曰仇。』孔穎達等正義：『逑，匹。爾雅·釋詁文。[三國魏]孫炎云：相求之匹。詩本作逑，爾雅多作仇，字異音義同也。又曰后妃有關雎之德，是幽閒貞專之善女，宜為君子之匹者，美后妃有求為君子好匹。』這三條注釋中涉及三個字：『逑』『仇』『匹』。『匹』是『逑』『仇』釋詞，而『仇』是否是『逑』的異文呢？禮記·緇衣：『詩云：「君子好仇。」』鄭玄注：『仇，匹也。』漢書·匡衡傳引詩經亦作『好仇』。李圃主編的異體字字典卷八『仇』下所列異體有『仇、讎、讐』。[四]『仇』與『讎（讐）』並非異體關係，而是同源字。『仇』本義是男性夥伴、朋友。爾雅·釋詁上：『仇、讎、敵、妃、知、儀，匹也。』晉郭璞注：『詩［經·周南·關雎］云：「君子好仇。」［檜風·隰有萇楚］「樂子之無知。」［檜風·柏舟］「實維我儀。」國語［·周語］亦云：「丹朱馮身以儀之。」讎，猶儔也。廣雅［·釋詁上］云：「讎，輩也。」』[五]宋邢昺疏：『皆謂匹合也。仇者，孫炎云：「相求之匹。」讎者，儔侶輩類之匹也；敵者，相當之匹也；妃，合耦之匹也。』孫炎所謂『相求之匹』，是指相互依靠的人，漢語大字典釋為『配偶』[六]，不確。說文·人部：『仇，讎也。从人九聲。』（八上）清段玉裁注：『讎，猶應也。左傳［·桓公二年］曰：「嘉偶日妃，怨偶曰仇。」』按：仇與逑古通用。辵部：「怨匹曰逑。」即怨偶曰仇也。仇為怨匹，亦為嘉偶，如亂之為治，苦之為快也。周南［·關雎］「君子好逑」，與［兔罝］「公侯好仇」義同。』[七]說文用『讎』來解釋『仇』，亦說明『讎』並非『仇』的異體字。段玉裁說『仇為怨匹，亦為嘉偶』是錯的，因為『仇』沒有『嘉偶』義，而『怨匹』是『仇』的引申義。男性夥伴或男性朋友，先秦漢語單說『仇』，漢魏以後可用雙音字『仇偶』來表示。詩經·周南·兔罝：『赳赳武夫，公侯好仇。』鄭玄箋：『怨耦曰仇。此兔罝之人，敵國有來侵伐者，可使和好之。亦言賢也。』孔穎達等正義：『毛以為赳赳然有威武之夫，有文有武，能匹耦於公侯之志，為公侯之好匹。此雖無傳，以毛仇皆為匹，鄭唯仇為異。』黃焯詩說：『此詩之好仇，猶言善弼賢佐耳。』文選·王褒〈四子講德論〉：『嗚聲相應，仇偶相從。人由意合，物以類同。』

『仇』初泛稱男性夥伴、朋友，而男性夥伴、朋友亦有良莠、壞者，故後世多偏稱『怨匹』。男人的『怨匹』包含很多種，有仇人、敵人、寃家、情侶、妻子等。

『讎』的本字作『雔』。說文・雔部：『雔，雙鳥也。从二隹。讀若醻。』（四上）清王筠說文釋例卷十六：『雔，主鳥之疇侶言也。』清徐灝注箋：『雙鳥為雔，即逑匹之本義。』又言部：『讎，猶譍也。从言雔聲。』（三上）段玉裁注：『此以應釋讎甚明，不當曰「猶應」。蓋淺人但知讎為怨詈，以為不切，故加之耳。』王筠句讀亦云：『當作「應」也，後人改之。』[八]『讎』的本義是站在同一棵樹枝上的兩隻鳥對語。兩鳥相對而語，故引申為對應，因此另造『譍』字分離其引申義，故說文說『讎，譍也』，又說『譍，以言對也』。『譍』或從言，或從心，都表示雙方對答。『讎』由『對應』義引申出『仇匹』義來，在這點上與『仇』的本義『仇匹』交合，兩者構成同義關係。再者廣韻『仇』巨鳩切（群母尤韻），『讎』市流切（禪母尤韻），它們同韻不同紐（上古同屬幽部），僅僅是一對同源字，李圃主編的異體字字典將它們作為異體字來處理，甚為失審。儘管『仇』與『讎』有同源關係，但在春秋以前是不通用的，到戰國時期，它們纔偶爾連用，表示寃家、仇人。左傳・哀公元年：『句踐能親而務施，施不失人，親不棄勞，與我同壤而世為仇讎，於是乎克而弗取，將又存之，違天而長寇讎，後雖悔之，不可食已。』『仇讎』等於說『寇』。荀子・臣道：『爪牙之士施，則仇讎不作。』

二 詩經時代『仇』『逑』不通用

禮記・緇衣：『詩云：「君子好仇。」』鄭玄注：『仇，匹也。』今本詩經『仇』作『逑』。孔穎達等正義亦說：『詩本作逑，爾雅多作仇，字異音義同也。』正義之說甚確，因為儘管後世文獻『好逑』或引作『好仇』，它們以異文的形式共存，但在詩經時代，『逑』與『仇』是不通用的。這樣一個事實，就連聞一多先生亦沒搞清楚，他在詩經新義中說：『逑、仇古通，關雎篇「君子好逑」，齊魯詩並作「好仇」，亦即君子匹儔也。』[九]其實早在隋末唐初，文獻學家顏師古就對『今之流俗』總愛把後世同義、同音而在早期互不相干的某些字強作『通』解的現象作過批評。他在匡謬正俗卷八『仇』字條云：『仇：怨偶曰仇，義與讎同。「嘗」試之字義與「曾」同，「邀」迎之字義與「要」釋詁同，而音讀各異，不相假借。今之流俗，徑讀「仇」為「讎」，讀「嘗」為「曾」，讀「邀」為「要」，殊為爽失。』[一〇]顏氏認為，某些字後世雖同義、同音，但並不等於說它們先前亦同義、同音可以通用。比如『仇』『讎』後世都有『怨偶』義，但並不等於說它們在先秦以前的詩經時代都是同義、同音的。于省吾亦在詩義解結中指出：『商代金文中雔字屢見，均作雔，象兩鳥相向形……訓匹之字本應作雔，孳乳為讎，故爾雅・釋詁也訓讎為匹。至於仇與逑之訓匹，均系後起的借字。』[一一]

說文・辵部：『逑，斂聚也。从辵求聲。虞書曰：「旁逑孱功。」又曰：怨匹曰逑。』（二下）[一二]段玉裁注：『今[尚書・]堯典逑作鳩，說者亦云鳩集。又曰與一曰同，別一義也。桓[公]二年・左傳曰：

「嘉耦曰妃，怨耦曰仇。古之命也。」謂古者命名之法如是。逑、仇古多通用。關雎「君子好逑」亦作「好仇」，兔罝云「好仇」。毛傳：「逑，匹也」；［爾雅・］釋詁：「仇，匹也」。孫炎曰：「相求之匹。」則孫炎本釋詁亦作「逑」。可知「逑」為怨匹，而詩多以為美譽者，取匹不取怨也。渾言則不別，爾雅［・釋詁］「仇、妃，匹也」，是也；析言則別，左氏［傳］「嘉耦」「怨耦」異名，是也。许君所据左氏［傳］尔雅作「逑」，［楊雄］太玄方言之「执」即「逑」字。』[一三]許君不能肯定『逑』的本義是『斂聚』還是『怨匹』，故存二說，而段氏重在辨析『逑』中包含『嘉耦』和『怨耦』，他說許君從『怨耦』，而詩經『多以為美譽者，取匹不取怨也』，再者認為『逑、仇古多通用』，『關雎「君子好逑」亦作「好仇」』。段氏所謂關雎篇中的『逑』是『美譽』和『逑、仇古多通用』，這兩個結論都是靠不住的。因為詩經時代，『逑』與『仇』是不通用的，其字義的形成各不相干，『仇』指稱的主要是男性夥伴、朋友，而『逑』指稱的則是女性性夥伴、朋友，而且是性夥伴，不適用於稱男性夥伴、朋友。男性稱女性性伴侶叫『逑』或『怨偶』『怨匹』。

『逑』從『求』得聲，是為『求』的引申義造的區別字。說文・裘部：『裘，皮衣也。从衣求聲，一曰象形。與衰同意。求，古文省衣。』（八上）徐鍇繫傳改『求，古文省衣』為『古文求，此與裘意同』，並注：『裘以獸皮毛作之，以助女工也。古文象衣求形，後則加之也。』[一四]芮東莉在釋求一文中說『求』的本義是指稱一種蟲，即『蛷』。該文指出：『「求」字，說文：「裘，皮衣也。从衣求聲，一曰象形。與衰同意。」不少學者依許慎說解，認為「求」是「裘」的省文，本義即皮衣，其說皆不可從。甘肅考古記所載辛店期陶尊上的六足蟲形，即「求」字，是「蛷」的本字。』[一五] 這種理解說明該文作者不懂得古文字演變的基本常識。『裘以獸皮毛作之』以禦寒冷，與人體肌膚緊貼，故引申為聚集。詩經·小雅·桑扈：『彼交匪敖，萬福來求。』清馬瑞辰通釋：『王尚書曰：「求讀與逑同。逑，聚也。謂福祿來聚。」其說是也。』清王引之經義述聞卷六『萬福來求』條云：『求與逑同。逑，聚也。言萬福來聚也……爾雅·釋訓：「速速、蹙蹙、惟逑，鞫也。」釋文：「逑，本亦作求。」是逑、求古字通。』[一六] 可見『聚斂』是『求』的引申義，繼後另造『逑』字代替，故為許君訓釋所本。清朱駿聲說文通訓定聲·孚部就說『求，假借為逑』。（按：朱氏所謂假借就是引申。）裘衣緊貼肌膚則體暖心悅，女伴依偎男伴則情濃意蜜，故以裘衣比喻性愛中的女伴、女友。『逑』來源於『求』，與『仇』無論是字源關係還是初始所指稱的事物都不相同，在詩經時代二者根本不通用，所以無論是段玉裁還是聞一多所謂『逑、仇古多通用』『逑、仇古通』的結論，根本無實證。戰國以降，『逑、仇』同義而始混用，于省吾先生就明確指出：『仇與逑之訓匹，均系後起的借字。』

三　『逑』專指女性配偶

古人用裘衣來比喻性愛中的女伴、女友，於是就用『逑』來特稱女性配偶。左傳·桓公二年云：『嘉耦曰妃，怨耦曰仇，古之命也。』晉杜預注：『自古有此言。』楊伯峻注：『美好姻緣謂之妃，妃即配。孽緣謂之仇。』沈玉成譯：『好姻緣叫做婦，惡夫妻叫做仇，這是古代的名稱。』楊伯峻說『仇』指『孽緣』，沈玉成則說是『惡夫妻』，他們認為無論『嘉耦』還是『怨耦』，都包括婚姻中的男女雙方。漢語大詞典·

口部釋『嘉偶（耦）』為『好配偶，美姻緣』，釋『怨偶（耦）』為『謂不和睦的夫妻』。[一七]這類定義恐怕是受了楊氏注釋的影響。從『妃』字來看，『仇』祇能是稱女性配偶。儀禮·少牢饋食禮：『以某妃配某氏。』鄭玄注：『某妃，某妻也。』禮記·曲禮下：『天子之妃曰后。』孔穎達等正義：『以特牲、少牢是大夫、士之禮，皆云「某妃配某氏」，尊卑通稱也。』『妃』為妻子，故嫁人亦叫『妃』。左傳·文公十四年：『子叔姬妃齊昭公，生舍。』唐陸德明釋文：『妃，音配，本亦作配。』陸氏認為『妃齊昭公』原本作『配齊昭公』，後人改『配』為『妃』，故『妃』應讀『配』音。『嘉偶（耦）』是妻子或喜歡的妻子。漢焦贛易林·隨之觀：『志合意同，姬姜相從，嘉偶在門，夫子悅喜。』晉陸機為陸思遠婦作詩：『二合兆嘉偶，女子禮有成。』『怨耦』是什麼？是令男人神魂顛倒卻很難得到的女子。對這類女子，癡情男人總以為她跟自己作對，由此而成為『怨偶』『冤家』。章太炎新方言·釋言云：『今人謂相惡曰作對，所疾曰對頭，對亦憝也。若耦為仇，怨耦亦為仇也。』

初始的『逑』祇稱女性配偶，而『仇』祇稱男性夥伴、朋友，它們的字義來源是不同的，正因為如此，它們在詩經時代根本不通用。關雎中的『君子好逑』與兔罝中的『公侯好仇』是絕對不能替換的，因為『逑』說的是『君子』喜歡的女性配偶，『仇』指的則是『公侯』的男朋友。戰國以後，『仇』的意義開始外延，從指男性伴侶、朋友覆蓋到所有的伴侶、朋友，不再有性別的區別。此時的作者引用詩經就出現了異文。如禮記·緇衣引詩經作『君子好仇』，鄭玄注：『仇，匹也。』孔穎達等正義：『詩本作逑，爾雅多作仇，字異音義同也。』說明詩經原文本作『逑』，而禮記作者引詩經是用當時的同義詞作了改動。又如三國魏曹植曹子建集卷六浮萍篇：『結髮辭嚴親，來為君子仇。』這裡所説的『君子仇』，顯然是引典於詩經。戰國以後，雖然『仇』可以通用『逑』，但『逑』依然衹稱女性配偶，不能與『仇』通用，這條規律一直延續到現在。正因為如此，戰國以來，『好逑』偏稱女性（賢淑的女子或情人、妻子），而且很少使用。如後漢書・邊讓傳：『爾乃攜窈窕，從好逑……激玄醴於清池兮，靡微風而行舟。』明無名氏四賢記・挑門：『他是良家好逑，性幽閒且自多忠厚。』用來稱男性夥伴、朋友的極其罕見。如清蒲松齡聊齋志異・鍾生：『某誠不足稱好逑，然家門幸不辱寞。倘得再生，香花供養有日矣。』『好仇』亦多稱男性夥伴、朋友。如三國魏曹植節遊賦：『浮沈蟻於金罍，行觴爵於好仇。』三國魏嵇康兄秀才公穆人軍贈詩之十一云：『攜我好仇，載我輕車。』用來稱女性的同樣罕見。如唐歐陽詹出門賦：『予紛然而遠道，則天性之至慈，去人情之好仇。』由此得知，段玉裁、聞一多所謂『逑、仇古多通用』『逑、仇古通』，指的衹能是戰國時期。

四 『好逑』同『冤家』

王政在〈詩經〉中的鳥與婚愛一文中指出：『詩經中雎鳩也是匹鳥。朱熹詩集傳釋「關關雎鳩，在河之洲」説：「雎鳩……今江淮間有，生有定偶而不相亂，偶常並遊而不相狎。」淮南子・泰族訓説：「關雎興於鳥……為其雌雄不乖居也。」王先謙補釋説：「不乖居，言不亂偶。」到了漢代的焦氏易林以後，雎鳩逐漸演化為貞潔專一的貞婦形象。易林・晉之同人：「貞鳥雎鳩，執一無尤。」易林・乾之蒙：「鴭鶴鳴鳴，專一無尤。君子是則，長受嘉福。」張超誚青衣賦：「感彼關雎，德不雙侶。」所以聞一多説：「鳩之為鳥，性至謹慤，而尤篤於伉儷之情，說者謂其一或死，其一亦即憂思不食，憔悴而死。封建社會所加於婦女之道德責任，莫要於專貞，故國風……言鳩，以喻女子。』[一八]詩經以雎鳩喻伉儷，伉儷包括『君子』和『好逑』，而『好逑』則偏稱女性（賢淑的女子或情人、妻子）。癡情男人總被她迷得神魂顛倒，以為她總跟自己作對，從此由愛慕而產生怨恨，私下罵她『怨偶』『冤家』。

『逑』就是『怨偶（耦）』，或稱『怨匹』。說文・辵部：『怨匹曰逑。』段玉裁注：『逑為怨匹，而詩多以為美詈者，取匹不取怨也。』詩經之『好逑』，其實就是『好怨匹』，後世所謂『歡喜冤家』，即『喜歡的女朋友』。今川南、重慶、黔北一帶稱男女雙方定親為『歡喜』（huāi$_{55}$ xì$_{51}$），男人定親叫『歡喜媳婦兒』。『怨偶』唐代至今亦稱『冤家』。『冤家』的本義是稱仇人，在漢代稱『怨家』。史記・張耳陳餘列傳：『貫高怨家知其謀，乃上變告之。』晉葛洪抱朴子・詰鮑：『伯柳遠讎人，解狐薦怨家。』隋唐以後或改稱『冤家』。如唐張鷟朝野僉載卷六：『梁簡文王之生，志公謂武帝曰：「此子與冤家同年生。」其侯景生於雁門，亂梁誅蕭氏略盡。』明馮夢龍警世通言・趙太祖千里送京娘：『此去倘然冤家狹路相逢，教他雙雙受死。』但是，『怨家』始終用於昵稱喜歡的女性（賢淑的女子或情人、妻子），而『冤家』則多用來昵稱喜歡的女性（賢淑的女子或情人、妻子）。如唐無名氏醉公子詞：『門外猧兒吠，知是蕭郎至，剗襪下香階，冤家今夜醉。』元王實甫西廂記第四本第一折：『望得人眼欲穿，想得人心越窄，多管是冤家自不在。』現代漢語詞典：『冤家，稱似恨而實愛、給自己帶來苦惱而又捨不得的人（舊時戲曲或民歌中多用來稱情人）。』[一九]

總結前文，得五條結論：

（一）詩經時代，『仇』與『讎』是同源關係，而與『逑』既無同源關係，亦不能通用。段玉裁、聞一多等前賢說『逑、仇古多通用』『逑、仇古通』，是沒有根據的結論。

（二）『逑』是為『求（裘）』的引義『斂聚』『女性配偶』等造的區別字，因此『逑』與『求（裘）』構成了同源關係。關雎篇中的『逑』專稱女性配偶，而不包含男性伴侶。

（三）戰國以後『仇』的詞義外延開始擴大，覆蓋了所有的伴侶或朋友，不再專稱男性伴侶或朋友，故時人引用詩經或有將『好逑』引作『好仇』者，由此而形成異文，儘管如此『逑』仍不與『仇』通用，『逑』雖能寫作『仇』，但『仇』卻不能寫作『逑』。

（四）國人喜歡用『衣服』來比喻妻子、女友。這種習俗來源久遠。古人最早就用裘衣來比喻性愛中的女伴、女友，於是『求』和『逑』就具有了稱呼女性配偶的詞義特徵。

（五）關雎中的『好逑』是指男人『喜歡的女性伴侶』，這類伴侶因久久追求而亦不易得手，故男人視之為『怨匹』『冤家』，今人或稱『歡喜冤家』，亦就是關雎『好逑』的真實內涵。

注釋

［一］本文原載於佳木斯大學社會科學學報 2009 年第 5 期。

［二］清阮元校刻十三經注疏，中華書局 1980 年版，第 273 頁。

［三］李豔紅、鍾如雄：『窈窕』本義考——與劉毓慶先生商榷，西南民族大學學報（人文社會科學版）2006 年第 6 期。

［四］李圃：異體字字典，學林出版社 1997 年版，第 420 頁。

［五］清郝懿行：爾雅義疏，上海古籍出版社 1983 年版，第 57 頁。

［六］徐中舒主編：漢語大字典（第一卷），四川辭書出版社、湖北辭書出版社 1986 年版，第 109 頁。

［七］清段玉裁：說文解字注，上海古籍出版社 1988 年版，第 382 頁。

［八］清王筠：說文解字句讀，中華書局 1988 年版，第 80 頁。

［九］聞一多：詩經通義，聞一多全集（第三冊），湖北人民出版社 1985 年版，第 294 頁。

［一〇］唐顏師古：匡謬正俗文，文淵閣四庫全書（經部·小學類），上海人民出版社、迪志文化出版有限公司 1999 年版。

［一一］于省吾：詩義解結，轉引自向熹詩經詞典，四川人民出版社 1986 年版，第 369 頁。

［一二］漢許慎撰，宋徐鉉等校定：說文解字，中華書局 1963 年版，第 41 頁。

［一三］清段玉裁：說文解字注，上海古籍出版社 1988 年版，第 73—74 頁。

［一四］南唐徐鍇：說文解字繫傳，中華書局 1987 年版，第 17 頁。

［一五］芮東莉：釋求，寧夏大學學報（人文社會科學版）2000 年第 4 期。

［一六］清王引之：經義述聞，江蘇古籍出版社 2000 年版，第 155—156 頁。

［一七］羅竹風主編：漢語大詞典（縮印本），漢語大詞典出版社 1997 年版，第 1645、4258 頁。

［一八］王政：〈詩經〉中的鳥與婚愛，淮北煤炭師範學院學報（哲學社會科學版）2001 年第 5 期。

［一九］中國社會科學院語言研究所詞典編輯室：現代漢語詞典（第 5 版），商務印書館 2005 年版，第 1672 頁。

『親戚』稱父母之來源考[一]

先秦以前，『親戚』一語多用來稱『父母』，當今的人多已忘了。如辭源·見部『親戚』條衹列出『内外親屬』和『猶言親愛』兩個義項，[二]漢語大詞典·見部亦衹列了『與自己有血緣或婚姻關係的人』和『親愛』，親近』兩個義項，[三]這兩部在當今中國都算得上是權威級的中文工具書，居然都沒有收錄『父母』這一義項，即是一證。張忠孝、閻德開等編著的古今稱謂語詞典，其『親戚』條更是衹列出了『有婚姻關係的成員』一個義項，[四]此又一證。衹有臺灣三民書局編輯出版的大字典收有『父母』義項。[五]

其實在上古文獻中，用『親戚』來稱『父母』不乏其例。墨子·脩身云：『君子戰雖有陳，而勇為本焉；喪雖有禮，而哀為本焉；士雖有學，而行為本焉。是故置本不安者，無務豐末；近者不親，無務來遠；親戚不附，無務外交；事無終始，無務多業；舉物而闇，無務博聞。』清孫詒讓閒詁：『〔禮記·〕曲禮云：「兄弟、親戚，稱其慈也。」〔唐〕孔穎達疏云：「親指族内，戚言族外。」案：古多稱父母為親戚。詳兼愛下篇。此則似通内外婚姻言之，與孔〔穎達〕義同。』[六]又兼愛下云：『家室，奉承親戚，提挈妻子，而寄託之，不識於兼之有是乎？於別之有是乎？』孫詒讓閒詁：『錢大昕曰：「古人稱父母為親戚。大戴禮記·曾子有疾篇：『親戚既沒，雖欲孝，誰為孝？』孟子·盡心篇：『人莫大焉亡親戚、君臣、上下。』」案：錢說是也。』[七]由此看來，孫氏之說源於錢大昕。漢代以後人們再亦不用『親戚』來稱呼『父母』了，衹單說『親』。舊時家家都供有神龕，叫做『家神』，神龕牌位上寫著六個大字『天地君親師位』，其中的『親』就指稱父母。『親戚』為什麼會用來稱『父母』呢？下面我們從文字構形和遠古文化兩個視角進行解析。

『親』說文收有兩個字形，分別收在宀部和見部。宀部：『寴，至也。从宀親聲。』（七下）[八]清段玉裁注：『至者，親密無間之意。見部曰：親者，至也。然則「寴」與「親」音義皆同。』[九]又見部：『親，至也。从見亲聲。』（八下）[一〇]段玉裁注：『至部曰：到者，至也。到其地曰至，情意懇到曰至。父母者，情之最至者也，故謂之親……李斯刻石文作親，左省一畫。』[一一]『「寴」與「親」音義皆同』，說明段玉裁已經看出『親』『寴』是同一個字的兩種書寫形式，而不是兩個完全不同的字詞。

『親』金文作（咢侯鼎），從宀、見、辛會意，或換『見』為『斤』作（中山王鼎）。陳漢平先生說：『河北省平山縣出土中山王鼎銘文有：「鄰邦難𡪫，仇人在旁」句，亦有𡪫字，字讀為親。說文無𡪫字而有寴、親字。「寴，至也。从宀親聲。」「親，至也。从見親聲。」可見𡪫、寴二字同訓。由中山王鼎銘𡪫字讀為親，知𡪫字即寴字異體。』[一二]或省『宀』作（克鐘），秦詛楚文在『辛』下增『木』作『親』（『亲』乃『榛』字初文），從見亲聲，由會意字轉形為形聲字；定縣竹簡和曹全碑『辛』省一畫作亲，故『親』亦省作『親』，今簡化作『亲』（用的是『榛』的初文代替）。集韻·真韻云：『親，古作寴。』秦李斯泰山

刻石：『寴軱遠黎，登茲泰山，周覽東極。』史記・秦始皇本紀引作『親巡遠方黎民』[一三]。『』所從之『辛』和『斤』，都與刑具有關。郭沫若先生認為，『辛』是古代施黥刑用的刻刀剞劂，故用施黥刑的刻刀來表示施黥刑這一行為。他在釋干支中說：『辛、辛本為剞劂，其所以轉為愆辠之意者，殆亦有說。蓋古人於異族俘虜或同族中之有罪而不至於死者，每黥其額而奴使之。〔周〕易・睽之六三曰：「見輿曳，其牛掣，其人天且劓。」〔陸德明〕釋文引馬〔融〕云：「剠鑿其額曰天。」此服牛引重之人當即臧獲，而剠其額截其鼻，此古代虐待奴隸之真象也。其留存於文字中者則則為從辛之童、妾、僕等字……有罪之意無法表示，故借黥刑以表示之。黥刑亦無法表示於簡單之字形中，故借施黥之刑具剞劂以表現之。剞劂即辛辛，是辛辛可有剠義。』[一四]從字形造意看，、、均象親臨觀看黥刑之形。看到族人遭受黥刑而痛哭流涕，而為人子女者深感父母生養之艱難，故亦稱其父母為『親』。墨子・節葬下：『子墨子言曰：「仁者之為天下度也，辟之無以異乎孝子之為親度也。」今孝子之為親度也，將柰何哉？曰：「親貧則從事乎富之，人民寡則從事乎眾之，眾亂則從事乎治之。」』孟子・盡心上：『孩提之童無不知愛其親者。』宋孫奭疏：『繈褓之童子無有不知愛其父母。』戰國策・齊策四：『孟嘗君問：「馮公有親乎？」對曰：「有老母。」孟嘗君使人給其食用，無使乏。』禮記・玉藻：『親老，出不易方，複不過時；親瘠，色容不盛，此孝子之疏節也。』漢鄭玄注：『不可以憂父母也。易方，為其不信己所處也……王季有疾，文王色憂，行不能正履。』[一五]

今天我們能見到的上古文獻中的『親』多合稱父母，但是，最早的文獻如詩經卻偏稱母。詩經・豳風・東山：『之子于歸，皇駁其馬。親結其縭，九十其儀。』毛傳：『縭，婦人之褘也。母戒女，施衿結帨。』唐孔穎達等正義：『其母親自結其衣之縭。』高亨今注：『縭，佩巾。女子出嫁，由她的母親把佩巾結在她的帶上。』漢代以後亦偏稱父。史記・韓信盧綰列傳：『盧綰親與高祖太上皇相愛，及生男，高祖、盧綰同日生，里中持羊酒賀兩家。』南朝宋裴駰集解引三國魏如淳曰：『親，謂父也。』有趣的是詩經的『親結其縭』，孔穎達等的釋詞『其母親自結衣之縭』則可兩種讀：『親』承上讀為『母親』，承下讀為『親自』，而第二種句讀更為準確。辭源沒收錄『父親』『母親』，可能編者認為易懂而沒有收錄的必要，而漢語大詞典『母親』條所引的最早例證是唐代王轂的報應錄（太平廣記卷一六二引王轂報應錄・劉行者：『［行者］告云：「家有母親患眼多年，和尚莫能有藥療否？」』），[一六]『父親』條所引的最早例證是長阿含經（唐道世法苑珠林卷四引長阿含經：『若彼女人，是彼男子，父親母親，骨肉中表，不應行欲者，樹不曲蔭，各自散去。』）。[一七]我們至今尚未發現比漢語大詞典引錄更早的例證，說明用『父親』『母親』來稱呼父母始於唐代。其後所謂『父親』『母親』，其中的『親』因為古人可偏稱一方，依然表示『父』或『母』，毛傳以『母』訓『親』是其證。、、原本會意字，後換形變成形聲字『寴』，再更換『宀』增『見』轉形成形聲字『親』。廣韻・真韻：『親，愛也，近也。說文：「至也。」七人切。寴、䆵，並古文。』

從構形理據和義源關係來看，先秦以前的稱謂詞絕大多數來自動詞。如（父），甲骨文象男子持石斧砍劈之形，故用來稱呼男子（美稱、尊稱）和父親（特稱）。郭沫若甲骨文研究云：『父乃斧之初字。石器時代，男子持石斧（即石斧之象形）以事操作，故孳乳為父母之父。』（母）甲骨文象產婦兩手抱子餵

奶之形，故用來稱呼母親（特稱）和親戚中的長輩女性（尊稱）。說文・女部：『母，牧也。从女，象褱子形。一曰象乳子也。』（十二下）南唐徐鍇繫傳：『一曰象乳。』[一八]段玉裁注：『象兩手褱子也……廣韻[・厚韻]引倉頡篇云：「其中有兩點者，象人乳形。」』（后）甲骨文象婦人產子之形，故稱始祖母、帝王之妻為『后』，亦轉稱遠古帝王為『后』。甲骨文字典卷十四：『（后）象產子之形，子旁或作數小點乃羊水。與說文育字或體毓形略同……母系氏族之酋長尊號亦稱君長為毓，經典皆作后。』[一九]（君）甲骨文象部落酋長（尹）持杖發號司令之形，故用來稱呼天子、王侯等。說文・口部：『君，尊也。从尹；發號，故从口。，古文象君坐形。』（二上）[二〇]段玉裁注：『尹，治也。尹亦聲。』甲骨文字典卷二：『尹為古代部落酋長之稱。』[二一]既然先秦以前的稱謂詞多來自動詞已成客觀規律，『親』由觀看族人遭受黥刑而後特稱父母亦是順理成章的事情。繼後『親』由特稱父母演變成泛稱與自己有血緣或婚姻關係的人。左傳・昭公十四年：『禮新敘舊，祿勳合親，任良物官。』晉杜預注：『新，羈旅也。勳，功也。親，九族。』禮記・大傳：『親者，屬也。』漢書・賈誼傳：『以奉六親，至孝也。』唐顏師古注引漢應劭曰：『六親：父母、兄弟、妻子也。』清徐灝說文解字注箋・見部：『親，親愛者莫如父母、兄弟、夫婦，故謂之六親。』

『戚』原本指冷兵器的一種，金文作（戚姬簋），後世增附類母『金』作『鏚』。說文・戉部：『戚，戉也。从戉尗聲。』（十二下）段玉裁注：『戚小於戉。』清王紹蘭段注訂補：『戚刃蹙縮，異於戉刃開張，故戉大而戚小。』詩經・大雅・公劉：『弓矢斯張，干戈戚揚。』毛傳：『戚，斧也。』『戚』為獵物、殺人

工具，而獵物、殺人總與血腥有關，令人憂悲，故引申為憂愁、悲傷，故或增『心』作『慽（慼）』。說文段玉裁注：『戚，又引伸訓憂，度古衹有「戚」，後乃別制「慽」字。』又因憂悲的遭獵取者或被殺戮者都是異類或敵方，故用來稱呼與自己沒有血緣關係的族外人、異姓親屬等。尚書·盤庚上：『率籲眾慼出矢言。』說文·頁部『籲』字下引作『率籲眾戚』。清孫星衍尚書今古文注疏云：『蓋謂貴戚、近臣。』史記·秦本紀：『法之不行，自於貴戚。』

『親』與『戚』連用最初偏稱父母、兄弟、姐妹，並不稱外戚。墨子·節葬下：『楚之南有炎（啖）人國者，其親戚死，朽其肉而棄之，然後埋其骨，乃成為孝子；秦之西有儀渠之國者，其親戚死，聚柴薪而焚之，燻上，謂之登遐，然後成為孝子。』孫詒讓閒詁：『親戚，謂父母也。』左傳·僖公二十四年：『昔周公吊二叔之不咸，故封建親戚以蕃屏周。』杜預注：『吊，傷也；咸，同也。周公傷夏殷之叔世，疏其親戚，以至滅亡，故廣封其兄弟。』史記·五帝紀：『堯二女不敢以貴驕事舜親戚，甚有婦道。』唐張守節正義：『二女不敢以帝女驕慢舜之親戚。親戚，謂父瞽叟，後母弟象，妹顆手等也。』又宋微子世家：『箕子者，紂親戚也。』唐司馬貞索隱：『箕，國；子，爵也……馬融、王肅以箕子為紂之諸父，服虔、杜預以為紂之庶兄。』後世『親戚』則泛稱族內、族外親人。國語·晉語四：『昭舊族，受親戚，明賢良，尊貴寵，賞功勞，事耇老。』禮記·曲禮上：『故州閭鄉黨稱其孝者，兄弟、親戚稱其慈也。』孔穎達等正義：『親指族內，戚言族外。』文選·陶淵明〈歸去來辭〉：『悅親戚之情話，樂琴書以消憂。』

中國古人很崇尚『異德合姓，同德合義』的理念，他們認為『同姓則同德，同德則同心，同心則同志，同志雖遠，男女不相及，畏黷敬也』，而『異姓則異德，異德則異類，異類雖近，男女相及，以生民也』，『是故娶妻避同姓，畏亂災也』（國語·晉語四）。在『異德合姓』過程中，兒女是父母的血肉，故自然成了『親』，而『親戚』亦就成了父母的合稱。

注釋

［一］本文原署名鍾如雄、胡娟，載於西南民族大學學報（人文社會科學版）2010 年第 4 期。

［二］辭源（修訂本），商務印書館 1983 年版，第 2858 頁。

［三］羅竹風主編：漢語大詞典（縮印本），漢語大詞典出版社 1997 年版，第 6063 頁。

［四］張忠孝、閻德開等編著：古今稱謂語詞典，中國國際廣播出版社 1988 年版，第 221 頁。

［五］大字典，臺灣三民書局 1985 年版，第 4380 頁。

［六］清孫詒讓：墨子閒詁，中華書局編新編諸子集成，中華書局 2001 年版，第 8 頁。

［七］同上書，第 118 頁。

［八］漢許慎撰，宋徐鉉等校定：說文解字，中華書局 1963 年版，第 150 頁。

［九］清段玉裁：說文解字注，上海古籍出版社 1988 年版，第 339 頁。

［一〇］漢許慎撰，宋徐鉉等校定：說文解字，中華書局 1963 年版，第 178 頁。

［一一］清段玉裁：說文解字注，上海古籍出版社 1988 年版，第 409 頁。

［一二］陳漢平：古文字釋叢，見于省吾主編甲骨文字詁林，中華書局 1996 年版，第 2512 頁。

［一三］漢司馬遷：史記，中華書局1959年版，第243頁。
［一四］郭沫若：釋干支，見于省吾主編甲骨文字詁林，中華書局1996年版，第2498頁。
［一五］漢鄭玄注，唐孔穎達等正義：禮記正義，清阮元校刻十三經注疏，中華書局1980年版，第1484頁。
［一六］羅竹風主編：漢語大詞典（縮印本），漢語大詞典出版社1997年版，第4414頁。
［一七］同上書，第3855頁。
［一八］南唐徐鍇：說文解字繫傳，中華書局1987年版，第242頁。
［一九］徐中舒主編：甲骨文字典，四川辭書出版社1989年版，第1581頁。
［二〇］漢許慎撰，宋徐鉉等校定：說文解字，中華書局1963年版，第32頁。
［二一］徐中舒主編：甲骨文字典，四川辭書出版社1989年版，第89頁。

五十二病方釋文字詞勘誤[一]

五十二病方是一九七三年在湖南長沙馬王堆三號墓中出土的漢文帝時期的中醫學古籍文獻，經馬王堆漢墓帛書整理小組整理成馬王堆漢墓帛書〔肆〕，一九八五年由文物出版社出版。該書記錄漢代治療外科、內科、兒科疾病五十二種，方劑二百八十餘方，卷首列有『五十二病方』目錄，故名五十二病方。五十二病方出土以來的四十餘年間，中華醫學界、漢語言文字學界、文獻學界等的專家學者都給予了極大的關注，一九七九年以來，僅注釋、校注、集注、譯注方面的專書文獻就有十餘種。其中最主要的整理、注釋、集注本就有：馬王堆漢墓帛書整理小組馬王堆漢墓帛書〔肆〕（本文簡稱帛書本[二]），尚志鈞〈五十二病方〉藥物注釋[三]，〔日〕江村治樹馬王堆出土醫書字形分類索引（有紀書房一九八七），周一謀、蕭佐桃主編馬王堆醫書考注（本文簡稱考注本[四]），魏啟鵬、胡翔驊馬王堆漢墓醫書校釋（壹）（本文簡稱校釋〔壹〕本[五]），馬繼興馬王堆古醫書考釋（本文簡稱考釋本[六]），魯兆麟、黃作陣馬王堆醫書（遼寧科學技術出版社一九九五年版），美夏德安馬王堆醫書譯注（美國哥倫比亞大學出版社一九九八年版），嚴建民五十二病方注補譯（本文簡稱補譯本[七]），日小曾戶洋、長谷部英一、町泉壽男馬王堆出土文獻譯注叢書——五十二病方（東京株式會社、東京書店二〇〇七年版），周祖亮、方懿林簡帛醫藥文獻校釋（本文簡稱校釋本[八]），裘錫圭主編馬王堆漢墓簡帛集成（伍）（本文簡稱集成本[九]）等，其研究成果可謂層出不窮、後出轉精。儘管如此，今天我們看到的最新集成本馬王堆漢墓簡帛集成，其中依然存在著較多需要再考釋的字詞和再句讀的句子。近年來，我們在集釋『漢代簡帛醫書方藥類文獻字詞』的過程中，發現其中有些字詞因不明文字形體的發展演變規律而被前人誤讀、誤釋。本文僅就『孰（熟）、洒（洗）、爦（鬻）、求（鰍）、空（孔）、冥（索）、搗（擣）、隋（隨）』等八個字詞進行重新釋讀，從字形演變規律的角度梳理其源流關係，辨明其正譌是非。

一　孰：熟

□□□□胸，令大如荅，即吹赤荅一斗，并□復冶，□□□□□□□，□□□孰，□□□（滓），歠其汁。（諸傷第二治方）

句中的『孰』，考釋本：『熟：原作孰。熟與孰上古音均禪母，覺部韻。故孰假為熟。群經正字：「隸作孰。又加火作熟。」「熟」字義為加熱，或烹煮。素問·大奇論：「五臟菀熟。」王注：「熟，熱也。」禮記·禮運鄭注：「熟冶萬物」。孔疏：「熟，謂烹煮」。又按，熟與孰在古籍中也多互通。如禮記·月令：「則五穀晚熟。」淮南子·是則訓引上文「熟」作「孰」字。戰國策·齊策一：「願大王熟計之。」史記·張儀列傳引上文「熟」作「孰」字。』

按：考釋本云『孰假為熟』，非是。『孰』『熟』古今字。『孰』甲骨文作（京津2676），金文作（伯到簋），隸變作『𩰫』『孰』，本義為把食物燒烤煮熟。說文·丮部：『𩰫，食飪也。从丮𦎫聲。易曰：「孰飪。」』清段玉裁改為『从丮、𦎫』，並注：『各本衍「聲」字，非也。』後世累增『火』轉形為『熟』。說文無『熟』字，玉篇·火部：『熟，爛也。』說文『𩰫』段玉裁注：『後人乃分別𤍠為生𤍠，孰為誰孰矣。曹憲曰：「顧野王玉篇始有𤍠字。」』[一〇]此說不確，西漢楊雄方言中已有『熟』字。方言卷七：『自河以北趙魏之間火熟曰爛，氣熟曰糦（chì），久熟曰酋，穀熟曰酷。熟，其通語也。』字彙·子部：『孰，古惟孰字，後人以此字為誰孰字，而於生孰字下加火以別之。』明代梅膺祚所說的『古』應該是指先秦以前。既然『古惟孰字』，五十二病方寫作『孰』則無所謂假借。假借的重要構成條件之一是，能假借的兩個字必須在同一時期內同時存在。假如兩個能假借的字在某一時期內沒有同時存在，後世即使同音，亦不能說它們在某某文獻內假借。[一一]在漢代以前尚無『熟』字，後人則說『孰』已經假借為『熟』了，其說不合事理。五十二病方中的『熟』字均寫作『孰』。注意：從帛書新圖版看，本方『孰』字未漫漶，補譯本、校釋本用『□』表示，未安；漢語大字典『孰』字本義無例證，應據五十二病方補。

二　洒：洗

稍（消）石直（置）溫湯中，以洒癰。（諸傷第十五治方）

句中的『洒』，帛書本釋為『洒』，並注：『洒，洗滌。』考釋本：『洒（sǎ，撒）：洗滌。說文·水部：「洒，滌也」。段注：「下文云：沬，洒面也；浴，洒身也；澡，洒手也；洗，洒足也。」字林：「洒，濯也」。』補譯本：『洒（sǎ）：說文：「洒，滌也。」洒癰，即用消石沖溫水洗傷口，癰在此指潰瘍面。』集成本釋文作『⿰氵囟（洗）』，並注：『⿰氵囟，原釋文作「洒」，此從劉釗（2010）釋。』

按：從帛書新圖版看，帛書本等釋為『洒』最為妥當，集成本釋為『⿰氵囟（洗）』，不可從。『洒』甲骨文作、、，上古音屬心母脂部，今音xǐ；考釋本、補譯本讀為『sǎ』，甚誤。『洒』本義為洗滌。說文·水部：『洒，滌也。从水西聲。古文為灑埽字。』（十一上）『古文為灑埽字』，段注本作『古文目為灑埽字』，並注：『下文云：「沬，洒面也」；「浴，洒身也」；「澡，洒手也」；「洗，洒足也」。今人假「洗」为「洒」，非古字。』[一二]唐慧琳一切经音义卷二十九：『洗，正体从西，从水作洒，形声字也。说文：浣也。』[一三]『洒』与『洗』雖然同音，但二字本義不同。『洒』泛指一切的洗，而『洗』則專指洗腳。繼後『洗』的意義擴大，由特指發展為泛指，這纔跟『洒』同義，而後世選用『洗』來泛指洗滌，不

再用『洒』了，故段氏有『今人假「洗」為「洒」，非古字』，其說甚是。玉篇·水部：『洒，濯也。今為洗。』但在上古漢語裡，『洒』『洗』的區別是很嚴的。左傳·襄公二十一年：『在上位者，洒濯其心，壹以待人，軌度其信，可明徵也，而後可以治人。』孟子·梁惠王上：『及寡人之身，東敗於齊，長子死焉，西喪地於秦七百里，南辱於楚。寡人恥之，願比死者壹洒之。』其中的『洒』都不能換『洗』字。本方所謂『洒癰』，指將消石放入溫水中兌勻，用以清洗潰爛的傷口。集成本釋『洒』為『洄』，並說它等同於『洗』，非是。

三　⿰火囂：鬻

令金傷毋痛，取薺孰（熟）乾實，⿰火囂令焦黑，冶一。（諸傷第十七治方）

句中的『⿰火囂』，帛書本釋為『⿰火囂（熬）』，並注：『熬，說文：「乾煎也。」』考釋本：『熬：原作「⿰火囂」。⿰火囂字從火，囂聲。上古音熬與囂均為疑母，宵部韻，同音通假。方言：「熬，或乾也。凡以火而乾五穀之類，自山而東，齊楚以往謂之熬。」按：說文·火部：「熬，乾煎也。」熬與煎的共同特點都是用火乾，但熬是用火乾燥五穀之類的固體物質，而煎是用火乾燥帶有液汁的物質。』補譯本：『⿰火囂（xiāo 消）：五十二病方釋熬，未證，各家從之。筆者考慮，古人用字，必有其由，⿰火囂，從火從囂，表意與火有關。囂，意含喧嘩。詩·小雅·車攻：「之子于苗，選徒囂囂。」毛傳：「囂囂，聲也。」左傳·成公十六年：「在陳而囂」。杜預注：「囂，喧嘩也」。本文及30行的「爑鹽令黃」均指將某物放在鍋中炒。「爑鹽令黃」古多用海鹽，即結晶大粒鹽，結晶鹽粒，在高溫鍋中炒時，常有爆裂聲。因此用「爑」形容炒鹽。本文將薺菜子放在鍋中炒（爑）至焦黑。」

按：『爑』，前人一說為『熬』的異體字，一說為『熬』的通假字，一說讀 xiāo，指乾炒食物時發出的爆裂聲音，以上三說均不確。『爑』從火囂聲，形聲字，實為『炒』字的異體。『炒』初文作『⿴䰜芻』。說文·䰜部：『⿴䰜芻，⿱敖火也。从䰜芻聲。』（三下）段玉裁注：『⿴䰜芻，爾雅音義引三蒼：「火乾物也。」與今本異。』其異體寫作『⿰鬲芻』，從『鬲』與從『䰜』同。玉篇·鬲部：『⿰鬲芻，熬也。』集韻·巧韻：『⿴䰜芻，說文：「熬也。」或作⿰鬲芻、炒。』漢崔寔四民月令·正月：『上旬⿰鬲芻豆，中旬煮之。以碎豆作「末都」。』或更類母、聲母全部更換轉形為『爑』。五十二病方『炒』均寫作『爑』，漢語大字典未收，當據五十二病方補。再更換聲母『囂』轉形為『焣（⿱取灬）』『煼（⿱芻火）』。方言卷七：『焣，火乾也。凡以火而乾五穀之類，秦晉之間或謂之焣。』爾雅·釋草『菿薽、豕首』晉郭璞注：『今江東呼豨首可以煼蠶蛹。』廣韻·巧韻：『煼，熬也。』再更換聲母『芻』轉形為『炒』。玉篇·火部：『焣，初絞切。火乾也。⿱芻火、炒，同上。』集韻·巧韻：『⿴䰜芻，說文：「熬也。」或作炒、焣。』北魏賈思勰齊民要術·造神曲并酒：『炒麥黃，莫令焦。』『炒麥黃』與『爑令焦黑』的火候相近，與傷痙第一治方『爑鹽令黃』的火候相同。

四　求：鮪

治病時毋食魚、彘肉、馬肉、求（鮪）蟲、葷、麻、□、洙（茱）采（菜），毋近內。（諸傷第十七治方）

句中的『求蟲』，帛書本釋為『䵶蟲』，且『䵶』與『蟲』讀開了的，『䵶』無注釋，『蟲』注：『帛書蟲、虫兩字已經混淆，此處蟲應為虫，即蛇類。』考注本、考釋本、校釋（壹）本、補譯本等與帛書本同。考釋本：『䵶：食性本草：「（鼊䵶）肉寒有毒」。（正類本草卷二十）蟲：有二義。一為昆蟲之通稱。廣韻·平·東：「蟲，鱗介總名」。二為蝮蛇，即虺。玉篇·虫部：「虫，虺古字。」但第一義所包括的蟲類過於廣泛。故此處似指後者，即禁食蛇肉。』劉釗認為：前人所謂『䵶蟲』應為『桑蟲』。因為「「桑蟲」一藥，在醫書中常被用作發藥，如本草推陳中有「桑蟲」治「痘瘡不發及癰疽不潰」方，本經逢原中有「桑蟲」治「痘瘡毒盛白陷不能發起者」方，可見「桑蟲」與「魚」「彘」「馬肉」「葷」「麻洙菜」等一樣不利於傷口癒合，這便是「令金傷毋痛」方將其列於禁食之列的原因。」[一四] 校釋本從劉釗說釋作『桑蟲』，並注：『原釋文為「䵶、虫（蟲）」，分別指䵶、蛇兩類動物。劉釗（1997）指出其謬，認為應釋作「桑蟲」。此說可從。「桑蟲」見於本草圖經，千金要方作「桑蠍」，名醫別錄作「桑蠹蟲」。

桑蟲為天牛科昆蟲或其近緣昆蟲的幼蟲，乾燥的蟲體呈長筒形而略扁，顏色為乳白色或淡黃色，嘴部為黃褐色或黑褐色，胸部三節，前胸較膨大，無足，腹部十節，可在冬季於桑、柳、柑橘等樹幹中捉取到。桑蟲在醫書中常用作發藥，不利於傷口的癒合。』集成本釋作『飛蟲』，並注：『原釋文作「龜」，此從陳健（2010）釋。』

按：從帛書新圖版看，『□蟲』既不像『龜蟲』，亦不像『桑蟲』，更不像『飛蟲』，而是『求蟲』，故改釋。『求』是『鰌』的記音字，即泥鰍。說文·魚部：『鰌，鰼也。从魚酋聲。』（十一下）又：『鰼，鰌也。从魚習聲。』清桂馥義證：『「鰼也」者，埤雅：「今泥鰍。似鱔而短，無鱗，以涎自染，難握。」』爾雅·釋魚：『鰼，鰌。』晉郭璞注：『今泥鰌。』玉篇·魚部：『鰼，似立切。泥鰌也。』宋陸佃埤雅·釋魚：『鰼，尋也。尋習其泥，厭其清水。』莊子·齊物論：『民濕寢則腰疾偏死，鰍然乎哉？』後世更換聲母『酋』轉形為『鰍』。玉篇·魚部：『鰍，七由切。與鰌同。』廣韻·尤韻：『鰍，亦作鰍。』宋程垓滿江紅：『白沙遠浦，青泥別渚，剩有鰕跳鰍舞。』亦寫作『⿱秋魚』。清乾隆二年修福建通志·物產：『永春州，鱗之屬：草魚、鯰魚、鰻魚、⿱秋魚魚。』

『求蟲』即『鰌蟲』，今俗稱『泥鰍』，動物類方藥名。為鰍科花鰍亞科泥鰍屬魚類，故亦稱『蟲』。泥鰍被稱為『水中之葠』，是營養價值很高的特殊魚類。一般人群均可食用，特別適宜於身體虛弱、脾胃虛寒、營養不良、小兒體虛盜汗者食用，有助於生長發育；適宜老年人及有心血管疾病、癌症患者及放療化療後、急慢性肝炎及黃疸之人食用，尤其是急性黃疸型肝炎更適宜，可促進黃疸和轉氨酶下降；適宜陽痿、痔瘡、皮膚疥癬瘙癢之人食用。其味甘，性平，無毒，可入藥。有補益脾腎、利水、解毒等功效。主治脾虛瀉痢、熱病口渴、小兒盜、汗水腫、小便不利、陽事不舉、病毒性肝炎、痔瘡、疔瘡、皮膚瘙癢等病症。煮食治瘡癬，通血脈而大補陰分。食用禁忌：不宜與狗肉同食，狗血與泥鰍相克；陰虛火盛者忌食；螃蟹與泥鰍相克，功能正好相反，不宜同吃；毛蟹與泥鰍相克，同食會引起中毒。中國醫學大辭典：『鰍魚肉：性質甘平無毒（或作涼）。功能益氣，暖中，調中（同米粉作羹食），醒酒，收痔，治消渴、陽事不起。雜論此物忌白犬血。』[一五]傳統認為，服中藥禁忌腥、辛、葷、辣之食物，泥鰍為腥物，故本方與『魚』『葷』『麻』『椒』『馬肉』等同忌。

五　空：孔

漬□□，□□□㲋膏煎汁，□□□沃，數□注，下膏勿絕，叺欲寒氣，□□□，□舉□，□□□□，以傅傷空，蔣□。（傷痙第三治方）

句中的『傷空』，帛書本釋為『傷空（孔）』，無注釋。考釋本釋作『傷孔』，並注：『孔：原作「空」。空與孔上古音均溪母，東部韻。同音通假。空，即空竅。說文·穴部：「空，竅也。」後漢書·馮衍傳：「履孔德之窈冥」。李注：「孔之為言空也。」孔字據爾雅·釋詁郭注，亦釋為「穴」。本條此處指病竈局部。』

按：從新圖版看，帛書原文本寫作『傷空』，不當釋為『傷空（孔）』。『空』金文作（十一年鼎），為『孔』字的初文，今音kǒng，本義為洞穴。說文·穴部：『空，竅也。从穴工聲。』（七下）段玉裁注：『今俗語所謂「孔」也。』又：『竅，空也。从穴敫聲。』段玉裁注：『空、孔古今字。』老子常有欲以觀其竅。』集韻·董韻：『空，竅也。通作孔。』莊子·秋水：『計四海之在天地之間也，不似礨空之在大澤乎？』唐陸德明釋文：『空，音孔。礨空，小穴也。』周禮·考工記·函人：『夫察革之道，眡其鑽空，欲其惌也。』陸德明釋文：『空，音孔，如字。』史記·五帝本紀：『舜穿井為匿空旁出。』唐司馬貞索隱：『音孔。』本方之『空』用的是本字，無需改釋作『孔』。『傷空』即傷口。考釋本說『空與孔上古音均溪母，東部韻，同音通假』，甚誤。

六 冥：索

叺青粱米為鬻，水十五而米一，成鬻五斗，出，揚去氣，盛以新瓦罌，冥口叺布三□，即封涂。

（蚖第六治方）

句中的『冥』，帛書本注：『冪，罩蓋。』考注本釋為『冥（冪）』，並注：『冥當作冪，覆蓋也。』考釋本：『冪（mì，迷）：原作「冥」。冪與冥上古音均明母紐，冪為錫部，冥為耕部。故冥假為冪。雷浚說文外篇卷四：「說文無冪字。陸釋文作『以冪』。阮氏校勘記曰：『石經作冪』。又曰：『依說文當作幎』」。冪義為覆蓋、罩蓋，以巾覆物。說文：「幔，幔也。」段注：「謂冢其上也。周禮注曰：『以巾覆物曰幔。』」一切經音義卷六：「冪，覆也。」說文義箋：「幎之引申為有所覆之稱。」』補譯本：『冪（mì，蜜）：「冪口以布□」：根據五十二病方中211、212行常用「布裹」，缺字補「裹」，「以布三□」即用布條對甕蓋上縫包裹三層。』校釋本：『冪：以巾覆蓋。』集成本改釋為『冥（冪）』，並注：『冪，原釋文徑釋作「冥」。原注：冪，罩蓋。』

按：『冥』帛書本釋為『冥（冪）』，考注本、校釋（壹）本、補譯本、校釋本均從其釋，考釋本改釋為『冪』，集成本改釋為『冥（冪）』。但細看新圖版，帛書原文本寫作『索』，而非『冥』或『冥』，故改釋為『索』。『索』的本義為大繩索。說文・𣎵部：『索，艸有莖葉可作繩索。从𣎵糸。杜林說：𣎵亦朱木字。』（六下）林義光文源卷六：『象兩手緧索形，不从𣎵。』[一六]小爾雅・廣器：『大者謂之索，小者謂之繩。』尚書・五子之歌：『若朽索之馭六馬。』本方之『索』為動詞，即用繩索捆緊。『索口』指將布覆蓋在『新瓦甖口』上，然後用繩索捆緊甖口，而絕非僅僅用布罩蓋在『新瓦甖口』上。

七　搗：捣

□□□□大把，搗而煮之，令沸，而漉去其宰（滓），即以□汁湊（洒）夕□。（夕下）

句中的『搗』，帛書本釋為『搗（搗）』，無注釋。考注本：『搗：原作「搗」。搗與搗上古音均端母，幽部韻。同音通假。搗字同搗（證韻）。廣雅・釋詁：「搗，刺也，用棍。」即棒的一端撞擊。』

按：『搗』各注本均釋為『搗』，但細看帛書新圖版，原文本寫作『搗』。『搗』的初文作『𢷎』，隸變為『擣』，本義為舂。說文・手部：『𢷎，手椎也。一曰築也。从手𠷎聲。』（十二上）清邵瑛羣經正字：『今經典「𢷎」作「搗」……此隸變之訛。』玉篇・手部：『擣，丁道切。說文云：「手椎也。一曰築也。」』或更換聲母『𠷎』轉形為『搗』。篇海類編・身體類・手部：『搗，敲也；舂也。亦作搗。』詩經・小雅・小弁：『我心憂傷，惄焉如搗。』正字通・手部：『搗，俗𢷎字。』儀禮・有司徹：『搗肉之脯。』漢劉向本作『𢷎』。或再更換聲母『島』轉形為『搗』。集韻・晧韻：『𢷎，說文：「手推也。一曰築也。」或作搗、搗。』清朱駿聲說文通訓定聲・孚部：『𢷎，手椎也。一曰築也。从手𠷎聲。今字作搗，或又作搗、作搗、作𣊫。』[一七]敦煌變文集・妙法蓮華經講經文：『令人搗合交如法，及月收來必異常。』再更換類母『手』轉形為『𣊫』。玉篇・臼部：『𣊫，舂也。亦作搗。』『𢷎（搗）、搗、搗、𣊫』是一組轉注字。本方之

『搗』本是『擣』的異體字，帛書本等釋為『搗（搗）』，失當；考注本說二字『同音通假』，失審。

八　隋：隨

□□□□□□乾葱□鹽隋（隨）炙尻。（癃病第一治方）

句中的『隋』，帛書本釋為『隋（脽）』，並注：『脽，臀部，見上足臂十一脈灸經第三行注九。按在臀部周圍熱熨或按摩，是一種刺激體表部位治療內臟疾病的遠隔療法。針灸甲乙經所載臀部附近穴位多主治癃病，如胞肓、秩邊、八窌、委中、中窌等。』趙有臣認為：本方的『隋』指肚臍。王燾外臺秘要卷二十七有用熱鹽熨灸臍部療治小便不通的記載。[一八]考注本注略同帛書本，補注：『趙有臣氏認為：脽是臍部。外臺秘要用鹽裝滿臍部灸療治小便不通是其證明。二說並存待考。』校釋（壹）本：『鹽脽炙尻：帛書在此殆鈔寫有誤，當為「鹽灸脽尻」。脽尻，同義複詞，臀部。這裡指用炒熱的鹽包起後熱熨臀部。針灸甲乙經卷九治少腹滿、小便難所選關元、八窌、扶承等穴位，都集中在臀部正中近側。一說，禮記·月令注：「隋為竇。」本書指肚臍。』考釋本：『脽（shuǐ，誰）——原作「隋」，為同源字。禪邪鄰紐，微歌旁轉。脽即臀部……近也有人將「隋」釋為「臍」，或「垂」字者。但前者古音不能相通。後者雖與隋同為歌韻。但垂字既非人體部位之名，而說者將「垂」解作陰囊又無所據。』補注本：『隋：五十二病方釋脽（shuǐ）

無解，各家從之，且對「脽」的強釋。欠妥。筆者認為：脽，臀也。將脽釋脽，指臀，與尻重複，古醫家知此，不可能在四個字中重複，且語義不通。筆者依痒的第十七治方「令病者背火炙之」分析，認定本方為火療法。因此「鹽」之前的缺字中定有火源。「鹽隋」應釋為「鹽墮」，玉鹽「隋（duì）墮落也，」史記·天官書：「廷蕃西有隋星」。「隋星，即墮落之星。」鹽隋（墮）指將鹽撒下去。這裡的問題是將鹽撒下去為何能「炙尻」？所以筆者疑前文之缺字□中，必有火源存在。當將鹽逐步撒於火中時，火中不斷產生爆炸聲，並產生橘黃色的火焰，這是「炙尻」的物質基礎。』

按：關於『隋』字，前人有臀部、臍部和鹽墮三種解釋。我們認為三種釋義均不準確，應通『隨』。『隨』從『隋』得聲，在上古漢語裡表示大腿義。周易·咸：『九三，咸其股，執其隨，往吝。』清俞樾平議：『此爻之辭，與艮六二「艮其腓，不拯其隨」，文法相似。王氏彼注曰：「隨謂趾也。」竊疑隨乃「骽」之叚字。古無「骽」字，故以「隨」為之。』漢賈誼新書·跪容：『隨前以舉，項衡以下。』俞樾平議：『「隨」乃「骽」之叚字。言拜之時，其骽必前以舉，其項必衡以下也。』俞氏說『古無「骽」字，故以「隨」為之』甚是，然而說『「隨」乃「骽」之叚字』則未安。古書用字的通假關係的確定，能通假的兩個字必須在同一時期都存在，如果一個字在前，另一個字晚造，怎麼能構成通假關係呢？應該說在『骽』字未造的上古時期，大腿義先用『隨』來記音，後來纔造本字。『骽』是『隨』後出字，今音tuǐ，字亦寫作『腿』。玉篇·骨部：『骽，骽股也。』廣韻·賄韻：『骽，骽股也。吐猥切。腿，俗。』[一九]字彙補·骨部：『骽，案：金石韻府：「古文腿字。」』本方的『鹽』表示動作，即表示用熱鹽熨燙；『鹽隋

(隨)』即指用包裹的熱鹽熨燙大腿。

五十二病方中字詞，由於書寫者習慣用古字、生僻字、同音字和借音字等，致使後世考釋起來甚為艱難。該帛書自出土以來，雖歷經眾多醫學專家、文獻學家、古文字學家深入細緻的校勘與訓釋，但今天讀來，仍發現其中有較多的疑難字需要斟酌再釋。本文限於篇幅，僅就以上八個字詞進行重新釋讀，望方家指正。

注釋

［一］本文原署名鍾如雄、胡娟，載於西南民族大學學報（人文社會科學版）2015 年第 11 期。

［二］馬王堆漢墓帛書整理小組：馬王堆漢墓帛書（肆），文物出版社 1985 年版。

［三］尚志鈞：〈五十二病方〉藥物注釋，皖南醫學院科研科 1985 年油印本。

［四］周一謀、蕭佐桃主編：馬王堆醫書考注，天津科學技術出版 1988 年版。

［五］魏啟鵬、胡翔驊：馬王堆漢墓醫書校釋（壹），成都出版社 1992 年版。

［六］馬繼興：馬王堆古醫書考釋，湖南科學技術出版社 1992 年版。

［七］嚴建民：五十二病方注補譯，中醫古籍出版社 2005 年版。

［八］周祖亮、方懿林：簡帛醫藥文獻校釋，學苑出版社 2014 年版。

［九］裘錫圭主編：馬王堆漢墓簡帛集成（伍），中華書局 2014 年版。

［一〇］清段玉裁：說文解字注，上海古籍出版社 1988 年版，第 112 頁。

［一一］鍾如雄、胡娟：『古音通假』說的歷史反思，四川師範大學漢語研究所編語言歷史論叢第八輯，巴蜀書社2015年版。
［一二］清段玉裁：說文解字注，上海古籍出版社1988年版，第563頁。
［一三］徐時儀：一切經音義三種校本合刊，上海古籍出版社2008年版，第1015頁。
［一四］劉釗：馬王堆帛書〈五十二病方〉中一個久被誤釋的藥名，古籍整理研究學刊1997年第3期。
［一五］謝觀主編：中國醫學大辭典，商務印書館2003年版，第4546頁。
［一六］林義光：文源，中西書局2012年版，第249頁。
［一七］清朱駿聲：說文通訓定聲，武漢市古籍書店1983年影印本，第249頁。
［一八］趙有臣：〈五十二病方〉中『隋』字的考釋，文物1981年第3期。
［一九］宋本廣韻，北京市中國書店1982年影印本，第252頁。

甲骨文『東』字構形與殷商先民的生命之源[一]

關於『東』字的構形及其構形意義，還是個未解之謎。至今以前，先賢或釋為『从日在木中』，表示震動；或釋為象囊橐之形，即『橐』字初文，指稱口袋；或釋為大木鼓，形如空桑，等等。仔細研讀這些結論，會發現很多疑點，比如『東』字若從『木』，怎麼會與口袋扯上關係？『東』義若為『動』，是日昇、樹搖還是震動？靜思甲骨文『東』字之構形，確與『木』密切相關，倘若果真與樹木相關，囊橐之類的解釋就是子虛之說。那麼，『東』從『木』說是否有歷史文化之根據呢？本文嘗試從殷商先民的生命之源來揭示『東』字的構形理據與構形意義。

一　先賢對『東』字訓釋的偏誤

第一，『東』為『動』説。據傳世文獻記載，對『東』字最早的訓釋是漢代官溥的析形和許慎的釋義。說文·東部云：『東，動也。从木。官溥說：「从日在木中。」凡東之屬皆从東。』（六上）[二]官溥說『東』的構形取象於『日在木中』，是個會意字，許慎從其說。說文編排字形的基本原則是『以類相從』和『據形系聯』，按理，『東』字應該收在木部，而許君則單獨分部，且所從之字僅有一個『𣍘』。『東』字所從之『木』應為何木？許君尚未明說，而清代段玉裁認為是『榑木』，並說：『日在中為東，日在上為杲，日在下為杳。』[三]至於『動』為何物之動，清代朱駿聲說是『萬物始動生』[四]，其釋義根據來源於白虎通・五行所謂『東方者，動方也，萬物始動生也』。何謂『榑木』？說文・東部：『叒，日初出東方湯谷所登榑桑，叒木也。』段玉裁注改為：『叒木，榑桑也。日初出東方湯谷所登也。』又木部云：『榑，榑桑，神木，日所出也。从木尃聲。』（六上）[五]淮南子・天文訓：『東方，木也。』[六]朱駿聲據此按：『日所出也……木叒，木榑桑也。』又云：『木，冒也，冒地而生。東方之行。从中，下象其根。』南唐徐鍇注：『中者，木始甲拆，萬物皆始於微，故木從中。』『榑木』就是『叒木』，太陽初出東方湯谷，從榑木上昇起，故『東』從木從日，義為太陽昇起，引申為震動。故官溥析形為『从日在木中』，許慎釋義為『動』。

第二，『東』為『橐』說。在甲骨文出土以前，官溥的析形、許慎的釋義，均為無可爭議的不刊之說。然一八九九年以來，隨著殷商甲骨文字的出土，引發了古文字研究學者對『東』字構形新一輪的解讀。他們不再相信官、許的解釋，認為甲骨文的『東』字構形象兩頭緊紮、中間鼓圓、裝滿實物的口袋，即『橐』字的初文，與樹木和太陽無關。初釋『東』為『橐』者是徐中舒先生。他說：『東古橐字。埤蒼曰：「有底曰囊，無底曰橐。」史記索隱引倉頡篇曰：「囊橐之無底者也。」實物囊中括其兩端，形象之也……物後世謂之東西者，囊之轉音也。』[七]徐中舒的新解，得到了丁山等前輩學者的推崇。丁山先生說：『敍說甚是。毛公鼎有字，散氏盤有字，諸家並釋為橐，櫜許君謂從橐省，實則所從之，即囊字，易爻所謂括

橐者也。橐中無物，束其兩端，故亦謂之束，暨實以物則形拓大。□、□者，橐之拓大者也，故名曰橐。橐與東為雙聲，故古文借之為東方。』[八]鄒曉麗先生亦從徐中舒說：『橐的初文……「東」字形象兩端無底用繩捆束之形。卜辭中借為「東西」之「東」。』[九]

第三，『東』為『柬』說。林義光文源卷六云：『是東與柬同字，東柬雙聲對轉，柬聲之竦亦轉入東部。四方之名，西南北皆借字，則東方亦不當獨制字也。』[一〇]唐蘭先生初贊同徐說，認為友人徐中舒先生說『甚是』，後改從林義光之說。唐氏云：『徐、丁二君於東字推翻說文從木從日之說，厥功甚偉……然謂東字為古橐字，猶為未達一間也。余謂金文偏旁，東、柬二字每通用，東即柬之異文。』[一一]于省吾先生早年亦推崇徐說：『徐中舒謂東乃古橐字，其說是正確的。字本象實物囊中，束其兩端之形，既不從木，亦不從日。唐蘭以為「金文偏旁東柬二字每通用，東即柬之異文」，其說本於林義光文源。古文字偏旁相混者比比皆是，不得據以論述正字。金文正字東與柬判然有別，從不相混，甲骨文亦然。林義光之說非是。』[一二]然而晚年則改從林義光說：『林義光文源：「古日作□不作□。」又引金文偏旁東柬互作，並謂：「東與柬同字，東柬雙聲對轉，柬聲之竦亦轉入東部，四方之名，西南北皆借字，則東方亦不當獨制字也。」按林說甚是，但還不知東為指事字。甲骨文東與柬每互作……東字的造字本義，系於柬字的中部附加一横，作為指事字的標誌，以別於柬，而仍因柬字以為聲。』他批評段、朱二氏的析形『附會許說，毫不足據』（釋古文字中附畫因聲指事字的一例）。[一三]

第四，『東』為『木鼓』說。周清泉先生認為『東為大木鼓，形如空桑』。他說：『徐丁二先生以東為橐，其實二者都是木鼓，只是中腹的虛空程度，即容量的大小不同，橐腹虛少實多，或體積較小可以手持而擊，如易所謂「重門擊欜」的，其聲 tuo-tuo，其名自呼故名為橐。而東則腹中虛多，小者可手持，如甲骨文有軙字，大者則須四手舉抬，中腹空虛，擊之其聲 tong-tong，也是其名自呼。此木鼓因而字名為東。』[一四] 對甲骨文『東』字的考釋，周清泉的看法最為新穎，且較接近真實，但今人多認同徐氏的結論。漢語大字典·木部已採納了該研究成果：『按：甲骨文象實物囊中括其兩端之形，為「橐」的初文。後世借為「東西」「東方」之東。』[一五] 但是，我們覺得，無論是小篆的『東』，還是甲骨文的『東』，其構形都不像『橐』，倒是與遠古先民居住的『橧巢』相似。

二　『東』與遠古先民居住的『橧巢』

古代建築學家沈福煦先生說：『我國遠古時代的建築，雖然完整的實物早已消失，但卻有豐富的遺址。既有穴居、半穴居的許多實際資料，又有巢居的許多實際資料。一般說我國北方多穴居，南方多巢居。』[一六]『巢居』就是在大樹的分叉處搭建鳥巢式的窩棚居住，這種鳥巢式的窩棚，是我們遠古祖先最初建造的房屋之一，他們稱之為『橧』。爾雅·釋獸：『「豕」所寢，橧。』方言卷八：『豬，吳揚之間謂之豬子，其檻及蓐曰橧。』廣雅·釋獸：『橧，圈也。』清王念孫疏證：『橧，本圈中臥蓐之名，因而圈亦謂之橧。』爾雅等古籍所謂豬睡的墊草或豬圈，都是『橧』的引申義，本義則是人類搭建在樹木上的『巢穴』。廣雅·釋宮：『橧，巢也。』禮記·禮運：『昔者先王未有宮室，冬則居營窟，夏則居橧巢。』唐孔穎達等正義：

『夏則居橧巢者，謂橧聚其薪以為巢。』鳥築的窩為『巢』，人搭的窩為『橧』，二者都建築在樹上，其形相似，功用相同，故連用謂之『橧巢』。

從中國建築發展史上看，遠古先民初始築巢而居。在古代的神話傳說中，築巢的祖先叫做『有巢氏』。莊子·盜蹠篇說：『古者禽獸多而人少，於是民皆巢居以避之。晝拾橡栗，暮棲木上，故命之曰有巢氏之民。』韓非子·五蠹亦云：『上古之世，人民少而禽獸眾，人民不勝禽獸蟲蛇，有聖人作，搆木為巢，以避羣害，而民說之，使王天下，號之有巢氏。』梁啟雄注：『「搆」同「構」，說文：「構，蓋也。」玉篇：「構，架也。」「說」借為「悅」，悅之，指歡迎那個教人構木為巢的聖人。』在採食時代，先民日出採摘野果，日落上棲茂樹。那時，他們居住的還是茅草搭建的簡易窩棚，可以遮風擋雨、躲避羣害。早期漢字有個『苫』字，其構形義就是割刈茅草覆蓋房屋。爾雅·釋器：『白蓋謂之苫。』晉郭璞注：『白茅苫也，今江東呼為蓋。』清郝懿行義疏：『左傳·昭公十七年正義及釋文並引漢李巡曰：「編菅茅以覆屋曰苫。」』說文·艸部亦云：『苫，蓋也。从艸占聲。』（一下）引申為用茅草等編成的覆蓋物。左傳·襄公十四年：『乃祖吾離被苫蓋、蒙荊棘以來歸我先君。』建築考古學家楊鴻勳先生認為：長江流域水網地區是我國遠古文化（大約距今七千年）發展相當早的區域之一。這一帶河流沼澤密佈，地下水位很高，通常不太可能靠挖洞穴來解決居住問題，而主要是靠憑藉樹木構築橧巢。[一七]巢居的初始形式是在單棵大樹的分叉處建巢，繼後發展為連樹結巢，再後來因為人口繁衍越來越多，已有的樹木難以滿足搭建所需，於是採取人工插木建巢的方式，爾後漸漸將整個橧巢降至地面，成為史前晚期的杆欄式建築。數千年後的清人桂馥，在他的札樸・滇游續筆・橧中記載了一則有關雲南永平山土著在平地建造橧巢的方法：『永平山中人，築室不用磚瓦土墼，但橫木柴，紥為四壁，上覆木片，謂之苫片，與豖所居無異。馥謂即古之橧也。』華夏先民採用銅柱礎和版築基址建築房屋，乃是商王盤庚遷殷以後或周滅商以前的事情（公元前十二世紀），在此以前，北方多穴居，南方多巢居。徐中舒先生在黃河流域穴居遺俗考一文中指出：『可以斷言夏代已有宮室或瓦屋之說，委實不能令人相信。』[一八]原始先民所居的橧巢，其外形在陽光的透射下，遠遠望去，就像個巨大的鳥窩，故殷商甲骨文將它刻畫成『東』。

三　『東』與桑母生子神話的關係

兒女在孩提時期總愛問：『媽媽，我是從哪里來的？』媽媽諱言道：『寶寶是從樹上掉下來的！』這樣的母子對白，今天人聽起來並不感到陌生、詫異。『人是從樹上掉下來的』，這種說法並非戲言，而是殷商先民的生命之源——『桑母生子』神話。殷商先民認為自己都是空桑木母所生的子孫。在先秦兩漢的文獻中，有關空桑木母生子的神話傳說主要有以下記載：

（一）水濱之木，得彼小子。夫何惡之，媵有莘之婦？（楚辭・屈原〈天問〉）

漢王逸注：『小子，謂伊尹。媵，送也。言伊尹母妊身，夢神女告之曰：「臼竈生鼃，亟去無顧。」居無幾何，臼竈中生鼃，母去東走，顧視其邑，盡為大水，母因溺死，化為空桑之木。水乾之後，有小兒啼水涯，人取養之。既長大，有殊才。有莘惡伊尹從木中出，因以送女也。』宋洪興祖補注：『濱，水際也。送女從嫁曰媵。列子［・天瑞］曰：「伊尹生乎空桑。」注云：「伊尹母居伊水之上，既孕，夢有神告之曰：『臼水出而東走，無顧！』明日，視臼水出，告其鄰，東走十里而顧視，其邑盡為水，身因化為空桑。有莘氏女采桑，得嬰兒於空桑之中，故命之曰伊尹，而獻其君，令庖人養之。長而賢，為湯相。」』[一九]

（二）有侁氏女子採桑，得嬰兒於空桑之中，獻之其君。其君令烰人養之。察其所以然，曰：『其母居伊水之上，孕，夢有神告之曰：「臼水出而東走，毋顧！」明日視臼出水，告其鄰，東走十里而顧，其邑盡為水，身因化為空桑。故命之曰伊尹。此伊尹生空桑之故也。』（呂氏春秋・孝行覽・本味）清梁玉繩注：『空桑，地名。寰宇記：「空桑城在開封府雍丘縣西二十里。」蓋母生尹即卒也。』[二〇]

有侁（莘）氏女子採摘桑椹而『於空桑之中』撿得木母所生的伊尹，而伊尹就是殷商開國之君成湯國相。因此，空桑就成了商人信奉的神木，木母則是商人的始祖母（生命之源）。山海經・海內經：『南海之外，黑水青水之間，有木名若木，若水出焉。』水經注・若水：『若木之生，非一所也。黑水之間，厥木所植，水出其下，故水受其稱焉。』說文・木部：『榑桑，神木，日所出也。』可見『若水』得名於沿江兩岸所生的『若木』，而若木乃是商人心目中的『神木』，生長在太陽昇起的地方，象徵著商族的興旺。位列傳說中五帝（黃帝軒轅、顓頊高陽、帝嚳高辛、帝堯放勳、虞舜重華）之第二帝的顓頊，是殷商族人最古老的始祖，史記・五帝本紀說『帝顓頊高陽者，黃帝之孫昌意之子也』。呂氏春秋・仲夏紀・古樂云：『帝顓頊生自若水，實處空桑，乃登為帝，惟天之合，正風乃行。』漢高誘注：『處居空桑。』許維遹按：『淮南子・本經篇〔高誘〕注：「空桑，地名，在魯也。」風者，聲也。正風即正聲。淮南子・原道篇：「結激楚之遺風。」高注：「風，聲也。」是其證。』[二一]顓頊帝亦『生自若水，實處空桑』，說明『若水』『空桑』與商族的關係極為密切。其後商人的後裔、我國偉大的教育家孔子亦生於空桑。史記・孔子世家：『〔叔梁〕紇與顏氏女野合而生孔子。』太平御覽九五五引緯書春秋演孔圖云：『孔子母徵遊大塚之陂，睡，夢黑帝使請己往，夢交。語女：「乳必空桑之中。」覺則若感，生丘於空桑之中。』周清泉指出：『孔子是商裔，又是春秋時代「聖之時也」的當代聖人。可見空桑神話是屬於商人的神話，也就是屬於商族人把自己表像給自己看的自我意識，故而所表像的形象，從先祖的顓頊起，經開國賢相伊尹，到周末的商裔孔聖人，都是出類拔萃的了不起的人物，而且從先祖顓頊到商裔孔子，時間的跨度長達好幾千年。由此可見，商雖然被周武王滅亡了，但商人的原始的自我意識卻沒有滅亡，還頑強地存留在神話傳說中。』[二二]空桑木母生殷商祖先，殷商族人的生命之源來自非人類的『桑母』。

四　『桑母』謂之『東』

楚辭・屈原〈天問〉說：『水濱之木，得彼小子。』所謂『水濱之木』就是『若水之木』，亦就是『若木』。『若木』或稱榑桑、扶桑、桑木，它是商人神話中生育殷商祖先的始祖母。殷商之祖先，生諸空桑，居諸桑木，葬諸桑林，故視桑林為發祥之地，將桑木視為神木。

商人採摘桑椹維生。董作賓殷曆考云：殷人『紀時之法：曰明，曰大采，曰大食，曰中日，曰昃，曰小食，曰小采，一日之間分七段，夜則總稱之曰夕也。』並引國語·魯語下所載周人的作息時間表以為佐證。董先生認為：大采、小采『一在大食之前，一在小食之後，大采略當於朝，小采略當於暮也。』魯是殷商故地，兩周之魯基本上沿襲殷商的作息時間。桑椹是商人主要的『食糧』，直到第十代商王盤庚遷都安陽時，依然以採摘桑椹為生。

在動物學的分類上，人與猿猴同屬於靈長類動物。人類初始是群居於森林以採摘野果為生的，因此森林是人類的生命之源和發祥地。通過先秦的文獻記載，我們得知商代始祖發祥於桑林。墨子·明鬼下曰：『燕之有祖，當齊之社稷，宋之有桑林，楚之有雲夢也。此男女之所以屬而觀也。』唐釋道世法苑珠林·君臣篇引作：『燕之有祖澤，猶宋之有桑林，國之大祀也。』清孫詒讓閒詁：『左〔傳〕·襄〔公〕十年傳云：「宋公享晉侯於楚丘，請以桑林。」杜〔預〕注云：「桑林，殷天子之樂名。」淮南子·脩務訓云：「湯旱，以身禱於桑林之林。」高〔誘〕注云：「桑山之林能為雲雨，故禱之。」呂氏春秋·慎大篇云：「武王勝殷，立成湯之後於宋，以奉桑林。」高〔誘〕注：「桑山之林，湯所禱也，故使奉之。」莊子·養生主篇云：「合於桑林之舞。」釋文引司馬彪云：「桑林，湯樂名。」按：杜預、司馬彪並以桑林為湯樂。左傳孔疏引皇甫謐說，又以桑林為大濩別名。以此書及淮南〔子〕書證之，桑林蓋大林之名，湯禱旱於彼，故宋亦立其祀。左昭二十一年傳云：「宋城舊鄘及桑林之門」，當即望祀桑林之處。』[二三]孫氏認為，殷商之桑林乃

『大林之名』，開國之君成湯始祭祀於此，其繼君或後裔相沿祭祀。由此可見，『桑林』是殷商先民及其後裔祭祀始祖『木母』的聖地。

『木母』或作『嫫母』，乃是孕生殷商子孫的始祖母。但是，因其皮膚粗糙、又非人類，故在上古的文獻記載中總是將她描寫成為醜婦形象，並且作為醜女的代稱，就像越國的西施，膚色嬌豔，總是代稱美女一樣。戰國策·楚策四曰：『閭姝子奢，莫知媒兮。嫫母求之，又甚喜之兮。』宋鮑彪注：『姝，好也。奢，即子都，美人也。嫫母，都醜也。』元吳師道補注：『荀子［·賦篇］作「閭娵」。韋昭云：梁王魏甇之美女。楚辭注云：「奢」或作「都」，故以為鄭之美女。［嫫母］醜婦人。楚辭注云：黃帝妻。』[二四]『嫫母』異體作『嫫母』。說文·女部：『嫫，嫫母，都醜也。从女莫聲。』（十二下）[二五] 朱駿聲通訓定聲：『字亦作嫫。』楚辭·東方朔〈七諫·怨世〉：『西施媞媞而不得見兮，嫫母勃屑而日待。』王逸注：『西施，美女也。嫫母，醜女也。勃屑猶媻姍，膝行貌。言西施媞媞，儀容姣好，屏不得見。嫫母醜惡，反得媻姍而侍左右也。』洪興祖補注：『嫫，音謨。』[二六]『嫫』轉形為『娒』。漢書·古今人表：『娒母，黃帝妃。』唐顏師古注：『娒，音謩，字從巾，即嫫母也。』集韻·模韻：『嫫，或作娒，亦書作嫫。』把商人的始祖母木母演繹成黃帝四妃（方雷氏、嫘祖、彤魚氏、娒母）之一，是漢儒劉向的一大創造。劉向列女傳云：『黃帝妃嫫母，於四妃之班居下，貌甚醜而最賢，心每自退。』

在男人的眼裡，木母粗樸醜陋，但在人子的眼中，她慈愛仁厚。空桑木母的腹中躁動著殷商族民的祖先，故商代大臣，將空桑生子這一傳說，想像成為姙身的母腹在桑木中，並將其刻畫在龜甲獸骨上，成為永世傳誦的神話史詩。因此，我們可以說，甲骨文的[illegible]，從桑木母腹會意，象徵木母的妊娠，絕非前賢所說的『囊橐』『木鼓』或『東』，而說文所釋的震『動』義，乃是木母胎動引申出來的意義。

『木』遠古本讀『桑』音，前人早有論述。楊寬古史傳世探源論云：

『宋』古從『木』聲，而『木』古有『桑』音。〔清〕孫志祖讀書脞錄卷七『木有桑音』條云：「「古」木字有「桑」音。列子·湯問篇：『越之東有輒木之國。』注音木字為又康反。山海經：『南望幼海，東望榑木。』注扶桑二音，是也。字書「木」字失載「喪」音，人多如字讀之，誤矣。』其論至確。案，海外東經云：『湯谷上有扶桑，十日所浴，在黑齒北，有大木居水中，九日居下枝，一日居上枝。』而大荒東經云：『湯谷上有扶木，一日方至，一日方出。』呂氏春秋·求人篇云：『禹東至榑木之地，日出九津。』皆足證『扶木』『榑木』即『扶桑』。淮南子·時則篇：『東至日出之次，榑木之地。』注：『榑木，榑桑。』此皆『木』有『桑』音之證。〔二七〕

古『木』讀『桑』，『木母』即是『桑母』，『桑母』即為『商母』，乃殷商之始祖母也。從『空桑』和『東』所包含的字詞意義看，無論『囊橐』『木鼓』還是『東』等解釋，都無法找到孳乳的理據。在中國歷史文獻中，『空桑』具有下列意義：

①空桑之木，即桑木。後指稱地名，盛產琴瑟之材。周禮·春官·大司樂：『空桑之琴瑟，咸池之舞，

夏日至，於澤之方丘奏之。』漢書·禮樂志二：『空桑琴瑟結誠信，四興遞代八風生。』唐顏師古注：『空桑，地名也，出善木，可為琴瑟也。』

②因桑琴共鳴器中空，故後世代稱琴瑟。楚辭·景差〈大招〉：『魂乎歸徠，定空桑只。』王逸注：『空桑，瑟名也。』

③木母化生人類，故後世泛稱非人類所生或來歷不明的人。舊唐書·傅奕傳：『蕭瑀非出於空桑，乃遵無父之教。』元無名氏陳州糶米第一折：『此生不是空桑出，不報冤讎不姓張。』明宋濂金華張氏先祀記：『人非空桑而生，孰不本之於祖者。』

④因木母胎腹空淨，後專稱遠離凡塵的佛教寺院。元楊載次韻錢塘懷古：『空桑說法黃龍聽，貝葉繙經白馬馱。』清龔自珍摸魚兒·乙亥六月留別新安作：『空桑三宿猶生戀，何況三年吟緒！』

⑤因空桑象徵母腹，故後世泛稱空廓深幽的洞穴。東周列國志第七十八回：『南山有空竇，竇有石門而無水，俗名亦呼空桑。』

『空鼓』『清淨』『聖潔』『異類生育』等，都是『空桑』所含意義（地名、琴名、非人類所生的人、佛教寺院等）的基本義素，它們都與遠古傳說中的桑母生子密切相關，由此可證，空桑木母不僅是殷商先民的生命之源，而且還是『空桑』字詞意義孳乳、演變的根基。

五　『東』字孳乳義討源

我們再回過頭來梳理『東』的字義系統。目前國內出版的主要字典辭書所列『東』的義項，辭源三個（日出的方向；向東、東行；主人），[二八] 漢語大字典五個（太陽出來的方向；向東、東行；主人；象聲詞；姓），[二九] 漢語大詞典八個（日出的方向；向東、東去；特指東西向；東家、主人；指春天；指廁所；象聲詞；姓），[三〇] 雖然各家所列義項多寡有別、解釋略異，但核心的義素都指向『人』與人類居住或使用的特殊的物（房屋）和朝向（方位），這不是偶然的詞義發展現象，而是與空桑木母生育殷商先民的神話傳說密切相因。

商朝史官因取象於空桑木母生育人類的傳說而造『東』字，於是『東』就賦予了如下文化內涵：遠古先民在桑木樹上搭建窩棚居住，而窩棚向陽，遠遠望去，其形宛如一個大鳥窩，故名之曰『橧巢』。先民在橧巢中棲息、性愛、生育兒女，故殷商先民將其神話，演繹出空桑木母生育商人祖先的故事來。木母的特徵是：一棵高大挺立桑樹，樹榦的中部長著個像臨盆生產的大肚子，肚子裡面宛如胎兒震動欲出。於是『東』字構形就像臨產的木母之形。這個取象成為『東』字所有引申義原始的核心的義素。

第一，橧巢或母腹是人類居住之所或是孕育新生命的母體，由此『東』引申為：

①已婚女性所居之室。秦代以前，諸侯之妻居中宮，其妾媵一部分居東宮，秦以後太后居東宮。『東宮』亦稱『東朝』，初始並非方位居東，如漢代太后的寢宮叫『長樂宮』，並不叫『東宮』。但長樂宮在未

央宮東面，所以後世歷代王朝都將太后寢宮建在後宮的東面，這種建築習慣屬於文化傳承。至於方位意義，如像北方人習慣以自己所在的位置來分辨『東西南北』，而南方人卻一般不說『東西南北』，而是說『前後左右』，衹是一種約定俗成的習慣。公羊傳・僖公二十年：『西宮者何？小寢也。小寢則曷為謂之西宮？有西宮則有東宮矣。』漢何休注：『禮，夫人居中宮，少在前，右媵居西宮，左媵居東宮，少在後。』史記・魏其武安侯列傳：『及建元二年，御史大夫趙綰請無奏事東宮。太后大怒，乃罷逐趙綰王臧等。』漢書・楚元王傳：『依東宮之尊，假甥舅之親，以成威重。』

②長子所居之室。在封建王權時代，長子乃是太后的長孫，君位的法定繼承人，故太子所居之室亦稱『東宮』『東闈』。晉李密陳情表：『尋蒙國恩，除臣洗馬，猥以微賤，當侍東宮。』唐白居易答四皓廟詩：『從容下南山，顧盼入東闈。前瞻惠太子，左右生羽儀。』清李漁玉搔頭・收奸：『朱彬冒名稱兒，有窺視東宮之想。』

③茅廁。母親生子時，下體必然污濁，故茅廁謂之『東』。明馮夢龍警世通言・拗相公飲恨半山堂：『荊公見屋旁有個坑廁，討一張手紙，走去登東。』清李漁巧團圓・全節：『〔副淨〕我肚裏疼痛不過，又要登東去了。』古時茅房亦稱『東司（廝）』『東圊』『東淨』『東廁』等。宋無名氏張協狀元第十出：『做殿門由閑，衹怕人掇去做東司門。』明施耐庵水滸傳第六回：『管菜園的菜頭，管東廁的淨頭，這個都是頭事人員，末等職事。』明蘭陵笑笑生金瓶梅第二十五回：『但凡世上養漢的婆娘……正是東淨裏磚頭兒，又臭又硬。』

第二，人類安身於橧巢之內、胎兒發育於母腹之中，由此『東』引申為『人』的代稱。

①僕傭、房客等稱主人、房主等為『東』，俗稱『東家』。禮記・曲禮上有『主人就東階，客就西階』之禮，但這並非是『東』稱主人的義源。殷商先民發祥於齊魯，而兩周之民發祥於陝西，他們原本無方位概念，周滅商後，商裔生活在周人眼中的日出方向（東方），故稱其地為『東』，稱其人為『東人』。詩經・小雅・大東：『東人之子，職勞不來。』宋朱熹集傳：『東人，諸侯之人也。』朱熹所謂『諸侯之人』，實指原殷商之地的人，即商人後裔。後世所謂『東人』，則泛稱陝西以東的人，其中亦包括日本人。宋元以後主人亦稱『東人』『東主』。京本通俗小說・碾玉觀音：『今日崔寧的東人君王，聽得說劉兩府恁地孤寒，也差人送一項錢與他。』宋元戲文輯佚・王祥臥冰：『不想遇著強賊至，把大官人背剪入山去……我的東人！東人在那裏？』元李好古張生煮海第一折：『［家童云］我家東人好傻也，安知他不是個妖魔鬼怪，便信著他跟將去了。』許地山枯楊生花：『他衹得把房子交會東主，一切家私能變賣的也都變賣了。』明清以後，『東人』多簡稱『東』。明淩濛初二刻拍案驚奇卷十七：『孟沂道：「欲問夫人高門姓氏，與敝東何親？」美人道：「寒家姓平，成都舊族也……與郎君賢東乃鄉鄰姻婭。」』周立波暴風驟雨第一部十五：『咱們一東一夥，這麼些年頭，還能不照顧？』

②左傳・僖公三十年載：春秋時秦晉合兵圍鄭，鄭文公派大臣燭之武遊說秦穆公曰：『若舍鄭以為東道主，行李之往來，共其發困，君亦無所害。』後世則稱宴請的主人為『東』，亦稱『東道主』。清孔尚任桃花扇・訪翠：『［小旦］酒已備下，玉京主會，不得下樓奉陪，賤妾代東罷。』張天翼速寫三篇・『新生』：

『本是應該由我做個小小的東，然而家裏沒有預備。』

③股份持有者、合夥經營的投資人等。如『股東』。清容閎西學東漸記第十六章：『中國宜組織一合資汽船公司，公司須為純粹之華股，不許外人為股東。』老舍二馬第五段四：『馬老先生可以算作股東，什麼事不用管，專等分紅利。』

④指稱人或物的『東西』，自來就是個偏義複詞。魏晉以降俗稱桑田屋宇等產業或泛指對象，明代以後亦可用來戲稱人。近年來成都話戲稱人時『東』可重疊（『東東』）使用。如：『你這個東東，好管閒事！』這是很值得關注的變化。

要之，甲骨文『東』字異體較多，或象木母腹中有子之形（、一期合集9421、9425），或象木中空無子之形（一期合集9430），或象樹上有橧巢之形（一期合集11468、、四期屯南2446、1126）或省作、之形（一期合集14294、一期南南2.56）等，[三二]其取象於兩種類物象：一是取象於遠古先民居住的橧巢，二是取象於殷商木母生子的神話傳說，故其構形或像透過紅日呈現出來的橧巢，或像桑木隆腹妊身之形。而商代先民信奉木母生子的傳說，故甲骨文主從木隆腹會意。母腹為異類『空桑』，是孕育人類神聖的『子宮』，故其引申義向著指稱『室』和『人』兩個方向發展。前人釋之為『動』『東、囊橐、木鼓』等，都找不到它們與引申義『人』之間的因果聯繫，釋為『桑母』，乃是惟一可信的解釋。

研究漢字的構形理據，必須以歷史文化作為解讀的重要依據，因為漢字的構形，貯存著遠古先民自然樸實的心理意識。歷史文化，乃是解讀漢字構形理據的重要管鍵。

注釋

〔一〕本文原載於四川大學漢語史研究所編漢語史研究集刊第十三輯，巴蜀書社 2010 年版。

〔二〕漢許慎撰，宋徐鉉等校定：說文解字，中華書局 1963 年版，第 126 頁。

〔三〕清段玉裁：說文解字注，上海古籍出版社 1988 年第 2 版，第 271 頁。

〔四〕清朱駿聲：說文通訓定聲，武漢市古籍書店 1983 年影印本，第 30 頁。

〔五〕漢許慎撰，宋徐鉉等校定：說文解字，中華書局 1963 年版，第 119 頁。

〔六〕劉文典：淮南鴻烈集解，中華書局 1989 年版，第 88 頁。

〔七〕于省吾主編：甲骨文字詁林，中華書局 1996 年版，第 3011 頁。

〔八〕同上書，第 3010—3011 頁。

〔九〕鄒曉麗：基礎漢字形義釋源，北京出版社 1990 年版，第 217 頁。

〔一〇〕李圃主編：古文字詁林（第六冊），上海教育出版社 2003 年版，第 3 頁。

〔一一〕于省吾主編：甲骨文字詁林，中華書局 1996 年版，第 3010 頁。

〔一二〕同上書，第 3011 頁。

〔一三〕于省吾：甲骨文字釋林，中華書局 1979 年版，第 447—448 頁。

〔一四〕周清泉：文字考古——對中國古代神話巫術文化與原始意識的解讀（第一冊），四川人民出版社 2003 年版，第 548—549 頁。

〔一五〕徐中舒主編：漢語大字典（第二卷），四川辭書出版社、湖北辭書出版社 1987 年版，第 1165 頁。

〔一六〕沈福煦：中國古代建築文化史，上海古籍出版社 2001 年版，第 14 頁。

〔一七〕楊鴻勳：中國早期建築的發展，見建築歷史與理論第一輯，江蘇人民出版社 1981 年版。

[一八] 徐中舒：徐中舒歷史論文選輯，中華書局 1998 年版，第 788 頁。

[一九] 宋洪興祖：楚辭補注，中華書局 1983 年版，第 108 頁。

[二〇] 許維遹：呂氏春秋集解，文學古籍刊行社 1955 年版，第 544—545 頁。

[二一] 同上書，第 240 頁。

[二二] 周清泉：文字考古（第一冊），四川人民出版社 2003 年版，第 137—138 頁。

[二三] 清孫詒讓撰，孫啟治點校：墨子閒詁，中華書局 2001 年版，第 229 頁。

[二四] 漢劉向集錄：戰國策，上海古籍出版社 1978 年版，第 567—568 頁。

[二五] 漢許慎撰，宋徐鉉等校定：說文解字，中華書局 1963 年版，第 264 頁。

[二六] 宋洪興祖：楚辭補注，中華書局 1983 年版，第 244 頁。

[二七] 楊寬：中國上古史導論，呂思勉、童書業編著古史辨七（上），上海古籍出版社 1981 年版，第 102 頁。

[二八] 辭源，商務印書館 1980 年修訂第 1 版，第 1524 頁。

[二九] 徐中舒主編：甲骨文字典，四川辭書出版社 1989 年版，第 1165 頁。

[三〇] 羅竹風主編：漢語大詞典，漢語大詞典出版社 1997 年版，第 2494 頁。

[三一] 徐中舒主編：甲骨文字典，四川辭書出版社 1989 年版，第 661—662 頁。

從甲骨文『貴』的構形意看遠古男根崇拜[一]

初始的文字都是取象於天地萬象之形而創造的，因此每一個『初文』都包含著創造者的構形意圖，即『構形意』，王寧先生稱之為『造意』。她說：『造意是指字的造形意圖，實義則是由造意中反映出的詞義。造意以實義為依據的，但有時它僅是實義的具體化、形象化，而並非實義本身，造意祇能說字，實義纔真正在語言中被使用過，纔能稱為詞的本義。』[二]

『貴』本寫作『𧴪』。關於它的構形意及其本義，自東漢許慎以來多生猜想，而前輩說文學家多數認為是個形聲字，本義表示物價高。說文・貝部：『𧴪，物不賤也。从貝臾聲。臾，古文蕢。』（六下）[三]小徐本作：『貴，物不賤。從貝臾聲。』並注云：『臾，音匱。』[四]清段玉裁、王筠均無注釋，桂馥義證云：『本書「妻」古文作𡝩。𠁁，古文貴字，漢簡引作肖。物不賤也者，漢書・食貨志：「苦惡賈貴。」昭三年・左傳：「屨賤踴貴。」臾，古文蕢者，徐鍇本無，九經字樣有。』[五]許君說『𧴪』字的聲母『臾』是『蕢』的古文，那麼，按理『臾』亦應是『𧴪』的古文，因為『蕢』從『𧴪』得聲。再從字義上看，『蕢』是『艸器』（草編的筐）。漢書・何武王嘉師丹傳：『以一蕢障江河，用沒其身。』唐顏師古注：『蕢，織草為器，所以盛土也。』元王禎農書・農器圖譜八・蓧蕢門：『蓧、蕢皆古盛穀器也。』既然是草筐，而其古文怎麼亦看不出象草筐的樣子來，甚可疑。

清代以前的說文學家雖說比較傳統而保守，但其析形釋義，始終沒有脫離文字構形的基本原理，立論尋根源，持之有證據，而二十一世紀初的谷衍奎則獨發奇想，認為『貴』的構形『當是雙手持臾，貝從中掉下之形』，是個會意兼形聲字，『本義為價格高』。他在說：『貴，會意兼形聲字。從金文□（遺）所從的偏旁看，當是雙手持臾（甲骨文作□，草筐，讀kuì。是「蕢」的象形字）、貝從中掉下之形。篆文整齊化，成了從貝（表示錢財）從臾會意，臾也兼表聲。隸變後楷書寫作貴……本義為價格高。』[六]兩手持『臾』，而『貝』從『臾』中『掉下』，怎麼會表示『價格高』呢？令人百思不得其解。說文・艸部云：『蕢，艸器也。从艸貴聲。臾，古文蕢。象形。論語曰：「有荷臾而過孔氏之門。」』（一下）[七]大徐本說『臾』是『蕢』的古文，卻沒有說是『貴』的古文，谷氏為何要將『貴』『蕢』看作是異體字呢？不得而知。本文從甲骨文構形意、古代男根崇拜、諧聲字的表意特徵和『貴』與『令』所構成的稱謂詞的語義特徵等四個方面展開討論，以揭示『貴』的本義及其文化內涵。

一　從甲骨文構形猜想『貴』的本義

甲骨文中有个『□』字，二十世紀以來至少有五種以上解釋。一說為隸定後的『圣』（kū）字，如余永梁、郭沫若、董作賓、楊樹達（『是掘字的初文』）、李孝定（『其義當與圣字相類』）、于省吾（『乃墾字的初文』)等;一說為『坙』字,如陳夢家(『象壅土之形,疑即糞字』)、丁山(『象以手除土形,即糞田之本字』)等;一說為『𠬝』,如束世澂等;[八]一說為『貴』(隤)字,如徐中舒[九]、胡厚宣等;一說為『封』字,如葛英會(『為封字初文』)[一〇]等。這些解釋都有一定的立論依據,但是誠如于省吾先生所說:『以上諸家之說,只有釋圣是對的,但也解決不了問題,其餘均系臆測。』

甲骨文的『□』字,从『□』从『□』,呈逆向狀態,其構形意圖表現為女子撫摸男根,隸定為『貴』字。在甲骨文中,『貴』的異體為數眾多,主要有『□、□、□、□、□、□、□、□、□、□、□』等,其構形部件或有調整或增加。其中『□、□、□、□、□、』等字,没有增加构形部件,衹是將表示撫摸的雙手作了位置調整,依然表示撫摸男根;而『□、□、□、□、□、□、□、□』等字,或增加了陰戶,或增加了陰戶和陰毛,均表示女子在交合時撫摸男根。在遠古時期,女子撫摸男根,出於對男性生殖能力的敬重與崇拜,故知『貴』的本義為尊寵,而絕非許君所謂『物不賤』。這個本義,我們完全可以從『貴』的引申義中歸納出來。在古代文獻中『貴』表示以下意義:

①尊貴。玉篇·貝部:『貴,高也,尊也。』周易·繫辭上:『卑高以陳,貴賤位也。』宋劉炎王剛仲惠詩醉筆聊和:『又不見侯門公子貴且驕,飽豢膏粱猶不足。』清魏源墨觚下·治篇:『三代用人,世族之弊,貴以襲貴,賤以襲賤。』

②重要。論語·學而:『禮之用,和為貴。』銀雀山漢墓竹簡·孫子兵法·月戰:『間於天地之

間，莫貴於人。」

③重視。正字通・貝部：「貴，尚也。」尚書・旅獒：「不貴異物賤用物，民乃足。」漢晁錯論貴粟疏：「明君貴五穀而賤金玉。」

④敬重。孟子・萬章下：「用不敬上謂之貴貴，用上敬下謂之尊賢。」荀子・正論：「下安則上貴。」晉書・姚興載記附尹緯：「漢祖與蕭何俱起布衣，是以像貴。」

⑤表示尊敬，與「尊」同義。如貴姓、貴地、貴戚、貴公子、貴校、貴社、貴庚等。三國志・蜀志・張裔傳：「貴土風俗，何以乃爾乎？」明施耐庵水滸全傳第三回：「望乞恕罪，高抬貴手。」元高明琵琶記・才俊登程：「動問老兄尊姓……貴表？」

⑥欲望、想要。戰國策・東周策：「貴合於秦以伐齊。」宋鮑彪注：「貴，猶欲。」唐杜甫李潮八分小篆歌：「苦縣光和尚骨立，書貴瘦硬方通神。」

⑦物價高。玉篇・貝部：「貴，多價也。」左傳・昭公三年：「國之諸市，屨賤踊貴。」唐杜甫歲晏行：「去年米貴缺軍食，今年米賤太傷農。」

「尊貴、重要、重視、敬重、尊敬、欲望、物價高」等七個義項，都與「尊寵」的、「根本」的密切相關，尤其是第⑤個義項極具啟發性，為什麼敬稱別人的兒子可以加「貴」或「令」，女兒則祇能加「令」不能加「貴」？如「貴公子、令公子、令愛」都能說，而「貴愛」是絕對不能說的。

在殷商以來的奴隸、封建男權社會中，男人的地位是至高至尊的，他們享有血統的遺傳權、姓氏的冠名權、家庭的主宰權、社會的統治權等等，這些特權都在『貴』和『尊』中體現了出來。『尊』表示至高無上，『貴』表示位尊權重，二字合起來就是『尊貴』。所以清代思想家魏源說：『三代用人，世族之弊，貴以襲貴，賤以襲賤。』（墨觚下・治篇）他所說的『貴』，當然是位高權重的王侯貴族。這種男本位的權貴意識，集中融入在『三綱五常』的『三綱』中。君為臣綱，父為子綱，夫為妻綱，最早見於韓非子・忠孝篇。韓非說：『臣事君，子事父，妻事夫，三者順則天下治，三者逆則天下亂。此天下之常道也。』女性在男權社會中顯得至卑至微，她們祇不過是男性的性奴和生育工具而已，無絲毫尊嚴可言。左傳・桓公十五年：『祭仲專，鄭伯患之，使其婿雍糾殺之。將亨（烹）諸郊。雍姬知之，謂其母曰：「父與夫孰親？」其母曰：「人盡夫也，父一而已，胡可比也？」』晉杜預注：『婦人在室則天父，出則天夫。女以為疑，故母以所生為本解之。』透過杜預的注釋，我們不難看出在封建禮教社會，女人必須嚴格遵守以父為天、夫為天、子為天的『三從』戒律。

此外，許君說『臾』為『蕢』的古文亦不可信。『臾』字上從『臼』下從『人』（『且』的變體），象女子雙手撫摸男根之形，即『□』（貴）的譌體。胡厚宣說貴田云：『□字从兩手持用在土上有所作為。武丁時□字又或省去用字作□，到武乙文丁時則作□，都不過是一個字的不同寫法而已□。』字束世澂先生釋授，釋□為圣，其實兩字本為一字，不過□為□的繁體而已。□、□字余永梁氏郭沫若先生釋圣，楊樹達先生並讀為「掘之初文」，徐中舒先生釋貴，讀為隤或蕢，丁山先生陳夢家先生則釋為坴，讀為糞土之糞。……

徐中舒先生釋貴我們覺得是正確的……惟貴字偏旁臾從臼從人，人義未詳，不好說解。今案字或作兩手持用，從土作。用者鐘也，而鐘之義同鎛，鎛田器也。金文曶鼎遺字作，其偏旁貴作贵……象兩手持一工具，無可疑者貴田即隤田，亦即耨田。』[一一]胡先生所謂『』為兩手持一工具在土上有所作為，正是我們所說的女子雙手男根的行為，而並非『耨田』。

在甲骨文中，『貴』還有『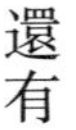』和『』兩個異體。『』表示雙手撫摸男根，精液噴射之形；『』（或作、）『从人从鱼从且』，其中『』在左側（古人尚左），代表男人，『』（且）正對著象徵陰戶的魚尾，整個構形象征交合正在進行。金文將甲骨文『』中的『』譌變成『』（貝），上部分則寫作『』，整個字形演變成了『』。

『魚』在遠古先民的觀念中既象徵女性又象徵男性，而『』（貝）衹象徵陰戶。從外形特徵看，魚尾的輪廓與陰戶相似；從內涵而言，魚腹多子，繁殖能力非常旺盛。聞一多在說魚一文中，援引詩經周易楚辭、古詩、民謠以及其他資料，指出中國人從上古時期起就以魚象徵女性、配偶或情侶。他說：『種族的繁殖既如此被重視，而魚是繁殖力最強的一種生物，所以在古代，把一個人比作魚，在某一種意義上，差不多就等於恭維他是最好的人，而在青年男女間，若稱對方為魚，那就等於說：「你是我最理想的配偶！」現在浙東婚俗，新婦出轎門時，以銅錢撒地，謂之「鯉魚撒子」，便是這觀念最好的說明，上引尋甸民歌「只見鯉魚來擺子」，也暴露了同樣的意識。』[一二]聞先生從民俗、民謠和古詩中考釋魚的隱語，指出古詩和民歌中，魚為配偶、情侶之意，打魚、釣魚隱指求偶，烹魚、吃魚隱喻合歡。『魚』因其有旺盛的繁殖能力而成為兩性的隱語，原自遠古先民以魚為圖騰的生殖崇拜。從考古學的角度看，在我國多處母系氏族社會遺址中出土的陶繪（刻）魚紋符號，都是象徵女性生殖器的，包含著女陰崇拜的內涵。總之，無論是雙手撫摸男根的『[illegible]』，還是『△』正對著魚尾象徵交合的『[illegible]』，無疑都是『賛』（貴）的初文。

二　從男根崇拜看『貴』的文化內涵

劉師培在左盦外集·論中土文字有益於世界一文中指出：『中土之文，以形為綱，察其偏旁，而往古民群之狀況昭然畢呈。故治小學者，必與社會學相證明。』[一三]在遠古時代，世界上所有的氏族部落無不崇拜女陰和男根。郭沫若在釋祖妣一文中說：『其為人世之初祖者，則牝牡二器是也。故生殖神之崇拜，其事幾與人類而俱來。』[一四]在氏族公社時期，女陰崇拜極為昌盛，因為在漫長的群婚雜交歷史中，族人祇知其母而不知其父，甚至不知道男根和生殖有何關係，而祇知道人類是從陰戶中出來的，因而崇拜女陰，歌頌女陰。千百年來，基督教的教堂遍佈世界各地，不論是哪個地區的教堂，門窟都呈象徵女陰的橄欖形，它是人類神聖的『生命之門』。人類進入男權社會以後，男根的崇拜由此產生。從此以後，男根和女陰均成為人類普遍崇拜的對象。一九六一年在四川巫山大溪文化第六十四號墓中出土了一尊由黑色火山灰岩製成的兩面石雕人物。該雕像呈橢圓形，高6寬3.6、中厚1釐米，兩面各有一人頭像，一男一女，面部器官為陰刻，它是我國最早的兩性同體塑像。[一五]一九七四年春，在青海樂都柳灣馬家窯文化馬廠類型遺址中出土了一件人體狀彩陶壺，頭面在彩陶壺頸部，其上塑繪的人物面部比較粗獷。身體魁梧，耳、目、口等五官較大，器腹部即為身軀部位，胸前有一對很小的乳房，在上肢肘關節部位還用墨加以渲染，表示強壯有力。這些特徵表明，它是一個男子的形象，但是他的生殖器卻兼具男女兩性特徵——既有陰唇又有勃起的陰莖，『兩性器寓於一身』。[一六]這說明在原始氏族社會時期，男根和女陰具有同等的尊崇。

我國的男根崇拜，據考古資料證明始於仰韶文化（新石器時代）晚期。這個時期『其所以強調男性器官，一是因為生殖器官最代表男性的特徵；二是由於父權制的支配地位，其思想也在生殖器崇拜方面打上了父權制的烙印』。[一七]在甲骨文中，商人的高祖『夒』寫作『夋』，而在山海經之大荒東經海內經中均寫作『帝俊』，後來分化為『帝嚳』『帝舜』，實則都是『夒』一人。商人以鳥為圖騰，因為它是『夒』的化身。吳其昌在卜辭所見殷先公先王三續考中作過簡要論述：『夋即帝嚳，帝嚳為商之始祖。「商者契所封之地」（商頌毛傳），商即契也。故帝嚳契，即夋生商也。商既為夋所生，而詩［經］·商頌·玄鳥篇云：「天命玄鳥，降而生商。」是詩［經］又以商為玄鳥所生，故鄭箋云：「天使鳦下而生商。」故玄鳥即夋也。夋為玄鳥，宜夋狀為鳥喙人身矣。此甲骨鍥文與經典相印證者。蓋商民族心目中之始祖，為天降鳥喙人身之神，宜其神名夋，故後世或以其始祖為玄鳥，或以為帝俊。不知帝夋、帝嚳、玄鳥並為一身：亦即神，亦即人，亦即動物也。』[一八]由此可見，商人的始祖『夒』，別稱『夋、俊、逡』等，其化身為鵔鸃、踆鳥、玄鳥等，它已成為男根的象徵。因此『殷商人崇拜高祖夋，實質上崇拜男性生殖器』。[一九]

生殖器崇拜在我國古代民間已成習俗。二〇〇二年新疆文物考古研究所在羅布淖爾小河五號墓地的考古，揭示出了去今四千年前（青銅器時代）的『印歐人』神秘的生殖崇拜：墓地的沙山上密密麻麻矗立著一百四十根胡楊木柱。墓葬頭部所立木柱的形狀有男女區別。女性棺前立的是呈上粗下細、象徵男根的多棱形木柱，高度一般在1.3—1.5米左右，上部塗紅，纏繞毛繩、固定草束；男性棺前立的則是外形似木槳、象徵女陰的木柱，大、小差別很大，大的高達2米寬0.8米左右，其上塗黑，柄部塗紅。矗立在墓地中央那根高大而頂部呈尖錐狀的木柱，是迄今發掘出土的最大『男根』。它通體塗紅，上端線條渾圓，中段被雕成九棱形，矗立在一位老年婦女的棺木頭部。與『男根』一樣，『女陰』同樣以誇張的比例顯示著它的神奇力量，與粗壯的『男根』在一起，形成了小河墓地神秘而驚世駭俗的生殖崇拜文化奇觀。人類早期對生殖器的崇拜在很多民族的遺存中時有發現，但像小河墓地這樣極度的崇拜方式則舉世罕見。[二〇]除了在墓旁豎立標誌死者性別特徵的木柱之外，小河居民中的女性去世後，還要在其腰部佩帶木雕男根。王炳華在生殖崇拜：早期人類精神文化的核心——新疆羅布淖爾小河五號墓地的靈魂一文中指出：『以形象逼真的木雕男性生殖器官，作為女性逝者的隨葬物，系附在她們的腰部，其中寄託的思想，應該是比較清楚的：這時的小河居民，已經意識到，男性在子孫後代的繁衍中，具有不可替代的地位，當女性進入另一個世界時，隨葬品除了日常生活必須的食品及可以辟邪的麻黃枝外，能完成繁衍子嗣這一重要使命的男性生殖器，是不可或缺的。所以必須精細製作出大小、形象一如實物的男根，攜之同行。祇有這樣做，纔有可能幫助女性在未來的生活中，維持強大的生殖能力。』[二一]雲南劍川石寶山石窟群中的第八號窟，位於山頂最高處，白族人管它叫做『阿姎白』（姑娘的生殖器）石窟。二〇一七年年初，我們在劍川縣趙立新縣長的陪同下實地做了一次考察。該窟分上下兩層，共九龕。上層鑿四窟，窟門均作圓拱形，正中一窟高0.9150寬0.46、深0.7米。

窟中雕一仰蓮座，前部剝損，座上雕一椎狀物，在椎狀物與窟壁相接的兩側留有很清楚的鑿痕；正面中間鑿一深槽，深槽兩側有一道一道的打擊痕跡。其兩側有一副對聯：『廣集化生路，大開方便門。』『這個石刻從它的技巧和周圍環境推斷，當是比較古老的一個石窟。初步判斷可能早於南詔，或是在漢魏之際。崇拜「阿姎白」的多數是白族婦女，已婚婦女無子嗣，或祈求多育子女的婦女，常來焚香祈禱，並用香油（或菜油）在上面塗抹，便認為可以多子。這種習俗一直保存到現在並未間斷。』[二二] 女性『生殖器雕在綻開的蓮花上，工藝簡樸，顯然是有意為之』[二三]。

『貴』取象於古代女子撫摸男根。女子撫摸男根早已成為我國各民族極為流行的一種社會文化習俗，其基本的願望就是祈求生子。在江淮地區有一種叫『石和尚』（或稱『裸體武士俑』）的崇拜遺物，光頭無發，通體裸露，手持武器，男根特別具大。今安徽南陵縣文物管理部門收藏的兩尊石和尚，通高173釐米，均為光頭、裸體，右手握劍，左手握在粗大的陰莖上。相傳『石和尚』就是『生育之神』，婦女婚後不孕者，夜宿於石和尚身旁，手放在他那碩大的性器上，夢中若與其交合，必定懷胎得子。[二四] 雲南西雙版納曼賀山上有一根石柱，當地傣族視之為『石祖』，相傳婦女祇有與之交合纔能生子。在四川涼山州的很多縣至今還沿襲著撫摸男根的習俗。喜德縣瀘湖觀音岩上有個『摸兒洞』，婦女求子時伸進手去摸，摸到石塊則生男，摸著砂粒則生女；木里縣大壩村有個『雞兒洞』（西南官話稱成年人的男根為『雞兒』，幼兒的為『雞雞』），裡面供奉著一個約0.3米高的石祖，普米族婦女向它燒香膜拜，然後牽起裙子坐在石祖上就會生子；米易縣瀘沽湖的摩梭人崇拜『久木魯』（石祖），婦女多年不育則舉行『內考姑』（祭山）儀式，然後與石祖交合，生育能力就會旺盛。李達珠、李耕冬對摩梭人既崇拜男根亦崇拜女是這樣解釋的：『在原始的人類母系氏族社會中，人們知母不知父，不知道人類的生殖要靠男女雙方來完成，認為生育僅僅是婦女單方面的作用，是婦女與圖騰物接觸的結果，因此，產生了女性性器官崇拜。瀘沽湖摩梭人至今有生殖崇拜的遺風。如格姆山腰的凹處、瀘沽湖西部的一個水窪、烏角喇孜岩穴內的鐘乳石凹、俄亞阿布山岩穴內的石凹坑等處，均被當地摩梭人視為女性器官的象徵物——「石祖」加以崇拜。摩梭婦女常常三五結伴或十餘人同路，前往石祖處朝拜，以祈求石祖賜福，保佑生育旺盛。』[一二五]在雲南玉龍雪山附近的納西族文化展示區神殿門前高高的石臺上，聳立著一個威武雄壯的男根模型，模型上披著紅色的彩帶，像一枚準備待發的導彈，不少遊客爭先恐後地在男根下留影。男人滿面雄風的表情，折射出堅定有力的自信，而女人臉上則漾起滿足而幸福的微笑。納西族崇拜男根至少有三種含義：一是尊貴與崇高。從倫理層面上看，尊貴顯示出一種至高無上的地位，一種對崇拜者的征服，而這種征服不是強迫性的，是心悅誠服的尊崇。二是偉大與強壯。偉大表現在其內在的力度，即一種超強的性能量。它反映出納西族的婚姻制度、性愛觀念以及由這種制度、觀念所決定的一定社會發展階段的性時尚和性文化精神。三是自然與神秘。男根是男性的自然存在，性行為既是一種社會行為又是一種自然行為。崇拜的不僅僅是一種自然物或一種社會存在，男根之中已被注入宗教的神秘與神聖，而這種神秘與神聖，在祖先的意念中完全是一種創造人類自身的神奇力量。

日本的性文化歷史悠久，對男根的崇拜更是女性的追求。在日本每年都要舉辦男根祭祀活動，其場面之火爆、開放世間罕見。日本神奈川縣川崎市每年四月的第一個星期天都要舉辦『かなまら祭り』（神道生育節)。在這個傳統祭祀節日裡,當地神社會放出大小不同、色彩各異的男根以供男女老少『摸拜』。人們膜拜男根圖騰,祈禱神明保佑自己的生育能力強勁,多子多福,且能給自己帶來好運。在名古屋以北小牧市的一個神社裡,祭祀的大神就是男根。該神社每年三月十五日都要舉行所謂的『豐年祭』,這是日本人認為自古有名的『天下奇觀』。祭祀之日,人們用轎子抬出一座大約高7米、直徑1米的木制男根(主神像),走街串巷地巡遊,民衆紛紛向它歡呼膜拜。在古事記和日本書紀這兩部經典著作中,開篇就是描寫男女神相結合的故事,表現出大和民族對男女性器官的極大關注和頂禮膜拜。

男根崇拜的出現,標誌著女權地位的顛覆與轉移,從此在氏族社會與家庭中,男性獲得了至尊至貴的崇高地位。

三 從形聲字系聯看『貴』的本義

殷商時期雕刻在龜甲獸骨上的文字,是我國從女權社會向男權社會轉化的產物,亦是我們的祖先記載從事原始宗教活動的重要書寫工具。就研究漢字本義的方法而言,『諧聲歸納法』亦是一種公認的行之有效的方法。研究的基本原則和步驟是:先將同屬於一個『字母』(諧聲偏旁)的所有形聲字從文獻和字書中篩選出來,篩選必須做到精確無誤;其次搞清楚每一個形聲字的本義和引申義,再按照『義同』『義近』的歸類原則,將它們分成若干個『形聲字組』;最後將所有形聲字組的共同義找出來,而這個共同義往往就是『字母』的本義。

以『貴』為字母創造的形聲字，在說文中共收了十八個，它們是『蕢、遺、讀、鞼、殨、潰、䯨、饋、樻、僓、頹、鬢、闠、憒、聵、匱、繢、隤』等，這組形聲字的本義都與字母『貴』的本義或引申義密切相關。細分如下：

（一）從『貴』得聲的字或有長而粗壯義，與男根的粗壯、堅挺相關。

『樻』指可做手杖的靈壽木。爾雅·釋木：『樻，椐。』晉郭璞注：『腫節可以為杖。』說文·木部：『樻，椐也。从木貴聲。』（六上）清朱駿聲通訓定聲：『草木疏：「樻節中腫似扶老。」即今靈壽是也。』又：『椐，樻也。从木居聲。』集韻·語韻：『椐，木名。腫節，可為杖。』又御韻：『椐，字林：「木名，靈壽也。」』詩經·大雅·皇矣：『啟之辟之，其檉其椐。』三國吳陸玑疏：『椐，樻。節中腫，似扶老，今人謂之馬鞭及杖。宏農共北山甚有之。』引申為匱子等義。

『僓』的本義為長。說文·人部：『僓，嫻也。从人貴聲。一曰長皃。』（八上）廣雅·釋詁二：『僓，長也。』玉篇·人部：『僓，長好貌。』引申為順、崩壞、簡易等義，與『隤』同義。

（二）從『貴』得聲的字或有遺漏義，與撫摸男根時精液會射出相關。

『遺』甲骨文作『禬』（貴），金文增『彳』和『貝』作『[illegible]』（昌鼎），或增『辵』作『[illegible]』（王孫遺者鐘），本義為丟失。說文·辵部：『遺，亡也。从辵貴聲。』（二下）六書故·人九：『遺，行有所亡失也。』莊子·天地：『黃帝遊乎赤水之北，登乎昆侖之丘而南望，還歸，遺其玄珠。』引申為遺漏、遺棄、遺忘、排泄、墜落、遺傳、遺留、脫離、廢止、遺失之物、陳跡等義。

『潰』的本義為房屋漏水。說文・水部：『潰，漏也。从水貴聲。』段玉裁注：『漏，當作屚，屋穿水下也。』引申為決堤、溢出、潰敗、合流、昏亂、潰爛、憤怒等義。

（三）從『貴』得聲的字或有下墜、終止義，與射精後男根漸漸鬆弛相關。

『隤』的本義為崩塌、墜落。說文・阜部：『隤，下隊也。从阜貴聲。』（十四下）清王筠句讀：『玉篇：「隤、壞，隊下也。」隤、壞一聲之轉，故以壞說隤，所以博其異名，隊下乃說其義也。』廣雅・釋詁一：『隤，壞也。』宋玉高唐賦：『磐石險峻，傾崎崖隤。』文選・楊雄〈解嘲〉：『功若泰山，響如坻隤。』唐李善注引漢應劭曰：『天水有大阪，名曰隴坻，其山堆傍著，崩落作聲，聞數百里，故曰坻隤。』引申為傾斜、跌倒、敗壞、水地下流動、遺忘、蹉跎、扇車的出糧口、疝氣、安穩等義。

『殨』的本義為潰爛。說文・歺部：『殨，爛也。从歺貴聲。』（四下）段玉裁注：『今殨爛字作潰，而殨廢矣。』廣韻・隊韻：『殨，肉爛也。』集韻・賄韻：『殨，腫決也。』又沒韻：『殨，腫壞也。』後世與『潰』的引申義聚合義同。

『讉』的本義為終止。說文・言部：『讉，中止也。从言貴聲。司馬法曰：「師多則人讉。」讉，止也。』（三上）朱駿聲通訓定聲：『从言未審其恉。或欲改中止為中訌，非許君意。』文選・左思〈吳都賦〉：『齊被練而銛，襲偏裂以讉列。』唐李善注：『讉列，或止或列。』

（四）從『貴』得聲的字或有尊高義，與男根的尊崇堅挺相關。

『饋』的本義為敬獻給尊者食物。說文・食部：『饋，餉也。从食貴聲。』（五下）周禮・天官・膳夫：

『凡王之饋，食用六穀，膳用六牲。』漢鄭玄注：『進物於尊者曰饋。』引申為送給別人食物、進食、贈送、運送糧食、饋贈死者祭品、食物、與飲食相關的事情等義。爾雅・釋詁下：『餉，饋也。』説文・食部：『餉，饟也。从食向聲。』（五下）清鈕樹鈺校録：『一切經音義卷十三及韻會引作「饋也」，玉篇注亦同。』

（五）從『貴』得聲的字或有結合義，與男女交合相關。

『韇』的本義為用皮線刺繡。説文・革部：『韇，韋繡也。从革貴聲。』（三下）南唐徐鍇繫傳：『國語：「齊罰輕罪者，韇盾一戟。」謂繡革為盾。唐史：「戎狄婦人或能刺韋為繡也。」』墨子・節用中：『凡天下群百工，輪車韇匏，陶冶梓匠，使各從事其所能。』清畢沅校注：『韇，説文云：「韋繡也。」』又節葬下：『今王公大人之為葬埋，則異於此。必大棺小棺，革闠三操，玉璧即具。』清畢沅校注：『闠，同韇。』所謂『韋繡』，屬於繡女所用的材料和繡法，與『絲繡』『竹繡』之類相似，而非『有文采的皮革』，漢語大字典釋義不確。[二六]引申為韁繩、強勁、折斷等義。

（六）從『貴』得聲的字或有昏亂義，與撫摸時神智會昏亂相關。

『憒』的本義為神智昏亂。説文・髟部：『憒，亂也。从心貴聲。』（十下）廣韻・隊韻：『憒，心亂。』戰國策・齊策四：『文倦於事，憒於憂，而性懧愚。』郭希汾注：『憒，昏亂也。』漢書・息夫躬傳：『小夫愞臣之徒，憒眊不知所為。』顏師古注：『憒，心亂也。』

『聵』的本義為先天性耳聾。説文・耳部：『聵，聾也。从耳貴聲。𦗧，聵或从㕡。』（十二上）徐鍇繫傳：『謂從生即聾也。』段注本據小徐本補『𦗧，或从𡘋作』，段玉裁注：『許書㕡聲之字三，而逸㕡篆。𡘋應改作辛省。』[二七]國語・晉語四：『嚚瘖不可使言，聾聵不可使聽。』三國吳韋昭注：『耳不別五音之和曰聾，生而聾曰聵。』引申為泛指聽力不好、糊塗、昏聵、不明事理等義。或更換成『叡（喟）』聲轉形為『⿱叡耳』，說文重文有『⿱叡耳』字。玉篇・耳部：『聵，五怪切。說文云：「聾也。」……⿱叡耳，同上。』

（七）從『貴』得聲的字或表示『隤』類物體的形狀，與龜頭橢圓禿頂的形貌特徵相關。

『穨』的本義為因脫髮而禿頂。說文・禿部：『穨，禿皃。从禿貴聲。』（八下）清徐灝注箋：『禿者，發落。』清邵瑛羣經正字：『此為首禿之穨。經典少用此義，亦少用此貴聲之字。』引申為下落、倒塌、衰微、衰落、衰老、流逝、柔軟、寂靜、暴風等義。後轉形為會意字『頹』，說文『穨』段玉裁注：『此从貴聲，今俗字作頹，失其聲矣。』六書故・人事三：『頹，首禿也。』譌體作『頽』。廣韻・灰韻：『頽，禿。』

『䯣』的本義為膝蓋骨。說文・骨部：『䯣，膝脛間骨也。从骨貴聲。』（四下）王筠句讀：『髟部：「䯣，屈髮也。」䯣亦可以屈曲之物，故兩字同音。』清許梿洗冤錄詳義卷一引揣骨新編曰：『膝蓋曰䯣。』

『⿱髟貴』的本義為盤發。說文・髟部：『⿱髟貴，屈髮也。从髟貴聲。』（九上）朱駿聲通訓定聲：『⿱髟貴，斂其髮曰髻；盤其髮曰⿱髟貴；斂之而盤之，盤之而髻之，既成曰⿱髟貴。』廣雅・釋詁四：『⿱髟貴，髻也。』龍龕手鑒・髟部：『⿱髟貴，突髮綰髻也。』

『繢』的本義為織布機上的布頭。說文・糸部：『繢，織餘也。从糸貴聲。』（十三上）段注本據韻會補『一曰畫也』，並注：『此亦兼布帛言之也。上文機縷為機頭，此機餘為機尾。繢之言遺也，故訓為織餘。織餘，今亦呼為機頭，可用系物及飾物。急就篇「條繢」總為一類是也。』

（八）從『貴』得聲的字或表示『陰』類物體的形狀，與女陰的形貌特徵相關。

『蕢』的本義為草筐或竹筐。說文・艸部：『蕢，艸器也。从艸貴聲。臾，古文蕢形象。論語曰：「有荷臾而過孔氏之門。」』（一下）朱駿聲通訓定聲：『小篆從艸貴聲。貴以臾為聲，而小篆之臾反以貴為聲。字亦作簣。』[二八]今本論語・憲問作『有荷蕢而過孔氏之門者』。草筐或竹筐因形似金文『貴』下部所從之『𦥑』而得名『蕢』。漢書・何武王嘉師丹傳贊：『以一蕢障江河，用沒其身。』唐顏師古注：『蕢，織草為器，所以盛土也。』元王禎農書・農器圖譜八・篠蕢：『篠、蕢，皆古盛穀器也。』或更換類母『艸』轉形為『簣』。玉篇・竹部：『簣，土籠也。』尚書・旅獒：『為山九仞，功虧一簣。』論語・子罕：『譬如為山，未成一簣，止，吾止也。』三國魏何晏集解：『包（咸）曰：「簣，土籠也。」』

『匱』的本義為裝衣物的櫃子。說文・匚部：『匱，匣也。从匚貴聲。』（十二下）尚書・金縢：『（周）公歸，乃納冊于金縢之匱中。』史記・樊酈滕灌列傳：『（灌）嬰從捕虜六十八人，降卒八百五十人，得印一匱。』後世增附類母『木』轉形為『櫃』。集韻・至韻：『匱，或作櫃。』清翟灝通俗編・器用：『（匱）唐或有從「木」作「櫃」者……今世悉承用之。』引申為水庫、水渠、竹筐、崩潰、饋贈、竭盡、匱乏、虛假等義。

『闠』的本義為城區的隔門。說文・門部：『闠，市外門也。从門貴聲。』（十二上）銀雀山漢墓竹簡・孫子兵法・九地：『適（敵）人開闠，必亟入之。』文選・張衡〈西京賦〉：『爾乃廓開九市，通闤帶闠。』李善注引三國吳薛綜曰：『闠，中隔門也。』晉崔豹古今注卷上：『闠，市垣也；闤，市門也。』引申為代稱市區。

以上我們將說文所收的十八個從『貴』得聲形聲字作了八個方面的語義分析，可以看出它們都與『貴』的構形意密切相關。

四　從古代稱謂用語看『貴』的語義内涵

我國是個很講究禮數的文明古國，因此自周秦兩漢以來，從社會到家庭中形成了一系列表示尊（敬）稱和謙（卑）稱的稱謂用語。在表示對對方（即第二人稱）的親友、長官、同僚、下屬、奴僕等的尊敬時，古人習慣在名詞前面加『貴』或『令』。比如敬稱對方的兒女，可以說『貴公子』『令愛』。但是，不是所有表示親友、長官、同僚、下屬、奴僕等的名詞前面都可以隨意加『貴』或『令』的。如『貴公子』『令愛』可以說，『令公子』亦可以說，但『貴愛』則不能說。為什麼尊（敬）稱別人的兒子時，選擇『貴』還是『令』來表示是自由的，而尊（敬）稱別人的女兒時，衹能選擇『令』來表示呢？這說明『貴』和『令』的語義内涵是有區別的。

『令』甲骨文作『』或『』，金文作『』（牆盤），象位長者（或部落酋長、巫師）坐著發號施令樣子，本義為發出號令。說文·卪部：『令，發號也。从亼卪。』（九上）宋徐鉉等注引徐鍇曰：『號令者，集而為之。卪，制也。』[二九]能發出號令的人顯然地位尊崇，故引申為發出號令的人，如長官、縣令等。『長官』對職員而言，『縣令』對百姓而言，雖位尊權重，但對帝王而言均為臣民，其地位既尊亦卑，由此引申

為對對方的親友等的敬稱。例如：

（一）王曰：『前奉令尊命，不棄小國，許令次女瑤芳奉事君子。』生但俯伏而已，不敢致詞。（唐李公佐：南柯記）（敬稱對方的父親。）

（二）這聲音九分是你令堂。（元鄭光祖：㑳梅香第三折）（敬稱對方的母親。）

（三）閏月初三，實葬令慈，初五役竣，諸作允釐。（清陳確：祭祝開美文）（同『令堂』。）

（四）若謂閤正為令正，令嗣為令似……傳習已深，不覺其謬，亦不可得而革矣。（宋陳昉：臨川小語卷上）（敬稱對方的正室。）

（五）劉野夫上元夕以書約德莊曰：『今夜欲與君語令閤必盡室出觀燈，當清靜身心相候。』德莊雅敬其為人，跪坐三皷矣，家人輩未還，野夫亦竟不至。俄，火自門而燒，德莊窘，持誥牒犯烈焰而出。頃刻，數百舍為瓦礫之場。明日，野夫來弔，且欣曰：『令閤已不出是吾憂，幸出，可賀也。』（宋惠洪：冷齋夜話·劉野夫免德莊火災）（敬稱對方的妻妾。）

（六）（任昉）四歲誦詩數十篇，八歲能屬文，自制月儀，辭義甚美。褚彥回嘗謂遙曰：『聞卿有令子，相為喜之。所謂百不為多，一不為少。』（南史·任昉傳）（敬稱對方的兒子。）

（七）兩日偶看經說，有疑義數條，别紙奉扣，並前書送令郎處，尋便附致。（宋朱熹：答徐彥章書）（同『令子』。）

（八）承教，並致令嗣埋銘祭文，發揮德美，足以傳後信今，感惻豈可勝言！（宋王安石：答鄭大夫書）（同『令子』。）

（九）（劉立之）謂守曰：『吾且止此，以候殿榜，兒子決須魁天下。』守心不平，且曰：『四海多士，雖令似才俊，豈可預料。』（宋王銍：默記卷中）（同『令嗣』。）

（一〇）虞侯道：『無甚事，閑問則個。適來叫出來看郡王轎子的人，是令愛麼？』（京本通俗小說·碾玉觀音）（敬稱對方的女兒。）

（一一）客曰：『確知令媛待聘，何拒之深？』再三言之，而主人不可。（清蒲松齡：聊齋志異·胡氏）（同『令愛』。）

（一二）老兄鄙詩難儔匹，令弟清詞堪比量。（唐李嘉佑：送舍弟詩）（敬稱對方的弟弟。）

（一三）只是令妹引人捉了我王矮虎，因此還禮，拿了令妹。你把王矮虎放回還我，我便把令妹還你。（明施耐庵：水滸傳第五十回）（敬稱對方的妹妹。）

（一四）貴宗為周康叔之後，令曾祖念劬先生分符濟北，去後歌思循吏之聲，自足傳於百代。（清顧炎武：答人書）（敬稱對方的曾祖父。）

（一五）阿母白媒人：『貧賤有此女，始適還家門。不堪吏人婦，豈合令郎君？幸可廣問訊，不得便相許。』（宋郭茂倩：樂府詩集·雜曲歌辭·焦仲卿妻）（敬稱對方主人的兒子。）

（一六）（田）洙弗能諱，乃具道本末，且愧謝曰：『此令親見留，非賤子輒敢無禮。』張曰：

『吾何嘗有親戚在此？兼諸房姊妹亦無事平姓者，必祟也。』（明李昌祺：剪燈餘話·田洙遇薛濤聯句記）（敬稱對方的親戚。）

『貴』表示對對方的親友、長官、同僚、下屬、奴僕等的尊稱，則是由男人地位的顯要、尊崇義引申而來的。例如：

（一七）李雄謂淳曰：『貴主英明蓋世，土險兵盛，何不稱帝，自娱一方？』（晉書·張駿傳）（尊稱外賓的君主。）

（一八）其於淮河久阻，道路不通，皆因貴府出兵，不是泗濱為梗。（唐崔致遠：答徐州時溥書）（尊稱對方的州府長官。）

（一九）貴屬司道有司賢否？訪據的實者，幸另開手書密示。（明張居正：答兩廣督撫剿海賊書）（尊稱對方的下屬。）

（二〇）累據九隴縣茶戶等各呈文狀申說，被官場減價買茶，卻將餘上價錢，及不分早嫩麤細色額，只作一般取買，委有侵損，乞指揮貴獲存濟。（宋呂陶：申府帥並二司狀）（尊稱對方官府中的奴僕。）

（二一）始者仲姊有行，獲托貴族。（唐李商隱：祭徐姊夫文）（同『貴宗』。）

（二二）貴宗為周康叔之後，令曾祖念劬先生分符濟北，去後歌思循吏之聲，自足傳於百代。（清顧炎武：答人書）（對別人宗族的尊稱。）

（二三）馮紫英道：『雨村老先生是貴本家不是？』賈政道：『是。』（清曹雪芹、高鶚：紅樓夢第九十二回）（尊稱對方的同宗人。）

（二四）那真是太辛苦了！唔，子芳兄這番是外調，還是回南邊來看看貴親？（夏衍：秋瑾傳·序幕）（尊稱對方的父母。）

（二五）又得賢兄貴弟顯雍及審別駕書陳敘事變本末之理。（漢王粲：為劉荊州與袁尚書）（尊稱對方的弟弟。）

（二六）並遣足下貴室錯綵羅縠裘一領，織成韡一量，有心青衣二人，長奉左右。（三國魏曹操：與太尉楊彪書）（尊稱對方的妻室。）

（二七）近舶人回，奉狀必達。比日起居佳勝，貴眷令子各安。（宋蘇軾：與鄭靖老書）（同『貴室』。）

（二八）前有貴戚從晉中來，言礦賊事。（明張居正：答山西撫院鄭範溪書）（尊稱對方的親戚。）

（二九）老殘道：『正是。你何以知道？你貴上姓甚麼？』家人道：『小的主人姓申。』（清劉鶚：老殘遊記第六回）（尊稱僕從的主人。）

（三〇）況且賢親貴友，誰不迎合尊大人之意者。兄任去求他，必然相拒。（明馮夢龍：警世通言·杜十娘怒沉百寶箱）（尊稱對方的朋友。）

（三一）世英道：『狄定伯前者說是在仙霞嶺，方才貴夥又說仙霞沒有道士，這是何意？』（清吳趼人：痛史第二十五回）（尊稱對方的夥伴。）

（三二）因向王經千道：『王二爺賬底，想不曾帶來，就差貴價到寶號裡，問夥計們，把譚爺這宗賬抄的來，或把原約捎來。』（清李綠園：歧路燈第四十八回）（尊稱對方的僕人。）

用『貴』來表示尊稱產生於漢代末期，而用『令』來表示敬稱最早見於六朝時期，比『貴』的尊稱用得稍晚一些。通過對由『令』和『貴』所構成的稱謂詞的分析，可以發現以下規律：

（一）『尊稱』與『敬稱』的區別。由『令』構成的稱謂詞祇能表示敬稱，不能表示尊稱；而由『貴』構成的稱謂詞既可以表示尊稱亦可以表示敬稱，但主要表示尊稱。比如在尊（敬）稱對方的弟弟妹妹時，弟弟可以稱『貴弟』，亦可以稱『令弟』，而妹妹祇能稱『令妹』，不能稱『貴妹』。因為『貴』的語義偏重於家庭和社會地位的『尊』與『顯』，而『令』的語義則偏重於容貌儀表的『美』或人品的『賢』。

（二）尊（敬）稱範圍的區別。由『貴』構成的稱謂詞可用於稱呼對方家庭（家族）成員（包括僕人）、外戚、朋友、夥伴和所屬區域的行政長官（包括長官的侍從）、同僚、下屬等中的男性，而由『令』構成的稱謂詞則祇能用於稱呼對方的家庭（家族）成員（包括僕人）、外戚和朋友、夥伴，而不能用於稱呼其所屬區域的行政長官（包括長官的侍從）、同僚、下屬等。因為在男權社會中，男人的最大願望與追求均為『富與貴』。孔子曾說：『富與貴，是人之所欲也。』（論語・里仁）所以，為了迎合所有男人的心理，人們在交際場合總是習慣於用『貴』來滿足對方的心理需求，因此由『貴』構成的稱謂詞就成了尊稱男性的習慣用語。但『貴室』（貴眷）例外，它是專門用於尊稱對方的妻室的。按理說，古人在敬稱別人的妻室時本應用『令正』『令閤』之類的稱謂詞，因為古人看重妻室的標準重在『賢』而不是『貴』，而用『貴室』（貴眷）來稱呼別人的妻室應是出於『妻賢夫貴』的心理需求。古人原本稱地位顯貴的男人為『貴人』，後來用來尊稱新郎。清陳端生再生緣第十七回：『紛紛執事排街道，蕩蕩黃羅罩貴人。御賜酒筵前面走，二人相並狀元行。』丈夫的地位顯貴了，其妻亦就自然顯貴了，所以『貴』亦可以用於尊稱別人的妻室。

（三）面稱的語義區別。『面稱』就是當面稱呼對方。由『貴』和『令』構成的稱謂詞，有的還可以用於面稱。例如：

（三三）若今便以貴公為王者，設貴公以河右之眾，南平巴蜀，東掃趙魏，修復舊都，以迎天子，天子復以何爵何位可以加賞？（晉書・張重華傳）（尊稱位居上公貴位者的。）

（三四）堪歎，吾家貴坦，記闕南餞別，對影鳴鑾。（明湯顯祖：南柯記・遣生）（尊稱自己女婿。）

（三五）那道士雙眼略啟，微微的笑道：『貴官何事？』（清曹雪芹、高鶚：紅樓夢第一百〇二回）（本尊稱天子，後世亦尊官員。）

（三六）（知縣）在學道前下了一跪，說：『卑職這取的案首匡迥，是孤寒之士，且是孝子。』就把他行孝的事細細說了。學道道：『……貴縣請回，領教便了。』（清吳敬梓：儒林外史第十六回）（尊稱縣官。）

（三七）多爾袞道：『說來也是可恨。我到此地，即為貴爵報仇雪恨而來。』（蔡東藩：清史通俗演義第十二回）（尊稱有爵位者。）

（三八）於是拜允中書令，著作如故……高宗重允，常不名之，恒呼為『令公』。（魏書・高允傳）（敬稱中書令。）

（三九）帝嘗謂曰：『魏武帝言：「荀文若之進善，不進不止；荀公達之退惡，不退不休。」二令君之美，亦望於君矣。』（晉書・荀勖傳）（魏晉時期敬稱尚書令，後世亦敬稱位居樞要的大臣或縣令。）

（四〇）伏惟令王殿下，稟潤天潢，承輝日觀，雅道貴於東平，文藝高於北海。（隋書・隱逸傳・崔賾）（敬稱有王爵者。）

『貴』與『令』面稱的語義區別在於：『貴』表示『尊貴』，『令』表示『賢能』。如岳父面稱女婿為『貴坦』，不僅希望他品德賢能，而且希望他地位尊貴；臣民面稱有王爵者為『令王』，不是說他們的地位不尊貴，而是希望他們人品賢能，等等。因此，『貴』還可以單說，而『令』則不能單說。如敦煌變文集・孟姜女變文：『勞貴遠道故相看，冒涉風霜捐氣力。』蔣禮鴻通釋：『貴，尊稱，是尊貴的人的意思……「勞貴遠道故相看」就是「勞您……」，……而「貴」也是尊稱。用「貴」來作尊稱，這和宋人稱後輩為

「賢」是一樣的。』[三〇]

以上我們就『貴』的構形意圖從四個方面展開了討論，初步揭示出『貴』的本義與女子撫摸男根的行為極為契合。甲骨文『』（貴）的構形意表示女子撫摸男根，後來隸變成了『臾』，男根的特徵被淡化了，故金文在其下增加象徵女陰的『貝』，隸變為『⿱臾貝』，使構形意突出男女交合行為，而使得甲骨文原有的構形意與『』（辰）字相混了。[三一]東漢以後，以『貴』為字母再造的字，其表意亦多與金文『』（貴）的構形意契合。清代國學家王念孫在說文解字注·序中說：『於許氏之說，正義借義，知其典要，觀其會通，而引經與今本異者，不以本字廢借字，不以借字易本字，揆諸經義，例以本書，若合符節，而訓詁之道大明。』[三二]王氏評贊的雖然是段玉裁考證說文字形字義之功績，然而我們亦可以借鑒其『觀其會通』來探索古今文字構形意變易的奧秘。

注釋

[一] 本文原載於范子燁主編梵淨國學研究第三輯，中國社會科學出版社 2019 年版。

[二] 王寧：訓詁學原理，中國國際廣播出版社 1996 年版，第 43 頁。

[三] 漢許慎撰，宋徐鉉等校定：說文解字，中華書局 1963 年版，第 131 頁。

[四] 南唐徐鍇：說文解字繫傳，中華書局 1987 年版，第 127 頁。

[五] 清桂馥：說文解字義證，中華書局 1987 年版，第 548 頁。

［六］谷衍奎：漢字源流字典，語文出版社 2008 年版，第 855 頁。

［七］漢許慎撰，宋徐鉉等校定：說文解字，中華書局 1963 年版，第 25 頁。

［八］于省吾主編，姚孝遂按語編撰：甲骨文字詁林，中華書局 1996 年版，第 1192—1197 頁。

［九］徐中舒：試論周代田制及社會性質，四川大學學報 1955 年第 2 期。

［一〇］葛英會：釋所見甲骨的土田封疆卜辭，古代文明研究通訊 2007 年第 33 期。

［一一］于省吾主編，姚孝遂按語編撰：甲骨文字詁林，中華書局 1996 年版，第 1193 頁。

［一二］聞一多：古詩神韻，中國青年出版社 2008 年版，第 63 頁。

［一三］劉師培：劉申叔先生遺書，中外民國廿三年寧武南氏校印。

［一四］郭沫若：郭沫若全集考古編（卷一），科學出版社 1982 年版，第 40 頁。

［一五］四川長江流域文物保護委員會文物考古隊：四川巫山大溪新石器時代遺址發掘記略，文物 1961 年第 11 期。

［一六］宋兆麟：中國原始社會史，文物出版社 1983 年版，第 488 頁。

［一七］同上書，第 485 頁。

［一八］吳其昌：卜辭所見殷先公先王三續考，古史辨第七冊下編，上海古籍出版社 1982 年版。

［一九］吳廣平：始祖崇拜與生殖器崇拜的疊合——『夔一足』神話的闡釋，中南民族大學學報 1994 年第 6 期。

［二〇］詳細情況參看新疆文物考古研究所新疆羅布泊小河墓地 2003 年發掘簡報，文物 2007 年第 10 期。

［二一］王炳華：生殖崇拜：早期人類精神文化的核心——新疆羅布淖爾小河五號墓地的靈魂，尋根 2004 年第 4 期。

［二二］南詔大理歷史遺址及社會經濟調查紀要，見大理白族自治州歷史文物調查資料，雲南人民出版社 1958 年版。

［二三］羅越先：石寶山與西域，雲南民族出版社 2009 年版，第 57 頁。

［二四］李暉：江淮民間的男根崇拜，民俗研究 1992 年第 1 期。

［二五］李達珠、李耕冬：未解之謎：最後的母系部落，四川民族出版社 1999 年版，第 55 頁。

［二六］徐中舒主編：漢語大字典（修訂本），四川辭書出版社、湖北崇文書局 2010 年版，第 4637 頁。

［二七］清段玉裁：說文解字注，上海古籍出版社 1988 年版，第 592 頁。

［二八］清朱駿聲：說文通訓定聲，武漢市古籍書店 1983 年影印本，第 596 頁。

［二九］漢許慎撰，宋徐鉉等校定：說文解字，中華書局 1963 年版，第 187 頁。

［三〇］蔣禮鴻：敦煌變文文字通釋，上海古籍出版社 1981 年版，第 8 頁。

［三一］鍾如雄：釋『辰』，見苦粒齋漢學論叢，中國社會科學出版社 2013 年版，第 397—406 頁。

［三二］清段玉裁：說文解字注，上海古籍出版社 1988 年版。

苦粒齋養新録卷三　句法編

詩經賓語前置條件通釋[一]

詩經的賓語前置現象與先秦散文作品一樣，是一種極為普通的語法現象。王力先生在論述漢語詞序的發展時曾經這樣評述過：『主—動—賓的詞序，是上古漢語到現代漢語的詞序。但是，在上古漢語裡，有一些特殊的情況，就是賓語可以放在動詞的前面。這種結構是有條件的。總的條件是：這個前置的賓語必須是個代詞。』[二]這裡，王先生衹談到動詞賓語前置的總條件，至於怎麼個前置，即在何種條件下可以前置則尚未細化，再則動詞（包括介詞）賓語的前置亦不限於代詞，名詞性賓語亦可前置。但是，它們前置條件在詩經中是怎樣一種狀況呢？

一　代詞性賓語的前置條件

代詞充當賓語，在遠古漢語裡或許如同今天的藏語彝語一樣，全部都放在動詞的前面。發展到了詩經時代的漢語，代詞性賓語前置的現象依然很活躍，且大量地在敘述句、疑問句、否定句中使用。

（一）代詞性賓語前置條件之一：敘述句

1. 動詞——代詞賓語前置。詩經裡能充當動詞的前置賓語的代詞，最常見的有『是／之／予／女（汝）／相』五個，個別地方亦用『爾／斯／為』。例如小雅·小旻：『謀之其臧，則具是違；謀之不臧，則具是依。』是違，即『違是』。是，指代『謀之其臧』。是依，即『依是』。是，指代『謀之不臧』。又大雅·崧高：『申伯之功，召伯是營。』漢鄭玄箋：『申伯謝之事，召公營其位而作城郭。』唐孔穎達等正義：『此說往營謝邑，訖而告王。言申伯居謝事，乃召伯於是營其位處。』又大雅·大明：『文王初載，天作之合。』作，通『乍』，始也。尚書·益稷：『萬邦作乂。』合，配也。天作之合，即『天始配之。』又小雅·菀柳：『俾予靖之，後予邁焉。』鄭玄箋：『邁，行也。行亦放也。』正義曰：『以罪而使之行於外。故言行亦放也。』又小雅·巷伯：『豈不爾受，既其女遷。』毛傳：『遷，去也。』正義曰：『毛以為讒人相戒，言汝若不誠，汝之心則言之，王於倉卒之間豈不為汝受之，但已愛之，後知汝言不誠實王心或將舍汝而更遷去也。』又小雅·節南山：『赫赫師尹，民具爾瞻。』王力古代漢語注：『具，俱、都。爾瞻，看著你。注意：這不是否定句，但代詞賓語卻放在動詞之前。這種用法不普通。』又：『式月斯生，俾民不寧。』王力古代漢語注：『這句話很不好懂。鄭玄說：「用月此生，言月月益甚也。」供參考。』其實『式月斯生』，即『式月生斯』。式，句首語氣詞；月，時間名詞作狀語，表示行動的頻數或經常。月生，即『月月產生』，或『每月下降』；斯，前置的代詞賓語，指代上文『不吊昊天，亂靡不定』的『亂』。又魏風・葛屨：『維是褊心，是以為刺。』為刺，即『刺為（之）』，諷刺魏啟。[三]鄭玄箋：『魏俗所以然者，是君心褊急，無德教使之耳，我是以刺之。』正義曰：『魏俗趨利，實由地狹使然。人君當知其不可而以政反之。今君乃儉嗇且褊急而無德教，至使民俗益複趨利，故刺之。』

『是／之』，特別是『是』，在詩經裡作動詞前置賓語的頻率極高。它不僅能用在單音節動詞前，而且還能用在兩個各自獨立的單音節動詞前，以構成『是（之）+動$_1$+是（之）+動$_2$』的句式，表示先後發生的兩動作行為對同一賓語（事物）的不同處置，或分別對兩個不同的賓語（事物）發生處置性的動作行為。例如周南・葛覃：『是刈是濩，為絺為綌。』是，指代上文的『葛之覃』，『刈』和『濩』（煮）先後對『是』發生處置性動作。又大雅・皇矣：『是類是禡，是致是附。』此四個『是』分別指代『天神』『馬神』『崇國的土地』和『崇國的人民』，分別與『類』『禡』『致』『附』等動詞發生施受關係。類，通『禷』，祭祀天神；禡，祭祀馬神。『是類是禡』，爾雅・釋天引作『是禷是禡』。致，清馬瑞辰毛詩傳箋通釋：『致其人民土地。說文：「致，送詣也。」送而付之曰致，已克而不取之謂也。』附，通『撫』，安撫。又小雅・桑扈：『之屏之翰，百辟為憲。』清陳奐毛詩傳疏：『之，猶是也。「之屏之翰」，是屏是翰也。』屏，屏障。此處動用，成為屏障。毛傳：『翰，幹也。』此處動用，成為禎幹。鄭箋：『辟，君也。王者之德，外能捍蔽四表之患難，內能立功立事為之禎幹，則百辟卿士莫不修職而法象之。』又邶風·日月：『乃如之人兮，逝不相好。』相好，即『好我』。又大雅·雲漢：『胡不相畏，先祖于摧。』相畏，即『畏旱災』。相，指代『昊天上帝，則我不遺』這回事。注意：『相』的代詞用法始於詩經時期。

有這樣一種語言事實值得注意，即詩經裡的『賓+動$_1$+賓+動$_2$』結構，能充當它的賓語的代詞是極其有限的，通常衹有『是』和『之』，其他代詞完全沒有這種功能。

2. 介詞——代詞賓語前置。在我們看來，漢語裡凡有介詞功用的詞，其最早用法均為動詞性質（個別例外）。詩經裡能帶前置代詞性賓語的介詞衹有『以』和『用』，而它們至今仍未喪失動詞性質。『以』和『用』的前置代詞賓語衹限於『是』，別的代詞，即使是『之』亦無此用法。例如小雅·裳裳者華：『我覯之子，我心寫兮：是以有譽處兮。』鄭玄箋：『覯，見也。之子，是子也。謂古之明王也。言我得見古之明王，則我心所憂寫而去矣。我心所憂既寫，是則君臣相與聲譽而常處也。』又魏風·葛屨：『維是褊心，是以為刺。』正義曰：『今君乃儉嗇且褊急，而無德教，至使民俗益復趨利，故刺之。』又小雅·六月：『玁狁孔熾，我是用急。』毛傳：『熾，盛也。』高亨詩經今注：是用，『猶是以』。又小雅·小旻：『謀夫孔多，是用不集。』

注意：『是以』在詩經裡正處於由臨時性的組合向定形化方向發展的過渡時期，因其常常連用於因果複句中，繼後漸漸地由介詞結構嬗變成表示因果關係的連詞。詩經裡的『是以』已開始連詞化了。

3. 複指——代詞賓語前置。詩經裡有部分代詞賓語，當它們作前置賓語時，不是直接放在動詞之前，則需要借助於別的單音詞來將它和後面的動詞隔開，以構成『代詞賓語＋複指成＋動詞』句型。在敘述句中通常被借用的單音節詞衹限於『來』。例如邶風·谷風：『不念昔者，伊余來塈。』『伊余來塈』猶言『維余是塈，即『塈余』。『來』在此種句型中確實有『複指』前置賓語的性質，但其詞性和語法作用應該怎樣解釋呢？楊樹達認為是個『語中助詞，賓語倒置時用之。』[四]然清王引之早已將『來』釋為『是』了。他對『伊余來塈』這句詩的詮釋是：『伊，惟也。來，猶「是」也。塈，讀為「愾」。「愾」，怒也……言君子（丈夫）不念昔日之情，而惟我是怒也。』[五]王氏此訓深得裴學海肯定。他說：『王君訓「來」為「是」極為允當。』且連舉三例以信其說。[六]惜王、裴二氏均未說明『來』的詞性。我們認為，此類句型中的『來』是個指示代詞，其語法作用是對前置代詞賓語的複指。這個結論並非向壁虛造，因為『來』的指代作用在詩經裡早有單獨使用的例證。例如大雅·緜：『古公亶父，來朝走馬，率西水滸，至于岐下。』高亨注：『來，猶是也。』『來朝走馬』，言這天早晨跨馬奔馬也。『來』猶『此』或『這』，在句中作定語，指代具體的時間。又大雅·江漢：『王命召虎，來旬來宣。』高亨注：『來，猶是也。』馬瑞辰通釋：『「旬，讀為拘，巡也。宣，示也。」此二句言周王在宗廟中冊命召虎，宣示眾人。』『來旬來宣，即『此旬此宣』。『來』在句中作主語，指代周王冊命召虎、宣示臣民的場所（宗廟）。由於『來』既能作定語又能作主語，具有代詞『是』相同的語法作用，自然亦可用來複指前置的代詞賓語。又如大雅·桑柔：『既之陰女，反余來赫。』之，時間副詞，曾經；陰，通『蔭』，庇蔭。毛傳：『赫，炙也。』此二句言我曾經庇護過你們，你們卻反而迫害我。

（二）代詞賓語前置條件之二：疑問代詞

疑問句中的賓語，如果是個疑問代詞，在詩經裡亦慣例前置。

1. 動詞——疑問代詞賓語前置。例如王風・黍離：『不知我者，謂我何求？』又秦風・終南：『終南何有？有條有梅。』又唐風・鴇羽：『不能蓺黍稷，父母何食？』又小雅・蓼莪：『無父何怙？無母何恃？』又大雅・桑柔：『靡所止疑，云徂何往？』王力先生在講述上古漢語疑問代詞作賓語時有過這樣一段帶總結性的論述：『疑問代詞賓語前置的規則，比否定句代詞賓語前置的規則更為嚴格，可以說基本沒有例外。「何如」又說成「如何」，好象是例外，其實這兩種詞序都出現在上古漢語裡。在先秦時代，它們已經是一個凝固形式，不能譯成「象什麼」之類，而要譯成「怎麼樣」或「怎樣」。』[七]這段評語大致描述出了上古漢語散文用語事實，卻不盡符合詩經的語言習慣。首先，詩經裡的『何』如果作賓語，既可以放在動詞或介詞之前，亦可以放在它們的後面。例如小雅・節南山：『赫赫師尹，不平謂何？』王力古代漢語注：『不平，不公平。謂何，為什麼。也就是還有什麼可說。』可見這句詩裡的疑問代詞賓語『何』是放在動詞『謂』之後的，它沒有遵循『何＋動』的句法規則。其次是『如何』和『何如』，它們在先秦是否就是『已經是一個凝固形式』？『何如』在詩經裡不曾用過，『如何』則多用，而它的意思亦不限於作『怎麼樣』或『怎樣』翻譯，有時亦可譯成『像什麼』或『到（了）……什麼程度（地步）。』至於它的結構正處在習慣連用而尚未凝固為一個詞的嬗變階段。例如豳風・伐柯：『伐柯如何？匪斧不克。取妻如何？匪媒不得。』又小雅・庭燎：『夜如何其？夜未央。』又小雅・隰桑：『既見君子，其樂如何？』又小雅・綿蠻：

『道之云遠，我勞如何？』如果說『伐柯如何』中的『如何』可以譯成『怎麼樣』或『怎樣』，其結構可以免強看成是固定形式的話，那麼『夜如何其』『其樂如何』『我勞如何』等中的『如何』，依然是個述賓結構，其意思譯成『怎麼樣』或『怎樣』均不太恰當，而衹能分別譯成『夜裡的時間到了什麼時候了』『那種歡樂到達了何種程度』『我的疲勞到了何種地步』。

2. 介詞——疑問代詞賓前置。詩經的疑問句中，『誰／何／胡』等三個疑問代詞常與介詞『以／用／為／與』等相配，構成『賓＋介』式介詞結構充當狀語。例如召南・行露：『誰謂雀無角，何以穿我屋？』又豳風・七月：『無衣無褐，何以卒歲？』又小雅・節南山：『國既卒斬，保用不監？』王力古代漢語注：『何用，何以，因為什麼。』又小雅・正月：『哀今之人，胡為虺蜴？』又唐風・葛生：『予美亡此，誰與獨處？』同時，我們觀察到了另外一種用語現象，即『何／胡／焉／以』一類疑問代詞，它們在作介詞『於／自』的賓語時卻衹能放在後面，不能前置，這條組合規則在詩經裡反而顯得很嚴格，無一例外。例如召南・采蘩：『于以采蘩？于沼於沚。』又小雅・白駒：『于焉逍遙？于焉嘉客？』又小雅・正月：『哀我人斯，于何從祿？』又小雅・十月之交：『此日而食，于何不臧？』又小雅・小旻：『我視謀猶，伊于胡底？』又小雅・小宛：『握粟出卜，自何能穀？』宋朱熹集傳：『故握持粟而卜之曰：「何自而能善乎？」』

3. 複指——疑問代詞賓語前置。代詞『之』在詩經裡就已經具有複指前置疑問代詞賓語的作用了，但其用例並不多見。例如邶風・簡兮：『云誰之思？西方美人。』『云誰之思』猶言『維誰是思』，即『維思誰』（衹想誰）。

（三）代詞賓語前置條件三：否定句

在上古漢語裡，由『不／毋／未／莫』等否定詞構成的否定句有一個顯著的特點：如果賓語是個代詞，總是要放在動詞的前面。但詩經裡的情況卻有些差異。因為除『莫／不』外，由『無／匪（非）』兩個否定詞構成的否定句，其賓語又是個代詞，通常亦要前置，這樣的句子，在先秦散文中是不用的。而由『毋／未』兩個否定詞構成的否定句，在詩經裡反倒不用代詞作賓語。根據前置的代詞賓語在否定句中所處的位置，我們可將其分成三種類型來分析。

1.『狀（否定詞）＋賓＋動』式。例如召南・江有汜：『之子歸，不我以。』『不我以』即『不以我』。又鄭風・東門之墠：『豈不爾思，子不我即。』言哪裡不想您，您不到我這兒來。又鄭風・遵大道：『無我惡兮，不寁故也。』高亨注：『寁，借為接。此二句言你不要憎惡我不接近故人。』又小雅・沔水：『民之訛言，寧莫之懲。』言民眾中的謠言，竟然不制止它。

2.『狀（否定詞）$_1$＋賓＋狀$_2$＋動』式。例如周南・汝墳：『既見君子，不我遐棄。』『不我遐棄』，猶『不遐棄我（不遠遠地離棄我）。』又魏風・碩鼠：『三歲貫女，莫我肯顧。』『莫我肯顧』，即『莫肯顧我（沒有誰肯照顧我）』。又魯頌・閟宮：『戎狄是膺，荊舒是懲，則莫我敢承。』承，抵擋。『莫我敢承』，猶言沒有誰敢抵擋我。

3. 複指與標誌——代詞賓語前置。用『之為』聯合複指。例如邶風・靜女：『匪女之為美，美人之貽。』『匪女之為美』，即『非汝是美』。代詞『之為』連文複指前置代詞賓語『女』（荑）。此句言我並非認為它很好看，衹因為是心上人贈送的。用『或』或『有』標誌。例如小雅·天保：『如松柏之茂，無不爾或承』『無不爾或承』，即『無不承爾（沒有不擁護你的）』。『或』原為無定代詞，代稱『有的』或『有的人』，而在此類句型中虛化為助詞，相當於助詞『有』。鄭玄箋云：『或之言有也。』清王引之經義述聞卷三：『或，語助耳。箋「或之言有也」，亦謂語助之有，無意義也。』又鄘風·載馳：『大夫君子，無我有尤。』高亨注：『有，猶或也。此句言不要責備我。』

照先秦慣例，否定句中的代詞賓語應該前置，但考詩經用語，已經有後移的變例了。此種細微嬗變，應該引起漢語史學家的注意。例如小雅·小弁：『君子不惠，不舒究之。』『不舒究之』，若按先秦用語規則，應該說成『不之舒究』（不從容地考慮它），『之』在句中指代『讒言』，作『究』的後置賓語。又大雅·烝民：『維仲山甫舉之，愛莫助之。』愛，毛傳：『隱也。』清胡承珙毛詩後箋：『謂其德深遠而隱，莫有能助之者。』『之』在句中代『德』，作『助』的後置賓語。又王風·黍離：『不知我者，謂我何求。』『知我』是個述賓結構，被否定詞『不』否定，『不知我』在句中作『者』的定語。

二　名詞性賓語的前置條件

名詞性賓語的前置，在詩經裡主要有兩種表達形式，即直接前置與間接前置。

（一）直接前置式

直接前置，是指名詞性賓語不借助於其他詞語的幫助直接放在介詞的前面，構成介詞結構用以充當狀語。此種賓語的前置條件衹限於介詞『以／於』。例如陳風·東門之楊：『昏以為期，明星煌煌。』『昏以為期』，即以黃昏為約定的期限。又陳風·墓門：『墓門之棘，斧以斯之。』斯，伐也。『斧以斯之』，即用斧頭砍伐它。又鄭風·女曰雞鳴：『知子之好之，雜佩以投之。』此言拿雜佩來報答他。又小雅·出車：『赫赫南仲，玁狁于夷。』夷，平定。『玁狁于夷』，猶言『夷于玁狁』。又大雅·崧高：『四國于蕃，四方于宣。』馬瑞辰通釋：『宣與蕃對，宣讀為垣之假借。』此二句猶言以四國為蕃，以四方為垣。又：『申伯還南，謝于城歸。』陳奐傳疏：『誠歸于謝也。』對『玁狁于夷』這種句型的分析，今語言學界均認為它是動詞賓語前置式，分歧衹在於對『于』詞性的認識差異。王力先生認為『于』是『于是』的省略，仍屬於複指前置賓語的代詞性質。[八]另一種看法是介詞虛化了的助詞，衹起標示前置賓語的作用，並無實在意義，與『或／有』之類無別。我們認為，此種句型並非動詞賓語前置式，其中的『于』既非『于是』的省略，亦非助詞，而依然是個實實在在不可或缺的介詞。理由是：第一，先秦早期漢語（甲骨文等）的介詞『于』在引進動作行為的處所、對象時總是將它們置於動詞之後作補語，此種用法始終襲用於《尚書》《詩經》以後、『五四』以前的書面語中。例如大雅·文王有聲：『既伐于崇，作邑于豐。』崇，即『崇侯』，他本來是『伐』的對象，按今語的標準表達方式應作『伐崇』，即動詞直接對其賓語加以處置，而不借助介詞『于』的幫助。但在古代漢語裡，『伐崇』是種省略說法，其標準（或通用）說法則是『伐于崇』。第二，由『于』

引進的動作行為的處所、對象在先秦時期還常常前移於動詞前面作狀語，以構成狀中結構，亦形成『玁狁于夷』這種表達形式。[九]再如左傳・昭公十一年：『唯蔡于感（憾）。』晉杜預注：『蔡，近楚之大國，故楚常恨其不服順。』若依杜注，此語與『唯……之……』結構同，『蔡』就是前置賓語了。而究其古，『唯蔡于感』，則是『唯感于蔡』的另一種表達形式，用今語表達，則是『唯蔡感（衹對蔡國仇恨）』。又昭公三十年：『諺所謂：「室于怒，市于色。」』諺語是民間流傳的古語或時語，如果當時沒有這種説法，史學家怎麼會記録下來。『室于怒，市于色』，則是『怒于室，色于市』的另一種表達形式，其中『室』和『市』並非動詞的前置語，而是介詞『于』的前置賓語，『于』在此類結構中並未虛化成為助詞，亦不是『于是』的省略。由此，我們覺得『于』在漢語史上並無『複指』或『標誌』前置賓語的作用。

（二）間接前置式

間接前置，是指名詞性賓語必須借助於代詞的複指來達到前置的目的。詩經裡能複指前置名詞性賓語的代詞有『是／之／斯／來』。例如秦風・車鄰：『未見君子，寺人之令。』『寺人之令』，猶言『令寺人（叫寺人去看她丈夫）。』又邶風・新臺：『魚网之設，鴻則離之。燕婉之求，得此戚施。』聞一多詩經通義：『鴻即苦蠪之合音。廣雅・釋魚：「苦蠪，蝦蟆也。」戚施，今謂之駝背。『魚网之設』，猶言『設魚网』；『燕婉之求』，猶言『求燕婉』。又邶風・日月：『日居月諸，下土是冒。』冒，覆蓋，照耀。『下土是冒』，猶言『冒下土』，與第一章『照臨下土』同。又小雅・賓之初筵：『大侯既抗，弓矢斯張。』侯，箭靶；抗，豎起。『弓矢斯張』，猶言『張弓矢』。又大雅・皇矣：『柞棫斯拔，松柏斯兑。』兑，使……長直。此二句猶言拔柞棫，兑松柏。又小雅·四牡：『是用作歌，將毋來念。』裴學海古書虛字集釋：『言養母是念。』又大雅·江漢：『匪安匪遊，淮夷來求。』此猶言求淮夷。又大雅·鳧鷖：『公尸燕飲，福祿來崇。』廣雅·釋詁：『崇，聚也。』此言『崇福祿』。間接前置式的名詞前如果加個句首語氣詞，可構成一種複合句型：加『維（惟）』，可構成『維（惟）……是（之）……』句，表示肯定的語氣；加『匪』，可構成『匪……是……』句，表示否定的語氣，但總的來看，它們都具有排他性質。從使用的語境來看，『維……是……』句既可以單獨使用，亦可以與『匪……是……』句聯合使用，表示否定後的肯定，而『匪……是……』句則祇能與『維……是……』句配合對用，表示一非一是，以加強語勢。例如小雅·斯干：『無非無儀，唯酒食是儀。』王力漢語史稿：『儀，善也。家事處理得好不好與女子無關，女子只是籌畫籌畫酒飯。』又大雅·大明：『乃及王季，維德之行。』高亨注：『維德之行，指摯仲與王季只行德事。』小雅·雨無正：『哀哉不能言！匪舌是出，維躬是瘁。』馬瑞辰通釋：『朱彬謂出當讀為屈與絀，方與上下文相貫。今按說文：「㾖，病也。」出當即㾖之省借。言匪舌是病，維躬是病也。』

總覽詩三百，其前置賓語的條件已燦然可見。詩經所記錄的話語，雖說是詩化了的語言，但它必須遵循時人用語的語法規則。因此我們說，前文所揭示的詩經前置賓語的條件，是詩經時期先民的習慣用語規則。

注釋

［一］本文原載於西南民族大學學報（哲學社會科學版）1996年第6期。

〔二〕王力：漢語史稿，中華書局1980年新1版，第357頁。

〔三〕關於「為」的代詞性質，請參看鍾如雄從〈山海經〉「為·M」看「為」的代詞性質，見西南民族大學學報（哲學社會科學版）1992年第2期。

〔四〕楊樹達：詞詮，中華書局1965年第2版，第78頁。

〔五〕清王引之：經傳釋詞，岳麓書社1984年版，第167頁。

〔六〕裴學海：古書虛詞集釋，中華書局1954年版，第515—517頁。

〔七〕王力：古代漢語，中華書局1962年版，第275頁。

〔八〕王力：漢語史稿，中華書局1981年新1版，第36頁。

〔九〕參看鍾如雄名詞狀語述說，見西南民族大學學報（哲學社會科學版）1989年第4期。

詩經『蜎蜎者蠋』式句型及其中『者』的語法性質[一]

詩經裡有一種由『疊音形容詞＋者＋單音節名詞』構成的四字格（本文稱為『BB者A』式[二]）句型。這種句型在詩經裡亦不多見，僅出現在『風』詩的豳風和『雅』詩的小雅裡，據初步統計，除重複出現的外，共有七例，全摘錄如下：

（一）蜎蜎者蠋，烝在桑野。（豳風·東山）

（二）翩翩者鵻，載飛載止。（小雅·四牡）

（三）皇皇者華，于彼原隰。（小雅·皇皇者華）

（四）菁菁者莪，在彼中阿。（小雅·菁菁者莪）

（五）蓼蓼者莪，匪莪伊蒿。（小雅·蓼莪）

（六）楚楚者茨，言抽其棘。（小雅·楚茨）

（七）裳裳者華，其葉湑兮。（小雅·裳裳者華）

歷來研究詩經的學者在注釋「BB者A」這種式句型時，有的衹注釋其中的疊音形容詞、單音節名詞，有的衹對全句作籠而統之的串講，有的乾脆繞道而行，避而不談。這種「BB者A」式句型究竟是判斷句呢還是偏正式詞組？其中「者」的語法性質又該如何判定？學者們的看法並不一致。有的認為「者」是個「代詞性助詞」，有的認為是個「被飾代詞」，有的認為是個「助詞」。正因為「者」的語法性質對「BB者A」式句型的判斷起著決定性影響，所以本文擬從「者」的這三種看法著手，對「BB者A」式句型談點個人的淺見。

第一種，代詞性助詞。認為詩經裡「BB者A」式句型中的「者」是個「代詞性助詞」的主要代表學者是周法高先生。早在五十年代中期，周先生在論述古代漢語「者」的語法性質時就認為：「狀詞+者」式中的「者」與「形容詞+者」「動詞+者」「名謂+者」等句型中的「者」的語法性質是相同的，它們都同屬於「代詞性助詞」。[三] 在他所著的中國古代語法·稱代編「狀詞+者」一項下，周先生共列舉了四個例子，其中有兩個例子是詩經裡的，其一是：「蜎蜎者蠋，烝在桑野。」並引用唐孔穎達等毛詩正義的「蜎蜎然者，桑中之蠋蟲」一訓為其佐證。這就是說，周先生認為「BB者A」式句型中的「者」是個「代詞性助詞」的立論，是建立在毛詩正義的注解上的。因此，我們有必要看看正義對「BB者A」式句型注釋所採用的形式。正義在注釋「BB者A」式句型時一共採用了以下四種注解形式：

（a）『……者，……』式。例如豳風·東山：『蜎蜎者蠋，烝在桑野。』毛傳：『蜎蜎，蠋貌。蠋，桑蟲。烝，寘也。』漢鄭玄箋：『蠋蜎蜎然特行，久處桑野，有似勞苦者。古者聲寘、填、塵同也。』孔穎達等正義：『蜎蜎然者，桑中之蠋蟲。』

（b）『……者，……也』式。例如小雅·菁菁者莪：『菁菁者莪，在彼中阿。』毛傳：『菁菁，盛貌。莪，蘿蒿也。』又如小雅·裳裳者華：『裳裳者華，其葉湑兮。』毛傳：『裳裳，猶堂堂也。湑，盛貌。』鄭玄箋云：『華堂堂於上，喻君也；葉湑然於下，喻臣也。』孔穎達等正義：『言彼堂堂然光明者，華也。』

（c）『……者，是……』式。例如小雅·皇皇者華：『皇皇者華，于彼原隰。』毛傳：『皇皇，猶煌煌也。』孔穎達等正義：『言煌煌然而光明者，是草木之華。』

（d）『……者，正是……也』式。例如小雅·蓼莪：『蓼蓼者莪，匪莪伊蒿。』毛傳：『蓼蓼，長大貌。』鄭玄箋：『莪已蓼蓼長大貌。』孔穎達等正義：『言蓼蓼然長大者，正是莪也。』

分析毛詩正義這四種釋義形式，可以看出他們的確是把『BB者A』式句型當成一個完整的判斷句了，而毛傳是否把這種句型釋成判斷句，祇憑他的訓釋是難以辨明的。但我們可以說鄭箋是沒有把它當成判斷句的，這可以從他的訓釋中得到證明。例如豳風·東山『蜎蜎者蠋』，鄭箋注釋成『蠋蜎蜎然特行』。他把原句中的『蜎蜎者』訓釋成『蜎蜎然』，並以之充當謂語『特行』的狀語，用來描寫『蠋』行動的狀態。又如小雅・菀柳『有菀者柳』，鄭玄箋：『有菀然枝葉茂盛之柳。』在這句釋文中，鄭玄用『之』釋『者』便是其證。正義把『BB者A』式句型看作判斷句，其錯誤就在於它增字為訓，主觀臆測。比如『蜎蜎者蠋』，鄭玄注釋成『蠋蜎蜎然』，把原句中的定語『蜎蜎者』挪到其中心語『蠋』之後做謂語，並釋『者』為『然』。正義在鄭箋的基礎上，用具有指代性作用的『者』替換了『蠋』，並把它移位於『然』之後，構成『蜎蜎然者』式句型，且在其後補充上『桑中之蠋蟲』一句。這樣一來，上下兩句相連，便使之成為了『判斷句』。正義的錯誤，不僅違背了詩句的原意，而且亦影響了後代學者對『BB者A』式句型的語法分析，周法高先生就是在此基礎上得出了『者』是個『代詞性助詞』的結論的。周先生或許是這樣認為的：『BB然者』式句型中的『者』，是『BB者A』式句型中的『者』的後移，而『BB然者』中的『者』是一個『代詞性助詞』，那麼『BB者A』句型中的『者』亦就是『代詞性助詞』了。

我們的看法是：『BB然者』中的『者』是個被飾代詞，因為它是取代了『蠋蜎蜎然』中的『蠋』而後移於『蜎蜎然』之後形成的，可以說是『BB者A』式的一種復原句型。因之，『BB然者』式中的『然』與『BB者A』式中的『者』應該是相當的。例如鄘風・載馳：『我行其野，芃芃其麥。』毛傳：『願行衛之野，麥芃芃然方盛長。』鄭玄箋：『麥芃芃者，言未收刈，民將困也。』鄭箋以『芃芃者』改訓毛傳的『芃芃然』，可見在鄭玄的心目中『者』『然』相同。不僅詩經裡的『者』有『然』義，而且晚於詩經的作品中亦有這種用法。例如史記・周本紀：『姜源出野，見巨人跡，心忻然說，欲踐之；踐之而身動，如孕者。』『如孕者』就是『如孕然』。[四] 由此看來，我們可以說周法高先生的結論是站不住腳的。

第二種，被飾代詞。認為『BB者A』式句型中的『者』是個『被飾代詞』的主要代表學者是向熹先生。近年來，向熹先生已經開始全面系統地研究詩經，並取得了重大成果。『BB者A』式句型中的『者』屬於『被飾代詞』這一結論是在他所著的〈詩經〉裡的複音詞一文中提出來的。向先生指出：『「者」在上古是一個被飾代詞，重言詞也可以在「者」的前面，構成「XX者」的形式，在句子中作主語用，它們的謂語都是一個單音詞。』[五]在這段論述中，向先生認為：第一，『BB者A』式中的『者』是一個『被飾代詞』；第二，由這種『者』加上前面的『BB』部分（向先生稱為『重言詞』）以構成一個名詞性的詞組作主語用，『BB者』之後的『A』部分（即單音節名詞）充當它的謂語。亦就是說，『BB者A』式句型是一個判斷句句型，其語法結構可作如下切分：

（原文）蜎蜎者=蠋（譯文）蜷曲的是桑蟲

（原文）裳裳者=華（譯文）堂堂的是華

向熹先生的看法和周法高先生的看法有一個相同點，即都把『BB者A』式中的『者』看成具有代詞性質的『者』，雖然他們都沒有明確地說明這種句型是判斷句，但結論是一致的。

第三種，助詞。認為『BB者A』式句型中的『者』是個『助詞』的主要代表學者是楊伯峻先生。在古漢語虛詞一書中，楊先生指出：『「者」作「之」用，一為助詞，相當於現代漢語「的」。』[六]他認為『蜎蜎者蠋』就是『小小的桑蟲』，『裳裳者華』便是『堂堂的花』。這裡楊先生明確指出『者』是助詞，同時從他的譯文中可以看出他已經把這種句型看成偏正式的名詞詞組了。這個結論的得出可能與鄭箋有一定關係。『者』有『之』義這一看法在其他語言學家的著作中亦有論述，比如裴學海先生就指出：『「者」猶「之」也（本書「者」「之」互訓），一為「的」字之義。韓非子·顯學篇：「不道仁義者故，（「故」，「事」也）不聽學者之言（「學者」即「學人」）。」』[七]

對『BB者A』式中『者』的上述三種（實際上是兩種）不同看法，我們認為第三種講法比較符合詩經作者的原意。下面我們用詩經中與這種句型相似的其他句型作一些對比分析，以便為這種句型語法性質的確立提供一些依據。

（一）『BB者A』式與『有B者A』式的比較

『BB者A』式中的定語部分（『BB』）是由一個疊音形容詞充當的，但在某些語言環境中，它則由一個單音節形容詞充當，這時它的前面就得附加上一個詞綴『有』以湊足雙音節，構成『有B』式，通過結構助詞『者』的連接充當『A』的定語。例如小雅·菀柳：『有菀者柳，不尚息焉？』毛傳：『菀，茂木也。』鄭玄箋：『尚，庶幾也。有菀然枝葉茂盛之柳，行野之人豈有不庶幾欲就之止息乎？』唐陸德明釋文：『菀，音鬱。』孔穎達等正義：『毛以為有菀然者，枝葉茂盛之柳，行路之人見之，豈不庶幾就之而止焉。』鄭玄可能認為『者』『之』同義，所以用『有然菀枝葉茂盛之柳』來解釋『有菀者柳』。而正義則認為，這種句型與『BB者A』式相同，因此仍用『……者，……』式來解釋它。這可以證明『有B者A』式與『BB者A』式的相似性。

（二）『有B者A』式與『彼B者A』式的比較

『彼B者A』式句型是詩經裡又一種與『BB者A』式相似的句型。它是通過替換『有B者A』式句型中的詞綴『有』之後而重新創造出來的一種新句型。其中的『彼』是一個指示代詞，在句中作定語用。例如召南·騶虞：『彼茁者葭，壹發五豝。』毛傳：『茁，出也。葭，蘆也。』孔穎達等正義：『言彼茁茁然出而始生者，葭草也。』正義仍以解釋『BB者A』式的『……者，……也』式來解釋這種『彼B者A』式句型，這說明這種句型亦和『BB者A』式相當。『彼茁者葭』就是『茁茁者（之）葭』（『那一片茁壯生長的蘆葦』）。

（三）『彼B者A』式與『B彼AA』式的比較

『B彼AA』式句型大概是由『彼B者A』式句型變化來的。其中的指示代詞『彼』與單音節形容詞互換位置，結構助詞『者』被名詞『A』所取代。例如邶風·泉水：『毖彼泉水，亦流于淇。』毛傳：『泉水始出，毖然流也。』又如小雅·節南山：『節彼南山，維石巖巖。』毛傳：『節，高峻貌。』孔穎達等正義：『節然高峻者，彼南山也。』上述兩例，正義採用的釋義形式分別是：『……者，是……』式和『……者，……也』式，它們與正義用來釋『BB者A』式的句型相似，『節彼南山』和『毖彼泉水』就等於『節彼（者）南山』和『毖彼（者）泉水』。祇不過由於這種句型受音節的限制和為了對句中的中心語加以限制或修飾而擠掉了『者』罷了。值得進一步說明的是，『B彼AA』式中的『B彼』部分，在有些詩篇裡亦有換位現象。

例如鄭風·有女同車：『彼美孟姜，詢美且都。』這說明詩經裡的指示代詞『彼』，是位於形容詞之前還是位於形容詞之後是自由的。再就是『AA』部分，如果衹由一個單音節名詞充當，就衹能在其後增加上一個語氣詞『斯』以湊足音節了。例如小雅·蓼蕭：『蓼彼蕭斯，零雨湑兮。』其中的『斯』就起湊足音節的作用。

（四）『B彼AA』式與『BBAA』式的比較

詩經裡還有一種『BBAA』式句型。例如小雅·斯干：『秩秩斯干，幽幽南山。』毛傳：『秩秩，流行也；干，澗也；幽，深遠也。』孔穎達等正義：『毛以為秩秩然出無極已者，此澗水之流也；幽幽然深遠材物豐積者，南山也。』這種句型一般由疊音形容詞（極少數是聯綿詞）加名詞性的雙音節詞語構成，與『B彼AA』式句型有個共同的特點：定語不借助於結構助詞『者』的幫助而直接粘附在中心語之上。這種句型在詩經裡使用的頻率極高。

通過對詩經上述五種句型的對比分析，我們可以作出這樣的推論：『BBAA』式句型是詩經中的正格句型，而其餘四種（即『BB者A』『有B者A』『彼B者A』『B彼AA』式）都是它的變體。正因為如此，正義在訓釋它們時採用的基本上是同一種形式。這類句型都屬於一种具有描寫性質的名詞性偏正詞組，其中的『者』既不屬於『代詞性助詞』，亦不屬於『被飾代詞』，而是一個結構助詞，其語法性質相當於結構助詞『之』。

注釋

［一］本文原載於西南民族大學學報1984年第3期。

［二］本文「BB者A」中的「BB」代表疊音形容詞，「A」代表單音節名詞。

［三］參見周法高中國古代語法·稱代編第408—410頁，S31/45（中6ˈ2/37ˈG）。

［四］參看裴學海古書虛字集釋，中華書局1954年版，第762頁。

［五］向熹：〈詩經〉裡的複音詞，北京大學中文系語言學論叢編委會編語言學論叢第六輯，商務印書館1980年版，第39頁。

［六］楊伯峻：古漢語虛詞，中華書局1981年版，第337頁。

［七］裴學海：古書虛字集釋，中華書局1954年版，第758頁。

從山海經『為・M』看『為』的代詞性質[一]

丁貞渠先在駁斥王氏學派提前賓語複指說時曾經這樣斷言：『至於「之為」就更說明問題了。如果硬要把「之」說成「複指提前賓語」的代詞，那麼「為」又該作何解釋呢？翻遍古書，恐怕也難找到「為」作代詞的例證。』[二]古書中的『為』到底有無代詞的例證？我們不敢先斷是否，還是讓史實來回答吧。

一　山海經『為・M』中『為』的代詞特徵

在我國古代典籍中，山海經是部具有獨特風格的作品，自古號稱『奇書』。全書雖三萬餘言，卻包含著關於我國古代地理、歷史、神話、民族、動物、植物、礦產、醫藥、宗教等諸方面的內容，保存著豐富的資料，是後人研究上古社會的一部重要文獻。關於山海經的作者及其成書年代，自西漢劉歆以來的正統說法，都認為是大禹、伯益所記，清代的四庫全書總目提要稱之為『小說之最古者爾』。山海經既然是『三代』之書，便蔚然可觀，然後世之學士文人往往斥之為『恢怪不經』之物而持以蓋醬了。惜哉！

『為・M』是山海經中一種慣用的句法結構，據我們初步統計，全書共例十四次，其使用篇目僅僅限於海外和海內兩經。[三] 例如：

（一）滅蒙鳥在結匈國，為鳥青，赤尾。（海外西經）

（二）無肩之國在長股東，為人無臂。（海外北經）

（三）深目國在其東，為人舉一手一目。（海外北經）

（四）柔利國在一目東，為人一手一足，反膝，曲足居上。（海外北經）

（五）大人國在其北，為大人，坐而削船。（海外東經）

（六）黑齒國在其北，為人黑，糧稻，啖蛇，一赤一青，在其旁。一曰在豎亥北，為人黑首，食稻使蛇，其一蛇赤。（海外東經）

（七）鬼國在貳負之尸北，為物人面而一目，一曰貳負神在其東，為物人面蛇身。（海內北經）

以上例證可看出這樣一個事實：『為・M』在山海經裡衹用於描寫句並充當全句之主語，其謂語通常是對主語所稱謂的人或物之外部特徵乃至於生活習性的描寫或說明。該主語由偏正結構充當，『為』在其中表示領屬關係，起著限制中心語（『M』）的作用，即對前一句主語所述的國家，民族、人物、神怪或動植物等的『複說』。像例（一）的『為鳥』，意思是『（滅蒙鳥）這種鳥』，『為』在其中複說『滅蒙鳥』；例（五）的『為人』，說的是『（大人國）這個國家的人』，『為』在其中複說『大人國』，等等。這些位於名詞前表示複說的『為』，是動詞，還是代詞？

山海經裡還有一種與『為·M』相似的句法結構——『其為·M』。這種偏正結構的出現頻率比『為·M』要高得多，共計四十餘次。其使用篇目與『為·M』完全相同。例如：

（八）比翼鳥在其東，其為鳥青赤，兩鳥比翼。（海外南經）

（九）三株樹在厭火北，生赤水上，其為樹如柏，葉皆為株。一曰其為樹若彗。（海外南經）

（一〇）一曰鼈魚，在夭野之北，其為魚也如鯉。（海外西經）

（一一）（鍾山之神）在無䏿之東，其為物人面蛇身，赤色，居鍾山下。（海外北經）

（一二）玄股之國在其東，其為人黑。（海外東經）

（一三）狌狌知人名，其為獸也如豕而人面。（海外南經）

（一四）袜，其為物人身黑首從目。（海外北經）

（一五）戎，其為人人首三角。（海外北經）

令人驚訝的是，山海經的『為·M』和『其為·M』可以互換，由此構成互文。例如：

（一六）雨師妾在其北，其為人黑，兩手各操一蛇，左耳有青蛇，右耳有赤蛇。一曰在十日北，為

人黑身人面，各操一蛇。（海外東經）

（一七）勞民國在其北，其為人黑。或曰教民。一曰在毛民北，為人人面，目手足盡黑。（海外東經）

『其為·M』與『為·M』的隨意替換，可見它們的詞性、句法結構和語意是相同的。除此之外，山海經裡更多地使用『其·M』來表示領屬關係。例如：

（一八）奇肱之國在其北，其人一臂三目，有陰有陽，乘文馬。（海外西經）

（一九）看丘國在其北，其狐四足九尾。（海外東經）

指示代詞『其』作定語在上古漢語裡已成通例，故無須贅述。問題在於『為·M』和『其為·M』中的『為』與『其·M』裡的『其』是否具有同一性質。為了把這個問題分析得更透徹些，我們可以再回過頭來看看山海經裡的用例和前人對山海經的有關注釋。例（一）的『為鳥青』，海外西經作『其鳥文赤黃青』。『為鳥』即『其鳥』。例（二）的『為人無脅』，晉郭璞注：『其人穴居，食土，無男女，死即薶之，其心不朽，死百廿歲乃複更生。』清畢沅注：『淮南子作「無繼民」，高誘注云：「其人蓋無嗣也」』。又海外西經：『周繞國在其東，其為人短小，冠帶。』郭璞注：『其人長三尺。』海外北經：『跌踵國在拘纓東，其為大人，兩足亦大。』宋本御覽卷七十九引作『其人兩足皆大』。由此觀之，『為』無疑是個指事代詞，其語法功能與『其』相似。而『其為・M』，實際上是『其・M』和『為・M』兩種形式的融合。

二　『為』在上古漢語中的代詞性質

『為』的代詞性質是不是祇見於山海經呢？當然不是。一種語言現象怎麼可能祇存在於一人之口或某一部書呢！我們並沒有『翻通古書』，卻搜集到了代詞『為』的無數例證。

代詞『為』在先秦古籍中主要見於莊子、論語、孟子、荀子、左傳、戰國策、晏子春秋、呂氏春秋等書。其語法功能主要是作賓語和定語。分別簡述於下：

（一）作賓語。『為』作賓語時習慣放到動詞之前。例如：

（二〇）蔡公知之，曰：『欲速，且役病矣，請藩而已。』乃藩為軍。（左傳・昭公十三年）（楊伯峻注：『軍營以籬圍之。』）

（二一）昔者海鳥止於魯郊，魯侯御而觴之於廟，奏九韶以為樂，具太牢以為膳。（莊子・至樂）（璞逊案：達生篇作『為具太牢以饗之，奏九韶以樂之。』可知『為』同『之』。）

（二二）權，然後知輕重；度，然後知長短。物皆然，心為甚。（孟子・梁惠王上）（王力古代漢語注：『大意是：凡物都是這樣，心特別是這樣。』璞逊案：『為』與『然』對文同義。）

（二三）無恆産有恒心者，惟士為能。（孟子・梁惠王上）（王力古代漢語注：『只有「士」是能夠這樣的。』）

（二四）（蘇秦）乃夜發書，陳篋數十，得太公陰符之謀，伏而誦之，簡練以為揣摩。（戰國策·秦一）（鮑本：『遊說之術，或量其情，或研切之』。璞遜案：此『為』同『之』，代稱遊說之術。）

（二五）弘演至，報使於肝，畢，呼天而啼，盡哀而止，曰：『臣請為褾。』因自殺。先出其腹實，內懿公之肝。（呂氏春秋·當務）（清黃生注：『褾，即古表字。表，外衣也。弘演剖胸納公之肝，言不使其暴露，如以衣襲之也。』璞遜案：『為』此代稱衛懿公之肝。）

上古漢語的否定句，其賓語如果是代詞，一般要放在動詞之前，『為』是代詞，亦不例外。例如：

（二六）（意怠鳥）進不敢為前，退不敢為後。（莊子·山木）（璞遜案：『為前』『為後』，即『前之』或『後之』，指海燕飛行中不敢超越同群或落後於同群。）

（二七）（蘇秦）歸至家，妻不下紝，嫂不為炊，父母不與言。（戰國策·秦一）（姚本：『不炊飯也。』）

（二八）子嘗事范氏中行，諸侯盡滅之，而子不為報，至於智氏，而子必為之報，何故？（呂氏春秋·不侵）（下文豫讓答語作：『夫眾人畜我者，我亦眾人事之：……夫國士畜我者，我亦國士報之。』璞遜案：『為報』同『報之』。『為』代稱范氏或智氏。）

（二九）魏襄王可謂能決善矣。誠能決善，衆雖喧嘩，而弗為變。（呂氏春秋·樂成）（璞遜案：『弗為變』，即不變之，『為』代稱魏襄王之主張。）

請注意：代詞『為』作賓語時，不但要前置，而且還可以用別的代詞（如『之』或『是』）複指。例如：

（三〇）隋武子曰：『善。會聞用師，觀釁而動。德、刑、政、事、典、禮不易，不可敵也，不為是征。（左傳·宣公十二年）（璞遜案：『不為是征』，即不征為。『為』在此稱代敵方。楊伯峻云：『猶言不征是。』得之。）

（三一）吏書之不善，則宓子賤為之怒。吏甚患之，辭而請歸。（呂氏春秋·具備）（璞遜案：『為之怒』，即怒吏。）

（三二）夫捽而浮乎江，三人三出，特王子慶忌為之賜而不殺耳。（呂氏春秋·當務）（璞遜案：『為之賜，即賜我。『為』要離自稱。）

賓語『為』偶爾亦放在動詞後面，如左傳·僖公十五年：『小人戚，謂之不免；君子恕，以為必歸。』吳昌瑩云：『為，猶「之」也。……以，「謂」也，以為，猶謂之也。是為與之互文也，其義一也。此義釋詞不載。』[四]但是，此種用法上古漢語極為罕見，可以算個例外。

（二）作定語。用作定語的『為』除見於山海經外，先秦其他古籍中亦不乏其例。或單獨運用，或與『其』連文而用；或在『其』之前，或在『其』之後，靈活多變，不拘一格。例如：

（三三）東海有鳥焉，其名曰意怠。其為鳥也，翂翂翐翐，而似無能。（莊子·山木）

（三四）（盆成括）其為人也有小才，未聞君子之大道也。（孟子·盡心下）

（三五）夏首之南有人焉，曰涓蜀梁。其為人也遇而善畏。（荀子·解蔽）

（三六）今自聊攝以東，姑尤以西，其為人也多矣。（晏子春秋·外篇第七）（璞遜案：左傳·昭公二十年與此同。內篇諫上第一作：『此其人民多。』『其為』即『此其』。其，此也；為，亦此也。）

（三七）趙王之臣韓昌者，以曲合於趙王，其交甚親。其為人疾賢妒功臣。（戰國策·秦五）（璞遜案：『其為人』與指韓昌這個人。）

（三八）高祖為人隆準而龍顏美須髯，左股有七十二黑子。（漢書·高帝紀）

（三九）左右對曰：『為其來也，臣請縛一人，過王而行。王曰：「何為者也？」對曰：「齊人也。」王曰：「何坐？」對曰：「坐盜。」』（晏子春秋·內篇雜下第六）（清王念孫云：『案「為其來」，於其來也。古者或謂「於」曰「為」，說見釋詞。』[五]璞遜案：王說誤。『為其來也』，乃表示時間的偏正結構，猶今說『他來的時候』，下文『晏子至』與此同，僅結構異耳。）

上述例證足以證明『為』的代詞性質了。至於它為什麼具有此種性質，目前尚不清楚。但有一點可以肯定，『為』本身是個動詞，由動性而後產生代性，這有些類似『之』。

三　『為』的複指性質

關於前置賓語後的『為』的詞性，不少學者都作過論述，歸納起來大體上有四種說法：第一，助詞說。楊樹達云：『句中助詞，賓語倒裝時用之。』[六]第二，助動詞說。馬漢麟持此觀點，認為『為』起加強後面主要動詞的語意的作用。[七]第三，介詞說。徐仁甫力主此說。他說：『「為」也應該是個介詞。』[八]第四，類似代詞。先師王力先生對『為』的詞性雖沒發表過明確看法，但在他主編的古代漢語『惟奕秋之為聽』一句下作了這樣的注釋：『等於說「唯奕秋是聽」，即只聽奕秋的。』[九]注文以『是』替換『之為』，說明王先生認為兩者有類似的語法功能。因為王先生生前一直主張提前賓語後的『之』『是』等代詞，表示複指。他曾這樣論述：『有時候為了強調賓語，可以把賓語提前，在賓語後面用「是」字、「實」字或「之」字複指。』又說：『由此可見，用代詞「是」字或「之」字複指提前的賓語，是古代漢語變更動賓詞序的一種語法手段，即使被提前的賓語本身是代詞，也並不排斥這種語法手段。』[一〇]有的學者為了否定王氏之說，居然斷言『翻通古書，恐怕也難找到「為」作代詞的例證』，實在言之過急。

我們認為：『之』『為』的複指功能是它們自身發展變化的必然結果。作前置賓語時，『之』祇能用於否定句，『為』則既可以用於否定句，又可以用於敘述句。但是，當它們所稱代的對象被別的詞語（名詞或代詞）取而代之並擠佔了其前置賓語的位置時，『為』衹好『退居二線』，在動詞前輔助新的前置賓語完成句意的表達，而『之』則被擠出了否定句而向敘述句靠近，與『為』為伍，共同承擔起複指前置賓語的職能。它們的複指是雙向性的，既可以分別使用，亦可以連文使用，於是就形成了『單獨複指』和『連文複指』兩種形式。

（一）單獨複指的『為』。注意：不借助於其他代詞的輔助，自己獨立承擔複指任務。例如：

（四〇）秦伐周、韓，趙、魏不伐，周、韓為割，韓卻周害也。（戰國策・齊二）（璞遜案：『周、韓為割』，即趙、魏分割周、韓土地。）

（四一）（蘇）武罵（衛）律曰：『女為人臣子，不顧恩義，畔主背親，為降虜於蠻夷，何以女為見？』（漢書・李廣蘇建傳）（徐中玉主編的大學語文注：『何以汝為見：即「何以見汝為」。意為：要見你幹嗎？為：助詞，表示疑問語氣。』璞遜案：徐說誤。『以何見女（汝）』，即憑什麼見你。『為』複指前置賓語『汝』。）

（四二）然河突之羨溢，害中國尤甚，唯是為務。（漢書・溝洫志）

（四三）安帖之家，虎狼為憂。（易林・離之無妄）

注意：『為』的單獨複指，大抵產生於秦漢之際，先秦古籍罕見，漢時多見於漢書。它的使用，或許是古人仿效『之』『是』複指用法的結果。但『為』用於複指，最容易和它的被動用法產生抵啎而影響語意表達，因此在後世仿古作品中很少見『為』單獨複指前置賓語。

（二）連文複指的『為』。連文複指，事實上是指代詞『之』和『為』聯合起來複指同一個前置賓語。『為』與『之』連文複指，比它單獨複指的使用早得多，其例最早見於詩經，之後則廣泛使用開來了。例如：

（四四）自牧歸荑，洵美且異。匪女之為美，美人之貽。（詩經・邶風・靜女）（璞遜案：『匪女之美』，即非美汝。連下句意為：我並非認為你很美，因為你是我心上人所送的。）

（四五）顏淵死，子哭之慟。從者曰：『子慟矣！』（子）曰：『有慟乎？非夫人之為慟而誰為？』（論語・先進）（楊伯峻注：『「非夫人與為慟」是「非為夫人慟」的倒裝形式。……「之為」的「之」是專作幫助倒裝的，無實際意義。』璞遜案：『非夫人之為慟』句法結構同『匪女之為美』，即非慟夫人。『為』亦複指，不特『之』。楊說失之。）

（四六）晉居深山之中，戎狄之為鄰。（左傳・昭公十五年）

（四七）其臣之畫然知者去之，其妾之挈當仁者遠之；擁仲（糊塗無知之臣）之與居，鞅掌（草野之妾）為之為使。（莊子・庚桑楚）

（四八）知者不知也，當務之為急；仁者無不愛也，急親賢之為務。（孟子・盡心下）

（四九）故人苟生之為見，若者必死；苟利之為見，若者必害；苟怠惰偷懦之為安，若者必危；

苟情說之為樂，若者必滅。[一一]（荀子・禮論）

（五〇）君子養心莫善於誠，致誠則無他事矣。惟仁之為守，惟義之為行。（荀子・不苟）

『之為』連文複指同一賓語，是先秦漢語語法的一大特點。至於代詞『為』何以不和其他代詞（如『是』）連文而特與『之』連文複指？我們認為大致有兩個方面的原因：一是上古漢語的『是』『之』『為』既能作前置賓語，又能複指前置的賓語。但是，如果前置的賓語本身亦是個代詞，這時用來複指的代詞往往是『之』，而不太用『是』或『為』。[一二]因為『是』『為』本身還可以作主語，[一三]而『之』則不作主語，所以習慣用『之』來複指代詞（賓語）。二是由於『之』所複指的對象比較廣泛，其使用頻率則相應增高；再者加之『為』與『之』的語法功能比『是』與『之』的更為接近（在上古漢語裡，『是』多作主語，『之』『為』多作賓語），故『之為』連文的複指形式便成了常例。

結束語：我們對山海經『為・M』句法結構的分析，目的是要剖析古往今來紛爭的『為』是否具有代詞性質這一難題。綜上所述，『為』的代詞性質明矣。它是個兼有人稱和指示雙重性質的代詞，這點，它與代詞『之』具有同樣的特質。『之』在上古漢語裡有有人稱代詞和指示代詞雙重性質，其語法功能祇作定語和賓語，同時還可用於複指前置賓語。而『為』完全具備『之』的一切性質，二者還能連文複指其他前置賓語（名詞性的）。『為』的詞性、語法功能與『之』如此相似，我們就很難否定它的代詞性質了。另外，通過對『為』的代詞性質的分析，我們覺得山海經不可能是出於大禹、伯益之手的古籍，它祇能是戰國時期的作品，並且出自眾人之手。因為代詞『為』在那個時代的古籍中使用得如此活躍便是一大證明。

如果人們能正視『為』的代詞性質，古籍中的有些過去認為是難解的詞或句就不再難解了。例如呂氏春秋·察傳：『故唯聖人為能和樂之本也。』這句話，由於對『為』的性質認識不清，至今沒有得到令人滿意的答案。許維遹的句讀是：『故唯聖人為能和；和，樂之本也。』王力主編的古代漢語注依許氏說，『大意是：只有聖人才能做到和，而和是音樂中最根本的東西。』[一四]儘管許氏盲然添字，然而仍不能得其真諦。我們認為此句話的斷句應是：『故唯聖人為能。和，樂之本也。』『唯聖人為能』，與孟子·梁惠王上的『惟士為能』句法結構相同，即『唯聖人能之』。此處的代詞『為』稱代上文的『和五聲』。全句意為：『（因此）衹有聖人纔能（調和）五聲（即宮、商、角、徵、羽五音，泛指音樂）。而調和五聲，是演湊音樂最基本的技巧。』這樣理解，也許更接近古人立言的本意。

注釋

[一] 本文原載於西南民族大學學報（哲學社會科學版）1992 年第 2 期。

[二] 丁貞渠：論前置賓語後的『是』『之』的詞性，中國語文 1983 年第 2 期。

[三] 本文所調查的山海經，為袁珂的山海經校注，上海古籍出版社 1980 年版。

[四] 清吳昌瑩：經詞衍釋，中華書局 1956 年版，第 83 頁。

[五] 清王念孫：讀書雜志，江蘇古籍出版社 2000 年版，第 548 頁。

[六] 楊樹達：詞詮，中華書局1965年第2版，第416頁。

[七] 參看馬漢麟古漢語三種被淘汰的句型，見南開大學學報（哲學社會科學版）1978年第6期。

[八] 參看徐仁甫對〈古漢語三種被淘汰的句型〉再分析，見中國語文1981年第1期。

[九] 見王力主編古代漢語（校訂重排本），中華書局1999年第3版，第315頁注［9］。

[一〇] 同上書，第253—254頁。

[一一] 1984年岳麓書社出版的經傳釋詞卷二『為』條天頭刊有楊樹達的批語：『荀子・禮論的「苟生之為見」，「為」作「是」。』

[一二]『是』『為』本身是代詞又複指代詞，此種用法極為少見。即使複指，一般都是『為』『是』互指，它們都不能複指『之』『我』『吾』等代詞。例如左傳・宣公十二年：『不為是征。』『是』複指『為』；漢書・溝洫志：『唯是為務。』『為』又複指『是』。

[一三]『為』作主語在上古漢語裡極其罕見。晏子春秋・內篇雜下第六：『晏子曰：「嘻！亦善能為君請壽也。雖然，吾聞之，維從政與德而順乎神，為可以益壽。今徒祭，可以益壽乎？」』此『為可以益壽』之『為』，猶代詞『是』，是對上文『維從政與德而順乎神』這回事情的複說，在句中作主語。

[一四] 見王力主編古代漢語（校訂重排本），中華書局1999年第3版，第407頁注［10］。

先秦狀態形容詞後綴初探〔一〕

——兼論結構助詞『地』的來源

先秦狀態形容詞（簡稱『狀態詞』）後綴的數量及其使用頻率都超過了漢語史上任何一個時期。研究這類後綴的形成、句法特徵及其演變規律，對整個漢語史的研究和古漢語的教學均有積極的作用。本文主要就先秦狀態詞和後綴的複合形式、狀態詞後綴的句法特徵、狀態詞後綴的歷史演變，以及結構助詞『地』的來源及其産生時代等問題，談談自己的看法。

一　先秦狀態詞和後綴的複合形式

所謂狀態詞指的是描繪某種情狀或摹擬某種聲音的詞。南朝梁劉勰在文心雕龍·物色裡曾對狀態詞作過描述，指出它具有『寫氣圖貌』『屬采附聲』的特點和『隨物以宛轉』『與心而徘徊』的主觀因素。先秦形容詞是由性質和狀態兩個對立的概念組成的語法範疇。性質形容詞表達性質概念的語法形式，它具有時間和程度上的可變性質（即容許變化的事物性質）。狀態形容詞表達的是狀態概念的語法形式，它則具有時間和程度上的非可變性質（即相對靜止的事物狀態）。從形式上看，性質形容詞衹包括下表中第一、三組內的『A』項，狀態形容詞則包括下表中第二、四組以及第一、三組中的『B』項。請看下表：

形容詞形式				用例
第一组	A式	A	A式	仰之彌高，鑽之彌堅。（論語・子罕）
		B	A式	猗嗟孌兮，清揚婉兮。（詩經・齊風・猗嗟）
第二组	AA式			赳赳武夫。（詩經・周南・兔罝）憂心悄悄。（詩經・邶風・柏舟）
第三组	B式	A	AB式	不信仁賢，則國空虛。（孟子・盡心下）
		B	AB式	參差荇菜。（詩經・周南・關雎）一之日觱發。（詩經・豳風・七月）
第四组	AABB式			至道之精，窈窈冥冥；至道之極，昏昏默默。（莊子・在宥）

把先秦形容詞分成表示性質和狀態的兩個語法範疇，這樣分類對認識先秦狀態詞後綴的使用規律是有幫助的，因為附加詞素『然、如、若、而、爾、斯、其、焉、乎』等等，在先秦並非都能粘附於形容詞後，換之言，形容詞對其後綴具有選擇性：性質形容詞對後綴產生排外性，衹有狀態形容詞纔能作為詞根與後綴複合成新的狀態詞。嚴格地講，即使是表示狀態的形容詞，亦並非都能與後綴複合，『AB』和『AABB』兩種形式通常亦是不能和後綴複合的。

（二）狀態詞後綴是粘附於狀態詞（詞根）後面起狀態作用的構詞成分，意念上通常表示『……的樣子』。

先秦漢語裡有多少狀態詞後綴？這個問題迄今尚未得出一個比較明晰的結論。我們認為常見的後綴衹有『然、若、爾、而、如、其、斯、焉、乎、者（諸）』等十個。除此之外，先秦漢語的『言、為、兮、安』等亦偶爾充當過狀態詞後綴的功能。例如詩經・小雅・大東：『眷言顧之，潸焉出涕。』荀子・宥坐引作『眷焉顧之』。又老子四十九章：『聖人在天下，歙歙為天下渾其心。』歙歙為，猶歙歙焉。三國魏王弼注：『歙歙焉心無所主也。』文選・張衡〈東京賦〉引作『惵惵焉』。劉師培云：『惵惵，即歙歙之異文，焉與為同。』又荀子・榮辱：『俄則屈安窮矣。』唐楊倞注：『安，語助，猶言屈然窮矣。』又老子十五章：『夫唯不可識，故強為之容：豫焉若冬涉川，猶兮若畏四鄰，儼兮其若客，煥兮若冰之將釋，敦兮其若樸，曠兮其若谷，混兮其若濁。』此六句中『焉』『兮』對舉，可見『兮』猶『焉』。再者晉杜預春秋左氏傳序有『渙然冰解』之句，亦知『煥兮』猶『渙然』。又晏子春秋・外篇第七：『晏子起舞曰：「歲已暮矣，而禾不穫，忽忽矣若之何！歲已寒矣，而役不罷，惙惙矣如之何！」』清蘇輿云：『「忽忽」與下「惙惙」同，當訓「憂」。』爾雅・釋訓：『惙惙，憂也。』後綴『為、言、安、矣、兮』等，因其用例罕見，故不再多議。

（二）狀態詞（詞根）和後綴的複合規律。『乎』的複合能力比任何一個後綴都強，它能與所有的狀態詞（詞根）複合，特別是與『AABB』式複合，這是它獨有的特徵。『然、如』除了能與『A』『AA』兩種形式複合外，還能跟『AB』式複合，這是『然、如、乎』共有的特徵；除此之外，『如』還能跟雙音節同義複詞複合，這是它特有的功能；『爾、焉、者（諸）』的功能是相同的，它們衹能和『A』『AA』兩種形式複合；『若、而』的功能亦相同，它們衹能與『A』式複合；『其』和『斯』衹能與『A』『AA』兩種形式複合。

從語音上看，上述狀態詞後綴都有共通性。『如』（日紐魚部）、『然』（日紐元部）『而』（日紐之部）、『爾』（日紐支部）、『若』（日紐鐸部），王力先認為它們是同一個詞的變形；『斯』（心紐支部）與『爾』同部，『其』（群紐之部）與『而』同部，『者』與『如』同部；其餘『焉』（匣紐元部）、『乎』（匣紐魚部）、『為』（匣紐支部）、『言』（匣紐歌部）等，紐同而韻通。其共通性甚為明顯，然而其來源卻各有差異。

先秦狀態詞後綴之多，大大地豐富了漢語的狀態詞；其複合功能的同異，促進了漢語狀態詞的協調發展，為華夏民族生動形象地使用語言創造了良好的物質條件。

二　先秦狀態形容詞後綴的句法特徵

（一）先秦狀態詞一旦作為詞根與後綴複合成新的狀態詞之後，它們原來固有的句法功能會受到一定程度的限制。複合後的狀態詞，其功能一般是充當狀語和謂語，具體分析如下。

第一，『然』的句法特徵。由『然』複合成的狀態詞主要用作狀語和謂語，少數亦可作定語和中心語。

（a）A然——狀語、謂語、定語、中心語。例如莊子・天地：『（若夫人者）雖以天下譽之，得其所謂，謷然不顧；以天下非之，失其所謂，儻然不受。』孟子・盡心上：『孟子曰：「附之以韓魏之家，如其自視欿然，則過人遠矣。」』又公孫丑上：『我善養吾浩然之氣。』晏子春秋・內篇雜下：『晏子蹵然者三。』莊子·知北遊：『昔者之昭然也，神者先受之；今之昧然也，且又不為神者求邪！』

（b）AA然——狀語、謂語、定語、中心語。例如商君書·修權：『今亂世之君臣，區區然皆擅一國之利。』莊子·田子方：『（肩吾問於孫叔敖曰：）今視子之鼻間栩栩然。』又齊物論：『昔莊周夢為蝴蝶，栩栩然蝴蝶也。自喻適志與，不知周也。俄然覺，則蘧蘧然周也。』孟子·盡心下：『說大人，則藐之，勿視其巍巍然。』

（c）AB然——狀語。莊子·天地：『豈兄（況）。堯舜之教民溟涬然弟之哉？』

第二，『爾』的句法特徵。由『爾』複合成的狀態詞主要作狀語和謂語，少數亦可作定語。

（a）A爾——狀語、謂語、定語。例如孟子·告子上：『（一簞食一豆羹，）嘑爾而與之，行道之人弗受，蹴爾而與之，乞人不屑也。』論語·先進：『鼓瑟希，鏗爾舍瑟而作。』左傳·昭公七年：『鄭雖無腆，抑諺曰「蕞爾國」，而三世執其政柄，其用物也弘矣，其取精也多矣。』（杜預注：『蕞，小貌。』）

（b）AA爾——狀語、謂語。孟子·萬章下：『子思以為鼎肉，使己僕僕爾亟拜也。』禮記·檀弓上：『南宮縚之妻之姑喪，夫子誨之髽，曰：「爾毋從從爾，爾毋扈扈爾！」』

第三，『若』的句法特徵。由『若』複合而成的狀態詞祇作謂語和狀語。例如周易·離卦：『出涕沱若。』莊子·德充符：『適見㹠子食於其死母者，少焉眴若，皆棄之而走。』

第四，『如』的句法特徵。由『如』複合成的新狀態詞祇充當狀語和謂語。

（a）A如——狀語、謂語。例如詩經·鄭風·野有蔓草：『有美一人，婉如清揚。』論語·鄉黨：『君召使擯，色勃如也，足躩如也。揖所與立，左右手，衣前後，襜如也，翼如也。賓退必復命，曰：「賓不顧矣。」』孟子・盡心下：『君子引而不發，躍如也。』

(b) AA如——謂語。例如論語・鄉黨：『朝，與下大夫言，侃侃如也；與上大夫言，誾誾如也；君在，踧踖如也，與與如也。』孟子・滕文公下：『孔子三月無君則皇皇如也。』荀子・儒效：『得委積足以揜其口，則揚揚如也。』

(c) AB如——謂語。例如論語・鄉黨：『入公門，鞠躬如也，如不容。』[二]又：『朝，與下大夫言，侃侃如也；與上大夫言，誾誾如也；君在，踧踖如也，與與如也。』孟子・盡心下：『霸者之民，驩虞如也。』

第五，『而』的句法特徵。由『而』複合成的狀態詞衹作狀詞。莊子・徐無鬼：『匠石運斤成風，聽而斫之，盡堊而鼻不傷。』又德充符：『（哀駘它）悶然而後應，氾而若辭。』[三]（『氾而』與『悶然』對文。）晏子春秋・外篇：『晏子默而不對。』（上文作『默默然不對』。）

第六，『焉』的句法特徵。由『焉』複合成的狀態詞主要用作狀語和謂語，少數亦可作賓語。

(a) A焉——狀語、謂語。詩經・小稚・大東：『眷言顧之，潸焉出涕。』（漢書・中山靖王勝傳引作『潸然出涕』。）左傳・襄公八年：『翦焉傾覆，無所控告。』晏子春秋・外篇：『景公慚焉。』

(b) AA焉——狀語、謂語、賓語。呂氏春秋・務大：『燕爵爭善處於一屋之下，母子相哺也，區區焉相樂也，自以為安矣。』商君書・農戰：『聚黨與，說議於國，紛紛焉。』孟子・梁惠王上：『夫子言之，於我有戚戚焉。』

第七，『乎』的句法特徵。由『乎』複合成的狀態詞祇用作狀語和謂語。

（a）A乎——狀語、謂語。莊子·山木：『萃乎芒乎，其送往而迎來。』呂氏春秋·勿躬：『是故聖王之德，融乎若日始出。』

（b）AA乎——狀語、謂語。莊子·大宗師：『（古之真人）邴邴其似喜也，崔崔乎不得已也。』孟子·萬章上：『天下殆哉，岌岌乎！』

（c）AB乎——狀語。莊子·逍遙遊：『今子有大樹，患其無用，何不樹之於無何有之鄉，廣莫之野，仿偟乎無為其側，逍遙乎寢臥其下。』（此類例不多見。）

（d）AABB乎——謂語。莊子·天運：『膠膠擾擾乎子，天之合也。』此類例不多見。

第八，『其』的句法特徵。由『其』複合成的狀態詞祇作狀語。

（a）A其——狀語。詩經·王風·谷中有蓷：『有女仳離，嘅其歎矣。』論語·子罕：『唐棣之華，偏其反而。』莊子·大宗師：『（仲尼謂顏回曰：）而果其賢乎！』

（b）AA其——狀語。詩經·邶風·二子乘舟：『汎汎其景，汎汎其逝。』呂氏春秋·長利：『（當堯之時）民不知怨，不知說，愉愉其為赤子。』

第九，『斯』的句法特徵。由『斯』複合成的狀態詞作狀語和謂語。

（a）A斯——狀語。詩經·大雅·皇矣：『王赫斯怒，爰整其旅。』論語·鄉黨：『（鳥）色斯舉矣，翔而後集。』

(b) AA斯——謂語。禮記·玉藻：『受一爵而色灑如也，二爵而言言斯。』（『言言』同『訚訚』。）

第十，『者』的句法特徵。『者』或寫作『諸』。由『者』複合成的狀態詞可作定語、謂語和狀語。

(a) A者——定語、狀語。左傳·僖公九年：『初，獻公使荀息傅奚齊。公疾，召之，曰：「以是藐諸孤辱在大夫，其若之何？」』[四] 左傳·文公五年：『冬，楚子燮滅蓼，臧文仲聞六與蓼滅，曰：「皋陶、庭堅不祀忽諸。德之不建，民之不援，哀哉！」』（晉杜預注：『蓼與六皆皋陶之後也。傷二國之君不能建德結援大國，忽然而亡。』）雄案：『忽諸』即『忽者』，狀語後置。）國語·周語中：『此羸者陽也。』

(b) AA者——定語、謂語。左傳·昭公十三年：『初，靈王卜，曰：「余尚得天下。」不吉。投龜垢天而呼曰：「是區區者而不余畀，余必自取之。」』（杜預注：『區區，小天下。』）雄案：『區區者』即『區區者天下』之潛語。）莊子·在宥：『（廣成子謂黃帝曰：）佞人之心翦翦者。』

（二）複合後的狀態詞在先秦漢語裡的句法特徵大抵如上所述。如果把所有後綴的共同特徵加以歸類，其情況是：

第一，能充當定語的有：然（A、AA）、爾（A）、其（A、AA）、者（A、AA）。

第二，能充當狀語的有：然（A、AA）、爾（A、AA）、者（A）、如（A）、而（A、AA）、焉（A、AA）、乎（A、AA、AB）、其（A、AA）、斯（A）、者（A）。

第三，能充當謂語的有：然（A、AA）、爾（A、AA）、若（A）、如（A、AA、AB）、焉（A、AA）、乎

（A、AA、AABB）、斯（AA）、者（AA）。

第四，能充當賓語的有：焉（AA）。

第五，能充當名詞或名詞性偏正結構的中心語的有：然（AA）。

這個結論是我們從先秦古籍的調查中歸納出來的。其中不包括漢人的訓詁用語，因為釋詞的使用比較靈活，隨意性很強，它們不能反映先秦漢語的實際情況。

三　先秦狀態形容詞後綴的歷史演變

（一）數以十計的先秦狀態詞後綴，在我們所統計的古籍（左傳莊子孟子商君書呂氏春秋晏子春秋）中：『然』二百二十四次，『爾』『若』『如』各四次，『而』九次，『焉』三十次，『乎』八十七次，『其』二次，『者』四次，『斯』未見用例。為何有的用法出現了兩百多例，有的卻祇有幾十例、幾例，乃至為零呢？這就有必要從先秦這一斷代史中去溯尋其歷史的演變。

（1）詩經時代，漢語的狀態詞後綴已經相當豐富了，象『斯、其、若、如、然、焉、而』等後綴在詩經裡已相繼出現。對此，我們可以從不同的角度進行分類認識，以探求它們各自『生存』於詩經裡的不同時期。

第一，從詞根和詞綴的複合形式上看，可以把它們分成後加語素（『若、如、然、而、焉』）和後加語素兼前加語素（『斯、其』）兩個大類。

詩經裡由『斯』和『其』構成的複合狀態詞共有三十四個（其中加『斯』的六個；加『其』的二十八個），由『若、如、然、焉、而』構成的複合狀態詞共有十四個（其中加『若』的二個；加『如』的三個；加『然』的四個；加『焉』的二個；加『而』的三個。）這些詞綴絕大多數都祇能與單音節詞根複合，祇有『其』稍微特殊些，它能與少數雙音節詞根複合。例如邶風・二子乘舟：『噎噎其陰，虺虺其雷。』『陰』『雷』在這裡均為動詞，意為『變陰』『打雷』。『其』在句中連上讀，『噎噎其』『虺虺其』猶語『噎噎然』『虺虺然』。

第二，從句法功能上看，詩經裡由『詞根＋其／斯』複合而成的狀態詞一般祇能充當狀語；由『詞根＋若／如／然／而／焉』複合成的狀態詞都能作狀語，除『而、如』之外其餘的還可以作謂語。

第三，從產生時代的先後看，『斯』生產的時代要比『其』早些。在詩經裡，『斯』主要出現在雅和頌裡，『其』主要出現在國風裡。二雅三頌中的作品以西周的居多，十五國風裡的作品則以東周的居多。看來，『斯、其』不是一對方言詞語，而是一對古今詞語，『斯』是個古詞語，『其』是繼『斯』而起的一個晚於『斯』而早於『若、如、而、然、焉』的新興詞綴。

『若、如、而、然、焉』作為後綴祇見於國風和小雅，在這個時期它們的使用頻率都相當低。可見這類附加式複合詞在詩經時代還是新興的東西，到了春秋以後纔大量發展起來。

第四，詩經裡還有一個『者』值得重視，它祇出現在重言狀態詞充當的定語和名詞性中心語之間（如『蜎蜎者蠋』『楚楚者茨』之類）。對『者』的此種用法我們曾在〈詩經〉『蜎蜎者蠋』式句型及其中『者』

的語法性質和結構助詞『底』（的）的來源再認識等文章中作過論證，認為它是一個聯繫定中結構的助詞。但它實際有別於結構助詞『之』，因為詩經時代『之』祇能聯繫由名詞（或名詞性詞組）充當的定語和中心語。一般說來，凡『者』所出現的語言環境，『之』都不能出現。『者』是詩經時代纔產生的一個新興的結構助詞，這時的『者』還不具備後綴的語法功能。

（2）詩經以後，漢語的狀態詞後綴發生了新的變化。具體表現為：一方面原有的後綴有的已演變成了古語詞，有的繼續發展著，在使用的過程中不斷地增添新的用法，有的正在減弱自身的語法功能；另一方面新的後綴在滋生。

第一，原有後綴的演變。

（a）『斯』和『其』的演變。『斯』在詩經時代已成為一個古語詞了。在春秋以後的古籍中，除了論語裡還用過一次外，其他古籍均不再使用，我們可以說這一時期『斯』已經『死亡』了。晚出於『斯』的『其』，詩經時期它還很有活力，但到了戰國時代，其活力大為減弱，論語莊子呂覽等書中各用過1次，楚辭用過十六次（均作狀語），其餘古籍均不再使用。『其』發展到這個時期已成為古語詞了，正處於『死亡』之邊緣，漢代以後，它便徹底地從漢語中消失了。

（b）『而』和『若』到春秋以後沒有發生大的變化，祇是使用頻率有了明顯下降，像論語孟子商君書呂覽等書中均未見用例，其他古書中雖說用過，那亦祇是極個別的現象。『而』左傳一例，莊子六例，楚辭四例，晏子一例。『若』莊子四例，楚辭一例。這種現象祇能說明『而、若』的附加功能正在減退。

(c)『然』和『焉』是詩經時代新興的後綴，在春秋以後，它們朝氣勃勃地發展了起來。從複合形式上看，這個時期不僅有『A然』『A焉』等雙音節複合式，又出現了『AA然』『AA焉』等三音節複合式。從語法功能上看，由『然』『焉』複合而成的新狀態詞不僅大量地用作狀語，而且還用作謂語，『然』有時還用作定語和中心語，『焉』個別的地方還用作賓語。從使用頻率上看，這個時期『然』的出現次數大大地超過了其他所有後綴使用頻率的總和。以莊子為例，在該書中，後綴『焉（七）、乎（五十八）、而（六）、若（四）、者（一）、其（一）』共出現過七十七次，而『然』則出現過一百四十次。這個數目是相當驚人的。所以我們可以這樣說，『然』是漢語史上語法功能最強、使用頻率最高、生命力最長的狀態詞後綴。在先秦時期『焉』的使用率僅次於『乎』。

(d)詩經以後的『如』，其複合形式漸漸多了起來，這個時期它增添了『AA如』『AB如』兩種形式。與此同時，『如』的語法功能發生了轉移，即由狀語的位置轉移到了謂語的位置。轉移後的『如』，其後還必須跟著一個語氣詞『也』（韻文例外）。此外，『如』的使用範圍在逐漸縮小，除了周易論語孟子等外，一般的古籍中很難見到用例。

(e)在詩經裡還是結構助詞的『者』，到了春秋以後它同樣在起變化：其一，它前面的定語不再祇限於疊音狀態詞了；其二，它不僅能用於定中之間起聯繫作用，還可以和狀態詞複合並充當謂語，但用例比較少見，漢以後纔多用起來。

第二，新興後綴『爾、乎』的產生。

『爾、乎』作為後綴不見於詩經，它們是詩經以後產生出來的新後綴。從複合形式和語法功能上看，二者有許多一致的地方：能和雙音節詞根複合，能作狀語、謂語等。不同的地方僅僅在於『A爾』能作定語（極個別），『A乎』則不能；『乎』能與『AB』式詞根複合並用以充當狀語，『爾』則不能。從使用率看，『爾』大大地遜色於『乎』。在先秦作品裡，『乎』的使用率僅次於『然』，幾乎所有的古籍都能找到它的用例；『爾』祇見於論語（四）、孟子（三）、左傳（一）、楚辭（一）等書，其他古籍如像周易墨子莊子荀子商君書公羊傳穀梁傳呂覽晏子等均未見其用例。『爾』作狀語時，狀語和中心語之間通常要用連詞『而』來聯繫，這是『爾』與『然』共有的特徵。

四　結構助詞『地』的來源及其產生時代

作為結構助詞（有人叫做詞綴或詞尾）的『地』，其語法功能在現代漢語裡卻大為減弱了，它祇表示其前面的詞或詞組是狀語，但在宋人的作品裡則還能表示其前面的詞語是謂語、補語、定語等等。僅以朱子語類為例，用作結構助詞的『地』共出現過一千九百五十二次，其中作狀語的一千八百七十三次，謂語七十三次，補語六次。[五]

（a）狀語例：

（一）悠悠泛泛地／過。（卷一三）

（二）漸漸地／涼將去。（卷一五）

（三）不住地／做。（卷一八）

（四）活潑潑地／快活。（卷一二一）

（五）平白地／打殺。（卷一〇六）

（六）恁地／推測。（卷三）

（七）剗地／不曉。（卷一二七）

（b）謂語例：

（八）此心＝蕩蕩地。（卷八七）

（九）自心＝黑籠籠地。（卷一一五）

（一〇）（看）他＝如何地。（卷八九）

（一一）老子＝（便是這般氣象）笑地。（卷一二五）

（c）補語例：

（一二）首章說得／亂董董地。（卷四四）

（一三）（這個光武起）整得／略略地。（卷一三四）

在同時期的作品中亦有作定語的。例如劉知遠諸宮調：『荒荒地五十餘年。』但這種用法不太常見。結構助詞『地』在宋代的用法，朱子語類大抵能反映出來。

（一）在漢以前的作品中，結構助詞『地』未見用例，始見於世說新語·方正篇。其書云：『桓大司馬詣劉尹，臥不起，桓彎彈彈劉枕，丸迸碎牀褥間。劉作色而起，曰：「使君如馨地，寧可鬥戰求勝？」桓甚有恨容。』[六]呂叔湘先生認為這是個『孤例』。孤例倒是不要緊的，因為新的語法成分的產生常常是從一例開始的，要緊的是如何看待這一孤例。

『如馨地』是何意？新辭海的解釋是：『如馨，如此，這樣。同「寧馨」。』『寧馨，如此，這樣。晉宋時通行語』。並引金王若虛說：『寧，如此。馨，語助。』又『馨』條下注：『晉宋方言「寧馨」之省，猶言如何。』這幾條訓釋，前後干格，訓詞極不統一，讀者看後不知『如馨』是『如此』『這樣』的意思呢，還是『如何』的意思？亦不知『如馨』『寧馨』具有上述意義中的某一種呢，還是祇有『如』或『寧』纔能作如此解？在我們看來，『馨地』同宋人『恁地』。『恁』是個指示代詞，意為『這樣』。宋歐陽脩六一詞·玉樓春：『已去少年無計奈，且願芳心長恁在。』用作狀語的『恁』，其後常粘附結構助詞『地』，久而久之便成了一個凝固結構，所以朱子語類中『恁地』作狀語便重複使用過一千六百九十二次。

『馨地』的『馨』是晉人口語中的一個指示代詞（並非『語助』），『地』是粘附於其後的結構助詞。『如馨地』是『如馨地彈』之濳語，意思是『（您）像這樣地彈』。句中主要動詞濳伏之後，『如馨地』便由狀語變成了謂語。倘若如此，結構助詞『地』的產生不會晚於南北朝。

（二）關于於結構助詞『地』的來源，呂叔湘先生的結論是『地的來歷不明』[七]，王力先生認為『地』和『底』（的）來源相同，即都來源於『之』。[八]說『地』來源『之』是無法得到證明的，因為『地』從它產生到唐宋作品的使用情況看，主要表示其前面的詞語是狀語，『之』則沒有這種用法。我們認為先秦狀態詞後綴纔是『地』賴以產生的基礎。從先秦狀態詞後綴的發展情況看，詩經時代是形成並走向成熟的時期，春秋以後到戰國中期是發展時期，秦以後為精減合併時期，到了魏晉，口語中的後綴衹有『然』仍在使用，其他的後綴有的『死亡』了，有的受到了限制成了古語詞，即使是『然』，其使用頻率此時亦不如戰國中期了。合併和精減是秦漢魏晉時期狀態詞後綴的使用和發展的總規律。

『然』取代了其他後綴而佔據統治地位之後，其負荷便更加沉重，魏晉時期人們除了以降低使用率來減輕它的負荷外，還試圖重新創造一個新的結構助詞『地』來分擔『然』的某些職能。但是，由於當時駢體文風盛行，『地』沒有得以使用開來。唐代古文運動的興起，為『地』的重新使用創造了條件。這時的『地』主要附在形容詞以及由形容詞等演變而來的副詞等之後充當狀語。例如：

（一四）相看月未墮，白地斷肝腸。（李白：越女詞之四）

（一五）楊柳宫前忽地春。（王建：華清宫前柳）

（一六）當時天子是閒遊，今日行人特地愁。（羅隱：汴河）

（一七）馬門闢地開來，放出大軍。（漢八年楚滅漢與王陵變）

『地』的重新使用，卻促進了『然』『地』書面語和口語的分工。『然』作為古語詞保存在書面語裡，口語中的『地』則不斷地豐富自己的語法功能且繼續向前發展。至此，我們的結論是：『地』是魏晉時期產生的一個新興的結構助詞，它的產生是先秦狀態詞後綴相繼消亡的結果。『地』是先秦狀態詞後綴語法功能的集大成者，從『而、然、若、其』等後綴的身上都能捕捉得到它的影子。具體說來，『地、底（的）』同出一源，即來源於『者』，而不是『之』。『地』與『者』不僅語音相通，更重要的是其語法功能極為相似。

注釋

〔一〕本文原載於西南民族大學學報（哲學社會科學版）1987 年第 4 期。

〔二〕楊伯峻注：『鞠躬如——這「鞠躬」兩字不能當「曲身」講。這是雙聲字，用以形容謹慎恭敬的樣子。論語所以「口口如」的區別詞（區別詞是形容詞、副詞的合稱），都不用動詞結構。』見論語譯注，中華書局 1980 年版，第 98 頁。

〔三〕清王先謙集解：『悶然不合於其意而後應焉，氾然不係於其心而後辭焉。』釋詞用『氾然』替換了原文的『氾而』。見四川大學古籍管理研究所、中華諸子寶藏編纂委員會編諸子集成全編（新編六），四川人民出版社1999年版，第636頁。

［四］清王引之經義述聞卷十七云：『顧（炎武）訓「藐」為小，是也。（藐之言杪也、眇也。方言：「杪、眇，小也。」廣雅：「杪、眇、藐，小也。」）但未解「諸」字。今案：「諸」即「者」字也。「者」與「諸」古字通……「藐者孤」猶言「羸者陽」耳。』見經義述聞，江蘇古籍出版社2000年版，第406—407頁。

［五］參看祝敏徹〈朱子語類〉中『地』『底』的語法作用，中國語文1982年第3期。

［六］余嘉錫撰，周祖謨、余淑宜整理：世說新語箋疏，中華書局1983年版，第323頁。

［七］參看呂叔湘論底、地之辨及底字的由來，呂叔湘漢語語法論文集，商務印書館1984年版。

［八］參看王力漢語史稿，中華書局1980年版，第335頁。

古代漢語釋難四則[一]

我們從事古漢語教學已二十餘年矣，其間曾三易教材，然已故王力先生主編的古代漢語[二]依然是當今高校文科通用的教科書。正因為如此，作為後學更有必要對其中某些明顯錯誤或懷疑的注釋加以糾正和補充，使之更加完善。故今就先秦『文選部分』尚待斟酌的注釋中選出四則釋之於後。

一　過而遂正於天下

原文：彼則肆然而為帝，過而遂正於天下，則連有赴東海而死耳，吾不忍為之民也。（第二單元文選魯仲連義不帝秦，選自戰國策·趙策三）

注文：這句話不好懂，疑有誤字，史記作『過而為政於天下』。司馬貞索引『謂以過惡而為政也。』以備參考。[三]

『過而遂正於天下』由於句意隱秘，故自宋以降的注釋家，如宋代的姚宏、元代的吳師道，均以『此句亦難通』而存疑。其實這句話乃是先秦漢語中最為普通的句法表達形式（連謂結構帶補語），句中並無『誤字』，衹要弄懂『過、遂、正』的詞義及其結構關係，其句意自然明瞭。

『遂』，古今注家有『不幸、過甚、過失』『進一步』四說。宋鮑本云：『過猶不幸。』元吳師道補注：『愚按，此句亦難通。過即過甚之義。』清張文虎校刊史記集解索引正文札記和吳調侯、吳楚材古文觀止等均從吳氏說，注云：『過猶甚也。』唐張守節史記正義：『過，失也。』今人朱東潤先生主編的中國文學作品選（上編第二冊）注：『過，猶言進一步。』我們認為，『過』當訓為『過失』或『罪過』，在句中用如動詞，正義說是。依國策就之，秦國所犯罪過有二：『秦虎狼之國也，無禮義之心』趙策三，『彼秦者，棄禮義而上尚首功之國也，權使其士，虜使其民』，此一過也。『夫秦虎狼三國之也，有吞天下之心』楚策第一，此二過也。像這樣一個對內推行暴政、對外侵略擴張的國家，作為專『為人排難解紛擾而無所取』的齊國『高士』魯仲連來說，當然無法向虎狼之秦俯首稱臣。『遂』，史記·魯仲連鄒陽列傳漏引，而後世注家或以為易懂而未加注，唯正義在串講中換釋成『遍』。其文曰：『至「過」字為絕句，肆然其志意也。言秦得肆志為帝，恐有烹醢納筦，遍行天子禮。過，失也。』考先秦古語，『遂』作『遍』訓者猶多，而我們亦曾襲用正義之說，將『遂正』解釋成『全面統治』，後覺不妥，宜當『稱心如意』講。在古今漢語裡，『稱心如意』是『遂』的基本義。詩經·曹風·候人：『彼其之子，不遂其媾。』宋朱熹集傳：『遂，稱。媾，寵也。遂之為稱，猶今人謂「遂意」曰「稱意」。』晉潘岳閒居賦序：『乃作閒居賦，以歌事遂情焉。』唐李善注引聲類曰：『遂，從（縱）意也。廣韻・至韻：『遂，從（縱）志也。』可見『遂』在句中緊扣前文『肆然』，目的在於渲染虎狼之秦肆無忌憚地稱霸諸侯，稱心如意地『匡正於天下』的厚顏無恥。

『正』，史記譯作『為政』。孔子曰：『政者，正也。』（論語・顏淵）莊子曰：『正者，正也。』（莊子・天運）。先秦語言中的所謂『正天下』或『正國』，均為統治國家的意思。戰國策・齊策一：『古之王者之伐也，欲以正天下而立功名，以為後世也。』禮記・經解：『禮之於正國也，猶衡之於輕重。』呂氏春秋・順民：『昔者湯克夏而正天下。』漢高誘注：『正，治也。』清王念孫雜志：『正天下，君天下也。廣雅曰：「正，君也。」』再從句意上看，『正於天下』與『正天下』表意並無差異，衹是句子結構略有不同。在先秦語言中表示動作行為的處所或對象的詞語總是放在動詞後並用介詞『於（于）』引進，後來人們習慣於省略介詞，使補語的賓語緊貼動詞，這樣，原來的述補結構嬗變為述賓結構了。這是漢語補語超前發展的一條通例，但在通常情況下，述補、述賓兩種結構並存。於是在保存下來的先秦文獻語言中，還能看到『正於天下』和『正天下』兩種表達形式。至此，『過而遂正於天下』句意明矣。全句宜譯成：『秦國要是肆無忌憚地自立為帝，犯下了如此罪過卻還妄想稱心如意地統治其他六國的話，那麼，我魯仲連衹好跳進東海淹死算了，我真不忍心做它的百姓。』

二　不果納，不得入於魯

原文：魯人投其籥。不果納，不得入於魯。（同上）

注文：等於說沒有讓湣王入境。果，副詞，表示成為事實，常以『不果』二字連用。納，使入。[四]

這條注釋與一九六二年初版的注文完全相同，一字未改。而我們每每教學於此，總覺得注文對『果』『納』詞義和語法作用的訓釋很難理解。其實，『不果納』為述賓結構，『果』為動詞，意為『滿足』；『納』在這裡當名詞用，表示『接納（待）的要求』。

『果』今出土的甲骨文未見，金文作（果簋），象果實成熟後飽滿肥美之形。說文·木部云：『果，木實也。象果形在木之上。』（六上）南唐徐鍇繫傳：『樹生曰果，故在木上也。指事。』周易·說卦『為果蓏。』唐陸德明釋文：『馬［融］云：果，桃李之屬；蓏，瓜瓠之屬。應劭云：木實曰果，草實曰蓏。』由於果實飽滿肥美，故人喫飽肚子亦叫『果』，某種欲望、計畫如期得到滿足或實現亦叫『果』。『果』由此引申出『喫飽』『滿足』『實現』等新義來。莊子·逍遥遊：『適莽蒼者三飡而反，腹猶果然。』此『果』為『飽』，古今無爭議。而『果納』，是指滿足接納（待）的欲望或要求。在先秦語言中，『果』的否定形式是在前面加否定副詞『不』或『未』，構成狀中結構。不管是『不果』還是『未果』，均表示『沒滿足』或

『沒實現』之類的語意，且其後帶賓語與否是自由的。此種用法漢代以降尚未改變。史記·孟子荀卿列傳：『（孟子）適梁，梁惠王不果所言，則見以為迂遠而闊於事情。』『不果所言』，是說『沒滿足（孟子）所說的要求』。晉陶淵明桃花源記：『南陽劉子驥，高尚士也。聞之，欣然規往，未果，尋病終。』『未果』即指『沒實現自己的計畫』。故清劉淇助字辨略卷三云：『凡言與事應曰果。』清徐灝說文解字注箋亦云：『果，木實謂之果，故謂事之實現然者曰果然。』『不果納』在魯仲連義不帝秦中凡兩見，『納』在句中作賓語，表示齊閔王之臣夷維子分別向鄒、魯之臣提出的接待『天子』的兩種苛刻條件和無理要求：『天子巡狩，諸侯辟舍，納筦鍵，攝衽抱几，視膳於堂下。天子已食，退而聽朝』和『天子弔，主人必將倍殯柩，設北面於南方，然後天子南面弔』。因此，鄒、魯之臣當然會斷然拒絕假天子齊閔王的入境。這纔是對『不果納』的準確理解。然而荊貴生先生主編的古代漢語卻注為『最終沒有接納』[五]，更是錯得太離譜。

三　舍皆取諸其宮中而用之

原文：且許子何不為陶冶，舍皆取諸其宮中而用之？何為紛紛然與百工交易？（第四單元文選許行，選自孟子·滕文公上）

注文：［一切東西］都只從自己家裏拿來用。舍，止。按『舍』字不好懂，姑從舊說。宮，室。注意上古時『宮』還沒有用於專指帝王的宮室。[六]

所謂『姑從舊説』，即採用宋朱熹集注之説。由於『舍』在上文中『不好懂』，故古今有三種模糊解釋。一説訓『止』，始於朱熹，後世多襲用其説。如清吳昌瑩云：『禮記：「耕者少舍。」管子·四稱篇：「良臣不使，讒賊是舍。」註皆訓「舍」曰「止」，謂止息」也。引申又為詞之止。故孟子：「舍皆取諸其宮中而用之。」「是舍簞食豆羹之義也。」集註皆訓舍曰「止」，言「但」也。』[七]二説通『余』，義同『何』。近人章太炎先生力主此説。他在新方言·釋詞中説：『説文：曾，詞之舒也。余，語之舒也。从八，舍省聲。曾、余同義，故余亦訓何，通借作舍。孟子·滕文公篇：舍皆取諸其宮中而用之，猶言何物皆取諸其宮中而用之也……今通言曰甚麼，舍之切音也。川、楚之間曰舍子，江南曰舍，俗作啥，本余字也。』[八]三説是『奢』的古字。楊伯峻先生云：『舍，後代作「奢」，緩言之為「什麼」「甚麼」。』（見孟子譯注）向熹先生對以上説法持懷疑態度，他説：『有的學者認為「舍」是現在的「啥」（什麼），這就很可疑，因為中古以前沒有「啥」字，也沒有「舍」作「啥」的其他例子。』[九]向先生的批評極為中肯。以上三説均不得要領。因為『舍』的本義是客棧。説文·亼部：『舍，市居曰舍。从亼，屮象屋也，口象築也。』（五下）清段玉裁注：『食部曰：「館，客舍也。」客舍者何也？謂市居也。市居者何？周禮·遺人曰：「凡國野之道，十里有廬，廬有飲食；三十里有宿，宿有路室，路室有委；五十里有市，市有候館，候館有積。」鄭［玄］云：「一市之閒有三廬一宿。候館及廬、宿皆所謂市居曰舍也。」此市字非買賣所之，謂賓客所之也。』[一〇]故引申為泛指『住宅』『住宿』『休息』等，再引申為『保留』。墨子·節葬下：『無敢舍餘力。』國語·周語中：『故聖人之施舍也議之，其喜怒取與也亦議之。』漢書·谷永傳：『竊恐陛下舍昭昭之白過。』上述例句中的『舍』均作『保留』解。故三國吴韋昭國語注：『舍，不予也。』唐顔師古漢書注：『舍，謂留也。』均得其訓。『保留』下來的東西既可以是必需的用品，亦可以是思想、觀點、主張、品德等，而孟子所謂的『舍』為名詞，指（自己）儲存下來的必需用品，如粟、褐、冠、釜、甑、鐵之類。再者，『舍』在句中位於範圍副詞『皆』前，按漢語的表達習慣，理應為名詞性主語，馬瑞辰、章太炎、楊伯峻等均已意識到了這一點，所以另辟蹊徑，釋為『啥』或『奢』（何物），儘管所釋失當，卻遠比朱氏高明。又『取諸其宫中』，不能具體理解成『從自己家裡拿來』或『儲備在家中』，因為孟子批駁的是那種提倡人人都從事耕作、反對社會的合理分工的農家思想。全句宜譯成：『況且許先生為什麼不親自燒窯冶鐵，自用的必需品為什麼不全部都親自生産隨時拿來用呢，為什麼要忙忙碌碌地和各行各業交换商品呢？』

四　故唯聖人為能和樂之本也

原文：舜曰：『夫樂，天地之精也，得失之節。故唯聖人唯能和樂之本也。夔能和之，以平天下。若夔者一而足矣。』（第五單元文選察傳，選自吕氏春秋）

注文：這句話應該是：『故唯聖人為能和；和，樂之本也。』（依許維遹説）大意是：只有聖人才能做到和，而和是音樂中最根本的東西。〔一二〕

這條注釋中的串講是準確的，但其對原文『唯聖人為能和樂之本也』的標點則犯了添字加注的毛病。其病因在於盲目相信許氏陳說，而尚未精審原文和貫通先秦漢語語法。許維遹呂氏春秋集釋卷二十二察傳注：『和，調也。維遹案：「樂」上「和」字當更增一「和」字，文義乃順。』[一二]看來，許氏雖明瞭原句的思想內容，卻並沒有弄清楚該句的語法結構關係以及『為』的詞性。因為原文講的是治理國家與調和音樂之間的關係，『和』在句中起著至關重要的作用。據下文『夔能和之』的語法結構關係來看，許氏認為，本句中應該有兩個『和』字，但事實上衹存一個，所以衹好『更增一「和」字，文義乃順』。我們認為，此語並無脫字，但必須如是句讀：『故唯聖人為能；和，樂之本也。』理由是：

第一，句中的『能』是個帶有賓語的動詞，其前置賓語是『為』，代稱『五音』。『為能』即『能之（五音）』。而『唯聖人為能』這種句法結構乃是先秦漢語中慣用的表達形式，即使在本教材的文選中亦能找到用例。如第四單元文選齊桓晉文之事（選自孟子·梁惠王上），就有『無恒產而有恒心者，惟士為能』的說法，第296頁注釋〔5〕〔6〕云：『恒，常。恒產，指能長久維持生活的產業，如田里，樹木，牲畜等。恒心，長久不變的心，這裏的「心」是指善心。只有「士」是能夠這樣的。』『惟士為能』與『唯聖人為能』，其句法、語意有何差異？不要以為『能』在現代漢語裡不能帶名詞和代詞性賓語，就否定它在上古漢語裡的功能。其實『能』在先秦漢語中帶賓語是很普通的用法。例如禮記·中庸『人一能之，己百之，人十能之己千之。果能此道矣，雖愚必明，雖柔必強。』句中『能』均表示能力所及，其對象是『之』和『此道』。顯然，許氏是受了下文『夔能和之』的影響而誤增『和』的。

第二，說『為』是『能』的前置賓語是否成立呢？回答當然是肯定的。我們曾就『為』的代詞性質談過看法。[一三] 先秦漢語中的代詞『為』，衹能用作定語和前置賓語，不能作後置賓語。作定語用時相當於代詞『其』，而作賓詞用時則相當於代語『之』。例如墨子・雜守『守數令騎若吏，行旁視，有以之為所為。』『為所為』即『其所為』也。孟子・公孫丑下『蛙諫於王而不用，致為臣而去之。』宋孫奭疏：『蛙諫於王而王不用其諫，乃至其臣而去之。』『為』作定語的現象，前輩裴學海先生早已有所明察，故云：『「為」，猶其也。「為」訓「其」猶「於」訓「其」也。「為、於」古字通用。』[一四] 至於『為』作賓語的例語，就連本教材中亦有。齊桓晉文之事：『權，然後知輕重度，然後知長短。物皆然，心為甚。王請度之。』第 293 頁注釋［29］云：『大意是：凡物都是這樣，心特別是這樣。』『心為甚』與『物皆然』對文，均表示肯定性判斷。『為』與『之』同出一轍，它們原本是動詞，後來都朝代詞方向嬗變。『為』的代詞使用頻率使用不高，是因為其動詞功能依然很旺盛。

注釋

[一] 本文原載於西南民族大學學報（哲學社會科學版）2001 年第 4 期。

[二] 王力主編：古代漢語（校訂重排本），中華書局 1999 年版。

[三] 同上書，第 121 頁第 9 條注。

[四] 同上書，第 124 頁注釋 14。

［五］荊貴生主編：古代漢語（第二次修訂本），武漢大學出版社 2006 年版，第 217 頁注釋 23。

［六］王力主編：古代漢語（校訂重排本），中華書局 1999 年版，第 305—306 頁注釋 2。

［七］清吳昌瑩：經詞衍釋，中華書局 1956 年版，第 200 頁。

［八］章太炎全集（七），上海人民出版社 1999 年版，第 8 頁。

［九］向熹：簡明漢語史，高等教育出版社 1990 年版，第 4 頁。

［一〇］清段玉裁：說文解字注，上海古籍出版社 1988 年版，第 223 頁。

［一一］王力主編古代漢語（校訂重排本），中華書局 1999 年版，第 407 頁注釋 10。

［一二］許維遹：呂氏春秋集釋，文學古籍刊行社 1954 年版，第 1059 頁。

［一三］鍾如雄：從〈山海經〉的『為M』結構看『為』的代詞性質，西南民族大學學報（哲學社會科學版）1992 年第 3 期。

［一四］裴學海：古書虛字集釋，中華書局 1954 年版，第 123 頁。

『鋌而走險』考辨［一］

成語『挺而走險』的古義，魏晉以來已無人知曉。該語出自左傳·文公十七年。其文曰：『（鄭子家使執訊而與之書以告趙宣子曰：）雖我小國，則蔑以過之矣。今大國曰：「爾未逞吾志。」敝邑有亡，無以加焉。古人有言曰：「畏首畏尾，身其徐幾？」又曰：「鹿死不擇音。」小國之事大國也，德則其人也，不德則其鹿也。挺而走險，急何能擇？命之罔極，亦知亡矣。將悉敝賦以待於鯈，唯執事命之。』［二］沈玉成先生將此段白文譯成：『我們小國［這樣事奉晉國］，已經不能比這再有所超過了。現在大國說：「你沒有能讓我快意。」［已經竭盡了力量］，敝邑惟有等待滅亡，也不能再增加一點什麼了。古人有話說：「怕頭怕尾，剩下來的身子還有多少？」又說：「鹿在臨死前顧不上再發出好聽的鳴聲。」小國事奉大國，［如果大國］以德相待，那就會像人一樣［恭順］，如果不是以德相待，那社會像鹿一樣，狂奔走險，急迫的時候哪裏還能選擇？貴國的命令沒有標準，我們也知道面臨滅亡了，只好準備全部派出救邑的士兵在鯈地等待。［該怎麼辦］，就聽憑執事的命令吧！』［三］白文中的『鋌而走險』，沈先生譯成『狂奔走險』，這種翻譯源於西晉杜預集解。杜氏云：『鋌，疾走貌。言急則欲蔭庥於楚，如鹿赴險。』［四］杜氏之說，後世注家傳承附會均無異辭。例如，唐孔穎達等正義：『「鋌」文連「走」，故為疾走貌。』[五]楊伯峻注：『「鋌，言挺，杜注：「疾走貌。」」此言小國若為鹿，則將如鹿之急不擇路，赴險犯難矣。』[六]倪寶元先生說：『「鋌而走險」中的「鋌」是快走的樣子，「走險」是奔赴險處。整個成語指無路可走的時候採取冒險行動。』[七]又李一華等先生說：『鋌而走險，指在無路可走時而採取冒險行動。鋌：快走的樣子。左傳·文公十七年：「鋌而走險，急何能擇？」也作「挺而走險」。』[八]很明顯，在以往的注解中，均將『鋌而』視為狀態形容詞，訓『鋌』為『疾走』『狂奔』或『快走』；訓『而』為『然』（狀態形容詞後綴）。首次將『而』訓為『然』的是清人王引之。他在經傳釋詞卷七中說：『而，猶然也……文［公］（十七年左傳曰：「鋌而走險。」杜［預］注：「鋌，疾走貌。」』[九]周法高先生從其說，云：『在某種情形下，「而」字有解作狀詞語尾（suffix）的可能。』並引王氏之說以立論。[一〇]在先秦文獻中，『而』用作狀態形容詞後綴是極為平常的，無可爭議。問題是『鋌而走險』中的『而』，是否就是狀態形容詞後綴呢？要明瞭其語法意義，就必須深究『鋌』在句中的真實意義。

『鋌』的本義是銅鐵礦石。說文·金部：『鋌，銅鐵樸也。从金廷聲。』（十四上）清段玉裁注：『樸，木素也。因以為凡素之偁。小徐作「朴」，非也。石部：「磺，銅鐵樸。」「鋌」與「磺」義同音別，亦謂之鋇。』[十二]漢桓寬鹽鐵論·殊路：『干越之鋌而不厲，匹夫賤之。』漢王充論衡·率性：『棠谿正馬魚腸之屬，龍泉太阿之輩，其本鋌，山中之恒鐵也。冶工鍛煉，成為銛利。』表示銅鐵礦石的『鋌』，怎麼會派生出『疾走』義來？『鋌』從『廷』得聲，那麼，凡從『廷』得聲的字有沒有表示速度快的意思呢？

說文・壬部：『壬，善也。从人士，士，事也。一曰象物出地挺生也。』（八上）宋徐鉉等曰：『人在土上，壬然而立也。』[十二]徐中舒先生說：『壬、挺音近，壬蓋古挺字。』[十三]甲骨文『』像人挺然屹立於高土之形，故有『挺直』之義。『廷』從『壬』得聲。说文・廴部：『廷，朝中也。从廴壬声。』（二下）段玉裁注：『朝中者，中朝也。古外朝、治朝、燕朝皆不屋，在廷，故雨霑服，失容則廢。』林義光文源卷二：『廷與庭古多通用……象庭隅之形，廴聲。』何琳儀先生說：『廷為庭之初文，門與宮室之間曲地為庭。』[十四]凡從『廷』得聲者多有『直』『長』『中』『小』等義。『庭』為『廷』之後出轉注字（增形）。說文・广部：『庭，宮中也。从广廷聲。』（九下）段玉裁注：『宮者，室也。室之中曰庭……庭者，正直之處也。』清朱駿聲通訓定聲：『今俗謂之廳，字作廳……按：堂寢正室皆曰庭。[十五]按：『庭』既不是『宮中』，亦不是『堂寢正室』，而是庭院，亦就是段氏釋『廷』所說的『不屋』處，是『正直之處』，故引申為廳堂、朝廷、官府等。

『筳』絡絲用的小竹管兒。說文・竹部：『筳，繀絲筦也。从竹廷聲。』（五上）又：『筟，筳也。从竹孚聲。』『筦，筟也。从竹完聲。』段玉裁注：『糸部曰：「繀，箸絲於耑車也。」按：絡絲者必以絲耑箸於筳。今江浙尚呼筳……筳、筦、筟三名一物。』朱駿聲通訓定聲：『所以絡絲者，蘇俗謂篗頭。筳即其四周挺如柵也。』方言卷五：『筳，榬也。』晉郭璞注：『所以絡絲者也。』引申為小竹片（枝）或小木枝。玉篇・竹部：『筳，小破竹也。』楚辭・屈原〈離騷〉：『索藑茅以筳篿兮，命靈氛為余占之。』漢王逸注：『筳，小折竹也。楚人名結草折竹以卜曰篿。』又漢書・王莽傳：『翟義党王孫慶捕得，莽使太醫、尚方與巧屠共剖剝之，量度五臟，以竹筳導其脈，知所終始，云可以治病。』唐顏師古注：『筳，竹挺也。』竹挺，即小竹片（枝）。今川人醃制雞、鴨、鵝等，多用竹片兒支撐其腹腔。

『莛』草木植物的莖。說文・艸部：『莛，莖也。从艸廷聲。』（一下）又：『莖，枝柱也。从艸巠聲。』段玉裁依玉篇改『枝柱』為『艸木榦』，並注：『此言艸而兼言木。今本作「枝柱」，考字林作「枝主」，謂為眾枝之主也。葢或用字林改說文，而「主」又譌「柱」。』朱駿聲通訓定聲：『（莛）實與莖同字。』『莛』為草莖，非『兼言木（榦）』，段說不可從。草莖的特徵是挺直而細小。莊子・齊物論：『故為是舉莛與楹，厲與西施，恢詭譎怪，道通為一。』清俞樾平議：『言莛者，謂其小也。莛與楹以大小言，厲西施以好醜言。』曹礎基莊子淺注：『莛（tíng廷），草本植物的莖。』漢書・東方朔傳：『語言：以筦窺天，從蠡測海，以莛撞鐘。』唐顏師古注引三國魏文穎曰：『（莛）謂藳莛也。』

『梃』樹木的枝榦，亦通稱草本植物的莖。說文・木部：『梃，一枚也。从木廷聲。』（六上）段玉裁注：『凡條直者曰梃。梃之言挺也。「一枚」疑當作「木枚」。竹部曰：「箇，竹枚。」則「梃」當云「木枚也」……按：枚，榦也。一莖謂之一枚，因而凡物皆以枚數。』清王筠句讀：『梃，下文「材，木梃也」，竹部「竿，竹梃也」。但指其榦，不兼枝葉而言，今猶有此語。』王說非是。『梃』為樹木的枝榦，不是主榦。孟子・梁惠王上：『可使制梃以撻秦楚之堅甲利兵也。』蔣禮鴻義府續貂・制梃說：『蓋制當讀為折，梃義同莛若筳……然則梃、莛、筳乃竹木之枝莖。孟子言制梃，即謂折取竹木之枝莖即可以撻敵國之堅甲利兵耳，何造杖之煩耶？』[十六]引申為杖棒。孟子・梁惠王上：『殺人以梃與刃，有以異乎？』資治通鑒・梁武帝大同元年：『（王僧）持白梃大呼而出。』元胡三省注：『梃，杖也。白梃，即今人所謂白棓也。』

『綎』音tīng，佩玉用的絲綬。說文・糸部：『綎，系綬也。从糸廷聲。』（十三上）段玉裁注：『系當作絲。廣韻・青韻曰：「絲綬，帶綎。」玉篇・糸部曰：「絲綎，綬也。」按：此綬葢綬之類而已，非印綬之綬。』按：今漢語大字典引玉篇作『綎，絲綎綬也』，[十七]其句讀誤，應為『綎，絲綎，綬也』。『綎』的詞義特徵是細長而垂直，其後出轉注字有『鞓』和『䩍』（轉聲）。玉篇・革部：『鞓，同䩍。』集韻・青韻：『綎，說文「系綬也」。或作䩍。』

『珽』古代天子捧持的玉笏。說文・玉部：『珽，大圭，長三尺。抒上，終葵首。从玉廷聲。』（一上）段玉裁注：『見[周禮・考工記・]玉人，[鄭玄]注曰：「王所搢大圭也，或謂之珽。終葵，椎也。為椎於其杼上，明無所屈也。杼，殺也。」按：[禮記・]玉藻謂之珽。[鄭玄]注云：「此亦笏也。珽之言挺然無所屈也。」』左傳・桓公二年『袞、冕、黻、珽』杜預注：『珽，玉笏也。若今吏之持簿。』清孫治讓周禮正義認為，『珽與笏，異名同物』。『珽』的詞義特徵是薄長而挺直，故從『廷』得聲。『椎』為『終葵』的合音，其轉注字有『槌』『鎚』（轉聲）。

說文・人部：『侹，長皃。一曰箸地。一曰代也。从人廷聲。』（八上）段玉裁『長貌』注：『與挺音略同。』清桂馥義證：『一曰箸地者，吾鄉謂倒地臥為侹。』[十八]朱駿聲通訓定聲：『此字疑即壬之或體。假借（引申）為當。說文「一曰代也」……今頂冒字以頂為之，侹、當一聲之轉。』朱氏疑『侹』為『壬』的異體字，其說極是。『壬』像人屹立於高土，後轉注為『侹』，引申為『箸地』『替代』，故『侹』的詞義特征是長而直。

『娗』子宮下垂（婦科病名）。說文・女部：『娗，女出病也。从女廷聲。』（十二下）段玉裁注：『「病」下當有「容」字，廣雅・釋訓：「娗娗，容也。」然則謂女出而病容娗娗然也……疑娗、婷同字，長好貌。』廣雅・釋訓『娗』清王念孫疏證：『娗，音大丁、唐鼎二反。廣韻〔・青韻〕云：「長好皃。」重言之則曰娗娗……〔漢〕蔡邕青衣賦云：「停停溝側，噭噭青衣。」義與娗同。』[十九]按：今本廣韻・青韻作『好皃』，迴韻纔作『長好皃』。[二〇]『娗』的本義是指子宮下垂。桂馥義證：『女婦下病，陰娗。』王筠說文釋例卷十九云：『蓋謂女子下部病也，俗名下[疒番]（音翻），亦謂之陰娗茄。娗之為言挺也，挺然而出也。婬佚者生此，多食白薯亦生此。』[二一]桂、王說是，段說『病』後脫『容』字，不可信。廣雅・釋訓所謂『娗娗，容也』，表示女子脩長美麗的儀容，與『婷婷』同義，是引申義而非本義。『娗』的詞義特徵是小而長、垂而挺。

『霆』疾雷後遠去的微弱餘聲。說文・雨部：『霆，雷餘聲也鈴鈴，所以挺出萬物。从雨廷聲。』（十一下）段玉裁改作『雷餘聲鈴鈴，』並注：『「聲」下有「也」字者誤衍。「鈴」與「挺」皆以疊韻為訓。雷所以生物，而其用在餘聲鈴鈴然者。』朱駿聲則改為『雷餘聲也鈴鈴然，所以挺出萬物』，並注：『〔周〕易・繫辭〔上〕：「鼓之以雷霆。」京房注：「霆者，雷之餘氣，挺生萬物也。」』京房為西漢今文易學京氏學的創始人，許慎的解釋或許出自京氏。疾雷的特點是炸響、震動、刺眼的電光，震動後的徐聲長而漸弱，故其引申義有疾雷、震動、電光等，但餘聲長而漸弱（小）則是『霆』的主要特徵。

『蜓』古籍中稱三種動物。一為蜥蜴。說文・虫部：『蜓，蝘蜓也。从虫廷。一曰螾蜓。』（十三上）又：『蝘，在壁曰蝘蜓，在草曰蜥易。从虫匽聲。蠹，蝘或从蚰。』許慎之訓引自爾雅。釋魚：『蠑螈，蜥蜴；蜥蜴，蝘蜓；蝘蜓，守宮也。』荀子・賦篇：『螭龍為蝘蜓，鴟梟為鳳皇。』唐楊倞注：『蝘蜓，守宮。』淮南子・精神：『視龍猶蝘蜓，顏色不變．』漢高誘注：『蝘蜓，蜥蜴也，或曰守宮也。』蜥蜴為爬行動物，身體表面有細小鱗片，有四肢，尾細長易斷，俗稱『四腳蛇』、蛇醫。『蝘蜓』之『蜓』，廣韻・銑韻『徒典切』，恐有誤。二為蜻蜓。先秦謂之『蜻』或『蜻蛉』，漢代以後亦稱『蜻蜓』。方言卷十一：『蜻蛉謂之蝍蛉。』郭璞注：『六足四翼蟲也。』廣韻・青韻：『蜻，蜻蜓。』明李時珍本草綱目・虫部・蜻蜓：『蜻蛉，釋名「蜻蝏」。』原注：『亦作蜓。』『蛉』一轉為『蝏』，再轉為『蜓』（轉聲）。呂氏春秋・精諭：『海上之人有好蜻者，每居海上，從蜻遊。蜻之至者有百數而不止，前後左右盡蜻也。』高誘注：『蜻，蜻蜓，小蟲，細腰，四翅。』三為蟪蛄。即蟬的一種，吻長身短，色黃綠，有黑色條紋，翅膀有黑斑。爾雅・釋蟲：『蜓蚞，螇螰。』晉郭璞注：『即蝭也，一名蟪蛄，齊人呼螇螰。』方言卷十一：『蛥蚗，齊謂之螇螰，楚謂之蟪蛄，或謂之蛉蛄，秦謂之蛥蚗，自關而東謂之虭蟧，或謂之蝭，或謂之蜓蚞，西楚與秦名也。』不管是蜥蜴、蜻蜓，還是蟪蛄（蟬），都有細長的特徵。

『頲頲』頭部窄而直。說文・頁部：『頲，狹頭頲也。从頁廷聲。』（九上）段玉裁注：『疑當作頲頲也。叚借為挺直之挺也。爾雅・釋詁曰：「頲，直也。」』朱駿聲通訓定聲：『叚借（引申）為挺。』清郝懿行爾雅義疏：『頲者，說文・頁部云：「狹頭頲也。」訓直者，頭容直也。』狹，窄小也。『狹頭頲』即頭部狹小而挺直。段氏『疑當作頙頙』，『叚借為挺直之挺』，非是，郝氏說可從。『頙』的詞義特徵是窄小而挺直。

『脡』條狀的乾肉。清雷浚說文外篇卷四：『說文無脡字。脡字依義當作挺。』說文・肉部釋『朐硬』為『脯挺』（四下）。段玉裁注：『許書無脡字，挺即脡也。何［休］注公羊傳・昭公二十五年曰：「屈曰朐，申曰脡。」朐、脡就一脡言之，非謂脡有曲直二種也。［禮記・曲禮上曰：『［以脩置者，］左朐右末。』鄭［玄］云：「屈中曰朐。」屈中猶言屈處，「末」即申者也。』同一塊乾肉，上部挺直而謂之脡，下部彎曲謂之朐，並非有脡、朐不同的乾肉。段氏說極是。肉風乾後堅挺而直，故凡挺直的肉都可以稱『脡』。禮記・曲禮下：『凡祭宗廟之禮……槁魚曰商祭，鮮魚曰脡祭。』鄭玄注：『脡，直也。』孔穎達等正義：『祭有鮮魚，必須鮮者；煮熟則脡直，若餒則敗碎不直。』『脡』與『挺』同源，故先秦古籍或以『挺』為『脡』。儀禮・鄉飲酒禮：『薦脯五挺。』鄭玄注：『挺猶膱也。』唐陸德明釋文：『挺，本亦作脡，同。』段玉裁說文『朐』字引禮記作『樴』，並注：『樴長尺二寸。［鄭玄］注：「樴猶挺也。」然則每脯為一樴亦謂之一挺，每樴必有屈處，故亦可謂之一朐。挺作脡，樴作膱，皆俗字。』又虞禮：『脯四挺。』鄭玄注：『古文脡為挺。』鄭氏認為『挺』是『脡』的古文，失審。二字同源，均有挺直義，故古多混用。

說文・舟部新附字：『艇，小舟也。从舟廷聲。』（八下）『小舟』就是體積長而小的船。方言卷九：『小舸謂之艖，艖謂之帽艒。小帽艒謂之艇。』郭璞注：『今江東呼艖，小底者也。』『艇』從『廷』得聲，故有小而直之義，但後世逆向引申為大船，如艦艇之類。

『涏』說文不載。集韻・迥韻作『波直皃』；徑韻作『波流直皃』。波為水之浪紋，故有小義，浪紋細長而挺直，故曰『涏』。

『挺』，拔出。說文・手部：『挺，拔也。从手廷聲。』（十二上）國語・吳語：『吾先君闔廬，被甲帶劍，挺鈹搢鐸，以與楚昭王毒逐于中原柏舉。』三國吳韋昭注：『挺，拔也；搢，振也。』『挺』的本義是指從固定物體中拔出硬而直的異物，其動作往往是從內向外，從下到上，從前向後，故引申為『直』。周禮・考工記・弓人：『於挺臂中有柎焉，故剽。』鄭玄注：『挺，直也；柎，側骨；剽，亦疾也。』孔穎達等正義：『釋曰「直」，臂中正，謂弓把處有柎焉者，謂角弓於把處，兩畔有側骨。骨堅強，所以與弓為力，故剽疾也。』孫詒讓正義：『惟當把處挺直，故謂之挺。』『柎』又轉注為『弣』（轉形）。

前文我們系聯了十六個從『廷』得聲的形聲字，它們都有長而小、中而直的詞義特徵。庭院謂之『廷（庭）』，絡絲的小竹管謂之『筳』，草本植物的莖謂之『莛』，樹木的枝榦謂之『梃』，佩玉用的絲綬謂之『綎（鞓、鞓）』，天子所捧的玉笏謂之『珽』，人屹立於高土謂之『侹（𡈼）』，子宮下垂謂之『娗』，疾雷後遠去的餘聲謂之『霆』，蜥蜴、蜻蜓、蟪蛄謂之『蜓』，頭部小而直謂之『頲』，條狀的乾肉謂之『脡』，小船謂之『艇』，浪紋細長而直者謂之『涏』，從物體內拔出謂之『挺』。這類詞義，主要是從與之緊密相連的主體物的比較中獲得的。比如，庭院與宮室之間（廷、庭），小竹管兒與紡機之間（筳），草莖與草之間（莛），樹枝與樹榦之間（梃），絲綬與佩戴者之間（綎），玉笏與所捧者之間（珽），子宮下垂與婦女之間（娗），雷的餘聲與炸雷之間（霆），長長的尾巴或長吻與蜥蜴、蜻蜓或蟪蛄整體間（蜓），小而直的頭部與人的整個軀體之間（頸），小船與江海湖泊之間（艇），浪紋與水流之間（涎）等等，相對比而見義，孤立則無義。再者，對比物之間則有主體與從體的區別。凡從『廷』得聲的字，都是依附於主體物的。因此，相比之下，它們纔有長而小、中而直之義。而這類詞義又是從『壬』的比像中獲得的。前文說過，『壬』像人挺然屹立於高土之形。相比之下，高土偉大，人則渺小，人既融合於大地之中，又挺然屹立於高土之上。『廷』從『壬』得聲，故凡從『廷』得聲的字都有長而小、中而直的意義。

至此，我們再回頭來看看『鋌』的形義關係。『鋌』的本義是銅鐵礦石，與『磺（礦）』同義，這種原材料經過冶煉，則可熔鑄成銅坯鐵坯，故引申為銅鐵質的坯料。唐慧琳一切經音義卷二十九：『金鋌，許叔重注淮南子云：「鋌者，金銀銅等未成器，鑄作片，名曰鋌。」』古人初始製作箭矢，以磨石為箭頭，以竹木為箭杆，後銅鐵冶煉成功，則以銅鐵為箭頭。箭頭呈菱形（，甲骨文第一期）[二二]，或三角形（矢，周早期小盂鼎）[二三]。箭頭尾部插人箭杆的那部分圓錐體（似榫頭）亦叫『鋌』。周禮·考工記·冶氏：『為殺矢，刃長寸，圍寸，鋌十之。』鄭玄注引鄭司農（鄭眾）曰：『鋌，箭足入稾中者也。』孫詒讓正義：『稾即矢杆。箭足若金，惟見其刃，其莖入杆中不見者謂之鋌也。』所謂『莖入杆中不見者』，就是指插入箭杆中的長而堅的鋌。鋌狀似莖，故朱駿聲通訓定聲：『鋌，叚借（引申）為莖。』鋌全部插人箭杆中隱而不現，故再引申為盡、空。方言卷三：『撲、鋌、澌，盡也。南楚凡物盡生者曰撲生，物空盡者曰鋌。鋌，賜也。連此撲斯皆盡也。鋌，空也，語之轉也。』清錢繹箋疏：『廣雅·釋詁一：「鋌，盡也。」文選·張衡〈思元賦〉[二四]注引晉呂忱字林：「逞，盡也。」』[二五]廣雅王念孫疏證：『文選·張衡〈思玄賦〉注引字林云：「逞，盡也。」逞與鋌聲近義同。』按：今本文選『超騰躍絕世俗，飄遙神舉逞所欲』，唐李善注：『說文·辵部：「逞，極也。」』[二六]『鋌』與『逞』，王氏說是同源關係，錢氏說是通假關係，王說是而錢說非。

『鋌而走險』之『鋌』，當訓作『盡』（窮盡），即『水窮山盡』之『盡』，與成語『走投無路』意思略同，亦就是『急何能擇』之『急』。『鋌而走險』，即『盡（急）則走險』。說文·心部：『忢，褊也。从心及聲。』（十下）段玉裁注：『褊者，衣小也。故凡陿謂之褊。』廣韻·緝韻：『急，說文作忢。』『窄』與『陿』同義（廣雅·釋詁：『窄，陿也。』），均指處所的空間狹小。故生存的道路變得越來越狹窄謂之『急』，生命的道路即將終結謂之『鋌』，而造成『急』和『鋌』的原因，是強敵的威逼。左傳中，作者採用比像手法，將鄭的命運與鹿相比：鹿，性情溫順，草食為生，叫聲呦呦，卻是食肉動物（包括人類）的獵殺對象，它們一旦被強敵追逼到生命的盡頭時，則會無可選擇地拼命逃跑；弱小而一向禮讓的國家，一旦強權大國將侵略戰爭強加其頭上而處於亡國的絕境時，亦會無可選擇地拼命反抗。春秋時期，晉、鄭兩國本來是友好的同盟國，然而，公元前六一〇年六月，晉侯在黃父閱兵，就此再次在扈地會合諸侯。當時，晉侯卻不肯會見鄭伯，他懷疑鄭伯與楚國早有勾結，有叛逆之心，正想尋找機會侵略鄭國。鄭國感到冤曲，於是子家書信一封，派使者（通訊官）到晉國拜見趙宣子。在信中，他闡明鄭國對晉國一貫親善，並無背逆之心。並說，如果晉國執意要將戰爭強加於鄭國，那麼，鄭國在面對亡國的情況下，被迫衹好奉陪到底。『鋌而走險』中的『鋌』，指鄭國面臨外敵入侵的亡國絕境；『而』是順接連詞，相當於『則』，不是狀態形容詞後綴。『走』，快跑。釋名·釋姿容：『徐行曰步，疾行曰趨，疾趨曰走。』此處指向險境突圍。『險』，說文·阜部『阻難也』（十四下）。地之險者為山川丘陵。周易·坎卦：『（彖曰：）天險不可升也，地險山川丘陵也。王公設險以守其國。』人之險為戰亂饑荒，國之險為強敵人侵。『鋌而走險』，原意是指弱小的鄭國如果遭到強敵晉國的入侵威逼（鋌/急）則將拼死反抗（走險），後來纔指在遇到困難或危險時採取冒險行動。『鋌』古今無『疾走貌』，明矣。另外，『鋌而走險』不能說成『挺而走險』，因為『挺』沒有『盡』義。

注釋

[一] 本文原載於西南民族大學學報（人文社會科學版）2002年第9期。

[二] 戰國左丘明撰，晉杜預集解：左傳（春秋經傳集解），上海古籍出版社1997年版，第515頁。

[三] 沈玉成：左傳譯文，中華書局1981年版，第161頁。

[四] 晉杜預集解：左傳（春秋經傳集解），上海古籍出版社1997年版，第517頁。

[五] 清阮元校刻：十三經注疏，中華書局1980年版，第1860頁。

[六] 楊伯峻：春秋左傳注，中華書局1981年版，第626頁。

[七] 倪寶元：成語辨析，中國社會科學出版社1979年版，第234頁。

[八] 李一華、呂德申：漢語成語詞典，四川辭書出版社1985年版，第830頁。

[九] 清王引之：經傳釋詞，岳麓書社1984年版，第140頁。

[一〇]周法高：構詞編，S13／44（中 6‘2／37‘C），1962 年版，第 295 頁。

[一一]清段玉裁：說文解字注，上海古籍出版社 1988 年版，第 703 頁。

[一二]漢許慎撰，宋徐鉉等校定：說文解字，中華書局 1963 年版，第 169 頁。

[一三]徐中舒主編：甲骨文字典，四川辭書出版社 1989 年版，第 927 頁。

[一四]何琳儀：戰國古文字典——戰國文字聲系，中華中局 1998 年版，第 806 頁。

[一五]清朱駿聲：說文通訓定聲，武漢市古籍書店 1983 年影印本，第 872 頁。

[一六]蔣禮鴻：義府續貂，中華書局 1981 年版，第 98—100 頁。

[一七]徐中舒主編：漢語大字典，四川辭書出版社、湖北辭書出版社 1988 年版，第 3393 頁。

[一八]清桂馥：說文解字義證，中華書局 1987 年版，第 691 頁。

[一九]清王念孫：廣雅疏證，中華書局 1983 年版，第 182 頁。

[二〇]宋本廣韻，北京市中國書店 1982 年影印本，第 174、299 頁。

[二一]清王筠：說文釋例，中華書局 1987 年版，第 467 頁。

[二二]胡厚宣：戰後京津新獲甲骨集，群聯出版社 1954 年版，第 245 頁。

[二三]董作賓：殷墟文字甲编，商務印書館 1948 年版，第 327 頁。

[二四]『元』為『玄』字之誤。

[二五]清錢繹：方言箋疏，上海古籍出版社 1984 年版，第 232 頁。

[二六]南朝梁蕭統编，唐李善注：文選，中華書局 1977 年版，第 222 頁。

史記『狐鳴呼』非名詞狀語說[一]

史記·陳涉世家：『（陳涉）又閑令吳廣之次所旁叢祠中，夜篝火，狐鳴呼曰：「大楚興，陳勝王！」卒皆夜驚恐。』[二] 這句話中的『狐鳴呼』是否存在著名詞作狀語的問題？王力先生主編的古代漢語教材，自一九六二年出版以來幾經修訂，其中名詞作狀語的例證多數作了修正，唯『狐鳴呼』一例，依然保留在一九九九年校訂重排本中。[三] 修訂者也許認為，『狐鳴呼』作為名詞作狀語表示比喻的例證甚為妥帖，而我們覺得舉例失當。理由是：『狐鳴呼曰』中存在三個動詞，無論是『曰』『呼』還是『鳴』，都是吳廣的行為，如果將原句改說成『（吳廣）狐呼曰』『（吳廣）狐鳴曰』，其中的『狐』都作狀語。相同的例子如三國志·魏志·華佗傳：『太祖累書呼，又敕郡縣發遣。』『太祖累書呼』，意為『曹操多次用書信催促華佗進京』，其中的名詞『書』祇能當『呼』的狀語講。『狐鳴呼』就不同了，因為『狐鳴』是主謂結構，充當『呼』的狀語，然後『狐鳴呼』再充當『曰』的狀語，『狐鳴』表示吳廣說『大楚興，陳勝王』時學著『狐狸叫』，而『狐鳴呼曰』祇能解讀為：『像狐狸嗥叫那樣呼喊著說』。朱東潤先生將『狐鳴』釋為『裝作狐狸嗥叫』[四]，甚安，然而他將『篝火』訓為『舉火』，認為『篝同煹，舉火之意』，尚需斟酌。南朝宋裴駰集解引晉徐廣曰：『篝者，籠也。音溝。』『篝火』就是用竹籠將地上的小火罩著，形似燈籠，忽明忽暗，讓其士卒誤以為『鬼火』而生驚恐。

注釋

［一］本文原載於西南民族大學學報（人文社會科學版）2009 年第 7 期。

［二］漢司馬遷：史記，中華書局 1982 年版，第 1950 頁。

［四］王力主編：古代漢語（校訂重排本），中華書局 1999 年版，第 349 頁。

［四］朱東潤主編：中國歷代文學作品選（上編第二冊），上海古籍出版社 1979 年版，第 64 頁。

漢代簡帛醫書句讀勘誤四則〔一〕

對古書進行標點，就是正確運用現代漢語的標點符號來斷句。古代沒有我們現代意義上的標點符號，寫文章時亦不加符號。後人讀書時，為了方便，就依據上下文意和語氣，在意義完整的地方用『。』來表示，叫作『句』，意義不完整、語氣需要適當停頓的地方加『、』來表示，叫作『讀』，合起來叫做『句讀』。『句讀』一詞最早出現於漢何休春秋公羊傳解詁序：『援引他經，失其句讀。』刻印書籍加上『。』『、』進行圈點則始於唐代。清羅汝懷綠漪草堂文集卷十六云：『唐人已有圈點之法，而宋人則盛行。』

上世紀以來，人們在整理古籍時使用了現代漢語的標點符號，但經過整理的古籍畢竟是少數，我國絕大部份古籍還是沒有標記的白文，而且受各種條件的限制，加上標點符號的古籍仍然存在不少問題。雖然『句讀』和標點符號並不是同一個系統，但就在給古書斷句這一點上是相同的。古人非常重視斷句的能力。禮記·學記云：『一年視離經辨志。』漢鄭玄注：『離經，斷句絕也。』亦就是說，蒙童入學一年以後應該學會斷句。唐代韓愈將『句讀之不知，惑之不解』（師說）視為學業不精之弊，可見給古書準確斷句是讀懂古書的基本前提條件。

漢代簡帛醫書五十二病方武威漢代醫簡等出土至今已四十餘年，語言學界給予了極大的關注，無論是釋讀、注解，還是校勘、補遺，都下了很大功夫，可謂至精至密。儘管如此，其中依然存在一些疏漏，需要繼續研究。本文僅就幾則因詞義不明、句法關係不清而造成的誤讀勘誤於後。

一　疾沸而抒浚取其汁

五十二病方·傷頸第二治方，馬王堆漢墓帛書（肆）整理小組（下文簡稱帛書本）[二]的釋文與句讀是：

傷而頸（痙）者，以水財煮李實，疾沸而抒，浚取其汁，寒和，以飲病者，飲以□□[三四]故。節（即）其病甚弗能飲者，強啟其口，為灌之。節（即）毋李實時□□□□□□三五煮炊，飲其汁，如其實數。毋禁。嘗【試】。·令[三六]。[三]

原文中的『抒浚』，從帛書本到馬王堆漢墓帛書集成（伍）（下文簡稱集成本[四]），均將『抒』連前文『疾沸而』讀，而『浚』則連下文『取其汁』讀。帛書本注：『抒，將水汲出。浚取其汁，濾取藥汁。』馬王堆醫書考注（下文簡稱考注本[五]）注：『疾沸而抒：抒，挹也，即酌取之意。全句意為煮藥至沸時將藥汁取出。浚取其汁：浚，說文：抒也。段注：抒者，挹也，取諸水中也。此處作取講。全句謂濾取藥汁。』馬王堆漢墓醫書校釋（壹）（下文簡稱校釋（壹）本[六]）注：『疾沸而抒：迅速沸沸騰後就將水排掉。浚取其汁：榨取李實的汁液。』馬王堆古醫書考釋（下文簡稱考釋本[七]）注：『抒（shū，書）——將水汲出。』五十二病方注補譯（下文簡稱補譯本[八]）注：『抒，汲出。說文「抒，挹也。」汲出謂之抒。漢書・劉向列傳：「一抒愚意。」顏師古注：「抒謂引而泄之也。」五十二病方44行：「以布捉之，抒其汁。」將捉、抒的意義都講清楚了。「浚取其汁」：說文：「浚，抒也」段玉裁注：「抒者，挹也，取諸水中也」。』簡帛醫藥文獻校釋（下文簡稱校釋本[九]）注：『疾沸而抒：當水大沸時將水汲出。疾沸，水大沸。抒，汲出。說文・手部：「抒，挹也。」浚：挹取、汲出。說文・手部：「抒，挹也」。段玉裁注：「抒者，挹也，取諸水中也。」』

前人將『抒浚』斷開的原因是，不知『抒浚』在本方中為同義詞連用，表示將煮李子的水倒掉。『抒』的本義為將水舀出。說文・手部：『抒，挹也。从手予聲。』（十二上）清段玉裁注：『凡挹彼注茲曰抒。』清王筠句讀：『通俗文：「汲出謂之抒。」』又：『挹，抒也。从手邑聲。』清王筠句讀：『華嚴經音義引珠叢曰：「凡以器斟酌於水謂之挹。」』廣韻・緝韻：『挹，酌也。』管子・禁藏：『讚燧易火，抒井易水。』引申為發洩、解除、清除等。

『浚』的本義亦為將水舀出。說文・水部：『浚，杼也。从水夋聲。』（十一上）清姚文田、嚴可均校議：『小徐、韻會・十二震引作「抒」，此作「杼」，誤。』廣雅・釋詁二：『浚，盝也。』清王念孫疏證：『謂漉取之也。』說文以『抒』釋『挹』，以『挹』釋『抒』，為互訓；以『抒』釋『浚』『挹』為同訓，說明『抒』『挹』『浚』為同義詞。在五十二病方中『抒』『浚』亦可分開使用。單用時，下句若有動詞

『取』，既可連下文讀，亦可單獨成句；若無『取』字，則連下文讀。如瘁病第十四治方（第186—188行）：『取棗穜（種）麤屑二升，葵穜（種）一升，合撓，三分之。以水一斗半［煮一］分，孰，去滓；有（又）煮一分。如此以盡三分，浚，取其汁，以蠠和，令毚（纔）甘，寒溫適，［□］歓之。』句中『其汁』前有『取』字，故可讀為『浚，取其汁』或『浚取其汁』。再者，在五十二病方中，若『其汁』前有『取』字，亦可不用『抒』或『浚』字。如傷頸第六治方（第44行），帛書本是釋文是：『治黃黔（芩）、甘草相半，即以彘膏財足以煎之。煎之潰，即以布足（捉）之，予（抒）其汁。』其中的『予（抒）其汁』，集成本改作『取其汁』。今細看集成本新圖版，帛書本所釋之『予（抒）』，帛書原文本寫作『取』，集成本改釋甚是。

本方的『抒』『浚』既然是同義詞連用，就不當分開標點。『疾沸而抒，浚取其汁』，應改讀為：『疾沸而抒浚，取其汁。』意思是說，將李子到進鍋中煮到水完全沸騰時就停火，然後漉去煮水，立即擠出李子肉汁。

二　歕桼王若不能桼甲兵令某傷奚矢鼠襄涂桼王

五十二病方·桼第三治方，帛書本的釋文與句讀是：

一，『歕，桼（漆）王，若不能桼（漆）甲兵，令某傷，奚（鷄）矢鼠襄（壤）涂（塗）桼

（漆）王三八二。』[一〇]

帛書本注：『鼠壤，穀梁傳隱公三年注：「齊魯之間謂鑿地出土，鼠作穴出土，皆曰壤。」王、兵、傷、王，古陽部韻。』我們覺得，帛書本的標點和引文均誤。

第一，引文錯誤。『齊魯之間謂鑿地出土，鼠作穴出土，皆曰壤』一語，是唐代楊士勳的注疏，並非東晉經學家范甯穀梁傳集解中的注文。[一一]帛書本誤引後，考釋本、校釋本相繼誤引，均未核對原文；而考釋本還將其當作穀梁傳·隱公三年正文引錄，一誤再誤。

第二，標點錯誤。在五十二病方的祝由方中，『歕』均表示『歕水』『歕火』等行為，並非祝由者所說的祈禱語。帛書本將其標點在雙引號之內，一誤。本方的『奚（鷄）矢鼠襄（壤）塗桼王』，是祝由者在祈禱後對『桼王』（漆瘡）處置的行為方式，即祈禱後立即將雞屎、鼠壤等汙物塗抹在漆瘡上以驅逐桼王，亦並非是祝由者所說的祈禱語。帛書本亦將其標點在雙引號之內，再誤。繼後，考釋本、集成本等全然沿襲其錯誤，均未安。

我們認為，本方中衹有『桼王，若不能桼甲兵，令某傷』纔是祈禱語，全句押『王、兵、傷』三個韻腳字，故應重新標點為：『歕：「桼王，若不能桼甲兵，令某傷。」奚（鷄）矢、鼠襄（壤）涂桼王。』

三　唾曰歎桼三

五十二病方·桼第一治方，帛書本的釋文與句讀是：

髼：唾曰：『歎，桼（漆），』三，即曰：『天啻（帝）下若，以桼（漆）弓矢，今若为下民疕，涂（塗）若以豕矢。』以履下靡（磨）抵之[380]。

其中的『唾曰：「歎，桼（漆），」三……』，集成本改成『唾曰：「歎，桼（漆）。」三，即曰……』。集成本衹將帛書本『歎，桼（漆）』後面的『，』號改成了『。』號。我們覺得這樣標點欠妥。因為『唾曰歎桼三』在本方中是一段敘述語。其中的『唾』表示祝由者的行為，不當與下文『曰』連讀，應當獨立成句。『曰歎桼三』中之『曰』是個句首語氣詞，而非動詞，與下文『即曰』不同。在上古漢語裡，『曰』字作句首語氣詞用不凡其例。玉篇·曰部：『曰，語端也。』楊樹達詞詮卷八：『曰，語首助詞。』詩經·豳風·七月：『嗟我婦子，曰為改歲，入此室處。』漢張衡東京賦：『曰止曰時，昭明有融。』疑帛書本誤將其當成動詞了。『歎桼』不是祝由者所說的祈禱語，應與前文語氣詞『曰』和下文數詞『三』連讀。『曰歎桼三』，表示祝由者『唾』後再對著漆瘡噴水三次。故本方應重新標點為：『唾，曰歎桼三，即曰：「天啻（帝）下若，以桼弓矢；今若為下民疕，塗若以豕矢。」以履下靡（磨）抵之。』

四　羊矢盡索橫木坑上取其臥人臥其坑上熱氣盡乃止其病者慎勿得出見

武威漢代醫簡[一二]中的四十八、四十九簡，武威漢代醫簡注解（下文簡稱注解本[一三]）的釋文與句讀是：

去中令病後不復發𢀳宆方：穿地長與人等，深七尺，橫五尺，用白羊矢乾之十餘石置其48阬中，從火其上，羊矢盡，索橫木阬上，取其臥人臥其阬上，熱氣盡乃止其病者。慎勿得出見49。[一四]

本方的標點最早見於張延昌、吳礽驤、田雪梅、張宏武〈武威漢代醫簡〉句讀補正注解一文，原標點為：『去中令病後不復發閉塞方：穿地長與人等，深七尺，橫五尺，用白羊矢乾之十餘石置其坑中，從火其上，羊矢盡，索橫木坑上，取其臥，人臥其坑上，熱氣盡，乃止。其病者，慎勿得出見。』[一五]〈武威漢代醫簡〉句讀補正注解的標點有三處錯誤：

第一，因不明『盡索』為同義詞而誤讀。在上古文獻中『索』與『盡』同義。廣雅・釋詁一：『索，盡也。』小爾雅・廣言：『索，空也。』尚書・牧誓：『牝雞之晨，惟家之索。』唐孔穎達等正義：『索，盡也。』睡虎地秦墓竹簡・秦律十八種・倉律：『皆輒出，餘之索而更為發戶。』本方之的『盡索』為同義詞連用，與五十二病方・傷頸第二治方中的『抒浚』同類。因此，『盡索』當連讀，不能斷開，與下文『橫木阬上』斷開後讀為：『羊矢盡索，横木坑上。』張延昌先生不知『索』與『盡』為同義詞連用，故將『羊矢盡』與『索横木坑上』斷開，致使『盡』『索』不能連讀而導致句讀錯誤。

第二，因不明句意關係而誤讀。（一）本方中的『取其臥人臥其坑上』，〈武威漢代醫簡〉句讀補正注解讀成：『取其臥，人臥其坑上』。從上下文看，本方的治療方法是：待羊屎完全燒盡後，將木頭横放在火坑上，再將臥床不起的病人抬放在横木上，讓他（她）面向火坑伏臥著。因此，句中的『臥人』一定是指臥床不起的病人，其中的『人』祇能是『臥』的限制性定語，不當連下文『臥其阬上』讀。若按〈武威漢代醫簡〉句讀補正注解讀，則『取其臥』作何解釋呢？二〇〇六年出版的注解本，已將『取其臥人』與『臥其坑上』之間的『，』號去掉了，改讀成：『取其臥人臥其坑上』。這樣標點亦對，但正確的標點應為：『取其臥人，臥其坑上』。（二）本方中的『熱氣盡乃止其病者。慎，勿得出見』，是説：『等火坑中的熱氣散盡之後就將病人抬起來。（但熏療時千萬要）慎重，（避免灼傷病人。在給病人熏療時）不要讓外人看見。』其中的『其病者』是動詞『止』的賓語，而不是『慎勿得出見』的主語，當連上文『熱氣盡乃止』讀。『止其病者』，指停止對病人熏療。『慎，勿得出見』，是本治方書寫者對病人家屬的告誡語。『慎』是指熏療時要格外小心，不要讓病人受到灼傷，因為病人伏臥在懸空横木上，下臨燒得發燙的火坑，很容易掉下去灼傷身體；『勿得出見』，則指在給病人熏療時不要讓外人看見。在二〇〇六年出版的武威漢代醫簡注解中，張延昌將原句讀改為『……從火其上，羊矢盡，索横木坑上，取其臥人臥其坑上，熱氣盡乃止其病者。慎勿得出見』，祇糾正了『熱氣盡乃止。其病者，慎勿得出見』一處的句讀錯誤，而『盡』『索』的標點錯誤依然未改。

二〇一四年出版的考釋本的標點為：『去中，令病後不復發閉塞方：穽地長與人等，深七尺，橫五尺，用白羊矢乾之十餘石置其坑中，從火其上，羊矢盡，索橫木坑上，取其臥，人臥其坑上，熱氣盡乃止。其病者慎，勿得出見。』[一六] 繼續重複〈武威漢代醫簡〉句讀補正注解的標點錯誤，今予以糾正，重新標點為：『去中令病後不復發閉塞方：穽（穿）地長與人等，深七尺，橫五尺，用白羊矢乾之十餘石，置其坑中，從（縱）火其上。羊矢盡索，橫木坑上，取其臥人，臥其附（坑）上，熱氣盡乃止其病者。慎，勿得出見。』

注釋

[一] 本文原署名胡娟、鍾如雄，載於東亞人文學第四十五輯，韓國東亞人文學會出版發行，2018年12月。

[二] 馬王堆漢墓簡帛醫書整理小組：馬王堆漢墓帛醫書（肆），文物出版社1985年版。

[三] 同上書，第30—31頁。

[四] 裘錫圭主編：馬王堆漢墓簡帛集成（伍），中華書局2014年版。

[五] 周一謀、蕭佐桃主編：馬王堆醫書考注，天津科學技術出版社1988年版。

[六] 魏啟鵬、胡翔驊：馬王堆漢墓醫書校釋（壹），成都出版社1992年版。

[七] 馬繼興：馬王堆古醫書考釋，湖南科學技術出版社1992年版。

[八] 嚴建民：五十二病方注補譯，中醫古籍出版社2005年版。

[九] 周祖亮、方懿林：簡帛醫藥文獻校釋，學苑出版社2014年版。

［一〇］馬王堆漢墓簡帛醫書整理小組：馬王堆漢墓帛醫書（肆），文物出版社1985年版，第69頁。
［一一］清阮元校刻：十三經注疏，中華書局1980年版，第2365頁。
［一二］甘肅省博物館武威縣文化館：武威漢代醫簡，文物出版社1975年版。
［一三］張延昌主編：武威漢代醫簡注解，中醫古籍出版社2006年版。
［一四］同上書，第19頁。
［一五］張延昌、吴礽驤、田雪梅、張宏武：〈武威漢代醫簡〉句讀補正注解，甘肅中醫2004年第8期。
［一六］周祖亮、方懿林：簡帛醫藥文獻校釋，學苑出版社2014年版，第425頁。

說『及其』[一]

『及其』在現代多用於書面語，尤其是論文題目中。值得注意的是，它不是一個詞，亦不屬於某種句法結構，而是古漢語中經常連用而固定下來的一種凝固性說法，與古代漢語裡的『有所』『無所』等的說法類似。『及其』中的『及』是一個連詞，其語法作用與連詞『和』相同。它在與『其』連用時，所連接的前後兩項都屬於名詞或名詞性偏正結構。『其』則是古代漢語裡沿用下來的一個指示代詞，其詞彙意義相當於名詞（或名詞性短語）加結構助詞『之』，而語法作用是在句子中充當定語。連詞『及』與代詞『其』連用時，它連接的一般是並列的兩項，且兩項之間結構上是加合關係，意義上則是從屬關係，即後一項或從屬於前一項，或從屬於前一項中某個限制成分。下面我們從『及其』中『其』的複指對象來分析連詞『及』所連接的前後兩項之意義、結構上的組合關係。

一　『MN^1+及+（其+MN^2）』式並列結構的語義關係

（一）本文中的『MN』，代表的是一個沒有加任何修飾或限制成分的名詞。『MN^1+及+（其+MN^2）』

式並列結構中的『MN^1』，既是連詞『及』連接的前一項的全部成分，同時又是後一項中『MN^2』的限制成分（即從屬對象），整個結構所表示的語義關係是：『MN^2』從屬於『MN^1』。例如：

（一）不能把語言及其結構看作是某一個時代的產物。（斯大林：論語言學中的馬克思主義）

（二）瑪律及其『門徒們』責難一切不贊成瑪律『新學說』的語言學者是『形式主義』。這當然是不嚴肅的和不聰明的。（斯大林：論語言學的幾個問題）

（三）魯迅及其作品。

（四）黃生及其字詁。

（五）淺議類本質及其異化。

『其』在這種結構中所起的語法作用是複指『及』連接的前項，使之成為後一項的中心語的定語。比如例（一）中的『語言及其結構』，如果不用『其』來複指，其表達形式應為『語言及語言的結構』。這樣表示，文意明確易懂，但行文未免繁複。為使行文簡明，人們便借助於代詞『其』來複指第二個『語言（的）』。複指的結果，行文既言簡意賅，又避免了不必要的重複。

（二）在『MN^1＋及＋（其＋MN^2）』式結構中，『其』之所以能複指『MN^1』，是因為『MN^1』用作『MN^2』的定語時，一般在二者之間添加上一個結構助詞『的』，使之變成『名＋的』，而『其』本身具有

『名+之』的性質，因而用它來複指『MN^1』並用以充當『MN^2』的定語是極其合適的。例如『魯迅及魯迅的作品』，用『其』指代『魯迅的』後，整個結構便變成了『魯迅及其作品』。

二　『［$XS+ZIN^1$］+及+［其+（$XS+ZIN^2$）］』式並列結構的語義關係

（一）本文中的『$XS+ZIIN^1$』，代表的是修飾成分和中心語，即由定語加中心語組合而成的名詞性偏正結構。『［$XS+ZIN^1$］+及+［其+（$XS+ZIM^2$）］』式並列結構，它是同一形式所表示的兩種意義截然不同的組合關係，而這種不同的組合關係，主要是由『其』所複指對象的不同而形成的。因為在『［$XS+ZIN^1$］+及+［其+（$XS+ZIN^2$）］』這種結構中『其』，既能複指『$XS+ZIN^1$』中的『XS』部分，又能複指整個『$XS+ZM^1$』。

（二）『其』用於複指『$XS+ZIM^1$』式偏正結構中與『ZIN』關係比較疏遠的那部分定語。在漢語裡，位於『ZIN』前面的『XS』事實上不衹一個定語。倘若『XS』包含有兩個以上定語，那麽『其』複指的是結構助詞『的』之前的那部分定語，而不是複指整個『XS』。例如：

（六）語言的語法構造及其基本詞彙是語言的基礎，是語言特點的本質。（斯大林：論語言學中的馬克思主義）

（七）研究這個運動的全面及其發展，是我們要時刻注意的大課題。（毛澤東：中國共產黨在民族

戰爭中的地位》

（八）漢語描寫語言學的興起及其發展。

（九）同源字典的性質及其意義。

（一〇）助詞的語法特徵及其分類。

（一一）試論毛澤東哲學思想形成發展的歷史條件及其特點。

（一二）論文藝思想僵化的表現及其根源。

（一三）漢語語音的系統性及其發展的規律性。

（一四）杜荀鶴的生活道路及其創作。

例（六）至（一四）中的（六）（一〇）（一一）（一四）四例，『及』連接的前一項的定語均為兩個以上，而『其』複指的僅僅是助詞『的』之前的那部分定語，並不是複指整個『XS』或『XS＋ZIN^1』。例（七）（八）（九）（一二）（一三）中的『其』，則是複指整個『XS』，這是因為助詞『的』和中心語（即『ZIN』）之間再無別的定語的緣故。比如例（六）的『語言的語法結構及其基本詞彙』，其中的『其』複指的祇是『語言的』，而不是『語言的語法』或『語言的語法構造』，而例（九）的『其』複指的則是『同源字典的性質』中的全部定語『同源字典的』。

第一，『XS＋ZIN^1』式偏正結構中的『名＋的』，要是不用『其』複指，那麼整個並列結構可以採用更換連詞（即將『及』換成『和』）和重複使用同一個定語（XS^1）的手法，重新組合成為『［（XS^1 + XS^2）+ ZIN^1］+ 和 +［（XS^1 + XS^3）+ ZIN^2］』形式。仍以例（六）為例，『語言的語法構造及其基本詞彙』，可更換改造成『語言的語法構造和語言的基本詞彙』。更換改造後的句型，其結構和表意與原來的完全相同，且文意更加明顯，衹是文言色彩相對減弱，口語化更濃了。

第二，在有些文章裡，為了行文表達的某種需要，作者省略了『XS + ZIN^1』之間的結構助詞『的』，這種情況下的『其』依然複指該定語。例如：

（一五）中國的近史的主要線索及其標誌。

（一六）中國封建地主產生與再生道路及其生態特點。

例（一五）（一六）中的『其』，分別複指『中國近代史』和『中國封建地主』。這些被複指的定語都沒有借助於助詞『的』的幫助而直接粘合在與中心語緊密組合的修飾語之前。

（三）『其』用來複指整個『XS + ZM^1』偏正結構。例如：

（一七）從普希金逝世以來，已經有一百多年了。在這個時期，俄國曾消滅了封建制度、資本主義制度，並產生了第三個制度，即社會主義制度。這就是說，已經消滅了兩個基礎及其上層建築，並產生

了新的社會主義基礎及其上層建築。（斯大林：論語言學中的馬克思主義）

（一八）因為新的階級及其文化，並非突然從天而降，大抵是發達於對於舊支配者及其文化的反抗中，亦即發達於和舊者的對立中，所以新文化仍然有所承傳，於舊文化亦仍然有新抉擇。（魯迅：浮士德與城·後記）

（一九）社會產品的一部交給社會用於滿足社會的共同需要，另一部分則按勞動者提供的勞動數量和品質，分配給勞動者個人，用以滿足勞動者自己及其家庭成員的生活需要，並因此形成消費資料的個人所有制。（薛暮橋：中國社會主義經濟問題研究）

（二〇）人民內部矛盾及其解決方法。

（二一）再談實詞的活用及其教學。

這種組合關係中的『其』，不再是複指『XS＋ZIN^{1}』結構中離中心語『ZIN』比較疏遠的那一部分修飾語了，而是複指整個『XS＋ZIN^{1}』。比如例（一八）中的『新的階級及其文化』和『舊支配者及其文化』，其中的『其文化』並不是指下文的『新文化』和『舊文化』，而是說『新的階級的文化』和『舊支配者的文化』，『其』在這裡複指的實際上是『新的階級』和『舊支配者』，而下文的『新文化』和『舊文化』亦實際上是『新的階級的文化』和『舊支配者的文化』的省略說法。

第一，值得注意的是，如果從省略的角度來分析，以上第（三）組合中的『其』與第（二）中的『其』

是有所不同的：第（二）中的『其』可以省略，而且省略後整個並列結構的意義一般不會發生變化；第（三）中的『其』則不能省略，如果一旦省略，原結構所表示的從屬關係就會模糊不清，使人難以知曉。比如例（一八）的『新的階級及其文化』，其中的『其』要是省去不用，那麼整個結構就變成了『新的階級及文化』。這裡的『文化』是從屬於『新的』呢，還是從屬於『新的階級』呢？很不清楚。如果依下文而把它看成『新文化』，那麼這個『新文化』又是誰的呢？祇要有『其』的複指，『文化』的從屬對象是不難明白的。

上面我們主要是從『其』複指的對象來分析連詞『及』所連接的前後兩項的意義、結構上的組合關係的。凡在使用『及其』這種凝固說法的兩項並列結構裡，『其』的詞彙意義祇有一個，即祇指代後一項中心語的從屬對象，但指代對象的範圍卻有寬窄的不同。

第二，我們還可就中心語從屬的關係來分析『其』的複指對象。

（A）前後兩項中的中心語從屬於同一個起限制作用的定語。這種用法祇適用於『其』複指對象中的第二種，即第（一）。比如例（六）『語言的語法構造及其基本詞彙』中的中心語『（語法）構造』（前項）和『（基本）詞彙』（後項），它的同屬於『語言』的被從屬對象，整個並列結構所表示的意義是：『語言的語法構造』和『語言的基本詞彙』。

（B）後一項中的中心語從屬於前一項的整個名詞性偏正結構，而不再是其中的定語部分。這種用法適用於『其』複指對象中的第三種，即第（二）。比如例（一七）『新的社會主義基礎及其上層建築』中的

『上層建築』，其從屬對象不再衹是『新的』，而是『新的社會主義基礎』。

（C）後一項中的中心語從屬於前一項的名詞（這個名詞代表著整個前項，它没有任何修飾或限制成分，衹是一個孤零零的名詞）。這種用法衹適用於『其』複指對象中的第一種，即（一）。比如例（三）『魯迅及其作品』中的『作品』，其從屬的對象是『魯迅』。

三　『及其』使用中常見的錯誤及其糾正方法

（一）在使用『及其』時，常常會犯這樣的錯誤，即因分辨不清『及』和『及其』的用法而錯把『及其』當『及』用。這種誤用多出在並列的幾項中。例如：

*（二二）參加這次大會的有各廠礦、鄉鎮、學校及其商業部門的代表。

*（二三）教孩子識字，一定要給孩子講清楚字音、字形及其字義。

*（二四）為了建成社會主義，工人階級就必須有教授、教員、科學家、新聞記者、文學家、藝術家及其馬列主義理論家的隊伍。

例（二二）的『商業部門』從屬於誰呢？顯然不是從屬於『廠礦、鄉鎮、學校』；例（二三）的『字義』與『字音、字形』無從屬關係；例（二四）的『馬列主義理論家』跟『教授、教員、科學家、新聞記者、文學家、藝術家』亦無從屬關係。這三例的毛病就出在錯把『及其』當『及』用了。改正這類病句有兩種方法：要麼去掉代詞『其』；要麼增補出『其』應指代的對象（即中心語的從屬對象），而這個被指代的對象又必須是並列的幾項中的同個一限制成分。例（二二）至（二四）的『其』如果採用增補方法，就應該補出它應分別複指對象『全市』『漢字的』『自己的』，使修改過的句子變成『參加這次大會的有全市各廠礦……及其商業部門的代表』；『教孩子識字……講清楚漢字的字音、字形及其字義』；『為了建成社會主義，工人階級必須有自己的教授……及其馬列主義理論家的隊伍』。這樣一來，『商業部門』『字義』『馬列主義理論家』等各自的從屬對象就明確了。

在並列的幾項名詞或名詞性短語裡，最後一項之前是用『及』還是用『及其』，首先要看它們是否從屬於同一個限制成分。如果是，則用『及其』，否則就衹能用『及』（或『和』）。

（二）從理解的角度來看，搞清楚『及其』中『其』複指的具體對象，有助於讀者準確無誤地理解句意。比如例（六）的『語言的語法結構及其基本詞彙是語言的基礎』，是一九七三年北京大學漢語教研室編的馬克思、恩格斯、列寧、斯大林論語言一書的譯文，而一九五三年人民出版社出版的馬克思主義與語言學問題一書的譯文則是『語言的語法結構和基本詞彙是語言的基礎』。譯文的差別主要在『及其』和『和』的使用上。於是，有的學者認為譯成『及其』的犯了語病。其理由大致是：凡是有『及其』的並列結構，其中的『其』衹能是指代前一整項。而『語言的語法構造及其基本詞彙』，會誤解為『語言的語法構造和語言的語法構造的基本詞彙』。這種表達不符合『語言』事實，因為語言裡的『基本詞彙』不是從屬於『語法構造』的，二者分別屬於語言的語法系統和詞彙系統，是語言系統中並列的兩個方面，所以『及其』應改譯成『及』（或『和』），人民出版社的譯文是正確的。其實，這祇是個別學者沒有讀懂譯文而犯的理解錯誤，並非兩種譯文所表達的意思有兩種解釋。前文我們已經反復說明，在使用『及其』的並列結構中，『其』指代的對象有三種之多，而不是一種。在北京大學漢語教研室的譯文『語言的語法構造及其基本詞彙』中，『其』祇指代『語言的』，並非指代『語言的語法』或『語言的語法構造』。因為像『語言的語法構造及其基本詞彙』這類並列結構，我們祇能作『語言的語法構造和語言的基本詞彙』這樣的解釋，它與該書下文的『語言的穩固性是由它的語法構造和基本詞彙的穩固性造成的』一句譯文吻合。

『及』連接的前一項如果是一個名詞性的偏正短語，其中『其』指代的是整個前項呢，還是離中心語比較疏遠的那部分定語呢？遇到這種情況，我們可以採用替換法來對比分析：凡原結構中的『及其』，用連詞『和』替換後而意思不改變，說明『其』指代的是定語部分；替換後而意思發生了變化，說明『其』指代的是整個偏正短語。總之，祇有弄清楚『及其』中的『其』所指代的具體對象以及『及』與『及其』用法的區別，纔能準確地使用或理解『及其』，避免誤用或誤解。

注釋

〔一〕本文原載於西南民族大學學報（哲學社會科學版）2001 年第 12 期。

現代漢語名形式偏正複音詞的構詞表意特徵[一]

現代漢語中有一類由單音節名詞語素與單音節形容詞語素複合而成的名形式偏正結構。比如『火』與『紅』『熱』『辣』複合成『火紅』『火熱』『火辣』，『藍』與『寶』『湖』『海』『品』『天』『瓦』『藏』複合成『寶藍』『湖藍』『海藍』『品藍』『天藍』『瓦藍』『藏藍』等。這類語詞，它們是詞呢還是短語（詞組）？因為前輩學者均未論及，所以至今既無稱謂亦無釋語，但在現代漢語詞典中是將它們作為『詞』收錄的。現代漢語詞典第五版[二]收詞六萬五千餘條，其中收『火紅』之類的語詞七十餘條，僅佔總數的千分之一，茲全部摘録於後：

（一）板硬：狀態詞。像板子一樣堅硬：土質～｜手感～。

（二）板正：①（形式）端正；整齊：本子裝訂得板板正正的。②（態度、神情等）莊重認真。

（三）梆硬：〈口〉狀態詞。形容很硬：豆腐凍得梆硬。

（四）寶藍：形鮮亮的藍色。

（五）筆挺：狀態詞。①立得很直：~地站著|士兵站得~~的。②（衣服）很平而折疊的痕跡又很直：穿著一身~的西服。
（六）筆直：狀態詞。很直：~的馬路|站得~。
（七）碧藍：狀態詞。青藍色：~的大海|天空~~的。
（八）碧綠：狀態詞。青綠色：~的荷葉|田野一片~。
（九）彪悍：強壯而勇猛；強悍：粗獷~。
（一〇）冰冷：狀態詞。①很冷：手腳凍得~|不要躺在~的石板上。②非常冷淡：表情~。
（一一）冰涼：狀態詞。（物體）很涼：渾身~|~~的酸梅湯。
（一二）菜青：綠中略帶灰黑的顏色。
（一三）草灰：灰黃的顏色：~的大衣。
（一四）草綠：綠而略黃的顏色。
（一五）茶青：深綠而微黃的顏色。
（一六）橙紅：像橙子那樣紅裡帶黃的顏色。
（一七）橙黃：像橙子那樣黃裡帶紅的顏色。
（一八）瓷實：〈方〉東西擠壓得很緊；結實；扎實：打夯以後，地基就~了|他用心鑽研，學習得很~。

（一九）翠綠：像翡翠那樣的綠色。

（二〇）黛綠：〈書〉墨綠：深秋的樹林，一片～，一片金黃。

（二一）蛋青：像青鴨蛋殼的顏色。

（二二）豆綠：像青豆那樣的綠色。

（二三）鵝黃：像小鵝絨毛那樣的黃色；嫩黃。

（二四）海藍：像大海那樣的藍顏色。

（二五）猴兒急：〈方〉形容人很著急。

（二六）猴兒精：②狀態詞。形容人很精明：這小子～～的。

（二七）火紅：狀態詞。①像火一樣紅：～的太陽。②形容旺盛或熱烈：～的青春｜日子過得～。

（二八）火急：非常緊急：十萬～。

（二九）火熱：①像火一樣熱：～的太陽。②形容情感熱烈：～的心｜他那～話語感動了在場的每一個人。③親熱：談得～｜兩個人打得～。④緊張激烈：～的鬥爭。

（三〇）橘紅：②像紅色橘子皮那樣的顏色。

（三一）橘黃：比黃色略深像橘子皮的顏色。

（三二）蠟白：狀態詞。（臉）沒有血色；煞白。

（三三）蠟黃：狀態詞。形容顏色黃得像蠟：～色的琥珀｜病人面色～。

（三四）米黃：白而微黃的顏色。
（三五）藕灰：淺灰而微紅的顏色。
（三六）品紅：比大紅略淺的紅色。
（三七）品藍：像青竹那樣的綠色。
（三八）品綠：略帶紅的藍色。
（三九）漆黑：狀態詞。非常黑；很暗：~的頭髮|~的夜|洞內一片~。
（四〇）鉛灰：像鉛一樣的淺灰色：~的天空飄著雪花。
（四一）肉紅：像肌肉那樣的淺紅色：~的天空飄著雪花。
（四二）乳白：像奶汁的顏色：~的煙雲。
（四三）乳黃：像奶油那樣的淡黃色：~的圍牆。
（四四）水紅：比粉紅略深而較鮮豔的顏色。
（四五）水綠：淺綠色。
（四六）桃紅：像桃花的顏色；粉紅。
（四七）天藍：像晴朗的天空的顏色。
（四八）天青：深黑而微紅的顏色。
（四九）鐵灰：像鐵表面氧化後那樣的深灰色。

（五〇）鐵青：深黑色。多形容恐懼、盛怒或患病時發青的臉色。
（五一）土黃：像黃土那樣的顏色。
（五二）瓦灰：深灰色。
（五三）瓦藍：蔚藍：~的天空。
（五四）瓦亮：狀態詞。非常光亮：鋥光~|車擦得油光~。
（五五）蟹青：像螃蟹殼那樣灰而發青的顏色。
（五六）杏紅：黃中帶紅，比杏黃稍紅的顏色。
（五七）杏黃：黃而微紅的顏色。
（五八）雪白：狀態詞。像雪那樣的潔白：~的牆壁|梨花盛開，一片~。
（五九）雪亮：狀態詞。像雪那樣明亮：電燈把屋裡照得~◇群眾的眼睛是~的。
（六〇）雪青：淺紫色。
（六一）血紅：狀態詞。像血那樣的紅色；鮮紅：~的夕陽。
（六二）銀白：白中略銀光的顏色：一場大雪把大地變成了~世界。
（六三）銀紅：在粉紅色顏料裡加銀朱調和而成的顏色。
（六四）銀灰：淺灰略帶銀光的顏色。
（六五）油滑：圓滑世故，待人不誠懇：為人~|說話~。

（六六）油亮：狀態詞。油光（多疊用）：剛下過雨，花草樹木的葉子綠得～～的。
（六七）油綠：狀態詞。有光澤的深綠色：雨後的麥苗～～的。
（六八）月白：淺藍色：～小褂兒。
（六九）藏藍：藍中略帶紅的顏色。
（七〇）藏青：藍中帶黑的顏色。
（七一）棗紅：像紅棗兒的顏色。

就以上語料，我們可以從構詞及其表意特徵方面展開討論。

一　名形式偏正複音詞的構詞特徵

從語序組合的角度分析，這類語詞乍一看都是由『名+形』複合而成的。『名+形』這種語序，在古今漢語裡都存在兩種複合關係，即主謂複合與偏正複合。主謂複合的叫『主謂複合詞』，偏正複合的叫『偏正複合詞』。而『火熱』『猴急』『雪亮』之類的語詞是主謂複合詞還是偏正複合詞呢？我們可採用『增補』和『換位』兩種常用的比較方法來厘清。

（一）增補比較法，即將原詞中的名詞性語素放在動詞性凝固結構『像……一樣』中，倘若原意不變，就說明原來的結構是偏正結構，而非主謂結構。例如：

板正＝像板一樣正　板硬＝像板一樣硬　梆硬＝像梆一樣硬
寶藍＝像寶一樣藍　筆挺＝像筆一樣挺　筆直＝像筆一樣直
碧綠＝像碧一樣綠　碧藍＝像碧一樣藍　彪悍＝像彪一樣悍
冰冷＝像冰一樣冷　冰涼＝像冰一樣涼　菜青＝像菜一樣青
猴急＝像猴一樣急　米黃＝像米一樣黃　鐵青＝像鐵一樣青

通過比較分析不難看出，『像筆一樣挺』與『筆挺』、『像碧一樣藍』與『碧藍』、『像鐵一樣青』與『鐵青』等，其表意基本相同。不過『筆挺』『碧藍』『鐵青』等說法，書面語感較濃，而『像筆一樣挺』『像碧一樣藍』『像鐵一樣青』等說法，已經完全口語化了。

請注意：增補法應用的前提條件是，必須弄清楚原詞中名詞性語素（比喻詞）的表意範圍。比如『蛋青』的『蛋』特指『青鴨蛋殼』，而不是所有的蛋。因為家禽的蛋殼多為白色，比如雞蛋、鵝蛋，唯有鴨蛋纔有清白蛋殼之分。『豆綠』的『豆』特指『綠豆』，現代漢語詞典釋為泛指『青豆』，似覺不妥。『水綠』的『水』特指春天的江色，而並非普通意義上的水。盛唐詩人白居易有『日出江花紅勝火，春來江水綠如藍』（憶江南）的美妙詩句。後世把『春來江水綠如藍』緊縮成了『水綠』。『鵝黃』的『鵝』特指小鵝的黄色絨毛，而非成年鵝的白毛。凡此之類，要是不明白比喻詞的特定含義，增補法就難以應用。如果衹是説『像蛋一樣青』『像鵝一樣黄』『像豆一樣緑』『像水一樣緑』，誰都不明白到底指的是什麼顔色。

增補比較法的簡便用法是在原詞前增加『像』『似』『如』之類表示相似性的動詞。例如：

像茶青—像橙紅—像藕灰—像翠緑—像海藍—像猴急—像猴精—像銀白—像雪亮

似茶青—似橙紅—似橙黄—似翠緑—似海藍—似猴急—似猴精—似銀白—似雪亮

如茶青—如橙紅—如藕灰—如翠緑—如海藍—如猴急—如猴精—如銀白—如雪亮

『像茶青』『似茶青』『如茶青』與『像茶一樣青』，其表意是相同的，句法結構亦大體相當，説明『茶青』是個狀中式偏正結構，而非主謂式結構。

（二）换位比較法，即將原詞中的名詞性語素移到形容詞性語素之後，再在它們中間插入表示相似性的動詞『如』，使原詞變成『形＋如＋名』結構。换位後倘若原意不變，則説明原來的結構是偏正式結構，而非主謂式結構。例如：

瓷實＝實如瓷　翠緑＝緑如翠　猴急＝急如猴　蠟白＝白如蠟

米黄＝黄如米　藕灰＝灰如藕　漆黑＝黑如漆　肉紅＝紅如肉

乳白＝白如乳　桃紅＝紅如桃　天藍＝藍如天　鐵青＝青如鐵
土黃＝黃如土　瓦亮＝亮如瓦　雪白＝白如雪　棗紅＝紅如棗

『急如猴』『黑如漆』『白如乳』等說法過於書面語化，如果將它們改說成口語，都可以說成『急得像猴兒』『黑得像土漆』『白得像奶汁』等。

通過增補和換位兩種方法的比較分析，我們得出『乳白』『桃紅』『猴急』『雪亮』之類語詞，屬於由名詞性語素和形容詞性語素複合而成的狀中式偏正複音詞，可稱為『名形式偏正複音詞』。

二　名形式偏正複音詞的表意特徵

名形式偏正複音詞的表意特徵可分為三類：表示人物的色彩、狀態和性格或感覺。

（一）表示人物的顏色。用名形式偏正複音詞來表示人物的色彩是現代漢語常用的表意方法。因為名形式偏正複音詞具有顏色類比的表意特徵，故多用來表示人物的外在色彩。顏色詞在上古漢語裡多為名詞，但它又具有表示人物色彩的功能，因此演變到近現代漢語中，多數兼有形容詞的性質。比如荀子·勸學：『青，取之於藍而青於藍。』其中第一個『青』為名詞，表示『青色的染料』，第二個『青』則為形容詞，表示青色或藍色。而在『菜青』（綠中略帶灰黑的顏色）『茶青』（深綠而微黃的顏色）『蛋青』（像青鴨蛋殼的顏色）、『天青』（深黑而微紅的顏色）『鐵青』（深黑色）『蟹青』（像螃蟹殼那樣灰而發青的顏色）

『雪青』（淺紫色）『藏青』（藍中帶黑的顏色）等中，多表示人的臉色或物體的面色與『青』色相似。兩種不同物體的色彩，用同一顏色作對比，更能辨識其相似的色彩特徵。

表示色彩的名形式偏正複音詞，其後原則上都能增補『色』字，使之變成表示色彩的名詞。如『菜青』可說成『菜青色』，『茶青』可說成『茶青色』，『蛋青』可說成『蛋青色』，『鐵青』可說成『鐵青色』，『蟹青』可說成『蟹青色』，『藏青』可說成『藏青色』等等。但有的不宜增補，比如『天青』，雖然說成『天青色』亦能成立，然而口語中不習慣這樣說。

還有一種補『色』方法，即把原詞中的形容詞性語素去掉，將『色』字直接附在單音節名詞性語素的後面。如『鉛灰』說成『鉛色』，『土黃』說成『土色』，『杏黃』說成『杏色』，『棗紅』說成『棗色』等。但是，不是所有表示顏色的詞都能這樣說。比如『雪青』不能說成『雪色』，因為『雪青』表示的是『淺紫色』，而『雪色』則表示的是『白色』，增補『色』之後會造成表意不清；『月白』表示的是『淺藍色』，而『月色』則表示的是『月光』，沒有『淺藍色』的意義。因此『雪色』不等同於『雪青』，『月色』亦不等同於『月白』，祇有在表示意等同的情況下纔能增補。

（二）表示人物的狀態。用名形式偏正複音詞來表示人物的狀態，亦是現代漢語常用的表意方法。用異物的形貌來類比，能使本物的形貌特徵充分彰顯。例如：

①板硬：形容土質、手感像木板一樣堅硬。

②板正：形容裝訂的書籍像木板一樣端正。

③梆硬：形容豆腐、泥土凍得像木梆一樣硬。

④筆挺：形容人站立得像筆管一樣挺直。

⑤雪亮：形容燈光像雪一樣明亮。

⑥筆直：形容道路修建得像筆管一樣直。

⑦瓦亮：形容物體的表面擦得像陽光照射下的琉璃瓦一樣光亮。

⑧油亮：形容花草樹木的葉子長得像油光一樣亮。

表示狀態的名形式偏正複音詞，其表意特徵偏向於形貌的相似，而非顏色的相似，所以現代漢語詞典稱之為『狀態詞』。但是，現代漢語詞典把『油綠』（有光澤的深綠色）『碧藍』（青藍色）『碧綠』（青綠色）等解釋為『狀態詞』，就有失精審了。因為凡是表示狀態的名形式偏正複音詞，其後面都不能增補『色』字。如『板硬』不能說成『*板硬色』，『梆硬』不能說成『*梆硬色』，『筆挺』不能說成『*筆挺色』，『雪亮』能說成『*雪亮色』，『油亮』不能說成『*油亮色』，等等。

（三）表示人物的性格或感覺。用名形式偏正複音詞來表示人物的性格或感覺，除了能增強形象特徵之外，主要是強化相似的性格或本質特徵。如『猴兒急』形容人著急時與猴子著急時的動作一個樣，『猴兒精』形容人精靈頑皮與猴子的精靈頑皮一個樣，『油滑』形容人待人接物的圓滑世故，『冰冷』表示人對冷凍或人情世故的感覺。表示人物的性格或感覺的名形式偏正複音詞，在現代漢語中極為罕見，但其使用頻率較高。

請注意：『火急』不同於『猴兒急』。因為『火急』形容事態發展非常緊急，就像烈火燃燒一樣快速，故屬於表示狀態的形容詞，而『猴兒急』則形容性情著急，行動快速，故屬於表示性格或感覺的形容詞。

『電熱』一詞值得注意，其中的『電』表示使用的加熱材料。在古代漢語中，表示使用的工具習慣用介詞『以』來表示。如孟子·滕文公上：『許子以釜甑爨以鐵耕乎？』（許先生用鼎鍋甑子做飯、用鐵做的農具耕種嗎？）現代漢語則多用介詞『用』。『電熱』實際上是繼承古代漢語的『以電熱』（利用電能加熱）而來。現代漢語詞典說它屬於形容詞中的『屬性詞』恐怕不確，因為『電熱』中的『熱』是動詞而並非形容詞。在現代口語中，我們常常說『熱飯』『熱菜』『熱湯』，其中的『熱』就是動詞，表示『加熱』的意思。因此，『電熱』之類的詞，不屬於名形式偏正複音詞。

注釋

［一］本文原載於貴州工程應用技術學院學報（綜合版）2019 年第 2 期。

［二］中國社會科學院語言研究所詞典編輯室編：現代漢語詞典（第 5 版），商務印書館 2005 年版。

苦粒齋養新録卷四　雜論編

馬克思主義與語言和民族的關係[一]

民族是人類從血緣關係轉化成地緣關係的歷史時期形成的，而民族形成的主要標誌是民族共同語的產生。那麼，民族是什麼呢？或者說民族的主要特徵是什麼呢？十九世紀初，奧地利社會民主黨的民族問題理論家石普林格爾（卡爾·倫納 Remer·kar 的筆名，1875—1950）和第二國際的領袖之一鮑威爾（即奧托 Bauer·Otto，1881—1938），分別提出了『民族是思想相同和語言相同的人們的聯盟』和『民族就是相對的性格共同體』的觀點。這類片面認識立即遭到了斯大林的批判和糾正。斯大林在馬克思主義和民族問題（1913）一文中指出：『民族是人們在歷史上形成的一個有共同語言、共同地域、共同經濟生活以及表現於共同文化上的共同心理素質的穩定的共同體。』[二]他認為，衹有具備了『共同的語言』『共同的地域』『共同的經濟生活』和『共同的心理素質』等四大特徵的社團，纔稱得上是『一個民族』。這是斯大林對馬克思主義關於民族理論的豐富和發展。很顯然，在斯大林看來，語言的共同化纔是民族的第一特徵。他反對將『民族性格』作爲區别不同民族的主要標誌，原因是民族性格『不是一成不變的，它是隨著生活條件變化的』。如果將風俗習慣、衣著服飾、宗教信仰之類的異同，作爲劃分民族的根本標準，就會重蹈石普林格爾和鮑威爾的覆轍。

馬克思主義認爲：民族的第一特徵是『共同的語言』，同時又强調『語言和民族的相互關係是非常特殊的』。[三]對其特殊關係，我們試從以下五個方面進行探討。

一　民族語言的形成與民族共同體的形成

民族語言是民族的根本標誌。某一部落成員的語言，已經上昇爲該部落共同的交際語言時，那麼可以判定，這些成員已經跨越了部落階段而進入了民族的新時代。根據摩爾根對古代社會的研究，人類普遍經歷了蒙昧時期的初級階段，分節語（清晰的語言）已經産生，發展到野蠻時期的高級階段，已經發明了拼音字母並使用文字寫作文學作品。馬克思從語言和文學的相互關係上，把上述演變歸納成：『（一）手勢語言或個人記號語言；（二）圖畫文字或表意符號；（三）象形文字或符號；（四）表音性質的象形文字或按一定的公式使用的表音符號；（五）音符字母或寫音』等五個時期。[四]

馬克思所描繪的人類早期語言文字的發展進程與漢民族的語言文字的演變情況基本相符。六—七千年前，在中國遼闊的土地上散居著大小不同的母系氏族部落。大約在五千年前，黄河和長江流域的母系氏族部落先後進入了父系氏族公社時期，在黄河流域先後出現了以黄、炎、夷等為中心的部落或部落聯盟。他們之間經過鬥爭、聯合，相繼出現了以堯、舜、禹為首的華夏族，為漢民族的形成尊定了基礎。華夏族的形成，華夏語是其標誌。根據考古資料和歷史記載證明，中國起碼在黄帝時期已經有了文字，而文字是語言進入高級階段的產物。文字的發展説明華夏族的初步形成不會晚於堯、舜、禹三代。華夏民族共通語的形成又為後代漢民族和漢語的形成奠定了基礎。夏、商、周三代以華夏為中心建立國家，語言經歷了多次『變夷變夏』的鬥爭纔形成了『雅言』，繼後發展而變成秦漢時期的『通語』；民族亦隨之由分散走向融合，到秦漢之際漢民族纔正式形成。從此以後，漢語就成了維繫漢民族的紐帶，亦就是漢民族區別於其他民族的根本標誌。[五]

二　民族語言的滅亡與民族的消亡

民族共同語既然是民族的標記，那麼某個民族的成員如果改操他民族的語言，他們將逐漸失去本民族原有的標記而被他民族同化。此類現象在中外民族的演變史中不乏其例。中國春秋以前，『吳』『楚』『越』等分屬不同的民族。吳國的統治者原是周族人。周太王長子泰伯、次子仲雍得知其父想傳位於其弟季歷而逃奔『荊蠻』（今江蘇無錫附近的梅里），在此築城並傳授生產技術和華夏文化，『荊蠻』千餘家前來歸附。他們從其俗『文身斷髮』，做了蠻人的君長，國號為『勾吳』。楚國的先民原系炎帝族的一支（其主體民族便是後代的苗、瑤），居於黄河流域。夏禹時代與夏人發生戰爭，戰敗後退居長江中下游一帶，並建立了一個以荊楚為首的部落聯盟。周滅商後，荊楚歸附於周，逐漸接受華夏文化，其語言亦發生了融合，楚語逐漸成為華夏語的一個方言。與此同時，吳楚之間的交往征戰，促使楚國的語言和文化進一步影響吳國。越處於吳之南部，其土著民族與吳很接近。越王的先祖本是夏禹之後裔，越之百姓則是甌越人，春秋時期越國文化落後於吳，之後兩國間發生戰爭，越王勾踐勝吳後曾數代稱霸於今江浙一帶，但越除稱霸的時期外，曾長期附屬於楚，因而越亦長期接受楚語和楚文化的影響。在吳、越立國時期，兩國的主體民族本來就比較接近，加之戰爭年代，其民族和語言的交流、融合相當強烈。『夫吳之與越也，接土鄰境，壤交通屬，習俗同，言語通。』（呂氏春秋·知化）這說明當時吳、越所使用的語言大體上是相同的，而且已經不再是少數民族語言了，與楚語比較接近。又因楚語早為華夏語的一支，吳越最後都並於楚。他們在長期的交往和爭鬥中，都直接或間接地（通過楚）接受華夏語的影響而改操華夏語，成了華夏語的另一種方言。〔六〕當然，這一時期吳、越境內僻遠地區的土著居民依然使用其固有的語言，史書上所記的『山越』人，一直到三國時期尚未漢化。

一個民族要想使自己長期立於民族之林，至關重要的就是保護好本民族的語言不受異族語言的同化。近年來國際人類學界對維達人的情形十分關注，有人預言：『再過幾年，維達人就要不復存在了。』維達人是斯里蘭卡島上最古老的居民，據一九七八年估計，人口約數百人。維達人最關心的是想保持其原始的純潔性，不願放棄世代居住的荒野而遷移到現代社會中去。但隨著民族語言的消亡，維達人作為一個民族歸於消亡是不可避免的。〔七〕史學和人類學向人們表明，民族的消亡充滿了整個人類歷史。古代伊比利亞人失去了民族語言；創造了光輝文明的古埃及人祇留下了一點點遺骨和文化遺跡；一八七六年最後一位純種的塔斯馬亞人死去了；火地島印第安人衹剩下一尊僅一尺來高身披獸皮肩挎彎弓的青銅雕像。在當今世界上，毛利人在很大程度上已被英裔新西蘭人所同化，澳大利亞土著人數正在鋭減。在中國，人們亦常説『滿族漢化了』『滿語消亡了』。這一判斷，雖説滿族人不易接受，但確有此發展趨勢。

滿族由於長期與漢民同域雜居，他們的經濟生活、文化習俗和心理素質趨向共一化。在語言的選擇中，滿族主動放棄了本民族固有的語言而改操漢語。現在的滿民，其滿語水準一代不如一代，漢語水準卻一代高於一代。事實上，許多滿民除了能從他們的戶籍（或身份證）中找到其民族的印記之外，其根本的特徵（語言）已經消失。可以預言，在不久的將來，隨著滿民年齡的逐漸老化，漢語將迅速地取代滿語。今日的滿民要是再不學習自己的語言文字，過不了多長時間，滿族的子孫將會全部改屬漢族（或别的民族）。[八] 總而言之，這類例子不勝枚舉，而集中到一點突出地説明：民族固有語言的消亡，必然導致民族的消亡。

亦許有人會説，一個民族固有語言消亡了，不一定會導致整個民族的消亡。如像回族，它雖然早就没有了本民族的語言，而今不是照樣獨立於民族之林嗎？對此類現象，我們將在下文繼續討論。

三　人口遷徙與民族語言的異化、融合和抗同化力

人口的遷徙往往會造成原有民族的分化和民族共通語的異化。民族語言的異化，最初階段表現為：一種共通語分化成多種方言。這些方言倘若繼續向各自的方向發展，並且形成特有的風格，就會產生新的民族語；與此同時，同一民族的成員亦將隨著民族語的分化而形成幾個同一語系的新民族。比如，現居住在雲

南省怒江州貢山獨龍族怒族自治縣的怒族，相傳他們的先民原和獨龍族的先民是兄弟，後來因為打獵，老大去了怒江，其後裔自稱『阿儂』，與自稱『獨龍』的那部分成員隔山（高黎貢山）而居。民族學界認為，他們是兩個不同的民族——獨龍族和怒族。但據民族語言學家孫宏開先生的研究，這兩部分成員所使用的語言雖說稍有差別，但無論是語言、詞彙還是語法系統都十分近似。初步斷定居住在這一地區的獨龍族和怒族，其使用的語言是同一種語言（景頗語支獨龍語）的兩種方言，尚未發展成兩種各自獨立的民族語言。〔九〕嚴格地説，高黎貢山的『阿儂』，其族屬應該歸入獨龍族，他們的遷徙僅僅衹有三—四百年的歷史。

回族是中華民族中的一個成員。其先民除了來自漢族（主要是女性）之外，還有相當大的一部分來自異國他鄉的移民。據史書記載，從唐宋時期起，信仰伊斯蘭教的阿拉伯、波斯等國的商人、使臣，相繼來到中國的廣州、泉州和杭州等沿海城市，最盛時期達到十幾萬人，其中有的在那裡定居下來並和漢人（亦有中國其他民族的女性）通婚。公元一二一九年元太祖成吉思汗西征，大批的中亞細亞各民族成員、阿拉伯人和波斯人被遷徙到東方來『屯聚牧養』，於是在陝、甘、寧、青境内逐漸形成了回族融合體。來華的『蕃客』最初使用本民族固有的語言（阿拉伯語或波斯語）。道古堂集就有『回回念禮齋課，日無虚夕，異言奇服，不齒齊民』的記載，反映出那時的回民守其原族之風俗，使用阿拉伯語、波斯語的狀況。又元代史書中尚有『行於回回者則用回回文』的記載。直到明、清，回族的公告、告示等，許多都是阿、漢文字並用，這反映了當時回族存在著雙語現象。回族先民曾用阿拉伯字母拼寫漢字，被稱為『小兒錦』。但是，『蕃客』來華後，與漢人雜居相處，學習漢語顯得更加必要，加之他們又與漢人通婚，『蕃客』之妻及其『土生蕃客』均生活在中國，沒有必要改操或學習阿拉伯、波斯語。因此，回族便借用漢語作為該民族的共通語。而漢語的借用，從此使回民打上了漢族的烙印。現在居住在大陸上的回民，除了信仰伊斯蘭教和禁豬肉的民俗外，已經無別於漢民了。[一〇] 事實上伊斯蘭教亦並非回族特有的宗教信仰；禁豬肉的習俗，是因為阿拉伯、波斯等地盛產牛羊，其民習食牛羊肉而厭食豬肉，後隨『蕃客』（回族先民）東遷，而把這種習俗帶入中國回族融合體中了而已，而今的回民並非所有的成員都遵守這種習慣。由此可見，回族這個民族融合體已經（或正在）漢化。現在祇有居住在海南島省三亞市的回民，他們原來本亦和大陸的回民一樣使用漢語，而今卻逐漸使用一種既不同於漢語又不同於阿拉伯語的『回輝語』。由於語言的改用，這一部分回民有可能獨立於回族之外而演變成為另一個新民族，但亦有可能隨著海南島的開放而與大陸的回民一樣走向同一歸屬。

人口的遷徙還可能導致不同民族的同化及其語言的融合。比如，今居住在河南省的蒙古族人，據一九八二年全國第三次人口普查統計有四万一百九十六人。他們分別居住在平頂山、葉縣、南陽、孟津等市、縣的一些村莊裡。其來源主要是：①元代定居河南的蒙古族官員；②元末未能北逃而隱居下來的蒙古族高級官員乃至皇族成員；③明洪武初年朱元璋謫戍河南的蒙古族軍人。[一一] 這一部分蒙古族，由於數百年與漢人雜居交往，今天祇有在戶籍上留下一點『蒙古族』的印記，事實上早已與漢族沒有區別。同樣的情形，今天遍佈於全國的滿族更是如此。對於滿族和這一部分蒙古族人，今天的語言學家們誰亦不會主張他們重操滿語或蒙語，以『挽救』其消亡吧。

民族融合和民族語言的同化，是現代經濟、科學文化發展的總趨勢。一個民族要想抗拒外族的自然同化，企圖始終保持本民族語言的『純潔性』而拒絕接受先進的科學文化，從長遠的觀點看，這將是徒勞的。因為一個民族的抗同化力雖說是頑強的，但又是有限的。據說在美州的一片密林中，最近發現了幾個兩千多年來與世隔絕的村莊，那裡的居民講的是漢語，寫的是漢字。這些漢人據猜測是秦始皇派徐福率領的一千童男童女的後裔。他們在異國定居並頑強地生存下來，保存著本民族的特徵（漢語）。他們至今仍穿著漢代服裝，其他一切都停滯在公元前的狀態。這則消息不管屬實與否，都不會影響上文的立論，因為前文所述的雲南貢山怒族的情形已證明，保護民族語言是抗拒外民族同化的最好武器。『阿儂』先民因打獵到怒江並與那裡的土著『怒蘇』人雜居，然而時隔近四百年，他們的後裔仍然操一種與獨龍語相同的語言，今天人們雖然把他們看成是怒族的一部分成員，實際上他們並沒有徹底『怒族化』。

四　民族消亡的前兆與民族語言的換用

融合，本身就意味著多民族及其語言的合流統一。在民族雜居區，各民族的交往更加頻繁，他們相互學習、相互通婚，因此都迫切需要學習對方的語言。交流促進了語言學習，而語言的學習便會產生雙語現象，而雙語現象是民族融合的過渡階段。雙語現象促使各民族之間更加廣泛地交往和心理素質的更加趨向統一，進而產生民族語言的換用，而民族語言的換用是民族消亡的前兆。

一六八九年的中俄尼布楚條約，使有九百公里流程的額古納河成了中俄兩國的界河。河東岸是中國的呼倫貝爾大草原和大興安嶺原始森林，沿岸有幾十個中國邊境村鎮，聚居著一批華俄後裔。二十世紀初，不少中國內地男子闖關東或到俄國做工，後來與進入中國境內定居的俄羅斯姑娘通婚，並從此生活在額爾古納河畔。據一九八五年調查，今額爾古納右旗的六萬人中共有七千來名華俄後裔。他們既接受中國文化，又保留某些俄羅斯傳統，語言屬於雙語制。一九八四年國家民委同意華俄後裔可自願改報俄羅斯族，享受國家對少數民族的特殊待遇。迄今他們已有二千多人改成俄羅斯族，未改的同樣作少數民族看待。

雙語現象主要表現為民族語的『兼用』，即某個民族除使用本民族固有的語言之外，同時使用一種或幾種他民族的語言。我國有五十六個民族，其中『兼用』漢語的約佔少數民族人口的60%。如蒙古、維吾爾、阿爾克孜、達斡爾、保安、裕固、布朗、德昂、布衣、普木、藏、彝、苗、瑤、怒、壯、白、傣、黎、水、京、羌等少數民族。某個民族長期兼用他民族的語言，隨著時間的推移，他們的子孫就會把這種兼用逐漸變成徹底的『換用』。所謂換用，是指某個民族主動放棄使用本民族固有的語言而改用他民族的語言。當今中國已有八個民族換用其他民族的語言，其中滿、赫哲、土家、仡佬、舍、錫伯等民族換用漢語，烏孜別克、塔塔爾（塔塔爾又換用哈薩克語）等民族換用維吾爾語。

中國各民族長期雜居相處，交往頻繁、相互學習、彼此影響，共同締造了中華民族光輝燦爛的歷史文化。解放以來，隨著民族隔閡的消除，各民族更加團結。為了振興中華，少數民族在提高科學文化的進程中，一直視漢語為國語而努力學習。學習主體民族的語言文字，這是一切多民族國家中很自然的事情，而且亦是有利於少數民族自身發展的進步現象。

五　民族的歷史與民族語言

語言是人類的歷史。民族語言是民族的歷史，在全世界民族之林中它作為區別一民族和他民族的標記，同時它又依附於文字載體而記錄民族的發展歷史。因此，不管是現有民族還是已經消亡了的民族，祇要研究他們的語言，就能比較準確地探尋到它的族源以及它與其他民族之間的親疏關係。在過去的民族史研究中，有不少民族史學家曾不同程度地運用過民族語言這一標記。例如古『濮』『越』是否同族，今之壯族與古越族有無族源關係等問題，乃是民族史學界紛爭的論題。這些問題的解答，就可以憑藉語言這一把鑰匙。

根據許多民族史學家研究的結果，『濮』本作『僕』，漢語的意思是奴隸。古百濮的『濮』是漢語的音譯，從廣西壯語看，它是狀語『布』音的古譯，意思是『人』。如壯語『布雲、布客、布老、布板』（板一作曼），分別表示『一個人、客人、老人、農村人』等。壯族自稱『布壯』，侗族自稱『布鑒』（鑒一作金），布衣族自稱『布依』，傣族自稱『布泰』。傣語呼男青年叫『卜（布）冒』，呼女青年叫『卜（布）少』；壯語中的『儂人』，志書上除作『布儂』外，亦有記作『濮儂』的，表明『濮』即『布』。至於『越』，徐松石先生在傣族僮族粵族考中說：粵、越二字，『遠古時代原來讀之為wut、wat、wet』，『乃是古代江南土著呼「人」的語言』。今廣西壯語呼人為『雲、溫、允』，亦有呼作『宛、尹、鬱、君、渾、瀝』音者，除『君』（gon）『渾』（hun）外，其餘均讀won、wun或wut，與徐先生說相同，證明古百越的『越』應為w——，乃古越語呼『人』的讀音。可見『濮、越』二字的意思相同（『人』或『越人』），二者可譯成

『布越』。歷史上對布越（濮越）人的稱謂：商周時期叫『濮』，春秋以後叫『越』，東漢三國叫『俚』，晉代叫『僚』，隋唐時期叫『俚僚』。〔一二〕

『濮』『越』同族，今之壯族是其後裔。我國古之越族號稱『百越』（百粵），其支系、人口眾多，分佈極廣。其中分佈在廣西境内的西甌、駱越等支，正是後來壯族的主要聚居區，壯族與他們有著密切的族源關係。古之越人，壯語叫『布越』。今廣西的隆安、田林、南丹、東蘭、來賓、環江、龍勝和雲南的邱北、富寧等地的壯族，自稱其族為『布越』『布葉』『濮蔫』或『濮涖』等。這些同音異形的稱謂，實屬同源（即由古百越之稱相傳而來）。又漢劉向說苑·善說中所載的越人歌，據壯語專家韋莊穩先生研究，其語言、詞彙和語法結構均與今壯語大致相同，而當時與越人為鄰的楚人卻聽不懂。前文說過，春秋時的古越族絕大多數成員因受華夏族文化的影響而華夏化了，其語言亦同時變成了華夏語的一個方言。但其僻遠地區的土著仍未被同化，三國以後，其中一部分纔變成了俚僚。俚僚是百越的後裔，亦是壯族的祖先。從語言上看，僚語與壯語關係密切。僚語稱父為『爸』，母為『劳』，兄為『杯』，弟為『依』；穿衣叫『登谷』，喫飯叫『ne_{121} ne_{122}』，飲酒叫『ne_{121}考』（慶遠府志），其語言及其句法結構都和壯語相同，僚語實為古壯語。概括而言，古『濮』『越』人，除了構成今華南漢人的主要成份外，在少數民族中操壯、傣語的各民族的成員中，均有他的後裔。這已經是當今民族史學界公認的結論；而這個結論正是從對民族語言的歷史研究中所獲得的。

語言是人類最重要的交際工具，民族語言則是民族的根本特徵。斯大林認為：『語言屬於在存在的時間內始終起作用的社會現象之列。它隨著社會的產生和發展而產生和發展的，隨著社會的死亡而死亡。社會以外是沒有語言的。』[一三]但還必須看到，民族語言隨著民族的產生而產生，並將隨著民族的發展而發展，亦將隨著民族的消亡而消亡。從宏觀的角度講，某種民族語言的消亡總是先於該民族的消亡，亦就是說，民族的消亡往往落後於民族語言的消亡。作為一個民族根本特徵的語言已經消失，試問，還靠什麼作為本民族的標誌？

比如，某間教室正坐著幾十號學生上課，他們統統穿著西服，膚色亦大體一致，要是在民族高校裡，外人可以判定他們是不同民族的學生，而在非民族高校裡，很可能將他們統統看作漢族學生。可見服飾、膚色等都不能作為民族成員的標誌。從這個意義上說，一個民族要想興旺發達，長期立於世界民族之林，就必須自強不息；在與他民族的頻繁交往中，認真學習並引進其先進的科學文化，促使本民族不斷進步，同時豐富和發展本民族的語言。當然，人類發展的總規律是從非民族到民族，再發展到非民族；人類的語言亦將由非民族語言到民族語言，再發展為世界共通語。因此，每個民族又都應在豐富和發展本族語言的同時，為世界共通語的形成盡最大的義務。

在世界上還沒有消滅階級、民族以前，首先應積極促進國語或地區語的推行，使多民族的國家或地區共同使用一種或幾種最具有代表性的最容易被各民族接受的國語或地區語，逐漸使多民族變成統一的民族，多民族語融合成一種共通語。據說擁有豐富文化和多種語言的非州大陸，前不久各國的文化部長在毛里求斯首府路易士港開會指出：斯瓦希利語言具有充分條件成為非州統一的用語。斯瓦希利語是非州使用最廣泛的語種，使用人數超過四千萬，分佈在索馬里、盧旺達、布隆迪、烏干達、肯雅、莫桑比克、薩伊、馬拉維、蘇丹、坦桑尼亞等國家。許多國家都把斯瓦希利語作為教學用語，廣泛用於掃盲，有的國家還把它列入大學必修課。各國文化界人士認為，斯瓦利語具有充分條件成為非洲統一的用語。由此不難預見，在未來的非州大陸將有統一的語言出現。『隨著資本主義的發展，民族間的各種聯繫，先是經濟聯繫開始更加頻繁，民族壁壘開始打破』。[一四]中華民族同是炎黃的子孫，在騰飛中華的偉大時代，中華兒女都應該並肩攜手，為『炎黃族』語言的統一而努力。[一五]

注釋

[一] 本文原載於西南民族大學學報（哲學社會科學版）2002 年第 8 期。

[二] 斯大林全集（第 2 卷），人民出版社 1979 年版，第 294 頁。

[三] 德弗里德里希·恩格斯：致馬克思，見馬克思恩格斯全集（第 31 卷），人民出版社 1962 年版，第 7 頁。

[四] 德卡爾·馬克思：摩爾根古代社會一書摘要，人民出版社 1965 年版，第 52 頁。

[五] 參看瞿葛堂中國的民族與語言，民族研究 1988 年第 1 期。

[六] 參看李新魁吳語的形成和發展，學術研究 1987 年第 5 期。

[七] 參看劉興武維達人的處境說明了什麼？，民族研究 1987 年第 5 期。

[八] 參看趙傑試論滿漢民族的接觸和融合，民族研究 1988 年第 1 期。

[九] 參看孫宏開談談怒族和獨龍族使用的語言，民族研究動態（哲學社會科學版）1986 年第 1 期。

[一〇] 參看許憲隆也談伊斯蘭教傳入中國的標誌和時間，中南民族學院學報（哲學社會科學版）1987 年第 4 期。

［一一］參看匡裕徹、任崇岳河南省蒙古族來源試探，中南民族學院學報 1986 年第 2 期。

［一二］參看潘世雄濮為越說——兼論濮越人的地理分佈，中南民族學院學報（哲學社會科學版）1986 年第 1 期；吳起強壯語與壯族族源，廣西民族學院學報 1986 年第 3 期。

［一三］前蘇聯約瑟夫·維薩裏奧諾維奇·斯大林：論語言中的馬克思主義，斯大林文集，人民出版社 1985 年版，第 561 頁。

［一四］前蘇聯弗拉基米爾·伊里奇·列寧：關於民族問題的批評意見，見列寧全集（第 20 卷），人民出版社 1958 年版，第 10 頁。

楊雄方言『通别語』考論[一]

西漢時期的語言學家楊雄，為了實現溝通古今方俗語言之目的，特精心設計出一整套調查方言的術語，『通語』與『别語』就是其中最為重要的兩個術語。『通語』特指西漢時期全國統一使用的語言（全國共通語）或某一個方言區統一使用的語言（方言區共通語）。他以『通語』為轉換樞紐，運用『轉語』的方法，以揭示漢代『通語』與『絕代語』『别國方言』的轉換規律，為漢語古今方俗『異名實同』字詞的字義、字音和字形的系聯貫通研究創造了一個千古遵循的原則與方法，即『轉語』方法。『通語』與『别語』的相互轉換，又為『轉語』方法論的創立奠定了堅實的理論基礎。本文是繼『轉語』方法論[二]之後專門討論『通語』與『别語』聯繫與區别的一篇文章。

打開方言，就會看到很多的『語』，諸如『通語』『代語』『凡語』『異語』『轉語』等。這些以『語』命名的術語，是楊雄為調查方言字詞而精心設計的。倘若不明了其所指，最終難以揭示出『轉語』的要旨。

一　『語』與『言』的聯繫和區別

什麼叫做『語』？說文·言部云：『語，論也。从言吾聲。』（三上）清段玉裁注：『此即毛［傳］、鄭［箋］說也。語者，御也。如毛說，一人辯論是非謂之語；如鄭說，與人相荅問辯難謂之語。』[三]『辯難』就是『論難』。詩經·大雅·公劉：『于時言言，于時語語。』毛傳：『直言曰言，論難曰語。』說文的釋詞引自毛傳。段玉裁注：『「論」，［孔穎達等］正義作「荅」，鄭［玄］注［周禮·春官·］大司樂曰：「發端曰言，荅難曰語。」注［禮記·］雜記曰：「言，言己事，為人說為語。」按：三注大略相同，下文「語，論也」「論，議也」「議，語也」，則詩傳當從定本集注矣。爾雅、毛傳：「言，我也」，此於雙聲得之，本方俗語言也。』[四]又說文『論』段玉裁注：『「論」以「侖」會意……凡言語循其理得其宜謂之論。』又『議』注：『是「論」「議」「語」三字，為與人言之偁……議者，誼也；誼者，人所宜也。言得其宜之謂議。』由此可知，『語』的本義是論辯是非（專稱），亦就是段氏所謂『循其理得其宜』，引申為解答疑難問題（泛稱）。論語·述而：『子不語怪、力、亂、神。』再引申為交談（泛稱）。釋名·釋言語：『語，敘也。敘己所欲說也。』韓非子·內儲說下：『靖郭君相齊，與故人久語。』再引申為說的話（泛稱）。左傳·文公十七年：『齊君之語偷。臧文仲有言曰：「民主偷必死。」』孟子·萬章上：『此非君子之言，齊東野人之語也。』再引申為語言（特稱）。孟子·滕文公下：『有楚大夫于此，欲其子之齊語也，則使齊人傅諸，使楚人傅諸？』可見，『語』字從論辯是非發展到特稱民族共通語及其方言，在先秦以前業已完成。

楊雄在方言中設定的術語『語』表示兩種意義：一，民族共通語及其方言；（二）民族共通語中的古今方俗字詞。前者泛指漢語本身，後者特指漢語中的古今方俗字詞。例如：

（一）敦、豐、厖、夰、憮、般、嘏、奕、戎、京、奘、將，大也。凡物之大貌曰豐。厖，深之大也。東齊海岱之間曰夰或憮；宋衛魯陳之間謂之嘏，或曰戎；秦晉之間凡物壯大謂之嘏，或曰夏；秦晉之間凡人之大謂之奘，或謂之壯；燕之北鄙、齊楚之郊或曰京，或曰將。皆古今語也。初，別國不相往來之言也，今或同。而舊書雅記故俗語不失其方，而後人不知，故為之作釋。（卷一）[五]

（二）假、佫（郭璞注：『古格字。』）、懷、摧、詹、戾、艐（郭璞注：『古居字。』），至也。邠唐冀兗之間曰假，或曰佫；齊楚之會郊或曰懷；摧、詹、戾，楚語也；艐，宋語也。皆古雅之別語也，今則或同。（卷一）

（三）跡跡、屑屑，不安也。江沅之間謂之跡跡；秦晉謂之屑屑，或謂之塞塞，或謂之省省。不安之語也。（卷十）

方言中所謂『古今語』『故俗語』和『古雅之別語』，是說被釋詞原本是古代『別國』中同實異名的字詞，爾後或被『舊書雅記』了下來，或沿用於漢代方言口語中，『後人不知，故為之作釋』，而造成漢語同實異名字詞的原因之一是『別國不相往來』。其中的『語』，或指漢代以前的『古語』，或指漢代的方言詞，而例（三）『不安之語』中的『語』，則是泛指漢語中的字詞。方言的全稱叫做輶軒使者絕代語釋別國方言，而楊雄在答劉歆書中則叫做殊言。什麼是『絕代語』？絕者，斷也。絕代語者，即古代字詞和方言字詞，亦就是劉歆所說的『先代絕言、異國殊語』。『絕代語釋別國方言』，即用漢語的古字古義來解釋方言土語中的字詞意義。解釋的管鍵與方法就是楊雄獨創的『轉語』法。

在方言中，該用『語』來表示的地方偶爾亦稱『言』。例如例（一）所謂『初，別國不相往來之言也』。又劉歆與揚雄書云：『屬聞子雲獨採集先代絕言、異國殊語，以為十五卷，其所解略多矣。』其中『異國殊語』與『先代絕言』相對，說明『絕言』和『絕代語』指的是同一個意思，而劉歆所謂『殊語』，與楊雄所說的『殊言』亦相同。此外，在楊雄答劉歆書中，還將『先代絕言、異國殊語』說成『絕遐異域之語』，說明在漢代，表示『語言及其字詞義』這一概念，用『語』還是『言』已經沒有區別了。但是，『語』與『言』的表意實則不盡相同：『語』表示語言中的一個『面』（字詞及其組合規則），而『言』則偏重於表示語言中的一個『點』（字詞）。所以，在方言中儘管『殊語』可以說成『殊言』，但在古國名後面，楊雄衹用『某語也』或『某之語也』來表示，沒有發現『某言也』或『某之言也』之類的說法。例（二）中的『摧、詹、戾，楚語也；艐，宋語也』是其例。再例：

（四）垤、封，塲也。楚郢以南蟻土謂之封。垤，中齊語也。（卷十）

（五）讓、極，吃也。楚語也。或謂之軋（yà），或謂之𨂂。（同上）

所謂『楚語』『宋語』『齊語』，就是指古代的楚國方言詞、宋國方言詞或齊國方言詞，這類『語』都不能換成『言』，不僅如此，像『代語』『凡語』之類中的『語』，同樣不能說成『代言』『凡言』。儘管『凡語』與『通語』同義，而『通語』郭璞以『通言』為訓，但楊雄卻不用『通言』這個術語，衹有在其書信和方言書名中使用過『言』，而在方言的釋詞中作術語用時，衹用『語』而不用『言』。

二　『通語』與『凡語』等的關係

（一）『通語』定義

『通語』『別語』這兩個語言學術語是楊雄的發明。據我們調查，『通語』在方言中共用過二十九次，其分佈情況如次：卷一、三、四各四次，卷二三次，卷五、七各二次，卷九一次，卷十七次，卷十三二次。例如：

（六）娥、嬿，好也。秦曰娥，宋魏之間謂之嬿。秦晉之間凡好而輕者謂之娥；自關而河東濟之間謂之媌，或謂之姣；趙魏燕代之間曰姝，或謂之妦；自關而西秦晉之故都曰妍。好，通語也。（卷一）

（七）膠（謬）、譎，詐也。涼州西南之間曰膠（謬），自關而東西或曰譎，或曰膠（謬）。詐，通

語也。（卷三）

（八）屝、屨、麤，履也。徐兗之郊謂之屝（fèi），自關而西謂之屨。中有木者謂之複舄，自關而東謂之複履。其庳者謂之鞔下，禪者謂之鞮（dī），絲作之者謂之履，麻作者謂之不借，粗者謂之屦，東北朝鮮洌水之間謂之䩫（áng）角。南楚江沔之間揔謂之麤，西南梁益之間或謂之屩，或謂之家（huà）。履，其通語也。徐土邳圻之間大麤謂之䩫角。（卷四）

（九）𧍐、噬，逮也。東齊曰𧍐，北燕曰噬。逮，通語也。（卷七）

（一〇）胹、飪、亨、爛、糦、酋、酷，熟也。自關而西秦晉之郊曰胹，徐揚之間曰飪，嵩岳以南陳潁之間曰亨，自河以北趙魏之間火熟曰爛，氣熟曰糦，久熟曰酋，穀熟曰酷。熟，其通語也。（卷七）

（一一）婩、嫧、鮮，好也。南楚之外通語也。（卷十）

（一二）餳謂之餦餭，飴謂之䬼，䬴謂之餚，餳謂之餹。凡飴謂之餳，自關而東陳楚宋衛之通語也。（卷十三）

方言中的『通語』包含兩層意思：（一）在漢代全國內通用的字詞；（二）在漢代某一個或某些方言區內通用的字詞。何九盈先生曾說：『揚雄所說的「通語」有兩個含義：一是不屬於某一個方言區的全國通用的普通話；一是某一方言區的共同語……我們可以這樣認為：上古漢語（這裡指周秦至西漢）的詞彙發展可以劃分為兩個階段。秦以前為第一階段，關東雅言是通語；秦漢又是一個階段，關西方言上昇為通語。而關東、關西這兩大方言由隨著社會的發展，文化的傳播，對南中國各個方言產生過深刻的影響。』[六]為了區分以上兩層含義，楊雄有時在『通語』前面加限制成分來表示：如果屬於『在全國內通用的字詞』，就用『四方之通語』來表示；如果衹屬於『在某一個或某些方言區內通用的字詞』，則用『某某之間通語』『某某之外通語』『某某通語』或『某某之通語』『某，通語』『某，其通語』等來表示。例如卷三：『庸、恣、比、侹、更、佚，代也。齊曰佚，江淮陳楚之間曰侹，餘四方之通語也。』意思是說，本條中的六個被釋詞除『佚（遞）』和『侹』兩字外，其餘都屬於在全國內通用的字詞。卷四：『覆結謂之幘巾，或謂之承露，或謂之覆髮。皆趙衛之間通語也。』意思是說，『覆結』四全國性稱謂，而『幘巾』『承露』和『覆髮』三個異名，衹是趙衛之間的通稱。卷十：『民婬、脈蜴、賜施、茭媞、譠謾、㦟也。皆欺謾之語也。楚郢以南東揚之郊通語也。』意思是說，本條中的六個雙音詞衹通用於『楚郢以南』和『東揚之郊』兩個地區。在魏晉時期，它們的通用範圍擴大到中原，故郭璞說：『六者亦中國相輕易蚩（chǎn）弄之言也。』卷三：『撲、翕、葉，聚也。楚謂之撲，或謂之翕。葉，楚通語也。』意思是說，『葉』是楚方言區第通稱。

（二）『通語』與『凡語』等之關係

在方言中，『通語』又叫『凡語、凡通語、總語、通名、通詞』，但均衹使用過一次，分別見於卷一、卷二、卷六和卷十一。

（一三）嫁、逝、徂、適，往也。自家而出為嫁，由女而出謂之嫁；逝，秦晉語也；徂，齊語也；適，宋魯語也。往，凡語也。（卷一）

（一四）碩、沈、巨、濯、訏、敦、夏、于，大也。齊宋之間曰巨曰碩。凡物盛多謂之寇，齊宋之郊楚魏之際曰夥。自關而西秦晉之間，凡人語而過謂之過，或曰僉，東齊謂之劒，或謂之弩。弩猶怒也。陳鄭之間曰敦，荊吳揚甌之郊曰濯，中齊西楚之間曰訏。自關而西秦晉之間，凡物之壯大者而愛偉之謂之夏，周鄭之間謂之暇。郴，齊語也；于，通詞也。（卷一）

（一五）釥、嫽，好也。青徐海岱之間謂之釥，或謂之嫽。好，凡通語也。（卷二）

（一六）抾摸，去也。齊趙之總語也。抾摸猶言持去也。（卷六）

（一七）蛥蚗（shé jué），秦謂之螇螰，楚謂之蟪蛄，或謂之蛉蛄，秦謂之蛥蚗，自關而東謂之虭（diān）蟧，或謂之蝭（tí）蟧，或謂之蜓蚞，西楚與秦通名也。（卷十一）

『凡語、凡通語、總語、通名、通詞、通語』是同義詞嗎？前人未曾論及，茲詳解於後。

第一，『凡語』與『通語』。『凡』甲骨文作『[illegible]』（前7.28.4），金文作『[illegible]』（大豐簋）郭沫若卜辭通纂云：『凡字，槃之初文也。象形。』说文·二部：『凡，最括也。从二。二，偶也。从乃。乃，古文及。』（十三下）[七]『最括』清段注本作『冣捪而言』，段玉裁注：『「冣」各本作「最」。最者，犯而取也，非其義，今正。冣者，積也。才句切。捪者，絜也；絜者，束也。絜者，麻一耑，束之成一耑也。冣捪者，總聚而絜束之也。意內言外曰詈，其意冣捪，其言凡也……凡之言氾也，包舉氾濫一切之稱也。』[八]詩經·邶風·谷風：『凡民有喪，匍匐救之。』向熹詩經詞典：『凡是；一切。表示總括。』漢董仲舒春秋繁露·深察名號：『號凡而略，名詳而目。目者，徧辨其事也；凡者，獨其大也。』漢書·揚雄傳下：『僕嘗倦談，不能一二其詳，請略舉凡，而客自覽其切焉。』唐顏師古注：『凡，大指也。』『凡』的本義為『包舉氾濫一切之稱』，故引申為『皆』『全』『同』等。廣雅·釋詁三：『餘、總、同、凡，皆也。』[九]『通』甲骨文作『』（京都1857），金文作『』（颂鼎），象人從大路中順利走過，本義表示通達。說文·辵部：『通，達也。从辵甬聲。』（二下）引申為全部、整個。孟子·告子上：『弈秋，通國之善弈者也。』『通國』即全國。從前文的辨析中可以看出，『凡』與『通』在『總括、全同』義上構成了同義關係，所以『通語』可以說成『凡語』，在方言中它們沒有區別。因此例（六）的『好，通語也』，可以改說成『好，凡語也』，例（一三）的『往，凡語也』，亦可以改說成『往，通語也』，改說後均不會影響原意表達的準確性。

『凡通語』是『凡語』與『通語』的綜合稱謂。它在方言中的使用，更能證明『凡語』與『通語』的同義關係。例如例（一五）的『好，凡通語也』，可以分別說成『好，通語也』（見例六）和『好，凡語也』，反之例（一二）的『陳楚宋衛之通語』，亦可以改說成『陳楚宋衛之凡通語』，等等。

第二，『總語』與『通語』。『總』別體作『緫』『総』等，今簡化為『总』，本義為捆束。說文·糸部：『總，聚束也。从糸悤聲。』（十三上）段玉裁注：『謂聚而縛之也。悤有散意，系以束之。禮經之「總」，束髮也；［尚書·］禹貢之「總」，禾束也。引申之，凡兼綜之偁。』[一〇]引申為聚集、集中。玉篇·

糸部：『總，合也。』廣韻・董韻：『總，合也。』尚書・盤庚下：『無總於貨寶，生生自庸。』再引申為『皆』『全』『共』。廣雅・釋詁三：『餘、總、同、凡，皆也。』晉杜預春秋左氏傳序：『傳之義例，總歸於凡。』『總』與『通』均有『皆、全、共』義，故方言中的『通語』與『總語』可以互換。如例（一六）的『抾摸，去也。齊趙之總語也』，可以說成『抾摸，去也。齊趙之通語也』；例（一二）的『凡飴謂之餳，自關而東陳楚宋衛之通語也』，亦可以說成『凡飴謂之餳，自關而東陳楚宋衛之總語也』，換說後依然表示『某一個或某些方言區内通用的字詞』這一概念。

第三，『通名』與『通語』。『名』甲骨文作『』（甲3488），金文作『』（召伯簋），本義表示人的名字。說文・口部：『名，自命也。从口从夕。夕者，冥也。冥不相見，故以口自名。』（二上）清王筠句讀：『（此）淮南[子]・繆稱訓文也。左桓公六年傳「命之曰同」，則名者，父所命也。許君為「夕」字計，故云「自命」。』[一一]白虎通・姓名：『人必有名，何？所以吐情、自紀、尊事人者也……名者，幼小卑賤之稱。』人有名字，物亦有名稱，故引申為事物的名稱。漢劉熙釋名・釋言語云：『名，明也。名實事使分明也。』故他在釋名序中說：『熙以為自古造化制器立象有物以來，迄於近代，或典禮所制，或出自民庶，名號雅俗，各方名[一二]殊。聖人於時就而弗改，以成其器，著於既往哲夫巧士以為之名。故興於其用，而不易其舊，所以崇易簡省事功也。夫名之於（與）實，各有義類，百姓日稱而不知其所以之意，故撰天地、陰陽、四時、邦國、都鄙、車服、喪紀，下及民庶應用之器，論敘指歸，謂之釋名。』[一三]劉熙所釋之『名』就是事物等名稱，從文字學的角度講就是『字』，而從語言學的角度講就是『詞』。說文・几部：

『几，踞也。象形。周禮五几：玉几、雕几、彤几、鬃几、素几。』（十四上）王筠句讀：『踞几，似漢語，以今名說古名也。急就篇「簡札檢署槧牘家」顏［師古］注：「伏几也，今謂之夾膝。」』[一四]古人席地而坐時倚靠的器具，其名稱先秦以前叫『几』，兩漢叫『踞几』，唐代叫『夾膝』，等等。『几』『踞几』『夾膝』既是名稱亦是『字詞』。楊雄、劉熙等所說的『名』亦既是『名稱』亦是『字詞』，所以王筠纔說『以今名說古名』。『以今語釋古語，以通語釋方言』叫做『訓詁』。

今人所說的『詞』，漢代以前叫做『名』。『名』指事物的名稱和書寫的文字。周禮·秋官·大行人曰：『王之所以撫邦國諸侯者，歲偏存，三歲偏覜（tiào），五歲偏省；七歲屬象胥，諭言語，協辭令；九歲屬瞽史，諭書名，聽聲音；十有一歲達瑞節，同度量，成牢禮，同數器，脩灋則；十有二歲，王巡守殷國。』漢鄭玄注：『書名，書之字也，古曰名。』[一五]又儀禮·聘禮：『百名以上書於策，不及百名書於方。』鄭玄注：『名，書文也，今謂之字。策，簡也。方，板也。』在上述兩部經典中，鄭玄分別用『文』和『字』來詮釋『名』，並特別注明文字在『古曰名』。這說明漢代以前的『名』實際上包含著事物的名稱和書寫的文字兩種含義，而楊雄在方言中使用的『名』亦包含著以上兩種意義，故知方言中所謂『通語』與『通名』，名異而實同。因此，例（一七）的『西楚與秦通名也』，可以說成『西楚與秦通語也』，例（一〇）的『熟，其通語也』，亦可以說成『熟，其通名也』，等等。

第四，『通詞』與『通語』。『詞』唐代以後亦寫作『詈』。朱德熙先生認為：『語素是最基本的語法單位。比語素高一級的單位是詞。所有的詞都可以看成是由語素組成的。由一個語素形成的詞叫單純詞，由兩個或更多的語素形成的詞叫合成詞。』所以他把漢語的詞界定為『最小的能夠獨立活動的有意義的語言成分』。[一六]說文·司部：『詞，意内而言外也。从司从言。』（九上）段玉裁注：『有是意於内，因有是言於外謂之𧥄。此語為全書之凡例……意即意内，𧥄即言外。言意而𧥄見，言𧥄而意見。意者，文字之意也；言者，文字之聲也；𧥄者，文字形聲之合也。凡許之說字意，皆意内也；凡許之說形說聲，皆言外也。有義而後有聲，有聲而後有形，造字之本也；形在而聲在焉，形聲在而義在焉，「六藝」之學也。「𧥄」與辛部之「辭」，其義迥別。』[一七]段氏所謂『詞』，包括漢語中的所有『實詞』和『虛詞』，與漢代楊雄、許慎所謂『詞』，乃至當代語言學所謂『詞』極為吻合，而與南唐徐鍇的解釋區別甚大，因為徐鍇所謂『詞』，僅僅指漢語中的『虛詞』。[一八]

清代以來的漢語研究專家們普遍認為，西洋語言學中所謂『詞』的概念，我們的祖先是從來沒有的，古人所說的『詞』指的都是虛詞。這種看法實屬淺見。早在漢代以前，咱們的祖先對漢語中的『詞』就有了清楚的認識，不過最早他們都用『名』或『語』來表示，直到西漢的楊雄，纔發明了『詞』這一個語言學術語。例（一四）『郴，齊語也；于，通詞也』，其中『詞』與『語』換用，說明在楊雄的心目中，它們表示的是同等的概念——『最小的能夠獨立活動的有意義的語言成分』，俗稱『字詞』，而不是指『虛詞』或『話』。

關於此『通詞』是否是方言原書固有的？清代戴震方言疏證據明刻本將其改為『通語』，今華學誠先生再據方言疏證和清王念孫手校明刻本將其改為『通語』。他說：『通詞，戴震方言疏證改作「通語」，王念孫手校明本同。按：方言文本稱「通語」凡三十二見，郭注稱「通語」凡十餘見，而稱「通詞」僅見於此。戴校與全書通例合，當據改。』[一九]我們知道，傳世方言自宋代以來有多種版本，歷經鈔刻，難免錯漏。戴震據明永樂大典本和明刻本校勘，再搜集古籍中引用方言和方言注的文字來和永樂大典本互相參訂，改訛字二百八十一個，補脫字二十七個，刪衍字十七個，雖辨析疑義，取證精確，然改『通詞』為『通語』則令人生疑，因為在方言中『通語』是慣用術語，而『凡語、凡通語、總語、通名、通詞』均祇用過一次，如果祇因『通名』用過一次，就認為它是『通語』之譌，那『凡語、總語』亦祇用過一次，是否都相應地要改為『通語』呢？假如僅根據使用次數的多寡來判斷某字的正譌，是否過於草率呢？段玉裁曾說：『古書之壞於不校者固多，壞於校者尤多。壞於不校者，以校治之；壞於校者，久不可治。邢才子曰：「誤書思之更是一適。以善思為適，不聞以善改為適也。」』[二〇]我們崇敬段氏治學嚴謹，校勘古籍，如果沒有確鑿證據，還是『仍其舊』為好。

綜上所述，我們認為楊雄方言中的『通語』與『凡語、凡通語、總語、通名』是一組同義詞，它們都表示在『全國內通用的字詞』和『在某一個或某些方言區內通用的字詞』兩種意義。

三　『通語』與『別語』的關係

從方言全稱輶軒使者絕代語釋別國方言的『別國方言』，和卷一的『別國不相往來之言』，卷三的『古雅之別語』等看，楊雄所謂『別語』（亦稱『絕遐異俗之語』[二一]）就是同實異名的字詞。具體包含四種：

（一）民族共通語中形成的古今異名字詞；（二）民族共通語與方言區之間形成的異名字詞；（三）方言區與方言區之間形成的異名字詞；（四）同一方言區内各方言片區之間形成的異名字詞。[一二] 楊雄認為，一個地廣人稀、歷史悠久的民族，如果長期内亂，再加之交通閉塞，『別國不相往來』，其共通語中就很容易形成方言『別語』。

華夏民族是個歷史悠久的古老民族，其語言中的同實異名現象早在先秦以前就形成了，而我國歷史上最早揭示華夏民族語言中存在同實異名現象的人是莊子。莊子·知北遊：『周、徧、咸三者，異名同實，其指一也。』[一三] 這一發現在中國語言學史上可謂『破天荒』，它給戰國末期的齊魯儒生極大的啟示，此後中國纔誕生了第一部按意義分類編排的同義字典爾雅。

上古文獻中的同實異名的字詞已經極為豐富了。據劉興均、黃曉冬先生研究，僅『三禮』（周禮儀禮禮記）的名物詞中，同實異名的字詞就多達432個187組，『其中一實二名共139組，涉及278個名物詞；一實三名共41組，涉及123個名物詞；一實四名有四組，涉及16個名物詞；一實五名有三組，涉及15個名物詞』[一四]。關於同實異名字詞產生的根源，黃曉冬、胡繼明先生認為可分為兩類：一類是因符號（詞）間有某種關聯而形成，它們屬於『符號關聯式根源』；另一類是因對事物的認知提取點不同（即命名理據不同）而形成，它們屬於『認知型根源』。[一五] 這可以說是同實異名字詞產生的内部根源，而產生的外部根源還是楊雄所說的『別國不相往來』和『古雅之別』，因此，他纔將同實異名的字詞叫做『別語』，具體分成兩類，即『別國不相往來之言（卷一）』和『古今語（卷一）[一六]、古雅之別語（卷一）』。

『通語』和『別語』[二七]是楊雄為研究方言字詞而特設的兩個術語。楊氏認為，語言中既然客觀地存在著『通語』與『別語』（即『古今語、古雅之別語』和『別國不相往來之言』），那就必然存在著破解『別語』的方法，衹要能找到這類方法，就能將不同『別語』的讀音差異、文字差異、時代差異及其地域分佈差異梳理清楚。楊雄最終找到了這類破解『別語』的方法，他名之曰『轉語』。楊雄『轉語』法的發明，為漢語『別語』（同實異名字詞）乃至同源字研究奠定了堅實的理論基礎。[二八]

注釋

[一] 本文原署名鍾如雄、胡娟，載於東亞人文學第四十七輯，南韓東亞人文學研究會出版發行，2019 年 6 月，四川省揚雄研究會編揚子學刊第二輯，巴蜀書社 2019 年版。

[二] 鍾如雄：『轉語』方法論，西南大學學報（人文社會科學版）2003 年第 6 期。

[三] 清段玉裁：說文解字注，上海古籍出版社 1988 年版，第 89 頁。

[四] 同上。

[五] 見清錢繹方言箋疏，上海古籍出版社 1984 年版，下同。

[六] 何九盈：中國古代語言學史，河南人民出版社 1985 年版，第 40—41 頁。

[七] 漢許慎撰，宋徐鉉等校定：說文解字，中華書局 1963 年版，第 286 頁。

[八] 清段玉裁：說文解字注，上海古籍出版社 1988 年版，第 681 頁。

[九] 清王念孫：廣雅疏證，中華書局 1983 年版，第 96 頁。

［一〇］清段玉裁：說文解字注，上海古籍出版社 1988 年版，第 647 頁。

［一一］清王筠：說文解字句讀，中華書局 1988 年版，第 47 頁。

［一二］此『名』，王先謙注：『吴校「名」作「多」，云各本「多」誤「名」。』見清王先謙釋名疏證補，上海古籍出版社 1984 年版。

［一三］漢劉熙：釋名序，見清王先謙釋名疏證補，上海古籍出版社 1984 年版。

［一四］清王筠：說文解字句讀，中華書局 1988 年版，第 572 頁。

［一五］清孫詒讓撰，王文錦、陳玉霞點校：周禮正義，中華書局 1987 年版，第 2983 頁。

［一六］朱德熙：語法講義，商務印書館 1982 年版，第 11 頁。

［一七］清段玉裁：說文解字注，上海古籍出版社 1988 年版，第 429—430 頁。

［一八］南唐徐鍇說文解字繫傳·通論卷下『語』注：『詞者，音內而言外，在音之內在言之外也。何以言之？惟也、思也、曰也、兮也、斯也，若此之類皆詞也，語之助也……聲成文曰音，此詞直音內之助聲不出於音，故曰「音之內聲成文之內一助聲」也；「言之外」者，直言曰言，又一字曰言，惟、思、曰、兮、斯之類，皆在句之外為助。』見徐鍇說文解字繫傳，中華書局 1987 年版，第 316 頁。

［一九］華學誠：揚雄方言校釋匯證，中華書局 2006 年版，第 73 頁。

［二〇］清段玉裁：重刊明道二年國語序，見國語，上海書店 1987 年影印本。

［二一］揚雄答劉歆書云：『其不勞戎馬高車，令人君坐帷幕之中，知絕遐異俗之語，典流於昆嗣，言列於漢籍，誠雄心所絕極，至精之所想遘也。』

［二二］方言卷一：『釗、薄，勉也。秦晉曰釗，或曰薄。故其鄙語曰薄努，猶勉努也。南楚之外曰薄努，自關而東周鄭之間曰勔釗，齊魯曰勗茲。』其中的『鄙語』指的就是秦晉方言區內的土話。

［二三］清王先謙：莊子集解，上海書店 1986 年版，第 141 頁。

〔二四〕劉興均等：『三禮』名物詞研究，商務印書館2015年版，第193頁。

〔二五〕黃曉冬、胡繼明：古漢語『異名同實』詞彙現象的根源及其思維基礎初探——以〈廣雅疏證〉動植物名稱為例，四川師範大學學報2015年第6期。

〔二六〕方言卷四：『襌衣，江淮南楚之間謂之褋，關之東西謂之襌衣。有褒者，趙魏之間謂之袏衣；無褒者，謂之裎衣。古謂之深衣。』

〔二七〕『別語』晉郭璞改稱『別名』和『離詞』。方言卷一：『華、荂，晠也。齊楚之間謂之華，或謂之荂。』郭璞注：『荂亦華別名。音誇。』又郭璞方言序云：『（楊生）考九服之逸言，標（摽）六代之絕語，類離詞之指韻，明乖途而同致；辨章風謠而區分，曲通萬殊而不雜；真洽見之奇書，不刊碩記也。』華學誠注：『逸言，指方言。離詞，猶異詞，指不同的「逸言」「絕語」。』見華學誠揚雄方言校釋匯證，中華書局2006年版，第2—3頁。

〔二八〕參看鍾如雄『轉語』方法論，西南大學學報（人文社會科學版）2003年第6期。

從漢代醫簡看遠古祝由術的禳病法[一]

在先秦醫學文獻黃帝內經中有個叫『祝由』的新詞語，因為它對我國古代巫覡治病原理和方法影響極大，故被後世研究者稱之為『祝由術』。關於祝由術的治病方法，古往今來均未見專題討論的文章，究其原因在乎二端：一是『祝由』名稱古奧，無古文字功底者難以詮釋；二是不知『祝由』之義，難以破解『祝由術』治病之方法。前人解釋『祝由』者多為中醫學者，他們雖說醫術高明，但畢竟限於古文字、古漢語的不同領域，解讀古代醫學文獻偶爾力不從心。要想弄清楚古代『祝由術』的禳病原理和方法，首先必須弄懂『祝由』的得名之由。

一　前人對『祝由』的解讀

黃帝內經·素問·移精變氣論曰：『黃帝問曰：「余聞古之治病，惟其移精變氣，可祝由而已。今世治病，毒藥治其內，鍼石治其外，或愈或不愈，何也？」岐伯對曰：「往古人居禽獸之閒，動作以避寒，陰居以避暑，內無眷慕之累，外無伸宦之形，此恬憺之世，邪不能深入也。故毒藥不能治其內，鍼石不能治其外，故可移精祝由而已。」』唐王冰注：『是以移精變氣，無假毒藥，祝說病由，不勞鍼石而已。』[二]王冰的解釋是否準確？後人多附會其說，亦有不以為然者，如張麗君說：『王冰把「祝由」訓成「祝說病由」是不足為據的。』[三]

在我國字典辭書中，最早記載『祝𥜌』的是東漢許慎的說文解字，示部云：『𥜌，祝𥜌也。从示畱聲。』[四]許慎所說的『祝𥜌』與黃帝内經的『祝由』是否為同一概念？南唐徐鍇繫傳沒作解釋，衹給『𥜌』注了個『良秀反』的音。[五]清段玉裁注引惠士奇曰：『素問黃帝曰：「古之治病，可祝由而已。」祝由即祝𥜌也。已，止也。』段玉裁按：『玉篇曰：古文作袖。』[六]

清桂馥義證：『趙宧光曰：「太醫十三科，其最後曰祝由，又曰祝尤，古之巫咸也。」馥謂「祝由」即「祝𥜌」，玉篇有「古文作袖」。』[七]至此，黃帝内經『祝由』字形演化出『祝𥜌』『祝䄂』『祝尤』等三種異體，釋義出現一種新的解釋，即明代趙宧光的『巫咸』說。清惠士奇在讀說文記中說：『祝由即祝𥜌。』清代說文四大家之段玉裁、桂馥、王筠都認同其說。王筠句讀：『惠氏謂即祝由，以其為恒言，故以本字為解說。』[八]衹有朱駿聲不置可否，衹說：『字亦作䄂，見玉篇素問。古之治病，可祝由而已，以由為之。已，止也。』[九]至於『祝𥜌』（或『祝䄂』『祝尤』）的含義，誰都沒有明說，桂馥引明趙宧光的『巫咸』說稍帶有一點釋義的傾向性。羅竹風主編的漢語大詞典可謂當代最為權威的中文工具書，該書在示部『祝』下列有『祝由』一條，其釋詞云：『「祝由」亦作「祝𥜌」。古代以祝禱符咒治病的方術，後世稱用符咒禳病者為「祝由科」。』並引說文黃帝内經及其後世諸家注釋作為立論的依據。[一〇]

『祝由』祗見於黃帝內經・素問，在漢代以前的其他傳世文獻中未見用例，可謂孤證。一九七三年年底在湖南長沙馬王堆三號漢墓出土了我國現存最古的醫學方書五十二病方，全書九千九百十一字，鈔錄於一高約二十四釐米、長四百五十釐米的長卷之後。據考古專家研究，該帛書成書於戰國時期（前四世紀或前三世紀末）。卷首列有目錄，目錄後題有『凡五十二』，載有五十二種疾病的治療方法，整理者故名之曰五十二病方。全書保存醫方二八三方，其中複方四〇餘方，用藥達二四七種。在五十二病方中，『祝由』術這種在傳世文獻中極為罕見的醫學術語居然存在。『祝由』術在五十二病方中的發現，證明遠古先民曾經用『祝由』巫術治療過疾病，因而引起了中醫學界極大的關注和研究。五十二病方出土後的四十年間，專題研究『祝由』術的論文，有袁瑋的〈五十二病方〉祝由療法淺析[一二]，陽太的祝由術漫筆[一二]，焦振濂、王怡的〈五十二病方〉巫祝術之時代環境與文化淵源[一三]，張麗君的〈五十二病方〉祝由之研究[一四]，李叢的〈五十二病方〉禁咒內容研究[一五]等，其中給『祝由』下完整定義的祗有袁瑋和張麗君。袁瑋認為：『祝由是巫醫的一種治病方法。祝通咒，祝由即是咒說和驅除致病緣由的意思，這裡所謂病由，主要是指「鬼神精怪」之類。』張麗君則認為：『「祝由」二字構成的是連綿詞，不可分開釋義。』

從前文的分析中我們可以看出，前人對『祝由』的基本看法是：清代以前有『祝說病由』和『巫咸』兩種結論，一九七三年馬王堆五十二病方出土以來有『咒說和驅除致病緣由』和『連綿詞』兩種結論，但這些結論都有待進一步論證。

二　『祝由』的語義分析

王冰所說的『祝說病由』，是指用唸咒語的方式說明病因，這顯然是從字面上解釋的，沒有涉及到句法和核心意義；趙宧光的『巫咸』說，倒是有些道理，不過『祝由』就是『巫咸』有待證明；袁瑋的看法與王冰基本一致；張麗君的『連綿詞』說是從構詞法的角度討論的，雖說有點新意，但與『祝由』的讀音和表義均不吻合。為了弄清楚『祝由』的本義，我們可從古漢語的句法特徵、『祝由』的字形演變和古代巫醫的治病原理等三個角度展開討論。

黃帝內經所謂『移精祝由』，從先秦漢語的語法特點看，『移精祝由』是由『移之以精，祝之以由』兩個並列述補結構緊縮而成的四言句。動詞『移』『祝』分別帶補語『精』與『由』。黃帝內經·靈樞·官能云：『（黃帝曰：）疾毒言語輕人者，可使唾癰咒病。』此處黃帝所說的『唾癰咒病』，亦是由『唾於癰，咒以病』兩個並列的述補結構緊縮而成的，其結構關係與『祝由』完全相同。『唾癰』是『唾於癰』的緊縮，意為對著『癰』唾；『咒病』則是『咒以病』的緊縮，意為因『病』而祈禱（神靈），即指人得病後，用祈禱的方式請求神靈為自己驅逐病魔。故『祝由』可單說『祝』。靈樞·賊風：『黃帝曰：「其祝而已者，其故何也？」岐伯曰：「先巫者，因知百病之勝，先知其病之所從生者，可祝而已也。」』此處的『祝而已』，與素問·移精變氣論『祝由而已』同義。

『祝由』既然可單說成『祝』，那麼『祝』是什麼意思？說文·示部云：『祝，祭主贊詞者。从示从人口。一曰从兑省。易曰：「兑為口、為巫。」』（一上）『兑為口、為巫』，今本周易·說卦傳作『兑為口……為少女，為巫，為口舌』。唐孔穎達等正義：『兑，西方之卦，主言語，故為口也……為巫，取其口舌之官也；為口舌，取西方於五事為言，取口舌為言語之具也。』故段玉裁注：『此以三字會意，謂以人口交神也。』『以人口交神』，既是以『祝』治病的顯著特徵，亦是以『巫』治病的顯著特徵。說文·巫部：『巫，祝也。女能事無形、以舞降神者也。象人兩褎舞形。與工同意。古者巫咸初作巫。□，古文巫。』（五上）段玉裁注：『按：「祝」乃「覡」之誤。巫、覡皆巫也。覡篆下總言其義。示部曰：「祝，祭主贊辭者。」周禮「祝」與「巫」分職。二者雖相須為用，不得以「祝」釋「巫」也。』[一六]段氏認為『不得以「祝」釋「巫」』，說明二字的表意範圍是有區別的。在遠古時代，巫覡既是族群的精神領袖，同時亦是驅邪治病的醫生。後來隨著族群活動範圍的擴大、族群成員的劇增，促使『巫』『覡』分化。他們中的一部分上昇為氏族首領兼精神領袖，一部分成為主持祭祀的『主贊辭者』，平時協助氏族首領管理族群事務，一部分則成為從事巫術活動和治病療傷的醫生。第一部分巫覡稱『氏』稱『后』，第二部分巫覡稱『祝』，第三部分巫覡仍稱『巫』或『巫醫、巫師』。所以，『巫醫和巫師往往是一職兩兼的。他們在治病時，常常一面使用巫術驅走鬼邪，一面用原始藥物治療』。[一七]

『祝』甲骨文作□（乙7750）、□（前4.18.7）□（簠貞6）、□（鄴1.42.12）等，徐中舒先生說：『（祝）從□（与□有別）從示，示為神主，象人跪於神主前有所禱告之形。或不從示。』[一八]其本義為遠古祭祀時司禮的男巫。詩經·小雅·楚茨：『工祝致告，徂賚孝孫。』孔穎達等正義：『工善之祝以此之故，於是致神之意以告主人。』楚辭・宋玉〈招魂〉：『魂兮歸來，入修門些。工祝招君，背行先些。』漢王逸注：『工，巧也。男巫曰祝。背，倍也。言選擇名工巧辯之巫，倍道先行，導以在前，宜隨之也。』宋洪興祖補注：『五臣云：工祝，良巫也。君謂原。言良巫背行在先，君宜隨後。』引申為向鬼神祈禱消災求福。尚書・洛誥：『王命作冊，逸祝冊。』孔穎達等正義：『讀冊告神謂之祝。』史記・滑稽列傳：『（淳于髡謂齊王曰：）今者臣從東方來，見道傍有禳田者，操以豚蹄，酒一盂，而祝曰：「甌窶滿篝，汙邪滿車。五穀蕃熟，穰穰滿家。」臣見其所持者狹而所欲者奢，故笑之。』唐司馬貞索隱：『（禳）謂為田求福禳。』[一九]再引申為祭辭（文）。玉篇・示部：『祝，祭詞也。』篇海直音・示部：『祝，饗神之辭也。』漢書・武五子傳：『為立禖，使東方朔枚皋作禖祝。』唐顏師古注：『祝，禖之祝辭。』『祝由』之『祝』，是指『向鬼神祈禱』（廣韻・屋韻之六切），而非『詛咒』，故其讀音不能讀 zhòu（廣韻・宥韻職救切），因為祈望鬼神賜福之時，所言均為尊敬的話，而詛咒之時，所言則是惡語毒言。漢王充論衡・言毒云：『南郡極熱之地，其人祝樹，樹枯；唾鳥，鳥墜。』惡語毒言，衹會激怒神靈，還祈盼他們賜福消災嗎？

黃帝內經『祝由』之『由』，說文作『䄙』，玉篇作『袖』『⿰礻留』，云：『袖，古文⿰礻留。』龍龕手鑑作『⿰礻留』，云：『⿰礻留，直又反。福也。又⿰礻留祝。』『䄙、⿰礻留』異體，『⿰礻留』為譌體。今出土的漢代醫簡五十二病方中有『祝尤』方，張麗君據此推斷『祝尤』就是『祝疣』，而『祝尤』乃是『祝由』的『最早提法』，比黃帝內經還要早。並說『祝、尤（⿰礻留）』為疊韻，『祝由』為『聯綿詞』。這種推斷靠不住。『祝尤』之『尤』既然是『疣』字，正好說明『祝疣』不可能是聯綿詞，因為在五十二病方・尤中，既可以單說

『祝』，亦可連說『祝尤』。例如：

（一）叺月晦日之丘井有水者，叺敝帚騷［掃］尤二七。祝曰：『今日月晦，騷［掃］疣北。』入帚井中。（尤第三治方）

（二）祝尤：叺月晦日之室北，靡［磨］宥［疣］，男子七，女子二七。曰：『今日月晦，靡［磨］宥［疣］室北。』不出一月，宥［疣］已。（尤第七治方）[三〇]

從上古漢語的特徵看，第三治方的『祝』與史記·滑稽列傳的『祝』完全相同，都表示『祈禱』義；而第七治方的『祝尤』（『尤』是『疣』的初文），是由『祝之以尤』緊縮而成，為述補結構，意為因為得了疣病，纔向鬼神祈禱禳除，與聯綿詞何干。

『由』的古文作『𢎘』。說文·马部云：『𢎘，木生條也。从马由聲。商書曰：「若顛木之有𢎘枿。」古文言「𢎘枿」。』（七上）徐鉉等注：『孔安國注尚書直訓「由」作「用也」。「用枿」之語不通。』且引徐鍇繫傳：『說文無「由」字，今尚書只作「由枿」，蓋古文省「马」，而後人因省之，通用為「因由」等字。字從「马」，上象枝條華圅之形。』[三一]今本尚書·盤庚上作『若顛木之有由枿』。南宋蔡沈注：『由，古文作𢎘，木生條也。』左傳·昭公八年：『今在析木之津，猶將複由。』晉杜預注：『箕斗之間有天漢，故謂之「析木之間」。由，用也。』杜氏訓『由』為『用』不確。楊樹達注：『由，即說文之𢎘，木生條也。書·盤庚「若顛木之有由枿」可證。此謂尚將複生也。』『甹（由）』為樹木蘖生的新枝，以之比喻人體表面的長出來的疣病等，後泛指皮膚病和創傷。到漢時，則在『由』上增附類母『示』作『袖』，而增附類母『示』的原因，是為了賦予它與祈禱有關的意義，其後再更換聲母『由』轉形為形聲字『䄜』。說文訓『䄜』為『祝䄜』，特意增加了個『祝』字，說明許君在提示後人，『䄜』指的是用祈禱的方式來禳除的疾病。由此可知，『由』是指人體皮膚表面長出來的疣病或創傷等，『祝』是指向鬼神祈禱以禳除疾病與邪惡。『祝由』則是述補結構『祝之以由』的省略說法，即因疣病、創傷等而向鬼神祈禱，亦就是向鬼神祈禱以禳除疣病或創傷等疾病。

三　祝由術禳病之方法

清趙翼簷曝雜記卷四云：『湖南有祝由科，能以符咒治病……祝由科能以傷移人也。方術妖符，固有不可以常理論者。然湖南葛益山以此治病最擅名，人稱「葛仙翁」。』『以符咒治病』乃是東漢以後巫醫治病的方法，而東漢以前的巫醫，是絕對不可能用『符咒治病』的，因為上古時期人們十分崇敬鬼神，不可能採用詛咒之類失敬的言語來祈福治病的，再說那時還沒有『符籙』。史記·夏本紀說帝禹『致孝於鬼神』，殷本紀說『巫咸治王家有成』，而殷商之末代帝紂，衹因為『慢於鬼神』『淫亂不正』而國隕於周之文武。『符籙』是符和籙的合稱，亦稱『符字、墨籙、丹書』，始於東漢以後的道教。『符』是劃在黃表紙或絲帛上的似字非字、似畫非畫的符號；『籙』則是書寫在『符』空隙之間的天神名諱秘文。符籙派道教稱符籙是天神的文字，是傳達天神意旨的符信，用它可以召神劾鬼，降妖鎮魔，治病消災。既然漢代以前無符籙道教，巫醫用『祝由』術治病自然沒有符咒一說。

據五十二病方記載，西漢以前巫醫用『祝由』術禳除疾病的方法可粗分為四類：祈禱療法；祈禱與行為配合療法；祈禱與藥物配合療法；祈禱與行為、藥物綜合療法。例如：

（三）傷者血出，祝曰：『男子竭，女子截。』五畫地□之。（諸傷第八治方）

（四）嬰兒瘛：嬰兒瘛者，目繲䀹（觻瞯）然，脅痛，息瘿瘿（嚶嚶）然，屎不化而青。取屋榮蔡，薪燔之，而□匕焉。為湮汲三渾，盛以桮，因唾匕，祝之曰：『噴者豦（劇）噴，上如篲（彗）星，下如衃血。取若門左，斬若門右，為若不已，磔薄（膊）若市。』因以匕周揗嬰兒瘛所，□□而洒之桮水中，候之，有血如蠅羽者，而棄之於垣。更取水，復唾匕衆（漿）以揗，如前，毋徵。數復之，徵盡而止。令。（嬰兒瘛）

（五）巢者，侯天甸（電）而兩手相靡［磨］，鄉甸（電），祝之曰：『東方之王，□□□□主冥冥人星。』二七而□。（巢者第一治方）

（六）涶之，賁（歕）：『兄父產大山，而居□谷下。□□□不而□□□□而鳳鳥□□□□□□□尋尋豙（喙）且貫而心。』（蠆第五治方）

（七）『父居蜀，母為鳳鳥蓐（㦸）。毋敢上下尋，鳳□而心。』（蠆第六治方）

（八）吹：『諓年，蚩殺人今茲。』有復之。（蚖第五治方）

（九）賁（歕），吹：『伏食，父居北在，母居南止。同産三夫，為人不德。已不已，青傅之。』（蚖第八治方）

（一〇）湮汲一音（棓—桮）入奚蠡中，左承之，北（背）鄉人，禹步三，問其名，即曰：『某某年□今□。』飲半音（棓—桮），曰：『病去，病已。徐去，徐已。』即復（覆）奚蠡，去之。（蚖第九治方）

（一一）令疣者抱禾，令人嘑曰：『若胡为是？』应曰：『吾，疣。』置去禾，勿顾。（尤第二治方）

（一二）以月晦日日下餔時，以凷大如鷄卵者，男子七，女子二七。先以凷置室後，令南北列，以晦往之凷所，禹步三，道南方始取凷。言曰：『今日月晦，靡（磨）疣北。』凷一靡（磨）盡，已靡（磨），置凷其處，去，勿顧。靡（磨）大者。（尤第四治方）

（一三）以朔日，葵莖磨又（尤）二七。言曰：『今日朔，磨又（尤）以葵戟。』有以殺本若道旁葥根二七，投若淵下。除日已望。（尤第六治方）

（一四）積，操柏杵，禹步三，曰：『賁（歕）者一襄胡，濆（歕）者二襄胡，濆（歕）者三襄胡。柏杵臼穿，一母（無）一胡，豉橦（撞）有三。賁（歕）者橦（撞）若以柏杵七，令某瘨（癩）毋一。』必令同族抱，令瘨者直（置）東鄉窗，道外豉橦（撞）之。（腸積第一治方）

（一五）祝曰：『啻（帝）右（有）五兵，壐（爾）亡不亡，瀉刀為裝。』即唾之，男子七，女子二七。（髼第二治方）

以上十二例全錄於五十二病方，它基本反映出西漢以前用『祝由』術禳除疾病的方法。

（一）祈禱療法。即治病祇唸『祝語』，不用藥物或箴灸，而且唸祝語的不一定是巫醫，病人亦可自唸。如例（七）治療蠍毒，祇唸祝語：『父居蜀，母為鳳鳥蓐（㕹）。毋敢上下尋，鳳貫而心。』『唸』分低聲唸和大聲喊兩種，沒有『心唸』。例（九）的『吙』和例（一一）的『嘑』都表示大聲喊，而例（三）（四）（五）的『祝』和例（一二）（一三）的『言』都表示低聲唸。有人把『吙』訓為『呼氣』，未安。玉篇·口部：『吙，呼氣。』篇海類編·口部：『吙，吐氣聲。』漢語大字典訓為『吐氣；吐氣聲』，卻無書證。[一二]『吙』指大聲喊叫，與『嘑』同義。周禮·春官·雞人：『大祭祀，夜嘑旦，以嘂百官。』唐陸德明釋文：『嘑，火吳反，本又作呼。』在馬王堆漢墓帛書養生方療射工毒方等醫方中亦有用祝由術祈禱療法治療疾病的記載。例如：

（一六）［一曰］：東鄉讙：『敢告東君明星，日來感到畫所者，席彼裂瓦，何人？』有（又）即周畫中。（養生方·走）

（一七）●即不幸為蜮蟲蛇蠭射者，祝：歕之三，叺其射者名名之，曰：『某，女（汝）弟兄五人，某索智（知）其名，而處水者為蚑，而處土者為蚑，柎木者為蠭、蟨斯，蜚而之荊南者為蜮。而晉□末□，壐（爾）奴為宗孫。某賊，壐（爾）不使某之病巳（已）且復□□□□□□□□□□□□□』（療射工毒方）

（二）祈禱與治療方式配合療法。即邊祈禱邊做一些與治療相關的動作。如例（一一）治療疣病：叫長有疣的人抱一捆水稻在前面跑，再叫一人在後面邊追趕邊大聲喊：『你是什麼？』抱水稻的人回答：『我是疣！』且立即扔掉水稻，不停地往前跑，不能回頭看。這個治方就像影視導演在導演一場戲，演員既有臺詞，亦有動作，生動逼真。

（三）祈禱與藥物配合療法和祈禱與治療方式、藥物綜合療法。即治病在祈禱、治療方式（包括禹步）和用藥的綜合過程中完成。如例（一）治療『傷者血出』：先唸祝語『男子竭，女子截』，然後在地上劃五道，再取劃道上的浮土敷在傷口上止血。其中的『祝曰』是祝語，『五畫地』『傅』是治病方式，『浮土』（潛詞）是藥物，三者綜合運用。例（八）治療『蠑螈』病：巫醫先取一杯『湮汲』倒入裝有『奚蠡』的器皿中，左手托起，背向著病人，作三次『禹步』，再問『奚蠡』，（巫醫代奚蠡）立即回答：『我某年□今□。』並叫病人喝半杯浸泡『奚蠡』的湮汲水。病人一邊喝，巫醫一邊祈禱：『病沒了，慢慢離去了。』念完，將裝有奚蠡的器皿翻轉蓋在地上，立即離開。其中的『曰』是祝語，『湮汲一音（棓）入奚蠡中，左承之，北（背）鄉人，禹步三，問其名』『飲半音』是治療方式，『湮汲』『奚蠡』是藥物，三者綜合運用。

嚴建民說：『在五十二病方中，屬祝由共三五方，分載於一四種疾病中，有些疾病多達九個祝由方，如瘢，可見祝由採用之廣。有些純用祝由，有些在祝由之後加用原始藥物。』[一一三]張紫辰說：『我國古史中的巫，作為神巫出現，已經具備巫的一切素質與特點。他們不僅可以「知人生死，期以歲月，旬日如神」，而且以歌舞事神，職掌祭祀、占卜、祈禳等活動。至於驅邪避鬼，祈福免災，預測豐歉，醫療病患等，更是它通常的職能。這不僅和近代興起的各種人文科學的結論一致，而且和各國學者實地考察的結果也多吻合。這在秦漢以前與外界無涉的古老中國的學術中，是十分難能可貴的。』[一二四]據我們調查得知，西漢以前所用『祝由』術是不用詛咒、符籙治病的。李叢則認為：『在禁忌、符籙、咒語三種禁咒治病中，五十二病方中運用最多的是咒語，禁及籙祇是少數條文有涉及。』[一二五]這不符合史實。

清人錢大昕在答王西莊書中說：『愚以為學問乃千秋事，訂譌規過，非以訾毁前人，實以嘉惠後學。』[一二六]前文我們對『祝』與『由』的字形嬗變及其意義源流的考釋，證明『祝由』是個述補結構，在漢代以前祝由術表示向鬼神祈禱以禳除疾病，它能禳除的主要是外傷外瘡之類，諸如蜂螫傷、蠍螫傷、蛇咬傷、蠑螈咬傷，或瘊子、癰疽、漆瘡等。最常用的禳除方法是：祈禱療法；祈禱與行為配合療法；祈禱與藥物配合療法；祈禱與行為、藥物綜合療法。祝由術在上述施行的過程中，絕對不存在『咒語』。

注釋

[一] 本文原署名石琳、胡娟、鍾如雄，載於雲南師範大學學報（哲學社會科學版）2016 年第 4 期。

[二] 唐王冰注，宋林億等校補：重廣補注黃帝內經素問，四川大學古籍管理研究所、中華諸子寶藏編纂委員會編諸子集成（補編四），四川人民出版社 1999 年版，第 369 頁。

[三] 張麗君：〈五十二病方〉祝由之研究，中華醫史雜誌 1997 年第 3 期。

[四] 漢許慎：說文解字，中華書局 1963 年版，第 8 頁。

[五] 南唐徐鍇：說文解字繫傳，中華書局 1987 年版，第 4 頁。

[六] 清段玉裁：說文解字注，上海古籍出版社 1988 年版，第 6 頁。

[七] 清桂馥：說文解字義證，中華書局 1987 年版，第 15 頁。

[八] 清王筠：說文解字句讀，中華書局 1988 年版，第 4 頁。

[九] 清朱駿聲：說文通訓定聲，武漢市古籍書店 1983 年影印本，第 238 頁。

[一〇] 羅竹風主編：漢語大詞典（縮印本），漢語大辭典出版社 1997 年版，第 4445 頁。

[一一] 袁瑋：〈五十二病方〉祝由療法淺析，湖南中醫學院學報 1988 年第 1 期。

[一二] 陽太：祝由術漫筆，中華全國首屆馬王堆醫術學術討論會湖南醫學院論文專集，1990 年。

[一三] 焦振濂、王怡：〈五十二病方〉巫祝術之時代環境與文化淵源，中華全國首屆馬王堆醫術學術討論會湖南醫學院論文專集，1990 年。

[一四] 張麗君：〈五十二病方〉祝由之研究，中華醫史雜誌 1997 年第 3 期。

[一五] 李叢：〈五十二病方〉禁咒內容研究，江西中醫學院學報 2008 年第 2 期。

[一六] 清段玉裁：說文解字注，上海古籍出版社 1988 年版，第 201 頁。

〔一七〕楊堃：民族學概論，中國社會科學出版社 1984 年版，第 266 頁。

〔一八〕徐中舒主編：甲骨文字典，四川辭書出版社 1989 年版，第 24 頁。

〔一九〕漢司馬遷撰，唐司馬貞索隱：史記，中華書局 1959 年版，第 3198 頁。

〔二〇〕馬王堆漢墓帛書整理小組：馬王堆漢墓帛書·五十二病方（肆），文物出版社 1979 年版，第 62、65 頁。

〔二一〕漢許慎撰，宋徐鉉等校定：説文解字，中華書局 1963 年版，第 142 頁。

〔二二〕徐中舒主編：漢語大字典，四川辭書出版社、湖北崇文書局 2010 年版，第 643 頁。

〔二三〕嚴建民：五十二病方注補譯，中醫古籍出版社 2005 年版，第 7 頁。

〔二四〕張紫辰：中國巫術，上海三聯書店 1990 年版，第 26 頁。

〔二五〕李叢：〈五十二病方〉禁咒内容研究，江西中醫學院學報 2008 年第 2 期。

〔二六〕錢大昕全集（九），江蘇古籍出版社 1997 年版，第 603 頁。

唐詩『孤平拗救』說之否定〔一〕

詩家常說：『犯孤平是律體詩歌創作的最大禁忌。』不知此說有何根據、出自何處。查歷代詩話，得知『孤平拗救』之始作俑者為清人王士禎，後經推演、發揮，終成律體詩創作之永恆定律。然而詳考唐人律詩，『孤平』、變體實多，救與不救，出自天然。方知『孤平拗救』之說，實為後人向壁虛造的詩學教條，應當徹底否定。詳述於後。

一　『孤平』句的形成

『孤平』與『犯孤平』是律體詩學的兩個專用術語。『孤平』是指在『平平仄仄平』（五言）這種詩句中除韻腳字音外，整句詩衹有一個平聲字，故謂之曰『孤平句』。能形成孤平句的衹有五言『平平仄仄平』和七言『仄仄平平仄仄平』兩種句式的變體，即五言的第一平聲字、七言的第三平聲字改用仄聲字後，就變成了『仄平仄仄平』『仄仄仄平仄仄平』。而該用平聲字而改用仄聲字，就叫『犯孤平』。比如唐王勃五律重別薛華：

明月沉珠浦，風飄濯錦川。樓臺臨絕岸，洲渚亙長天。

⦶|——|，——||—。———||，⦶||——。

旅泊成千里，柏逴共百年。窮途唯有淚，還望獨潸然。

||——|，⊖—||—。———||，⦶||——。

重別薛華的頸聯對句『柏逴共百年』，本應用『———||』對出句『旅泊成千里』，但其中第一個音節該用平聲字卻用了仄聲字『柏』，由此形成『⊖—||—』。『⊖—||—』句中除韻腳字『年』外，整個詩句衹有一個平聲字『逴』，前人認為它『犯孤平』了。孤平句不合律體詩的平仄組合原則，於是就要重新調整整個詩句的平仄組合，使之基本符合律體詩的平仄組合原則。調整的方法是：將第三個仄聲音節改用平聲字，以此構成『|—||—』句式。例如唐王維五律終南別業：

中歲頗好道，晚家南山陲。興來每獨往，勝事空自知。

||⊖—|，⊖—⦶⦶—，⊖—⊖||，||⦶——。

行到水窮處，坐看雲起時。偶然值林叟，談笑無還期。

⦶|⊖—|，⊖—⦶|—。⊖—⊖⦶|，⦶||——。

終南別業頸聯出句『行到水窮處』的平仄組合為『⦶｜⊖—｜』，若按照律體詩『對』的原則，對句的平仄組合應為『｜｜——｜』，而『坐看雲起時』的平仄卻是『⊖—⦶｜—』，其中第一個音節應用平聲字卻換成了仄聲字『坐』，因此衹好將第三個本該用仄聲字的音節改用平聲字『雲』，這樣使整句詩依然擁有兩個平聲字『看』和『雲』。這就叫做『拗救』。王勃重別薛華的『柏遑共百年』，前人謂之『孤平』拗句，而王維終南別業的『坐看雲起時』，前人謂之『孤平拗救』句。由此看來，『孤平』拗句的形成，是因為五言律句『——｜｜—』的第一個音節未用平聲字造成的。犯了『孤平』拗病之後，倘若將該句中第三個音節換成平聲字，就算得『救』了。於是『孤平拗救』的詩學理論就這樣形成了。

二 『孤平』說緣起

詩學理論發展史上的『孤平』說，乃是近現代詩學家杜撰出來的新名詞，清代以前並無此說。但是，其說的形成與齊梁沈約等人創造的『永明詩體』密切相關。南史・陸厥傳云：永明末，『時盛為文章。吳興沈約、陳郡謝朓、琅邪王融，以氣類相推轂，汝南周顒，善識聲韻。約等文皆用宮商，將平上去入四聲，以此制韻，有平頭、上尾、蜂腰、鶴膝。五字之中，音韻悉異，兩句之內，角徵不同，不可增減，世呼為「永明體」。』陸厥傳中提及沈約等人開創的新詩體禁忌『平頭、上尾、蜂腰、鶴膝』四種詩病，後世即謂之『永明體詩病』或律體詩病。律體詩病的第一病『平頭』則是後世演繹出『孤平』說的根源。[二] 我們知道，永明體或律體詩的平仄組合都律定為四種基本句式：

A. 仄仄平平仄　B. 平平仄仄平　C. 平平平仄仄　D. 仄仄仄平平

其中的『B』式『平平仄仄平』，如果第一個音節的『平』換成了『仄』，整個詩句不就衹剩下一個平聲音節（韻腳音節除外）了嗎。『孤平』句就是沈約等人所謂『平頭』詩病，亦就是後世詩學家所説的『孤平』拗句。前人有個口訣叫做『一三五不論，二四六分明』（七言句）。明釋真空貫珠集云：『平對仄，仄對平，反切要分明。有無虛與實，死活重兼輕，上去入音為仄韻，東西南字是平聲。一三五不論，二四六分明。』既然『一、三、五』可以『不論』，『孤平』拗句原本是算不上什麽嚴重詩病的。但是清代王夫之曾批評過『一三五不論，二四六分明』這種説法不合詩律。姜齋詩話卷下云：

〔禮記·〕樂記云：『凡音之起，從人心生也。』固當以穆耳協心為音律之準。『一三五不論，二四六分明』之説，不可恃為典要。『昔聞洞庭水』，『聞』『庭』二字俱平，正爾振起。若『今上岳陽樓』，易第三字為平聲，云『今上巴陵樓』，則語蹇而戾於聽矣。『八月湖水平』，『月、水』二字皆仄自可，若云『涵虛混太清』，易作『混虛涵太清』，為泥盤土鼓而已。又如『太清上初日』，音律自可，若云『太清初上日』，以求合於黏，則情文索然，不復能成佳句。又如楊用修警句云：『誰起東山謝安石，為君笑談淨烽煙。』若『安』字失黏，更云『誰起東山謝太傅』，拖遝便不成響。足見凡言法者，皆非法也。〔三〕

王力先生在詩律餘論中指出：『（王夫之）從根本上否定了詩律，這更是不妥的。但是，他否定這個口訣則是對的。』[四]前人為什麼要從根本上否定這個詩訣呢？恐怕與律體詩平仄組合的四種基本形式有關。因為：A式『仄仄平平仄』如果第二個『仄』換成『平』變成『仄平平平仄』後，則不成律句；B式『平平仄仄平』如果第一個『平』換成『仄』變成『仄平仄仄平』後，就成了孤平句；C式『平平平仄仄』和D式『仄仄仄平平』，倘若第三個『平』換成『仄』或第三個『仄』換成『平』，就變成了『平平仄仄仄』或『仄仄平平平』，三仄調或三平調都是古風的句式，亦不合律句。從中我們不難看出詩律四病在律體五言詩中的分佈和病因：『平頭』，『平平仄仄平』的第一個平聲音節不能換成仄聲音節；『上尾』，『仄仄平平仄』和『仄仄仄平平』的第二個仄聲音節不能換成平聲音節；『蜂腰』，『平平平仄仄』和『仄仄仄平平』的第三個音節的平仄不能隨意更換；『鶴膝』，『平平仄仄平』和『仄仄平平仄』的第四個音節的平仄亦不能隨意更換。瞭解了律體詩的四種基本句式中哪些音節不容隨意打破平仄的組合規則之後，我們就很容易搞清楚『拗句』是怎麼形成的了。

何謂『拗句』？王力先生說：『凡平仄不依常格的句子，叫做拗句。律體詩中如果多用拗句，就變了古風式的律詩。』[五]李新魁先生進一步指出了『拗句』的本質：『拗句這種毛病的本質，是平聲字或仄聲字出現過多或過少，也就是平、仄字的比例失去平衡，產生不和諧的現象。』[六]平仄組合的和諧原則原本是『五字之中，音韻悉異』，倘若有悖這個原則，致使平、仄音節的比例失衡，就會產生不和諧的音律，而這種『不和諧』的音律就是沈約等人規定忌犯的詩律『四病』，即後世詩學家所說的『拗』。清翟翬聲調譜拾遺云：『唐人亦有不用拗救者。趙［譜］云：「不救便落調。」恐未必然。凡律詩，上句拗，下句猶可參用律調；下句拗，則上句必以拗調協之。此不易之法。』[七]說白了『拗』就是詩病，而這類詩病在唐代律體詩中衍生出來許多『病變』，其中常見、多發的有『孤平拗』『蜂腰拗』和『鶴膝拗』三種。

『平頭』病『孤平』拗句的出現就要『救』，於是『孤平拗救』說產生了。據我們調查，『孤平拗救』說乃是清代詩學家王士禎的一大創造。他在律詩定體中云：『五律凡雙句二、四應平仄者，第一字必用平，斷不可雜以仄聲。以「平平」止有二字相連，不可令單也。其二、四應仄平者，第一字平仄皆可用，以「仄仄仄」三字相連，換以平字無妨也。大約仄可換平，平斷不可換仄，第三字同此。』又云：『凡七言第一字俱不論，第三字與五言第一字同例。凡雙句第三字應仄者，可換平聲，應平者不可換仄聲。』[八]王士禎『孤平拗救』說源於被譽為明末清初『詩壇兩朝領袖』的錢謙益。王力先生主編的古代漢語第一千五百三十頁腳注云：『杜甫寄贈王十將軍承俊前六句：「將軍膽氣雄，臂懸兩角弓。纏結青驄馬，出入錦城中。時危未授鉞，勢屈難為功。（賓客滿堂上，何人高義同。）」錢謙益引李（因篤？）云：「臂字宜平而仄，應於第三字還之，且無黏聯，拗體也。集中衹此一首，人藉口不得。」』[九]當代詩學家郭紹虞先生極力推崇王士禎的『孤平拗救』新說，稱讚王氏之說『甚有至理』。他在清詩話·前言中說：『王氏謂：「五律，凡雙句二四應平仄者，第一字必用平，斷不可雜以仄聲，以平平止有二字相連，不可令單也。其二四應仄平者，第一字平仄皆可用，以仄仄仄三字相連，換以平字無妨也。大抵仄可換平，平斷不可換仄。」此言甚有至理，頗合漢語詩律中二音步的規律。』[一〇]王士禎『孤平拗救』經後世詩學家尤其是當代詩學家推演、發揮，最終成為律體詩創作永恆不變的定律。從此以後，律體詩創作『必須避免孤平』，[一一]已成為詩律教學的重要內容，因為犯孤平『是詩家之大忌』[一二]。

三　『孤平拗救』說之否定

事實上今人所謂『孤平拗救』完全是一種杜撰出來的子虛烏有的詩學理論。我們說它是一種『杜撰出來的子虛烏有的詩學理論』，是因為它被主觀地寫進了當代的教科書，而且還有那麼多學者在津津樂道地傳授。早在二十五年前趙克剛先生就指出：『不可犯孤平、無孤平說是嚴重錯誤的。』[一三]我們已曾做過調查，發現唐人的律體詩不存在『拗救』的問題。[一四]既然連『拗救』都不存在，而『孤平拗救』之類的詩學理論還有存在的必要嗎？

清代詩學家翟翬云：『聲調之辨，有正有變。變聲者，由正而變，不詭於正，所以濟正聲之窮也。禮記·樂記曰：「聲相應，故生變，變成方，謂之音。」變而無方，非所以為變也。夫正變之際，聲調之樞紐。不知聲者，不可與言詩。』[一五]翟氏所謂『正變之際，聲調之樞紐』，一語道破了唐代律體詩平仄調協的音律特徵。在唐人的律體詩中，五言『——｜｜—』句有三種變體。

變體一：『——｜｜—』式變為『⊖—｜｜—』式，即將第一個音節改為仄聲字。例如：

（一）萬里楊柳色，出關送故人。（⊖—｜｜—）（戴叔倫：五律送友人東歸）

（二）高樹曉還密，遠山晴更多（⊖—｜｜—）。（許渾：五律早秋）

變體二：『——｜｜—』式變為『⊖—⦶｜—』式，即將第一個音節改為仄聲字，同時將第三個音節改為平聲字。例如：

（三）人事有代謝，往來成古今（⊖—⦶｜—）。（孟浩然：五律與諸子登峴山）

（四）芳草已雲暮，故人殊未來（⊖—⦶｜—）。（韋莊：五律章臺夜思）

（五）高樹曉還密，遠山晴更多（⊖—⦶｜—）。（許渾：五律早秋）

（六）漸與骨肉遠，轉於僮僕親（⊖—⦶｜—）。（崔塗：五律除夜有懷）

（七）薄宦梗猶泛，故園蕪已平（⊖—⦶｜—）。（李商隱：五律蟬）

变体三：『——｜｜—』式变为『——⦶｜—』式，即将第三个音节改为平声字。例如：

（八）古木無人徑，深山何處鐘（——⦶｜—）。（王維：五律過香積寺）

（九）飛鳥沒何處，青山空向人（——⦶｜—）。（劉長卿：五律餞別王十一南遊）

（一〇）曲徑通幽處，禪房花木深（——⦶｜—）。（常建：五律題破山寺後禪院）

（一一）掩泣空相向，風塵何所期（——⊕|—）。（盧綸：五律送李端）

（一二）野火燒不盡，春風吹又生（——⊕|—）。（白居易：五律草）

（一三）向晚意不適，驅車登古原（——⊕|—）。（李商隱：五律登樂遊原）

七言句的變體與五言句完全相同。例如：

（一四）醉思把箸欹歌席，狂憶判身入酒船（⊕|⊖—||—）。（羅隱：七律錢唐見芮逢）

（一五）孤舟千棹水猶闊，寒殿一燈夜更高（⊕|⊖—||—）。（許渾：七律泊蒜山津聞東林寺光儀上人物故）

（一六）堪悲小苑作長道，玉樹未憐亡國人（||⊖—⊕|—）。（李商隱：七絕燕臺四首・秋）

（一七）桃花盡日隨流水，洞在清溪何處邊（||⊖—⊕|—）？（張旭：七絕桃花溪）

（一八）朝聞遊子唱離歌，昨夜微霜初渡河（||——⊕|—）。（李頎：七律送魏萬之京）

（一九）鳳凰臺上鳳凰遊，鳳去臺空江自流（||——⊕|—）。（李白：七律登金陵鳳凰臺）

（二〇）風塵荏苒音書斷，關塞蕭條行路難（||——⊕|—）。（杜甫：七律宿府）

從五言句的三種變體中，我們可以得出以下結論：（一）『變體一』，詩人將第一個音節改用仄聲字後，

第三個音節依然用仄聲字，儘管整個詩句形成了『孤平』拗，而詩人並沒有施救；（二）『變體二』，詩人將第一個音節改用仄聲字後，第三個音節則改用平聲字，整個詩句形成了『孤平拗救』；（三）『變體三』，詩人在沒有改變第一個平聲音節的前提下，卻將第三個仄聲音節改成了平聲音節。因此，我們透過『變體一』和『變體三』得知，唐人律體是不避『孤平』的，我們今天看到的『變體二』，亦就是所謂『孤平拗救』，完全是一種平仄組合的偶然現象，並非律體詩創作的客觀要求，更不是律體詩創作的『大忌』，衹不過是清代以來的詩學家們杜撰出來的、聳人聽聞的詩學理論而已。

前人說：『犯孤平是調平仄的最大忌諱，必須避免。』這話不可信。當今的年輕人因受白話詩的影響太深，故好標新立異。有人主張當今的律體詩創作不可強依舊法，寧可『犯孤平』亦不能戕害詩意。他們罵那些衹為格律而活著的詩人為『偽詩人』。他們說毛潤之七絕屈原中第四句中的『沖向』，按詩律該用『平平』，而毛氏改用『平仄』後雖不合詩律，卻是真詩人的心態。我們認為，無論你寫什麼，總要有章可循吧。既然創作的是律體詩歌，嚴格遵守律體章法為何不妥！最後讓我們來分析一下毛潤之屈原詩的平仄組合：

屈子當年賦楚騷，手中握有殺人刀。艾蕭太盛椒蘭少，一躍沖向萬里濤。

｜｜——｜｜—，⊖—｜｜｜——。⊖—｜｜——｜，｜｜—⊖｜｜—。

七絶屈原前三句平仄調得非常專業，無一字用錯，而第四句的『沖向』，該用『平平』而誤用了『平仄』，嚴格説來是不合律的，我們不能因為作者是詩學大家而為之諱吧。律體詩格律要求甚嚴，稍不精心就會犯平仄失調的毛病，即使是詩學大家也在所難免。如唐代詩人孟浩然五律臨洞庭上張丞相首聯：『八月湖水平，涵虛混太清。』出句中的第三個音節必須用仄聲字，而詩人卻用的是平聲字『湖』，整聯詩就完全失對了。總不能因為孟浩然有痔漏，後人就應該跟著有吧。我們既反對任意變革的所謂『真詩人心態』，更反對無中生有、向壁虛造的律詩學理論。正因為如此，『孤平拗救』説應該徹底否定。

注釋

〔一〕本文原署名鍾如雄、胡娟，原名論唐詩『孤平拗救』説之不成立，載於雲南師範大學學報（哲學社會科學版）2014 年第 6 期。

〔二〕鍾如雄：永明詩病説猜想（上），社會科學研究 2010 年第 5 期。

〔三〕清王夫之撰，舒蕪校點：姜齋詩話，人民文學出版社 1961 年版，第 1152 頁。

〔四〕王力：龍蟲並雕齋文集，中華書局 1980 年版，第 422 頁。

〔五〕王力：詩詞格律，中華書局 1977 年版，第 167 頁。

〔六〕李新魁：實用詩詞曲格律辭典，花城出版社 1999 年版，第 167 頁。

〔七〕清翟翬：聲調譜拾遺，見清王夫之等撰清詩話，上海古籍出版社 1978 年版，第 362 頁。

〔八〕清王士禎：律詩定體，見清王夫之等撰清詩話，上海古籍出版社 1978 年版，第 113—114 頁。

〔九〕王力主編：古代漢語（校訂重排本），中華書局 1999 年版。

［一〇］見清王夫之等撰清詩話，上海古籍出版社1978年版，第11頁。

［一一］郭芹納：詩律，商務印書館2009年版，第23頁。

［一二］趙仲才：詩詞寫作概論，上海古籍出版社2003年版，第44頁。

［一三］趙克剛：關於犯孤平，重慶師範學院學報1998年第4期。

［一四］鍾如雄：近體詩『拗救』説之檢討，北京師範大學文學院編勵耘學刊（语言卷）2009年第二輯，學苑出版社2009年版。

［一五］清翟翬：聲調譜拾遺，見清王夫之等撰清詩話，上海古籍出版社1978年版，第351頁。

大鵬飛兮振八裔　中天摧兮力不濟[一]

——論詩仙太白之夢幻人生

我國不知道從什麽時候開始有了『詩歌』，而現在能看到的一首最原始的詩歌叫做彈歌，始見於東漢趙曄的吳越春秋·勾踐陰謀外傳，是一首兩言體，後人公認為它是黃帝時期的作品。南朝梁劉勰文心雕龍·章句說：『尋二言肇於黃世，竹彈之謠是也。』[二]彈歌全詩祇有『斷竹，續竹；飛土，逐宍』八個字，卻藝術地再現出了遠古先民從製作工具到獲取獵物的全過程。全詩巧妙地運用了『斷、續、飛、逐』等四個富有動感的動詞，以渲染他們狩獵的歡快與喜悦。時至商周，我國的詩歌不僅表現形式焕然一新，而且藝術的表現力亦更加成熟，儘管如此，它依然沿著『現實主義』發展道路前行。這個時期的集大成詩集就是詩經。『國風』中的周代民歌，以絢麗多彩的畫面，反映出了華夏勞動人民真實的生活場景，表達出了他們對美好生活的嚮往與追求，後世認為它是詩經中的精華，是華夏民族文藝寶庫中璀璨的明珠，更是中國現實主義詩歌的源頭。因此，人們就用『風』來代表詩經，進而代表中國詩壇上的『現實主義』詩派。

時肇戰國，南方的楚國出現一種新詩體，它因屈原的離騷而得名，後世叫它『騷體詩』。屈原以前的詩歌，多為直抒己懷的抒情詩。它們往往即眼前之景，就身邊事，述胸中志，衹表現一時一地的某種感觸和心境，反映在詩歌體制上，大多為四言體，每首少則兩三章，多則八九章。而屈原之離騷，放縱思緒，鋪陳排比，恣肆不羈，徹底突破抒情詩的短章體制與章法，創造出一種氣勢宏偉、容量極大的長篇體制。『騷體詩』的出現，『以一人之手，創千古之業』（明李維楨楚辭集注序），使春秋以來的詩歌體式出現了前所未有的大變革。明人吳景旭評說道：『經之後，賦之先，天地間忽出此一種文字，自是別具一體，以「騷」命之可也……總覽斯文，風格鑿空，不經人道，自應別名，一體以「騷」命之可也。』（清何文煥歷代詩話卷七楚辭·評騷）正因為它『風格鑿空，不經人道』的『寫虛』特色，後世以『浪漫主義』名之。

『現實主義』和『浪漫主義』都是泊來的名稱，它們都是文學藝術創作史上的兩大主要思潮。現實主義的創作方法，作者將審美想像融於藝術描寫之中，偏重於對事物作客觀的描寫，注重細節描寫的真實性與藝術概括的典型化，摒棄理想化的想像；浪漫主義的創作方法，作者在反映客觀現實上，側重從主觀內心世界出發，抒發對理想世界的熱烈追求，以熱情奔放的語言、虛幻瑰麗的想像，和奇特誇張的手法來描寫。以詩經為代表的現實主義詩派和以楚辭為代表的浪漫主義詩派，成為秦漢以後我國詩歌創作的兩面旗幟。正是在這兩面旗幟的輝映下，唐代詩人創作出了彪炳千秋的不朽詩篇，成就了我國詩壇上兩位獨佔鰲頭的現實主義『詩聖』杜甫和浪漫主義『詩仙』李白。

在我國歷史上賦有『仙』美譽的名人很多，然而享有『二仙』之譽者唯太白一人。太白不僅是個『詩仙』，而且還是個『酒仙』。美酒成就了太白『酒仙』之盛名，而『酒仙』則成就了太白『詩仙』之美譽。

在李白人生的六十餘年中，酒成了他難以割捨的『朋友』。關於太白的祖籍、家事、身世等，傅東華先生在李白評傳中作了較為詳實的介紹，我們不再偏重敘述，而僅從『酒仙的夢想、酒仙的夢現、酒仙的夢滅、酒仙的夢幻、酒仙與詩仙』等五個角度來管窺太白一生的風雲變化、成敗得失與詩歌創作藝術。

一　酒仙的夢想

李白（701—762），字太白，號『青蓮居士、謫仙人』。祖籍隴西成紀（今甘肅省秦安縣），隋朝末年其祖遷居中亞碎葉城（今吉爾吉斯坦北部托克馬克附近），後其父客再遷居劍南道綿州之彰明縣（今屬四川省江油市）的青蓮鄉月圓村，武則天大周長安元年（701）生白。關於李白名字的來由有兩種說法：一說以李花之色取名，或說因李母夢見太白金星入懷而生子，故取名白，字太白。唐李陽冰草堂集序云：『（其父）神龍之始，逃歸於蜀，復指李樹而生伯陽。驚姜之夕，長庚入夢。故生而名「白」，以「太白」字之。』[三]唐范傳正唐左拾遺翰林學士李公新墓碑並序亦云：『公之生也，先府君指天（李）枝以復姓，先夫人夢長庚而告祥，名之與字，咸取所象。』[四]以上兩則史料均說道李白取名的兩種可能，而後世則將其中『復指李樹而生伯陽』『先府君指天枝以復姓』兩句，演繹成李白七歲時與父母聯句而得名的佳話。據民間傳說，李白在周歲抓週時抓到的是一本詩經，他父親很高興，認為兒子長大後可能成為有名的詩人，就想為他取一個好名字，但直到兒子七歲時名字還沒有取好。這年春天，父親同妻兒在庭院散步，看著春日院中蔥翠的樹木，似錦的繁花，開口吟道：『春國送暖百花開，迎春綻金它先來。』其妻想了一陣接道：『火燒杏林紅霞落。』兒子等母親說罷，手指院中的李花脫口而出：『李花怒放一樹白。』父親一聽，拍手叫好，兒子果然有詩才，且靈機一動，將兒子取名為『白』。

李白一生的夢想是效力朝廷，他徹底顛覆了經商致富的傳統。所以，他既不願意像當時的貧民子弟那樣，走科舉興業之路，更不願意子承父業，從商興家。我國的文官選拔制度（科舉）開創於隋煬帝大業三年（607），它是貧民子弟步入官場的登天雲梯。古代有很多勵志詩，如『朝為田舍郎，暮登天子堂；將相本無種，男兒當自強』（宋汪洙神童詩），都是鼓勵平民百姓的子弟刻苦攻讀，科舉揚名的，而李白則放棄了走科舉揚名之路，他的一生從未參加過科舉考試，從小博學廣覽，行俠仗義，吟詩作賦。他在上安州裴長史書中曾說：『（白）五歲誦六甲，十歲觀百家。軒轅以來，頗得聞矣。常橫經籍書，制作不倦，迄於今三十春矣。以為士生則桑弧蓬矢，射乎四方，故知大丈夫必有四方之志。』[五]

二十五歲的李白『仗劍去國，辭親遠遊』。在家鄉的二十五年裡，他為北上長安、效忠朝廷做了充分的準備——讀書、練劍、作詩、訪道。李白『五歲誦六甲，十歲觀百家』，經史百家之書無不通曉。其中尤其喜歡兩類書——風騷漢賦和諸子百家。他涵泳其間，學會了詩歌『興、比、賦』的創作技巧，感悟到了男兒雖生草莽，亦當胸懷天下，志在四方。在先秦諸子百家中，他特別崇拜道家學說和義士的直言仗義，喜好神仙、劍術和任俠，因此養成了豪放、飄逸、仗義、自負的秉性。唐人對李白曾有這樣的評語：『（公）受五行之剛氣，叔夜心高；挺三蜀之雄才，相如文逸。瓌奇宏廓，拔俗無類。少以俠自任，而門多長者車。常欲一鳴驚人，一飛沖天；彼漸陸遷高喬，皆不能也。由是慷慨自負，不拘常調，氣度弘大，聲聞於天。』[六]相傳李白十歲就能作詩，十五歲時已有詩賦多首，並得到一些社會名流的推崇與獎掖。如『古風』體大雅久不作：

大雅久不作，吾衰竟誰陳？王風委蔓草，戰國多荊榛。
龍虎相啖食，兵戈逮狂秦。正聲何微茫，哀怨起騷人。
揚馬激頹波，開流蕩無垠。廢興雖萬變，憲章亦已淪。
自從建安來，綺麗不足珍。聖代復元古，垂衣貴清真。
群才屬休明，乘運共躍鱗。文質相炳煥，眾星羅秋旻。
我志在刪述，垂輝映千春。希聖如有立，絕筆於獲麟。

詩中已表現出作者政治上的功業欲望和文學上的復古精神。唐孟棨本事詩說：『白才逸氣高，與陳拾遺（子昂）齊名，先後合德。其論詩云：「梁陳以來，豔薄斯極，沈休文（約）又尚以聲律，將復古道，非我而誰與！」』清王琦亦說：『此詩乃自明其素志與？』[七]

青少年時代的李白除了讀書、作詩、練劍之外，還喜歡遊山問道。他先後出遊江油、劍閣、梓州、青城、峨眉等地，增長了不少閱歷與見識。玄宗開元六年（718），十八歲的李白隱居於戴天大匡山（今四川省江油縣大康鎮）大明寺求仙學道。寫下了五律訪戴天山道士不遇：

犬吠水聲中，桃花帶雨濃。樹深時見鹿，溪午不聞鐘。
野竹分青靄，飛泉掛碧峰。無人知所去，愁倚兩三松。

詩中描繪了一幅色彩鮮明的訪道不遇圖。通篇寫景，真實自然，生動形象地再現出了道士優閑的世外桃源生活。全詩風格清麗，逸氣橫空，充滿著年輕人勃勃向上的朝氣與孜孜以求的探索精神。

李白豪放、飄逸、仗義、自負等秉性的養成亦來自於父母的影響和川酒的滋養。李白的父親李客是一個品德高尚，學識淵博，文化修養很高的隱士。他看破紅塵，故自西域舉家遷回四川，放形山水，『高臥雲林，不求仕祿』，但他對子女教育卻傾注了全部心血。此外，李白的父親還是個儒商，既然是商人就少不了結交朋友、送往迎來，喫喝應酬。父親的為人處事、待人接物必然對成長中李白產生深刻的影響。在參與父親的送往迎來，喫喝應酬中，李白漸漸學會飲酒，再加之他性情豪爽、喜好神仙劍術，行俠仗義，爾後美酒漸漸成了他終身不離不棄的知心『朋友』。二十五歲的李白，再亦賴不住家居性子了，他要走出蜀水巴山，北上長安，實現他效力朝廷的夢想了。

二　酒仙的夢現

年已二十五歲（725）的李白仗劍出川，雲遊天下，以求高官厚祿，為朝廷效力，陪同他出川的有妹妹李月圓的未婚夫等若干人。在金陵散盡千金後，李白遊於江夏（武漢），遇見了湖北安州（今安陸）人蔡十，二人談起了『雲夢古澤』的綺麗。李白原本對同鄉司馬相如在子虛賦中描繪的雲夢古澤十分嚮往，加之安州還有郝、許兩家名滿江南的名門望族，而且許家尚存昭明文選，更是令李白極為嚮往。兩年後（727）他們來到安州，求官無望的李白則求道士胡紫陽介紹入贅許府，成了上門女婿。許圉師在唐高宗時曾任戶部尚書，封『安陸郡公』，致仕後定居安州。李白與許圉師的孫女許紫煙結婚後通過許家的舊交，結識了一大批權貴人物，其中就有唐玄宗的妹妹玉真公主。李白在上安州裴長史書中亦說：『見鄉人相如大誇雲夢之事，雲夢有七澤，遂來觀焉；而許相公家見招，妻以孫女，便憩跡於此，至移三霜焉。』許氏與李白共同生活了十年，為李白生下了一兒一女。李白給兒子取名『伯禽』，小名『明月奴』，女兒取名『平陽』。『伯禽』本是西周傑出政治家、被後世尊為『文聖』的周公長子之名，『平陽』則是漢武帝姐姐之名。李白為兒女取這兩個名字，隱含著他遠大的政治抱負。妻子許氏去世後，李白與安州的官員相交甚惡，一家人難以在安州繼續生存下去了，於是『酒隱安州，求索十年』的李白不得不離開安州碧山（又名白兆山，位於今湖北安陸市西北的煙店鎮）。今天的湖北安陸由此成了詩人李白的第二故鄉。

在湖北十年期間，李白以安州為中心，西入長安，東遊吳越，南泛洞庭，北抵太原，培養社會聲譽，確立人生理想，陶冶思想性格，昇華詩歌藝術，與孟浩然等著名詩人結下了深厚的友誼，寫下了一百餘首膾炙人口的作品。尤其是入贅許府後的李白，躊躇滿志，讀書習業，靜觀時機，以待平步青雲。在七絶山中問答中，李白即借用桃花表達出了自己不同凡響的進取心態。

問余何意棲碧山，笑而不答心自閑。桃花流水窅然去，别有天地非人間。

李白在『酒隱安州，求索十年』中，曾於玄宗開元十八年至二十一年（730—733）赴長安求官。在長安期間，他『上書干謁』，『攀龍』『結貴』，『以求吸引』，獲得『擢昇』，但終無獲，重回安州。天寶元年（742）秋天，李白得友人吳筠推薦，獲唐玄宗賞識，應召入京。雖然功名尚未如他所願『早著』，但他還是特别興奮，高興地唱道：『仰天大笑出門去，我輩豈是蓬蒿人！』（南陵别兒童入京）天寶（742—756）初年，李白辭别家人再入長安，去拜見太常博士賀知章，因吟誦蜀道難烏棲曲，一舉名動京師。孟棨本事詩曾記載此事：『李太白初自蜀至京師，舍於逆旅。賀監知章聞其名，首訪之。既奇其姿，復請所為文，出蜀道難以示之。讀未竟，稱歎者數四，號為「謫仙」，解金龜換酒，與傾盡醉。期不間日，由是稱譽光赫。賀又見其烏棲曲，歎賞苦吟曰：「此詩可以泣鬼神矣！」』五代王定保唐摭言卷七亦云：『李太白始自西蜀至京，名未甚振，因以所業贄謁賀知章。知章覽蜀道難一篇，揚眉謂之曰：「公非人世之人，可不是太白金星精耶？」』[八]『謫仙』本指從天上被貶謫居住凡間的仙人，亦指才情高超、清越脱俗的道家人物。此時的李白，既是個忠實的道教信徒，亦是個求官未果的『落魄公子』，更是個才華橫溢、『筆落驚風雨，詩成泣鬼神』的詩仙，故賀知章用『謫仙』來形容他，並非過譽之辭，而是對他的信仰、才氣和當下的處境的真實寫照。杜甫寄李十二白二十韻云：

昔年有狂客，號爾謫仙人。筆落驚風雨，詩成泣鬼神。
聲名從此大，汩沒一朝伸。文彩承殊渥，流傳必絕倫。
龍舟移棹晚，獸錦奪袍新。白日來深殿，青雲滿後塵。
乞歸優詔許，遇我宿心親。未負幽棲志，兼全寵辱身。
劇談憐野逸，嗜酒見天真。醉舞梁園夜，行歌泗水春。
才高心不展，道屈善無鄰。處士禰衡俊，諸生原憲貧。
稻粱求未足，薏苡謗何頻。五嶺炎蒸地，三危放逐臣。
幾年遭鵩鳥，獨泣向麒麟。蘇武先還漢，黃公豈事秦。
楚筵辭醴日，梁獄上書辰。已用當時法，誰將此義陳。
老吟秋月下，病起暮江濱。莫怪恩波隔，乘槎與問津。

杜詩中所說的『才高心不展，道屈善無鄰』，是對賀知章『謫仙』之說的最好注釋。面對『文采絕倫』

『才高見屈』『報效無門』『嗜酒如命』的『狂客』李白，玉真公主、賀知章等對他十分同情，他們紛紛向玄宗引薦。玄宗因甚愛其才，最終授與他翰林學士。至此，李白夢想總算成真了。

三　酒仙的夢滅

『翰林學士』為唐玄宗時所設的官職，主要從文學侍從中選拔優秀人才充任，專掌由皇帝直接發出的機密的檔，如任免宰相、宣佈討伐令等，時稱『內相』，有較大實權，首席翰林學士稱『承旨』。按理說，作為一介布衣的李白初入仕途就出任翰林、主管國家最高機密，極為難得。因此，此時的李白對自己前途和命運充滿著幻想，他著實很興奮，有時在半路上遇見朋友亦忍不住說句：『逢君奏明主，他日共翻飛。』（溫泉侍從歸逢故人）但是，歷經半生追求纔實現的夢想，卻在短短的三年翰林供奉上破滅了。

正當李白想要施展自己的政治才能建功立業的時候，他卻發現一切跟他想像的並不一樣。首先，他感覺到自己侍奉君主玄宗皇帝早已成為一個喜好聲色犬馬的帝王，不再是以前那個勵精圖治的帝王了；其次，他發現翰林學士這類職官並沒有什麼實權，而玄宗對自己亦並不器重，不想讓自己施展『經世濟國』的才能，而看重的衹是自己在作詩方面的本事，自己衹是皇帝裝潢門面、粉飾太平的一件小擺設而已；第三，最重要的是，他在朝廷中呆了一段時間後，明顯地感受到宮廷內部黑暗與腐敗、權臣之間勾心鬥角的醜惡。為此他深感失望。照李白清高孤傲的性格，雖然說充當皇帝花瓶的滋味很不好受，但還是可以容忍的，因為皇帝畢竟是九五之尊，然而要他去迎合巴結皇帝身邊像李林甫、楊國忠、高力士等那樣權臣，那比『上青天』還要艱難，所以必然會遭致權臣的嫉恨與排擠。他們不斷向玄宗進讒言詆謗李白，使玄宗漸漸地冷淡了李白。李白亦漸漸感受到了王帝對自己的冷漠，覺得過翰林供奉這樣的生活跟自己的夢想遙不可及，於是成天沉迷於樂坊酒市，借酒消愁，再亦無心繼續作玄宗的花瓶了。唐李浚松窗雜錄中記載了一則李白醉後作清平調詞三首遭楊貴妃、高力士嫉恨的故事：

開元中，禁中初重木芍藥，即今牡丹也。開元天寶花呼木芍藥，本記云禁中為牡丹花。得四本紅、紫、淺紅、通白者，上因移植於興慶池東沉香亭前。會花方繁開，上乘月夜，召太真妃以步輦從。詔特選梨園子弟中尤者，得樂十六色。李龜年以歌擅一時之名，手捧檀板，押眾樂前欲歌之。上曰：『賞名花，對妃子，焉用舊樂詞為？』遂命龜年持金花箋宣賜翰林學士李白，進清平調詞三章。白欣承詔旨，猶苦宿酲未解，因援筆賦之：『雲想衣裳花想容，春風拂曉露華濃。若非群玉山頭見，會向瑤臺月下逢。』『一枝紅豔露凝香，雲雨巫山枉斷腸。借問漢宮誰得似，可憐飛燕倚新妝。』『名花傾國兩相歡，長得君王帶笑看。解釋春風無限恨，沉香亭北倚欄杆。』龜年遽以詞進，上命梨園子弟約略調撫絲竹，遂促龜年以歌。太真妃持頗梨七寶杯，酌西涼州蒲萄酒，笑領意甚厚。上因調玉笛以倚曲，每曲遍將換，則遲其聲以媚之。太真飲罷，飾繡巾重拜上意。龜年常話於五王，獨憶以歌得自勝者無出於此，抑亦一時之極致耳。上自是顧李翰林尤異於他學士。會高力士終以脫烏皮六縫為深恥，異日太真妃重吟前詞，力士戲曰：『始謂妃子怨李白深入骨髓，何拳拳如是？』太真妃因驚曰：『何翰林學士能辱人如斯？』力士曰：『以飛燕指妃子，是賤之甚矣。』太真頗深然之。上嘗欲命李白官，卒為宮中所捍而止。

李白對御用文人的生活日趨厭倦，終日縱酒以自昏穢，天寶三年（744），他主動上表辭官退隱。玄宗沒有挽留，賜金放還。李白就這樣體面地離開了朝廷，了結了他三年短暫的宮廷生活和一生的夢想。新唐書·文藝列傳·李白傳對李白入仕與辭官這段經歷作了簡要記載：

天寶初，南入會稽，與吳筠善。筠被召，故白亦至長安。往見賀知章，知章見其文，歎曰：『子，謫仙人也！』言於玄宗，召見金鑾殿，論當世事，奏頌一篇。帝賜食，親為調羹，有詔供奉翰林。白猶與飲徒醉於市，帝坐沈香亭，意有所感，欲得白為樂章，召入，而白已醉，左右以水頮（huì）面稍解，授筆成文，婉麗精切，無留思。帝愛其才，數宴見。白嘗侍帝，醉，使高力士脫靴。力士素貴，恥之，擿其詩以激楊貴妃。帝欲官白，妃輒沮止。白自知不為親近所容，益驁放不自修；與知章、李適之、汝陽王李璡、崔宗之、蘇晉、張旭、焦遂為『酒八仙人』。懇求還山，帝賜金放還。

四　酒仙的夢幻

在翰林供奉的短短三年裡，李白看清了朝廷的黑暗、腐敗與沒落，這對他後期的詩歌創作風格產生了極大的影響。在入仕翰林之前，他的大部分詩歌曲調昂揚，表現出對自己的實力和政治前途充滿自信。但是在辭官遠離宮廷之後，由於因功名挫折帶來的失落、知音難遇的寂寞、宦途艱難的悲憤、生命促迫的憂患，使李白在很長一段時間裡一直生活在失望、迷茫、痛苦的情感煎熬中。他雖然還是那樣的才華橫溢，那樣的自信，那樣的渴望實現自己的政治抱負，但是，他在這段時間內創作的詩歌，充滿著抑鬱、沮喪和對朝廷的憤懣與不滿，表現出對當下宮廷政治秩序的大膽否定與批判，而生活中的他，則以隱居求仙、狂飲頹廢的方式來尋求精神痛苦的暫時解脫。這種矛盾的心情，使得他所創作的詩歌都或多或少地表現出頹廢與悲觀。

玄宗天寶三年（744），夢想破滅後的李白，與友人杜甫、高適等遊梁、宋、齊、魯後回到了自己東魯的家。『東魯』是李白在湖北安州北游山東時組建的第二家庭。唐魏顥李翰林集序云：『白始娶於許，生一女一男，曰明月奴，女既嫁而卒。又合於劉，劉訣；次合於魯一婦人，生子曰頗黎；終娶於宋（宗）。』家居不久，李白再次踏上了漫遊的旅途，在即將離開東魯南遊吳越之時，寫下了這首夢遊天姥吟留別（一作別東魯諸公）：

海客談瀛洲，煙濤微茫信難求。越人語天姥，雲霞明滅或可覩。天姥連天向天橫，勢拔五岳掩赤城。天臺四萬八千丈，對此欲倒東南傾。

我欲因之夢吳越，一夜飛度鏡湖月。湖月照我影，送我至剡溪。謝公宿處今尚在，淥水蕩漾清猿啼。腳著謝公屐，身登青雲梯。半壁見海日，空中聞天雞。千岩萬轉路不定，迷花倚石忽已暝。熊咆龍吟殷岩泉，慄深林兮驚層巔。雲青青兮欲雨，水澹澹兮生煙。列缺霹靂，丘巒崩摧。洞天石扉，訇然中開。青冥浩蕩不見底，日月照耀金銀臺。霓為衣兮風為馬，雲之君兮紛紛而來下。虎鼓瑟兮鸞回車，仙之人兮列如麻。忽魂悸以魄動，怳驚起而長嗟。惟覺時之枕席，失向來之烟霞。

世間行樂亦如此，古來萬事東流水。別君去兮何時還？且放白鹿青崖間，須行即騎訪名山。安能摧眉折腰事權貴，使我不得開心顏！

這是一首記夢詩，亦是一首遊仙詩。詩人運用豐富奇特的想像和大膽誇張的手法，組成一幅亦實亦虛、亦真亦幻的夢遊圖，抒發出詩人對光明、自由的渴求與黑暗現實的不滿，表現出詩人蔑視權貴、不卑不屈的叛逆精神。全詩構思精密，意境雄偉，內容豐富曲折，形象輝煌流麗，感慨深沉激越，具有濃郁的浪漫主義色彩。在形式上，全詩律句雜言相間，兼用騷體，筆隨興至，體制解放，不受律束，可謂絕世佳作，但詩中表現的思想內容卻相當複雜。李白因仕途上遭受挫折，離開長安後精神上的苦悶與憤怨鬱結於心，在現實社會中又找不到出路，因此祇有到虛幻的神仙世界和遠離塵俗的山林中去尋求解脫。遁世思想的消沉與擺脫塵俗桎梏的欲望交織在一起，使得詩人最後發出了『安能摧眉折腰事權貴，使我不得開心顏』那樣激越而無奈的呼喊。

李白離開長安後，朝廷日趨腐化，『開元盛世』已漸漸遠去，當朝中書令（右相）李林甫、國舅楊國忠大權獨攬，蔽塞言路，排斥賢才，重用胡將，擾亂綱紀，國家面臨著新的危機，此時的李白想要實現政治抱負更加日趨渺茫了，但是，他並不甘心一輩子祇做個風流詩人，為官的願望依然十分強烈，還在等待東山再起的機會。

天寶十四年（755）十一月，安祿山在范陽造反，史稱『安史之亂』。『安史之亂』爆發後，玄宗下詔令其太子亨為天下兵馬大元帥，第十六子永王璘為山南、江西、嶺南、黔中四道節度使、江陵郡大都督，鎮守江陵。唐玄宗西逃後，太子於至德元年（756）七月十二日在靈武即位，尊玄宗為太上皇。同年十二月永王東巡，隱居廬山的李白以為東山再起的機會已到，所以毅然投入了永王幕府，力勸永王『勤王滅賊』。但不久，永王被江西採訪使皇甫侁擒殺，李白因此系潯陽獄。此時江淮宣諭選補使崔渙宣慰江南，為朝廷網羅人才。李白趁機上詩求救，其夫人宗氏亦為之啼泣求援。中丞宋若思此時正率吳兵駐紮潯陽，從監牢中把李白解救了出來，從此李白改換門庭成了宋中丞的幕僚，並跟隨他到了武昌。宋中丞很器重李白，而李白曾以宋中丞名義向朝廷推薦自己，企望能再度得到朝廷的任用，但肅宗不但沒有任用他，反而將他長流夜郎（今貴州桐梓）。肅宗至德二年（757）冬，病重的李白由潯陽道前往流放地夜郎，三年後（乾元二年）行至巫山白帝城時，忽然接到朝廷赦免的消息，驚喜交加的李白隨即乘舟東下江陵，寫下了著名的詩篇早發白帝城（一作白帝下江陵）：

朝辭白帝彩雲間，千里江陵一日還。兩岸猿聲啼不住，輕舟已過萬重山。

同年，李白再次與被貶為岳州司馬的賈至泛舟洞庭賞月，賦詩抒懷，發思古之幽情。上元二年（761），已六十出頭的李白因病返回金陵，因為生活相當窘迫，不得已衹好投奔當塗縣令、堂叔李陽冰。上元三年李白病重，在病榻上把詩稿交給了堂叔李陽冰，賦臨終歌後與世長辭。

> 大鵬飛兮振八裔，中天摧兮力不濟。
> 餘風激兮萬世，遊扶桑兮掛左袂。
> 後人得之傳此，仲尼亡兮誰為出涕？

詩人以大鵬自比，浩歎一生壯志未酬的悲愴，流露出詩人對人生的無比眷念和壯志未酬的深沉惋惜。全詩塑造了大鵬展翅奮飛而半空摧折，餘風激蕩而扶桑掛袂的藝術形象，格調激昂，想像豐富，含不盡之意於言外。清人王琦點評說：『詩意謂西狩獲麟，孔子見之而出涕。今大鵬摧於中天，時無孔子，遂無人為之出涕者，喻己之不遇於時，而無人為之隱惜。太白嘗作大鵬賦，實以自喻，茲於臨終作歌，復借大鵬以寓言耳。』

五　酒仙與詩仙

李白是我國詩壇上最傑出的浪漫主義詩人。他的詩歌想像神奇，意境奇異，浪漫奔放，宛若天馬行空，行雲流水，代表著我國古代浪漫主義詩歌藝術最高成就。

在李白的一生中，酒纔是他唯一的『知心朋友』和『紅顏知己』。他對酒的依賴與喜歡勝過親人、朋友和仕途。從小到老，無論走到哪裡，總是杯不離手，口不離酒。我們欣賞他的每一首詩歌，都能聞到美酒的飄香。所以他最終成了我國詩歌史上獨一無二的『酒仙』。他在月下獨酌一詩中說盡了人生飲酒、醉酒的美妙：

其一

花間一壺酒，獨酌無相親。舉杯邀明月，對影成三人。月既不解飲，影徒隨我身。暫伴月將影，行樂須及春。我歌月徘徊，我舞影零亂。醒時相交歡，醉後各分散。永結無情遊，相期邈雲漢。

其二

天若不愛酒，酒星不在天。地若不愛酒，地應無酒泉。天地既愛酒，愛酒不愧天。已聞清比聖，復道濁如賢。賢聖既已飲，何必求神仙。三盃通大道，一斗合自然。但得酒中趣，勿為醒者傳。

其三

三月咸陽城，千花晝如錦。誰能春獨愁，對此徑須飲。窮通與修短，造化夙所稟。一樽齊死生，萬事固難審。醉後失天地，兀然就孤枕。不知有吾身，此樂最為甚。

其四

窮愁千萬端，美酒三百杯。愁多酒雖少，酒傾愁不來。所以知酒聖，酒酣心自開。辭粟臥首陽，屢空飢顏回。當代不樂飲，虛名安用哉。蟹螯即金液，糟丘是蓬萊。且須飲美酒，乘月醉高臺。

他認為『天地既愛酒，愛酒不愧天』，因此『且樂生前一杯酒，何須身後千載名』（在水軍宴韋司馬樓船觀妓）。管他是清酒還是濁酒，祇要有酒喝就好，『何必求神仙』呢，能獨酌豪飲的男人自然有可能成為『酒中仙』。

但是，不是所有能獨酌豪飲的『酒中仙』都能成『詩仙』的。李白之所以能從酒仙變成詩仙，是因為以下三個原因：

（一）超凡脫俗的稟性。李白的父親李客是個從異域遷居四川江油的儒商，見識廣，不守傳統，所以祇要求兒女能『學以致用』，不必『學而優則仕』，所以他沒有強迫兒子李白像世俗子弟那樣走科舉入仕之路。沒有『科舉功名』的約束與壓力，青少年時期的李白不必祇顧讀『聖賢之書』，可以根據自己的喜好博覽群書，習武練劍，訪學問道，廣結時賢。在這樣開明的家庭教育中，使李白養成了『性倜儻，喜縱橫術』，『輕財重施，不事產業』，[九]超凡脫俗，豪放不羈的稟性。

（二）天生嗜酒成性。在我國詩歌史上，大凡有血性的詩人都嗜酒成性，戰國的屈原，兩晉的劉伶、陶潛，唐代的李白、杜甫、白居易，兩宋的蘇軾、李清照等等，無不嗜酒如命。劉伶（221？—300？），字伯倫，沛國（今安徽淮北）人，西晉『竹林七賢』之一，一生好老莊之學，追求道法自然、逍遙自在、無為而治，因此嗜酒不羈，『唯酒是務，焉知其餘』（酒德頌），被稱為『醉侯』（對好酒善飲者的美稱）。唐皮日休夏景沖淡偶然作之二云：『他年謁帝言何事，請贈劉伶作醉侯。』他的妻子苦苦勸他戒酒，可他至死不從。世説新語·任誕中有這樣一則笑話：

> 劉伶病酒，渴甚，從婦求酒。婦捐酒毀器，涕泣諫曰：『君飲太過，非攝身之道，必宜斷之。』伶曰：『甚善。我不能自禁，唯當祝鬼神，自誓斷之耳，便可具酒肉。』婦曰：『敬聞命。』供酒肉於神前，請伶祝誓。伶跪而祝曰：『天生劉伶，以酒為名（命）。一飲一斛，五斗解。人之言，慎不可聽。』便引酒進肉，隗然已醉矣。〔一〇〕

晉書·劉伶傳説他：『形容沉湎於酒，放縱傲慢。』唐白居易詠興詩云：『客散有餘興，醉臥獨吟哦。幕天而席地，誰奈劉伶何。』明于謙醉時歌亦云：『劉伶好酒世稱賢，李白騎鯨飛上天。』

李白嗜酒與劉伶相比有過之而無不及。但是，他倆嗜酒的心態不同。劉伶嗜酒是為了『避世』，真心不想做官，不願為朝廷效力。他曾在建威將軍王戎幕府下任過參軍，衹是因為無所作為而被罷官免職。晉武帝泰始二年（266），朝廷徵召劉伶再次入朝為官，亦被他拒絕了。所以他成了我國古代崇尚玄虛、消極頹廢、蔑視禮法、縱酒避世詩人、名士的典型代表。李白入仕前嗜酒，為的是廣結權貴時賢，為自己入朝為官當引路人；而遭『帝賜金放還』後嗜酒，則為的是發洩自己的抑鬱、沮喪和對朝廷的憤懣不滿。劉伶是真心不想做官，而李白則是想做官而不能。想做官、做大官是李白一生的夢想，這種願望，即使到了晚年，即使在被流放的路上，他都希望有朝一日能奇跡般的實現。『安能摧眉折腰事權貴』，並非是他的真心話。他在為宋中丞自薦表中，向新登大寶的肅宗皇帝這樣推薦自己：

臣所管李白，實審無辜，懷經濟之才，抗巢（父）、（許）由之節，文可以變風俗，學可以究天人，一命不霑，四海稱屈。伏惟陛下大明廣運，至道無偏，收其希世之英，以為清朝之寶……伏惟陛下，迴太陽之高輝，流覆盆之下照，特請拜一京官，獻可替否，以光朝列，則四海豪俊，引領知歸。不勝慺慺之至，敢陳薦以聞。

表中明顯表露出他想『特請拜一京官』的急切願望。正如他所說的『同歡萬斛酒，未足解相思』（宣城送劉副使入秦）。李白的『相思』就是期盼肅宗能『收』他這個『希世之英，以為清朝之寶』，但是，肅宗最終不僅沒有給他官做，反而把他流放到西南蠻荒之地『夜郎』去了。所以，李白在宣州謝朓樓餞別校書叔雲（一作陪侍御叔華登樓歌）一詩中發洩出『男兒在世不稱意』的無限感慨：

棄我去者，昨日之日不可留；亂我心者，今日之日多煩憂。長風萬里送秋雁，對此可以酣高樓。蓬萊文章建安骨，中間小謝又清發。俱懷逸興壯思飛，欲上青天覽明月。抽刀斷水水更流，舉杯消愁愁更愁。男兒在世不稱意，明朝散髮弄扁舟。

（三）筆落驚風雨的曠世奇才。李白從一個放蕩不羈、豪飲成酒仙的西南『鄉巴佬』，修煉成為一個『筆落驚風雨，詩成泣鬼神』（杜甫寄李十二白二十韻）的『詩仙』，全在於他從小就懷有『經邦濟世，強國富民』偉大志向與抱負。他天資聰慧，性格豪放，博聞強識，才華橫溢，行俠仗義，嗜酒如命，想像力極為豐富。他在思想意識上吸收了老莊的道法自然觀，在詩歌創作藝術上繼承了屈原雄奇豪放、靈活多變的創作手法，擅長運用驚人的幻想、極度的誇張和貼切的比喻來創造意境，語言清新俊逸、流轉自然，不拘音律。『道法自然』與『雄奇豪放、靈活多變』的全美結合，就形成了李白詩歌強烈的浪漫主義和豪放飄逸的藝術風格。他喜歡酒後賦詩，有一種飄然欲仙之感。他自己曾說：『興酣落筆搖五岳，詩成笑傲凌滄洲。功名富貴若長在，漢水亦應西北流。』（江上吟）文宗曾御封李白的詩歌、裴旻的劍舞、張旭的草書為唐朝『三絕』，故唐宋以來的文人對李杜的詩文給予了極高的評價。韓愈調張籍說：『李杜文章在，光焰萬丈長。』蘇軾說：『李太白、杜子美以英瑋絕世之姿，凌跨百代，古今詩人盡廢。然魏、晉以來，高風絕塵亦少衰矣。』（書黃子思詩集後）當代詩人余光中說：『酒入豪腸，七分釀成了月光，剩下的三分嘯成劍氣，秀口一吐，就半個盛唐。』（尋李白）李白以『詩因鼓吹發，酒為劍歌雄』（行路難三首）了卻了他輝煌的一生，他帶著沮喪與憤懣乘鶴西去，而給後人留下了數以千記的美妙詩篇。讓我們永遠追思的是他那『長劍一杯酒，男兒方寸心』（贈崔侍郎）的豪放與自信。

關於李白之死，古來有三種說法。一說因飲酒過度而死。舊唐書・李白列傳云：『永王謀亂，兵敗，白坐長流夜郎，後遇赦得還，竟以飲酒過度，醉死於宣城。』另一說因疾病而死。李陽冰草堂集序云：『公又疾亟，草稿萬卷，手集未修，枕上授簡，俾予為序。』再一說因溺水而死。王琦李太白年譜云：『摭言曰：李白著宮錦袍，游採石江中，傲然自得，旁若無人，因醉入水中捉月而死。』[二] 但今細讀五代王定保唐摭言，卻未見此語，恐引文有誤。

『學生國學叢書李白詩』是民國時期傅東華先生選注的一部李白詩選，共選注古風和律體二一五首，佔李白全部詩歌的十分之二左右。李白詩選校訂主要做了以下工作：一，增補原注中該注而漏注的字詞；二，修正原注中的注釋錯誤；三，增補原注中脫漏的引文；四，對有異文的詩句和標題，採用王琦李太白全集的處理方法，用『一作』『或作』或『某某本作』方式全部列出，以便讀者擇善而從；五，對原詩、原注中的異體字，通通改為簡體的規範用字，等等。

今人讀李白詩歌，當悟其心，通其性，學其藝。在清人彭定求等奉敕編撰的全唐詩裡，李白的詩歌收錄在一六一——一八五卷中。清代以來最完整的注本有王琦李太白全集，瞿蛻園、朱金城李白集校注，詹鍈主編李白全集校注匯釋集評等，專門研究李白詩文寫（創）作時間的有詹鍈李白詩文系年，專門研究李白詩歌古注本的有胡振龍李白詩古注本研究，可資參考。

注釋

[一] 本文原載於貴州工程應用技術學院學報（綜合版）2018 年第 5 期。

[二] 清黃生則認為彈歌亦是首四言詩。他說：『劉勰文心雕龍云：「二言肇於黃世，竹彈之謠是也。」事見吳越春秋，未必果黃帝時詩。

此言未知詩理。蓋「斷竹續竹，飛土逐肉」，必四言成句，語脈緊聲情始切。若讀作二言，其聲嘽（chǎn）緩而不激揚，恐非歌旨。』見清黃生著，清黃承吉合按字詁義府合按，中華書局1984年版，第223頁。

[三] 清王琦注：李太白全集，中華書局2015年版，第1691頁。

[四] 同上書，第1714頁。

[五] 同上書，第1452—1453頁。

[六] 唐范傳正：唐左拾遺翰林學士李公新墓碑並序，見清王琦注李太白全集，中華書局2015年版，第1714—1715頁。

[七] 清王琦注：李太白全集，中華書局2015年版，第108頁。

[八] 五代王定保：唐摭言，中華書局1959年版，第81頁。

[九] 清王琦：李太白年譜，見清王琦注李太白全集，中華書局2015年版，第1840頁。

[一〇] 余嘉錫撰，周祖謨、余淑宜整理：世說新語箋疏，中華書局1983年版，第729—730頁。

[一一] 清王琦注：李太白全集，中華書局2015年版，第1875—1876頁。

漢語專書名物詞研究之新方法論[一]

——評劉興均教授等『三禮』名物詞研究

『三禮』名物詞研究是劉興均、黃曉冬教授的扛鼎之作，現已由商務印書館二〇一五年出版發行。[二]該書的出版發行，在中國的學術殿堂上引發了強烈的反響。首先該書已收入『國家哲學社會科學成果文庫』。一部學術專著能被國家級哲學社會科學成果文庫收入，不僅是給予作者的一種最高榮譽，更是代表著當代中國哲學社會科學研究的前沿水準。全國哲學社會科學規劃辦公室的評審說明中有這樣一段話：『入選成果經過了同行專家嚴格評審，代表當代相關領域學術研究的前沿水準，體現我國哲學社會科學界的學術創新力。』其次該書二〇一六年榮獲四川省第十七次哲學社會科學優秀成果一等獎。其獲得一等獎理由是：

（一）對大量的第一手材料進行梳理，先確定『三禮』名物詞的總量，再在此基礎上對四千五百九十五個名物詞進行物類的分析，最後歸納出一個以『天文』『地理』和『人事』為綱領的多層次的物類系統。這個系統比前人分類更為合理。（二）根據『三禮』文本和『三禮』物類系統而編制出了一個『三禮』名物詞資料表。人們根據這一資料表，能準確找到某個名物詞在文本和物類系統中的位置，瞭解其出現的頻率。

『三禮』名物詞資料表的制定，彌補漢語語料庫的不足，亦為其他古籍的詞彙研究做出了示範。（三）離析『三禮』中『異名同實』和『異實同名』兩種特殊名物詞的意義構成理據，具有較高的文本解讀意義和理論指導意義。（四）擇取前人注疏材料中可以直接證明的和傳統小學專書（如爾雅說文解字釋名廣雅等）中可以間接證實的詞條作為研究對象，對『三禮』名物詞的詞源義進行正本清源式研究，並在此基礎上對二百三十個單音節名物詞（含二百四十九個詞項）、四十九個雙音節名物詞的詞族認定做出了分析、歸納，且建立了一個『「三禮」名物詞的理據系統』，為其他古籍的詞族研究做出了示範。（五）全面系統地梳理了『三禮』單個名物詞的詞義，多個名物詞之間的詞義關係（包括同源、通義、相同、相關和相對等關係），初步建立了『三禮』名物詞的詞義系統。（六）『三禮』名物詞共計四千五百九十五個，其中周禮二千一百二十三個，儀禮一千二百一十六個，禮記二千四百七十五個，豐富而集中，是漢語同源詞研究的一大寶藏。以『三禮』名物詞為研究對象，全面系統地考察『三禮』名物詞的命名理據，會促進漢語同源學的建立和完善。（七）名物詞是漢語詞彙系統中的一個子系統，其意義具有專屬性。描寫並建立『三禮』名物詞意義系統，能豐富漢語詞彙史的研究內涵。『三禮』名物詞研究是在熟讀深究文本的基礎上，吸收當代訓詁學系統貫通的研究方法，融匯當代語言學、社會學、考古學和人類文化學的成果，在繼承的基礎上有所創新的一次大膽嘗試，為漢語同源詞研究尤其是專書同源詞研究提供了實證與理論思考相結合的研究範式，其名物詞的考釋與探源結合的操作程式，可供相關學科研究借鑒。

以上獲獎理由，充分肯定了『三禮』名物詞研究在漢語詞彙研究發展史上的創新成就與學術地位。『三禮』名物詞研究的創新成就不是靠奇思妙想想出來的，而是建立在對漢語名物詞科學分析的基礎上得出的結論。我們認為，『三禮』名物詞研究在漢語詞彙研究發展史上的突出貢獻主要體現兩個方面：一是推陳出新，為漢語名物詞的分辨確立了標準；二是後出轉精，為漢語名物詞的分類制定了標準。

一　推陳出新，為漢語名物詞的分辨確立標準

『名物詞』屬於名詞中一類及其普通而又特殊的詞。要研究『名物詞』，首先要搞清楚什麼是漢語中的『名物』，衹有這樣，纔能給『名物詞』下個準確而科學的定義。『名物』連用始於管子·小稱，云：『故之身者，使之愛惡；名者，使之榮辱。此其變名物也，如天如地。』管子中所說的『名物』指的是善惡之名和外在之物，與後世語言學討論的『名物』不是一回事。陸宗達、王寧先生認為，語言學上所說的『名物』相當於『專名』。[三]劉興均先生則認為，『名物』不僅是『專名』，而且亦是一種別名。他在〈周禮〉名物詞研究一書就說過：『我們認為「名物」不僅涉及到專名，而且涉及到很多別名，有的還屬於大別名。』在該書中，他對『名物』的定義是：『是古代人們從顏色、形狀（對於人為之器來說是指形制）、功用、質料（含有等差的因素）等角度對特定具體之物加以辨別認識的結果，是關於具體特定之物的名稱。』並且指出『名物』具有三大特徵：以名稱的形式直接反映對象；反映的對象是具體而實在的；用什麼樣的名來指稱什麼樣的物帶有主觀意向的選擇性。[四]用『專名』和『別名』來限制『名物』一詞的內涵，就能為『名物詞』的準確界定確立一個標準，而且還能很好地避免界定寬严失衡的毛病。在〈三禮〉名物詞研究中，

作者重申了以往研究結論。〔五〕

現代漢語詞典沒有收錄『名物詞』，衹收了『名物』一詞，其釋義是『事物及其名稱』，並且注明它屬於名詞。〔六〕漢語中的『名物詞』，就是給主客觀事物命名的詞，它屬於名詞中的一個小類。符淮青先生在名物詞的釋義一文中作了以下定義：『這裡所說的名物詞，指動物、植物、礦物、器械、日用器具、用品等等的名稱，以及其他眾多的自然現象、社會現象的名稱。它們是名詞。定義式的釋義（種＝種差＋類）是解釋這類詞的最主要的方式。』〔七〕這個定義，應該是漢學界最早最權威的定義了，但符先生尚未論及『名物詞與非名物詞』的區別。繼後，劉興均先生在『名物』的定義與名物詞的確定一文中將『名物』與『名物詞』作了較為詳細的界定，並且首次提出了辨別『名物詞與非名物詞』的標準是『語義標準』。他說：『「名物」一詞，最早見於周禮等書，是指上古時代某些特定事類品物的名稱。名物詞的語義特徵包括：一、它與事類相關；二、它表明一種特定的具體事物；三、所指必須具有類屬的區別性特徵。名物詞的範圍，不僅有明言其為名物的禽獸、物產、祭器、祭牲、冕服、几席、玉器、卜蓍、車輦、旗物、兵器、甸邑、食物、廟宇等14類，還有作為變例出現的官爵、樂舞、貢賦、婦功等4類，共18類。』〔八〕這三條分辨名物詞的細則，後來在他的〈周禮〉名物詞研究和『三禮』名物詞研究中修訂為四條：即名物詞『必須與物類相關，非物類的名詞是不能算作名物詞的』『必須能表明是一種具體而特定的物，而不是空泛的抽象的觀念性的東西』『所指必須有類屬的區別性特徵，同屬於一個物類的名物詞應該具有或在形體（包括顏色）上，或在質料上，或在性能上，或因時令，或因產地等方面的差異，並因此而易於從類中區分出來』『還應該注意該詞所處的語言環境，有的詞在特定環境中被活用為動詞，也不能看作是名物詞』。[九] 堅持語義辨別這一基本準則，並嚴格按照四條細則逐一篩選，就能將『三禮』中的名物詞篩選出來，盡可能避免誤判與漏判。劉興均、黃曉冬教授以『語義』為辨別名物詞的標準的制定與確立，使得漢語名物詞的研究有了規範的實用的章法，為研究其他古籍中名物詞做出了示範。

二　後出轉精，為漢語名物詞的分類制定標準

名物詞的分辨標準確立之後，接下來就是要為『三禮』的名物詞作出篩選、分類和統計。『篩選』是有章可循的，祇要精心按照所定細則分辨，就能將其中所有的名物詞選定。詞量『統計』相對要簡單得多，學術的含金量幾乎沒有，祇要細心一點兒就能準確地統計出來。最重要、最核心的部分是『分類』。因為作任何分類都必須有個標準，制定的標準又必須與所研究對象的內涵吻合，纔能做到準確、合理與科學。符淮青在名物詞的釋義一文中對名物詞的分類提出了『種＝種差＋類』的設想，據此符先生將漢語名物詞的分類作三級區分：『類』屬於『大別名』，在同一大別名中再分出『小別名』，小別名屬於『種』，『種』根據其『種差』的不同再作細分。這一分辨和釋義的原則源於戰國時期荀卿的『正名』思想。荀子·正名云：『故萬物雖眾，有時而欲偏舉之，故謂之物。物也者，大共名也。推而共之，共則有共，至於無共然後止。有時而欲偏舉之，故謂之鳥獸。鳥獸也者，大別名也。推而別之，別則有別，至於無別然後止。』[一〇]『別則有別，至於無別然後止』，它既是同一類『大別名』（類）再分類（小別名）的主體思想，亦是同一類『小

別名』（種）再細分（種差）的基本思路。

符先生的『種＝種差＋類』的分類設想主要是針對名物詞『定義式的釋義』提出來的，因此他認為這種分類『是解釋名物詞最主要的方式』。釋義式的定義分類祇能解決名物詞的釋義準確問題，而不能解決漢語中全部名物詞的類別劃分問題。劃分漢語中名物詞所屬的類，必須重新制定新的標準，這個標準既要適合古籍專書中的名物詞系統類的劃分，又要適合漢語整個名物詞系統類的劃分。

在四川大學攻讀博士學位時，劉興均教授就開始對『三禮』之一的周禮的名物詞進行專題研究，其研究成果後來成為他的博士論文〈周禮〉名物詞研究，二〇〇一年五月由巴蜀書社正式出版發行。在該書中，他將從周禮中篩選統計出來的一仟五百四十八個名物詞，按『名物詞指稱對象的屬性以及這一對象與客觀現實的聯繫與差異』的分類標準，再參考爾雅釋名等字書的分類原則，將其分成『兵器、卜蓍、車塗、甸邑、服冕、符信、宮室、貢賦、几席、劑量、祭器、祭牲、疾醫、樂舞、禮儀、旗物、禽獸、田制、物產、星辰、飲食、用器、玉器』等二十三類。[一一]這一分類，在二十世紀後期的專書名物詞研究中是客觀的，但尚不科學，因為這種並列分類法，沒有揭示出周禮名物詞系統的層次性來，就連作者後來亦意識到了當時分類存在的不足。他說：『今天看來，這個分類還是有問題的，主要是沒有突出名物詞物類系統的層次性。實際上這二十三類並不全都是處於並列關係的。例如，器用類，實包括兵器、祭器、几席、樂舞、旗物等類。因此，在對「三禮」名物詞做物類劃分時，在借鑒前人分類成果的基礎上，結合「三禮」文本和名物詞總體面貌，重新做出新的分類是必須的，而且也是可行的。』[一二]在『三禮』名物詞研究一書中，作者對以前的分類作出大膽的改進與創新。首先他們將『天、地、人』三才引入名物詞系統的分類中，建立起了以天文、地理和人事三大分類法，其次再將從『三禮』中篩選出來的四千五百九十五個名物詞，按其所屬的大類分別系聯，做到『分別類聚』『不相雜廁』。這樣的分類，得到了當代著名語言學家王寧先生充分的肯定與極高的評贊。王寧先生說：『古人的分類從爾雅開始，著眼於領域與情境，就事論事，越來越細，不免層次混亂、互相交叉。本書給分類加了一個頂層設計，按天、地、人「三才」的理念，把「三禮」名物詞劃分為天文類、地理類和人事類，作者在書裡說：「『三禮』四千五百九十五個名物詞所指稱的對象，實際上就是上古社會生活的一個縮影。上至天文，下至地理，中涉人事。也就可以看成從天、地、人三才的角度展現上古歷史面貌的一幅畫卷。」這實在是一種很智慧的做法，有了這個頂層劃分，下面的分類各循其律，上下位概念分明，條分縷析就容易多了。』[一二]『三禮』名物詞系統分類列表示下：

『三禮』名物詞系統分類表

天文類（96*）	地理類（624）	人事類（3875）
（一）天象（46） （二）風雲（21） （三）雨雲（29）	（一）山谷（42） （二）江海（40） （三）胡澤（40） （四）物產（502）	（一）人體體位（77）（二）器用（946）（三）服飾（406）（四）飲食（270）（五）宮室（398） （六）車涂（258）（七）田制（98）（八）甸邑（164）（九）貢賦（68）（十）卜筮（59） （十一）祭祀（577）（十二）疾醫（13）（十三）喪葬（358）（十四）人際交往（141）（十五）法度（43）

*本表（）中的數字為『三禮』名物詞在該類中的條數。

『三禮』名物詞研究中所創造的『三才』分類法，既展示出了『三禮』名物詞系統的層級性和立體感，又揭示出了天地人三才合一、共生共榮、整體貫通的變易法則。當代說文學家宋永培先生曾說：『說文對9353個字詞所體現的「天地鬼神、山川草木、鳥獸昆蟲、雜物奇怪、王制禮儀、世間人事」等類別加以區分，用獨創的540個部首——集中代表天地萬象的幾百個類別——統領之。』[一四]東漢文字學家許慎創造的『以類相從』『分別部居』分類法，科學地解決了漢字集團中9353個字的分類問題，而『三禮』名物詞研究中所創造的『三才』分類法，亦必將成為漢語名物詞乃至整個漢語詞類分類的基本法則。

清代語言學家顧炎武在日知錄卷十九文須有益於天下一文中指出：『文之不可絕於天地者，曰明道也，紀政事也，察民隱也，樂道人之善也。若此者，有益於天下，有益於將來，多一篇，多一篇之益矣。若夫怪力亂神之事，無稽之言，勦襲之說，諛佞之文，若此者，有損於己，無益於人，多一篇，多一篇之損矣。』[一五]顧氏提出，做學問的根本目的是『有益於天下，有益於將來』。劉興均、黃曉冬教授的『三禮』名物詞研究，則是顧氏思想在當代的實踐，他們創建的名物詞研究的理論與方法，將成為漢語詞彙研究的基本方法論而載入史冊。

注釋

[一] 本文原署名鍾如雄、胡娟，載於東亞人文學第四十輯，韓國東亞人文學會出版發行，2017年9月。

[二] 劉興均等：國家哲學社會科學成果文庫『三禮』名物詞研究，商務印書館2015年版。

[三] 陸宗達、王寧：訓詁與訓詁學，山西教育出版社1994年版，第68頁。

〔四〕劉興均：〈周禮〉名物詞研究，巴蜀書社 2001 年版，第 15—22 頁。

〔五〕劉興均等：『三禮』名物詞研究，商務印書館 2015 年版，第 25 頁。

〔六〕中國社會科學院語言研究所詞典編輯室：現代漢語詞典（第 5 版），商務印書館 2005 年版，第 955 頁。

〔七〕符淮青：名物詞的釋義，辭書研究 1982 年第 3 期。

〔八〕劉興均：『名物』的定義與名物詞的確定，西南師範大學學報（哲學社會科學版）1998 年第 5 期。

〔九〕劉興均等：『三禮』名物詞研究，商務印書館 2015 年版，第 40 頁。

〔一〇〕四川大學古籍管理研究所、中華諸子寶藏編纂委員會：諸子集成全編（新編三），四川人民出版社 1999 年版，第 718 頁。

〔一一〕劉興均：〈周禮〉名物詞研究，巴蜀書社 2001 年版，第 32 頁。

〔一二〕劉興均等：『三禮』名物詞研究，商務印書館 2015 年版，第 58 頁。

〔一三〕王寧：『三禮』名物詞研究序，見劉興均等『三禮』名物詞研究，商務印書館 2015 年版，第 3 頁。

〔一四〕宋永培：當代中國訓詁學，廣東教育出版社 2000 年版，第 263 頁。

〔一五〕四川大學古籍管理研究所、中華諸子寶藏編纂委員會：諸子集成全編（續編十八），四川人民出版社 1999 年版，第 484 頁。

章太炎〈文始〉同源字典序〔一〕

我對説文解字從最初的喜好到最終研讀，前後長達三十餘年。上個世紀七十年代中後期，我忝列北京大學中文系學習『漢語』。北大漢語專業開設的課程主要有兩類，一類是普通語言學，一類是古今漢語，至於文字之學，幾乎無人開設。所以給我的映像是北大漢語專業不講文字學，但有一次機會，讓我迷上了文字學。那是一九七三年的初秋，北京師範大學的陸宗達先生在王府井電影院開了次『説文學』講座，我們班主任張衛東先生帶著全班二十五名學生去分享了那場盛況空前的學術盛宴。陸宗達先生身材魁梧，神采奕奕，聲如洪鐘，一雙炯炯有神的大眼睛投射出國學泰斗的霸氣。很多年以後，我纔得知陸先生原來是黄侃先生的門生，是漢語言文字學『章黄學派』的第一代傳人。那場講座，為我此生打開了學習與研究文字學的大門，從此，我對中國古老的漢字產生了濃厚的興趣，句讀説文就成了我畢生的學術起點與終點。

許良越先生是我擔任西南民族大學文學與新聞傳播學院漢語教研室主任之後帶的第一個青年學者。二〇〇二年初春，新成立的文學院師資嚴重欠缺，一大批將要畢業的碩士研究生紛紛到省城的大學尋找適合自己的工作崗位，許生就在此時走進了我的視野。他以勤奮好學，潛心耕耘，求真務實，厚積薄發的教學精神打動了我，從此成為我親自簽字『務必引入』的第一個教古代漢語的青年教師。十餘年來，我們相處甚密，教學相長，如切如磋，情同手足。

教中文專業『古代漢語』這門基礎課，倘若沒有扎實的『小學』功底是難以勝任的。傳統的小學講究文字、音韻、訓詁的貫通融會，而其中最為核心的部分則是文字之學。文字學通，則音韻、訓詁悉通。東漢許慎編著的說文解字，表面上看是一部分析文字構形理據的『形書』，實則是一部通過對字形的分析以貫通字音與字義的小學教科書。就口語而言，祇管說不管寫，所以可以不管文字；而書面語是用文字書寫下來的文獻，可以口誦，更多的當然是目視。但無論『口誦』還是『目視』，總要識字吧。『口誦』的基本要求是認准字，讀准音。字認不確，音讀不准，輕則鬧笑話，重則砸飯碗。近年來，清華、北大和廈門大學的三位校長，先後均因誤讀字音纔鬧了大笑話。清華校長顧秉林在贈送臺灣親民黨主席宋楚瑜禮品的儀式上，將篆書條幅『寸寸山河寸寸金，㼌離分裂力誰任』（黄遵憲贈梁任父同年）中的『㼌』讀成了『瓜』；廈大校長朱崇實將臺灣國民黨主席連戰題詞『泱泱大學止至善，巍巍黌宮立東南』中的『黌』讀成了『皇』；北大校長林建華在北大建校一百二十周年紀念大會上將『鴻鵠』讀成了『鴻浩』。造成以上誤讀的原因都是『形聲字』惹的禍。

說文無『㼌』字，廣韻・麻韻苦瓜切，今音 kuā，本義為不正、歪斜。集韻・佳韻：『竵，不正也。或作㼌。』周禮・夏官・形方氏：『形方氏掌制邦國之地域而正其封疆，無有華離之地。』漢鄭玄注：『華，讀為㼌哨之㼌。正之不使㼌邪離絕。』唐賈公彥疏：『㼌者，兩頭寬中狹；邪者，謂一頭寬一頭狹。』引申為割裂、分離。廣韻：『佤，佤邪，離絕之皃。』宋王安石董伯懿示裴晉公平淮右題名碑詩用其韻和酬：『諸侯縱橫代割據，疆土豈得無離佤。』由此可知，黃遵憲七絕中用的『佤離』引自王安石的詩，並且將原文中的『離佤』說成『佤離』（平平），目的是要與後兩個音節『分裂』（仄仄）對上。『黌』，廣韻・庚韻戶盲切，今音 hóng，本義為學堂。廣韻：『黌，學也。』宋徐鉉進校訂〈說文〉表：『黌，學堂也。』後漢書・循吏傳・仇覽：『農事既畢，乃令弟子群居，還就黌學。』連戰題詞中的『黌宮』特指『大學』。『鵠』，廣韻・沃韻胡沃切，今音 hú，本義為天鵝。說文・鳥部：『鵠，鴻鵠也。从鳥告聲。』（四上）清段玉裁注：『鵠，黃鵠也。凡經史言「鴻鵠」者，皆謂黃鵠也。或單言「鵠」，或單言「鴻」。』元戴侗六書故・動物三：『鵠，遼人謂之天鵝。』史記・陳涉世家：『燕雀安知鴻鵠之志哉！』引申為『大』，變讀 hào 或 gào。呂氏春秋・下賢：『（王也者，天下之往也……）鵠乎其羞用智慮也。』漢高誘注：『鵠，讀如「浩浩昊天」之浩，大也。』許維遹集釋引清梁履繩曰：『「鵠」从「告」得聲，漢書・地理志「鵠澤」，孟康音「告」。蓋古讀如此。』[二]有人據此變讀為林氏誤讀辯解，豈不成為千古笑談？

漢字從倉頡發明創造以來，業已孳乳浸多，據不完全統計，至少有十萬個漢字。其中有的屬於『初文』，有的則屬於『孳乳字』。初文是再生孳乳字之『母』，由此形成一個以『文』為『母』，以『字』為『子』的漢字集團。它們的產生、再生和轉生，均遵循著『六書』的構形理據，因此無論是初文還是由初文孳乳的字，原則上它們都應該有理據可說。最早發現漢字『母子』兩大系統的是東漢的文字學家許慎。他在說文・敘中說：『倉頡之初作書，蓋依類象形，故謂之文；其後形聲相益，即謂之字。字者，言孳乳而浸多也。』[三]這一破天荒的發現，致使散亂如沙石的漢字有了『系聯』的可能。於是他通過睿智精思，再『博采通人』之說，從一萬來個漢字中分離出五百四十類（部）來，再按照『以類相從』『分別部居』『據形系聯』的編排三原則，將它們編排在十四篇中。以達到『理群類，解謬誤，曉學者，達神恉』的編撰目的。許慎『文』與『字』二元分類法的提出，在文字學發展史是一大創舉，它揭示出了漢字集團中存在著『母』（文）與『子』（字）兩個大系統，說明漢字的形體結構不僅能按『六書』分類，而且還能按『母』與『子』分類。『文』與『字』二元分類法的發現與確立，為後世同源字的研究找到了一條行之有效的科學方法。

從前的『說文學』家，無不認為說文是一部按『據形系聯』編排原則來編撰的『形書』，但據我們研讀發現，說文中還暗藏著一條『據聲系聯』編排原則。在全書五百四十部（類）的編排中，衹有『句』『臤』兩部是按『據聲系聯』原則來編排的，其餘五百三十八部（類）都是按『據形系聯』的原則來編排的。這說明許君已經對形聲字『右文』之表意特徵和規律有了認識，衹是因為考慮到說文的性質是部『形書』，所以全書的編排原則最終衹能以『據形系聯』為主，而『據聲系聯』原則僅僅在該書中作了編排示範。[四]因此我們認為，『據聲系聯』的編排原則的示範，為宋人王聖美『右文說』的形成和後世『右文』的研究找到了一條行之有效的科學方法。

無論是『文』與『字』的二元分類法還是『右文說』，都是研究同源字的基本原則和方法。近代國學大師章太炎的文始和陳獨秀的小學識字教本，都是成功運用以上兩種科學的研究方法而產生的同源字研究巨著。嚴學宭先生在小學識字教本·前言中說：『我認為，循義定音，循音統形，安徽懷甯仲甫陳獨秀先生曾作出典範。他在小學識字教本中，按照歷史唯物主義原則，根據漢語的書面文獻和現行活的語言資料探討詞的歷史演變，又根據字形分化、詞義發展和語言演變的規律來揭示詞之間的淵源關係。這種深入研究詞彙實際，求得正確的語源解釋，完全符合研究詞的來源和它的發展過程的語源學要求。他從貫通、推原、歸類、尋根這四項要求出發，把一些表現基本詞之字的歷史——發生及每一發展階段的形體、讀音和用法，都從當時重要的文獻乃至現代口語求得證明。搞清每個字最早的意義是怎樣產生出來的，新義始於何時何著，語源明確，對於理解詞義的變化大有好處，而對於同一個來源的各個詞盡可能把它們貫穿起來。讀者對於一個詞的各種詞性都可按時代不同（甚至包括地域不同）看出它的演變，什麼在先，什麼在後，哪是常用，哪是罕見，都可一目了然。這種按語源系統的編寫方法，應認為是仲甫先生對漢語詞彙史研究的總結和新成果。而且該書探索語言發展的內部規律，對促進漢語的健康發展，也會大有益處。』[五]

以『推原、尋根、歸類、貫通』為手段而形成的同源字研究方法，應該是章太炎先生對『說文學』和『右文說』的繼承和發展，這種繼承和發展，全面而系統地貫徹在他的三部語言學巨著文始小學問答和新方言中。太炎先生曾在國故論衡·小學略說中說過自己作文始的根本目的就是為了『明語原』，之後他又在自述學術次第一文中較為詳細地闡述了著作的動機與緣由。他說：『余治小學，欲為王菉友輩滯于形體，將流為字學舉隅之陋也。顧、江、戴、段、王、孔音韻之學，好之其深，終曰戴、孔為主。明本字，辨雙聲，則取諸錢曉徵。既通其理，亦猶有所欠然。在東閒暇，嘗取二徐原本讀十餘遍，乃知戴、段而言轉注猶有汎濫。繇專取同訓，不顧聲音之異，于是類其音訓，凡說解大同而又同韻或雙聲得轉者，則歸之於轉注。叚借亦非同音通用，正小徐所謂引伸之義也。（同音通用，治訓故者所宜知，然不得以為六書之一。）轉復審念，古字至少，而後代孳乳為九千，唐宋以來，字至二三萬矣。自非域外之語，（如伽佉僧塔等字，皆因域外語言聲音而造。）字雖轉繁，其語必有所根本。蓋義相引申者，由其近似之聲轉成一語，轉造一字，此語言文字自然之則也。于是作文始，分別為編，則孳乳浸多之理自見，亦使人知中夏語言不可貿然變革。又編次新方言，以見古今語言，雖遞相嬗代，未有不歸其宗，故今語猶古語也。』[六]

太炎先生認為，文字的孳乳祇因引伸義而生，而聯繫引伸與本義、引伸義與引伸義之間的紐帶是語音相同與近似。要『明語原』，必須從兩個方面著手：一是以『初文』為頭緒，剝繭抽絲，厘清『孳乳』字與『初文』之間的關係；二是以語音為紐帶，提綱挈領，探明語音轉變與孳乳字之間的關係。於是他將許君所說的『文』和『字』設定為『初文』（或『准初文』）與孳乳字兩個系統，再運用『據形系聯』和『據音系聯』兩種方法，將他從說文中篩選出的六千餘字進行逐字分類、『分別部居』，整個說文同源字系統就建立起來了。文始的編排原則和方法與說文完全不同。說文的編撰是為學者服務的，因此『據形系聯』『分別部居』方法的使用，揭示的是漢字系統中存在的『母子』關係，目的是為了使學者能更多、更快、更好地學習漢字；而文始的編撰是為語言學服務的，因此『據形系聯』『據音系聯』兩種方法的使用，揭示的是漢字系統中存在的『親屬』關係，目的是為了建立漢字中的『同源』字系統。所以說文是一部『形書』，而文始則是一部『語原』學著作。

文始是近代字源學的開山之作，它代表著傳統字源學研究的最高成就。作為我國第一部具有同源字典性質的著作，文始開創了運用說文形音義材料全面系聯上古漢語同源字的先河，在漢語語源研究中系統地建構起了一個以語根詞族為主體的漢字系統，並在此基礎上提出了一系列有關漢語字源學研究的新理論和新方法，它最終成為我國語言學研究史上一部具有劃時代意義的語言文字學經典著作。俞理明先生說：『百年前章太炎先生所著的文始，以說文為基礎，選擇其中六千多個字為主幹，兼取其他材料，從語音文字分化的角度，對上古漢語中的單音詞展開了系統的考察，通過對「初文」「准初文」的考察，分層次地勾勒原始漢語的詞彙內部存在的源流關係，代表了傳統字源研究的最高水準，也是他在語言文字研究方面最重要的著作，對於漢語語源學的研究，有著至關重要的作用。多少年來，對於這部巨著，雖然不乏關注、評論和研究，成果甚夥，但要深入讀懂讀透，還需付出更多的努力。』[七]

當今語言學界能『讀懂讀透』文始者可謂鳳毛麟角，而許良越先生可謂其中一人。許生碩士時師從劉志成教授學音韻之學，博士時師從俞理明教授學詞義之學，博采二師之長而精於音理。近十年來，他苦讀精研文始，且頗有心得。二〇一五年在中國社會科學出版社出版第一部文始研究巨著章太炎〈文始〉研究。該書在總結前人相關研究成果的基礎上，第一次對文始進行了全面系統的審視考察，並以現代資料庫技術作為工具，編制出了『文始說文資料庫』，建立了文始與說文聯合檢索的梳理模式，對文始作了數位化的窮盡性處理，儘量採用定量的方法來定性，創立了『條目收字一覽表』『初文准初文一覽表』『聲類韻類一覽表』『變易孳乳一覽表』等一系列以文始為內容的資訊表，並附有所收字頭的對照索引，對文始艱深的字源字架構體系作出了明晰易懂的表述，使文始的閱讀不再是一件望而生畏的事情。該書通過對文始的『撰作目的』『理論基礎』『組織結構』『初文與准初文』『韻轉與聲轉』『變易與孳乳』『成就與影響』等要點展開了深入細緻的論述，挖掘其內涵，分析其條例，闡發其獨具特色的語言學意義，同時又能與文始內容的資料分析統計緊密結合，從實際材料上證實了章氏字源學理論的原理與規律、方式與原則，得出的結論具有很強的代表性和說服力，回應了長期以來學界對文始有失偏頗的不當看法或評價，客觀地還原了文始原有的學術價值和地位，為傳統語言文字學，尤其是漢語語源研究潛理論的開掘打下了良好的基礎。全文寫作態度嚴肅，行文簡潔實在，闡釋邏輯清楚，資料詳盡可靠，研究方式恰當，剖析問題全面，學理與技術並重，理論性與工具性兼備。因此得到學界的好評與推崇，二〇一七年榮獲四川省第十七次社會科學優秀成果二等獎。

繼章太炎〈文始〉研究之後，許生再次推出其研究文始的力作章太炎〈文始〉同源字典。該『同源字典』以章太炎〈文始〉研究中的『文始說文資料庫』為基礎，以太炎先生字源學為理論依據，以表格式字典為表現形式，在保存文始體例特徵的前提下，對文始全書所收同源字族之形音義予以全面系統的展示，使之成為便於讀者查閱、檢索和研究文始同源字的資料資訊庫，這種奇思妙想的設計，可謂『標新立異』，前所未有。但通讀該『字典』後覺得，全書衹見同源字圖表，不見其釋義與例證，略顯空乏缺失。祈望許生研究文始的第三部大作問世。

清代聖祖（康熙）云：『古聖人所道之言即「經」，所行之事即「史」，開卷即有益於身。爾等平日誦讀及教子弟，惟以經史為要。今吟詩作賦，雖文人之事，然熟讀經史，自然次第能之。』（庭訓格言·平日誦讀及教子弟惟以經史為要）『開卷即有益於身』，對作者而言乃是最大的功德。學人著書立說，理當有益學者。許生之作，其功德在斯，故姑作是序！

注釋

［一］本文原載於許良越章太炎〈文始〉同源字典，中國社會科學出版社 2018 年版。

［二］許維遹：呂氏春秋集釋，文學古籍刊行社 1955 年版，第 640 頁。

［三］漢許慎撰，宋徐鉉等校定：說文解字，中華書局 1963 年版，第 315 頁。

［四］參看胡娟、鍾如雄〈說文解字〉編排原則之新思考，西南民族大學學報（人文社會科學版）2014 年第 9 期。

［五］見陳獨秀遺著，劉志成整理校訂小學識字教本，巴蜀書社 1995 年版，第 3 頁。

［六］章太炎：自述學術次第，見制言半月刊，1936 年第 25 期。

［七］俞理明：章太炎〈文始〉研究序，見許良越章太炎〈文始〉研究，中國社會科學出版社 2015 年版。

民族高校古漢語教學之現狀與思考[一]

『古代漢語』是中華民族遠古以來形成的一種書面化語言。這種語言原本是華夏先民日常生活、交際的普通用語，在漢代以前，無論是帝王將相還是士人百姓，大凡有語言能力者，日言之而不覺困，時誦之而不知苦。那時人民少而群居，朝夕相處，口音統一，聽者不知有別，語義簡單，一人言之，衆人知義，不需要解釋，更無須教師講疏。然漢魏以降，賦、駢之風盛行，文人追求華麗用語，官家趁機推波逐浪，而百姓布衣則慣用常語，於是口語更加平民化，書面語日趨駢儷化。從此，漢語出現『三家分流』的發展態勢：一是口語用於日常生活中，因失於規範而日趨自由、靈活；駢語用於文人筆談中，因過度追求聲律、對仗、用典而失於實用；三是漢代以前口、書一體化的華夏語言，因官府行政的需要而襲用於文書。漢語口語與書面語之所以分離於漢魏，完全是當時盛行的空洞虛無之文風導致的。南朝梁著名文學評論家劉勰在文心雕龍·情采一文中，爭對作文宜講究思想內容（情、質）與文體形式（采、文）的完美統一時提出了『立文之道』：『故立文之道，其理有三：一曰形文，五色是也；二曰聲文，五音是也；三曰情文，五性是也。五色雜而成黼黻，五音比而成韶夏，五情發而為辭章，神理之數也。』劉勰理想中的『立文之道』是『五色、五音、五性』的『雜、比、發』，但是，他用來表達立文之道的書面形式依然是當時風靡的『駢體文』，而不是時下民用的口語或『三代兩漢之書』的文風。這說明，人所處的時代決定其表達思想情感的適用形式和風格，就像當今的『网絡語言』，縱然是學者、官員，祇要上网聊天都會用相同的話語溝通一樣，誰亦無法『脫俗。』造成漢語口語與書面語分道揚鑣的表面現象雖然是駢儷文風，然而歸根結蒂還是漢字使用的權貴化和人身的門第化造成的。這個事實賢哲時賢從來沒有注意到。

漢字從殷商的甲骨、銘文始，到而今的楷、宋體止，其間雖經歷過書寫材料的多種變革和字形特徵的多樣翻新，但就總體而言，它的使用性質以及使用人群並無多大變化——官吏化的書寫工具，為帝王政治服務。漢字的這一本質，決定著它記錄的歷代文獻趨向於語法形式的保守、穩定和用詞的精煉、文雅。再加之儒家經學的博大精深和後世經學聖賢闡發的深奧微妙，使得文獻語言的漢語更加遠離現實，爾後『五四』以來，後生學子在主觀政客和偏激文人煽動『打倒』與『批判』的聲浪中迷失自我，由此造成近了百年來『修身』『齊家』『治國』『平天下』的傳統國學哲理的喪失。因此，當代的青年人祇知道一意孤行的『反傳統』，外表上執著地追捧西洋遺風，就連現代白話文亦不想學好，還能祈望他們能在『古代漢語』上下多大功夫？再說，時下中國大陸的文科高校，還有多少真正能讀懂古代漢語的、貨真價實的專家教授呢？前些年，教育部通報了上海某著名高校某位教授開講易經選修課的怪事：據說那位理科教授講易經，在中文系開講時很受歡迎，後來乘興推而廣之，給全校本科生開講，結果始料未及，聽者『人山人海』，『易學』一時間成了該高校最受學生歡迎的選修課。授課倍受聽眾歡迎，講者自然聲威名揚，於是該教授乾脆將其『易學研究』講稿付梓。然而出版之時，教育部邀請易學專家為之評審，結果發現該教授所講之『易學』，全是胡說八道。最終『判決』該書稿不能出版，該教授的『易學』選修課亦不許再開，教育部特將此事通報全國高校，並要求今後高校不許跨文理專業開選修課。其實，眼下的大學何祇一個『易學教授』。二〇〇六年底，西南某高校文學院想引進一位研讀中國古典文獻學方面的博士生充實教師隊伍，當時同意試講的有全國三所著名大學、著名教授帶的畢業生。作者作為『專家教授』列席評審。其中一位博士生講的內容是『鍾嶸詩品的文獻價值』，講解得很是精彩，的確具備教師的演講口才與風度。但在提問時，作者祇請她把鍾嶸詩品序（她講授的主要內容）逐字逐句地講解一遍。結果她紅著臉很羞澀地回答：『對不起這位老師，我祇看了文獻的大概意思，還沒來得及仔細思考文本的深刻含義。』故作者不好再追問下去。但我想，作為一個有備而來的並且專門解讀『鍾嶸詩品的文獻價值』的博士生級別的應聘者，連那麼一小段『古文獻』都不能正確解讀，那當今的碩士生、學士生能讀懂論語、『三字經』的又有多少？據說有位教現代漢語的教師，居然僅憑一本編著的中國古代語言學史教材就晉昇成了教授。八九年前，高校的副教授祇要有出版的『學術著作』，再加上外語統考過關就有資格晉昇教授，至於其專著是否有創新、是否涉嫌剽竊他人成果、是否犯常識性錯誤等等，好像都不影響晉職，因為評審委員會祇管『硬件』是否具備。再說隔行如隔山，二十來個評委是從不同學科拼湊成的，他們即使想動動真格的，有能力管嗎？因此評審進行時，全憑映像畫圈圈。這是中國大陸目前晉昇職稱最權威、最時尚、最通用的潛規則，那位副教授的評審當然順利得以通過。事後同行發現，在他近三十萬字的『專著』中，鈔襲前輩語言學名家（如北大教授王力先生、北大教授何九盈先生、川大教授趙振鐸先生等）潛心的研究成果居然佔了三分之一，除此之外文獻鈔襲或張冠李戴，或牛頭不對馬嘴，或錯字通篇，極為可笑。比如把東漢鄭玄引鄭眾周禮注文『六書：象形、會意、轉注、處事、假借、諧聲也』當成周禮・地官・保氏正文引錄；把南朝齊梁時期沈約等人『四聲的發現』說成『四聲的發明』等，同時該書所引三代兩漢、唐宋元明之文獻，均出現錯引、漏引或句讀誤讀、字義亂解現象。如此極不負責人的蓋醬之作，近年卻再現於北京交大出版社已出版的書目中，而且居然一字不改。該書出版時居然在封面和扉頁上打出『全國文科高校統編教材、全國文科高校教材編委會推薦用書』等字樣，標明這類子虛烏有的名稱，目的在於給偽劣書籍包裝——增強其權威性，使推銷更為合理。一位連馬氏文通都讀不懂的教師，居然能寫出像『中國古代語言學史』這樣一類學術性極強的通史來。難怪被剽竊者之一、全國著名語言學家、四川大學八十三歲高齡的老教授趙振鐸先生會憤然、傷感地對作者說：『我在讀本科時，我的姑父、山東大學教授殷孟倫先生就要我研究中國語言學史，其後我專門到前蘇聯留學學語言學數年，回國後又進北大跟王力先生學語言學，我心血耗盡，六十年後纔完成中國語言學史的研究工作，沒想到剛付梓就被一小年輕人佔了去！』從老教授的淚光中，作者看到了前輩學者敬業守信的甘苦與遭遇剽竊後的痛心和無賴。在虛名和金錢捆綁下的當代教師，還有多少人能敬業守信、為人師表？

高等學府是思想的盛宴、學術的殿堂。既然是『盛宴』，擺上桌面的就會有數以百計的美味佳餚。『古代漢語』課在這場盛宴中到底是哪道菜肴呢？作者認為它啥菜亦不是，而是籌辦盛宴的特技廚師。我的恩師已故的王力先生曾說：『「古代漢語」是中國語言文學系的基礎課之一，其教學目的是培養學生閱讀中國古書的能力。我們必須明確地認識到：「古代漢語」是一門工具課；通過這一課程的學習，使我們能更好地掌握古代漢語，以便閱讀古代文獻，批判地繼承我國古代的文化遺産。』[二]『基礎課』和『工具課』，已經確立了古代漢語在中國語言文學系的教學地位和該門課開設的性質；『培養學生閱讀中國古書的能力』乃是中國語言文學系教學古代漢語要達到的預期目標。就像一位技藝高超的廚師，他烹製的菜肴必須得到美食家們的讚譽。王力先生確立古代漢語課在中國語言文學系教學中所要達到的目的，是有具體含義和背景的：

第一，王先生是爭對全國重點文科高校和普通文科高校的教學講的。衆所周之，全國文科高校無論重點還是普通，它們的生源來自全國各地；生源族別較為單一，招收對象主要是漢族考生，即使有部分考生來自少數民族，他們從小基本上接受漢語教學，並且能説一口流利的漢語，他們或没有母語，或受母語影響較小，並且總體上認同和習慣漢族民族傳統文化，有較高的漢文化修養。

第二，王先生所説中國語言文學系古代漢語課教學要達到的教學目的，是指經過兩年古代漢語教學之後學生纔能達到的教學目的。行内人都知道，王先生主編的古代漢語教材全四册二百六十餘萬字，原本是北大中文系漢語專業本科生的教學用書，一九六二年出版後全國部分文科高校亦將其作為教材使用，逐漸得到了全國同行的認同。一九七八年教育部在武漢召開教學工作會議，正式『確定這部書作為全國高等學校文科的統一教材之一』。近二十年來，全國很多文科高校或自編或聯合編寫、出版古代漢語教材。目前正式出版發行的古代漢語教材，其數量之多，前所未有，然而誰亦不敢無視王力教材的權威性和實用性。但是，文科高校主管教學的校長們多數忽視了這樣一個問題：王力教材包容量很大，除包括傳統小學所涉及到的理論知識（文字、音韻、訓詁）之外，還包含古代漢語的詞彙、語法、修辭、句讀等內容，另外還有一塊是古代文體、文化知識。如此眾多的內容，主編的初始意圖是通過每週節六、兩個學年的教授與自學，使學生真正掌握古代漢語的基礎理論和閱讀古代文化元典所涉及的知識，為他們打下今後研讀古籍的堅實基礎。可是作者所知，眼下大陸的文科高校，古代漢語課程的開設時間普遍是週四、一個學年，總共不到一百四十學時。

第三，王先生確立中國語言文學系教學古代漢語要達到的預期目標的時間是一九六二年。一九六二年以前，全國國民的教育素質較高，考生的古文修養亦相對較好。然而近四十年來，中國大陸的各級各類學校過分偏重於政治、外語教育，中、小學的語文課看起來塞得滿滿的，但所授內容多與現代政治、外語相關，涉及古文的課程比例較小，約佔百分之二十五（臺灣、香港地區佔百分之四十五左右），且內容單一。這樣的考生進入高校後，他們隨即將在高考期間承受的負重釋放出來，或放鬆要求而變得懶惰，或迷失進取目標而隨波逐流，或厭倦學習而自由散漫，或貪圖名利而看風使舵。當代大學生中亦不乏學而不厭者，但他們常常因某位專業老師的一兩次錯講而失去專業信心，乃至懷疑當今中國的教育水準能否將他們培養成真正意義上的專業人才、社會棟樑。

大學本來是培養國家高級人才的學府，然而當今大陸的高校日趨管理行政化、課程設置形式化、教學內容沙漠化、教育品質小學化、教學評估庸俗化、教育實踐自由化了。以古代漢語課之教學為例，二十世紀九十年代以前，中國語言文學系安排的教學時間普遍都是週六（每學時五十分鐘）、一個學年（上學期十九週，下學期二十一週），一個學年四十週，共計二百四十學時。現在多數高校安排週四（每學時四十或四十五分鐘）、一個學年（上下學期均為十七週），一個學年三十四週，共計一百三十六學時，整整縮水了一百〇六學時，如果再加上每學時五至十分鐘的縮水，相當於衹上了過去的半學年課（其中不含法定節假日放掉的部分）。課時縮短，授課內容相應會減少。事實上據作者調查，多數高校的古代漢語課衹上了王力教材的三分之一，有的高校更少。一門古代漢語縮水近三分之二，其他課程的縮水量亦好不到哪兒去。課程縮水的主要原因與課時費發放相關。一門課少上一節，全校以一千門課計算，就會少上一千節，如果每節課課時費平均為四十元，校方就會少支付教師課時費四萬元。

有的學者認為，高校擴招必然造成學生培養品質的下降。作者不苟同此種看法。造成擴招後高校學生培養品質下降的根本原因是忽視了學科的基礎教育。文科高校學科的基礎教育包含諸多環節，其中主要包括教材的選用、適當的教學時間、教學方法的選擇、作業的批改、課外輔導、階段性測驗、學期考試、專業書目的推薦與導讀等。這些環節衹要主管教學的校長能重視、保障、督促專業教師用心去做，該門課的教學品質還會差嗎？胡錦濤先生在美國耶魯大學的演講（二〇〇六）中說：『中華文明是世界古代文明中始終沒有中斷、連續五千多年發展至今的文明。中華民族在漫長歷史發展中形成的獨具特色的文化傳統，深深影響了古代中國，也深深影響著當代中國。現時代中國強調以人為本、與時具進、社會和諧、和平發展，既有著中華文明的深厚根基，又體現了時代發展的進步精神。』[三]影響古今中國的中華文明都貯存在中華民族上下五千年的歷代文獻古籍中，其核心的哲學思想就是以人為本的仁愛與變易。在幾經變故、深受折磨之後重新向古代聖哲請教的當今中華民族，如果再不下決心培育青年一代的國學精神，那麼中華文明的深厚根基將被徹底摧毀。到那時，家庭不再有孝悌慈愛，國家不再有忠義民主，社會不再有誠信法制。

胡錦濤先生說：『科學發展觀，第一要義是發展，核心是以人為本。』[四]高校深入貫徹科學發展觀的根本是什麼？——尊師重教、培養能才！辦大學應該而且必須把教育品質放在首位，一手抓學科建設，一手抓學科基礎課教學。當今中國語言文學系的基礎課就是『語言』和『文學』，語言是基礎的基礎，文學是語言的運用，語言是社會的科學，文學是人類的藝術。試想一個人連語言都說不利索，他的文學創作或研究還能好到哪兒去？因此，應該重點強化中國語言文學系的語言課教學。在舊時代無論是私塾還是皇家教育，都是從『識文斷字』開始開啟國人智慧的。識文斷字的基礎培養就是背誦『四書五經』和說文解字。有一對子叫做『六經讀盡方拈筆，五岳歸來不看山』。其中將抓基礎課教育的重要性表達得很清楚。

民族高校的中國語言文學系更應該將漢語課的教學放在核心地位。因為該學科的生源多來自非漢語母語的民族，漢語水準有的相對較差，有的很差，再加之其民族文化背景的影響，對漢語的理解沒有漢族學生那麼深透。在以往的民族高校，對漢字的同一個意義因不同民族學生理解的不同而發生打罵的現象時有發生。比如『胞』，說『藏胞』，藏族學生能理解為愛稱，而說『彝胞』，彝族學生則理解為貶稱；『蠻不講理』中的『蠻』是個程度副詞，而有的非漢族學生則認為是對少數民族的蔑稱等等。

當今中國語言文學系的漢語課主要有現代漢語和古代漢語兩門，它們的教學內容和重點都放在漢語理論上。漢語理論的教學對普通高校來講是適用的，因為學生多數是來自以漢語為母語的全國各地，他們從幼稚園到高中的十八年間都在循序漸進地接受漢語和漢文化的教育，可以說這類學生已經掌握了現代漢語語音拼讀、遣詞造句、閱讀理解等規律，欠缺的是理論認識和理解。儘管如此，由於他們成天『泡在』活的漢語裡，而對死的漢語——古代漢語的語音拼讀、遣詞造句、閱讀理解等依然陌生，缺少認識，所幸的是他們有現代漢語的底子，衹需要追根溯源式地尋找古今漢語繼承和發展的變化規律，就能很快提高古代漢語的素養，而民族學生在中國語言文學系學習古代漢語則『任重道遠』。他們的漢語底子天生就單薄，習得現代漢語還有『活』的語言環境輔助，但是我們如果要求一個連現代漢語都尚未學到家的、非漢語母語的學生與一個現代漢語底子較深的、漢語母語的學生同時進入古代漢語的教學環節學習，並且希望他們學得基礎都同樣紮實，是很難做到的。而事實證明，民族高校的古代漢語教學品質，無論是過去還是當下都是很成問題的，祇是主管教育的各級官員或視而不見或『任其自然』而已。因為在他們的意識中，民族大學生學古代漢語能學一點就算一點，並沒有將進入中國語言文學系學習的民族學生當成合格的中文大學生來培養。『低分考入，低分育出』，這種『雙低』式的培養，乃是當今大陸高校對民族學生教育的潛規則，在民族高校更是如此。如果不能再讓此種狀況持續下去的最好做法是：國家主管教育的領導應該具有民族責任心，強化民族學生的基礎課教育，而教師應該積極探討基礎課教學的規律和適用方法，儘快提昇民族學生整體的漢語水準。

作者根據自己在民族高校教授古代漢語三十年的歷史實踐，提出民族高校古代漢語課程教學改革的四點設想，僅供參考。

（一）抓古代漢語教師隊伍建設，建議恢復助教制度。當今大陸高校初入道的青年教師與積月積年的華髮教授一起同上一門課的現象十分普遍。他們授課的差異僅僅表現在老教授授課的課時費比青年教師授課的課時費每節高出四塊人民幣，至於授課的內容和品質，幾乎沒人監督、檢查，這種現狀在高等院校已成積弊。近十來，由於高等學校招生數量的不斷擴張，造成師生比例的嚴重失衡。上課急需教師，而能上課的教師隊伍又嚴重不足，因而，剛剛放下書包的學生一踏進大學就安排上課，他們既來不及完成角色的轉變，更是對教材、教學規律極度陌生，根本不知道怎麼上課就被趕上了講堂。其結果是：年輕教師用盡了心力反而一臉的無奈，學生對其所授內容覺得乏味而不以為然。這是造成教學品質嚴重滑坡的根本原因之一。應該肯定，眼下中國大陸高校青年教師的學歷至少都是個碩士出身，但事實上學歷越高，其所學知識越狹窄，研究的問題越專一，而古代漢語的教學則需要古文獻基礎全面、紮實，歸納總結合乎語言規律的複合型教學人才，這門學科不是說你是碩士、博士就能幹得了的。因此，作者在申報校第三屆名師時在『候選人近期教學改革設想』一欄中鄭重提出『恢復民族高校助教制度』的設想。建議恢復助教制度，以取代現行的『本科生導師制度』。初步設想是：

第一，凡青年教師——碩士畢業生在晉昇講師之前、博士畢業生在晉昇副教授之前，都必須經過助教期間的培養、鍛煉，合格者方能申請晉昇相應職稱。

第二，助教職責：（1）聘請副教授以上職稱的教師指導、幫帶。在幫帶期間，助教主要從事隨堂聽課、組織輔導、批改作業（試卷）等教學輔助性工作。在助教期間，徵得指導教師同意後適當講授本門課程的部分章節。（2）協助指導教師完成與教學、科研等相關任務。（3）兼任班主任或年級主任工作。

第三，助教基本工作量及其計酬：核定其年度基本工作量；計酬可按助教崗位費＋隨堂聽課費（節）＋批改作業、試卷費（份）＋章節授課費＋班主任費（班）計算。

第四，助教期限碩士畢業生為三年，博士畢業生為兩年，任期滿後由指導教師書面提出晉昇講師或副教授的審核意見，再報校人事處備案。

衹有通過助教期間的嚴格鍛煉和考核，纔能培養出功底紮實、教學素質高、責任心強的教學型人才來。前些年由我指導的兩個青年教師，他們之所以成長很快，就在於經歷過嚴格的訓練。那時尚未恢復助教制度，我們衹能暫且採取以下幫帶方法：

第一，因為他們都是剛出校園的碩士或博士，在獨立上課前讓他們熟讀、理解教材，熟悉大學本科教學規律。

第二，隨堂聽課，間或安排部分教學任務。第一學年安排他們上五週課，第二學年上學期則安排他們上八週，下學期依然安排他們上八週，循序漸進。他們上時，指導教師隨堂聽課，瞭解學生對其授課效果的反應。待覺得他們能獨立承擔該門課的全部上課任務時，再放手讓他們拉通上。

第三，考試把關，寬嚴適度。出題和閱卷是教學工作的最後而又是致關重要的環節，即使是教學經驗豐富的教師，有時亦難於把握。助教出第一次試卷時，指導教師要將自己歷年來出的試題給他們參考，讓他們把握出題的難易、深淺和試題的覆蓋面。然後檢查他們評出的第一次試卷，主要看其是否能掌握評分標準和細則。

第四，真誠關愛，熱忱鼓勵。熱忱鼓勵青年教師，對他們的成長衹有好處。首先鼓勵他們大膽上課，不要畏懼。每個教師都有第一次上課面對學生心跳不止、無所適從的經歷。這時最容易講錯話，或該講一個小時的內容，衹講了半個小時就完了。遇到這種情況，指導教師在場時首先要給學生打招呼，要他們尊重青年教師；其次叫他們遇事冷靜，沉著應對。另外鼓勵他們大膽參加由學院、學校組織的各類教學競賽，提高和展示自己的教學才能。

青年是國家的未來，教師的品行、學識直會接影響到學生品德、才學的修養。一個優秀教師就是一棵遮天避日的梧桐樹，繁茂的樹枝上就會有鳳凰棲息。

（二）抓特色教材建設，選擇適合民族學生學習的古代漢語教材。培養學科人才教師是關鍵，因此應該健全和完善教師的准入制度。但有了好的教師而沒有適合於民族學生學習的古代漢語教材亦很難提高教學品質。半個多世紀以來，民族高校的古代漢語課的教學基本上是使用全國高校統編的教材。統編教材的好處是覆蓋面廣，教學、考試有個規範的、統一的標準，缺點是起點艱難，講解現代漢語與古代漢語之間的對應關係偏少，古代漢語理論和規律的總結不成系統。因此，這類教材多數不適合民族高校古代漢語課程的教學使用。前些年，作者分別與四川師範大學、河南師範大學的同行一起編著過兩套古代漢語教材（即新編古代漢語，中華書局二〇〇九年版，古代漢語，武漢大學出版社二〇〇六年版），第二套教材使用過兩屆學生，因內容過於龐雜、講解過於繁瑣而停用，第一套教材尚在使用，但總體看來亦不太適用。民族高校理想的古代漢語教材應該是：以文本閱讀背誦為主，以古今漢語比較為主。因此教材的內容宜重點放在文字、詞彙（義）、語法（即字詞句）三大板塊的解讀上，輔之以練習強化，其他內容雖與古代漢語緊密相關，但不宜大包大攬。通過一學年的教授與自學，使學生真正能夠把握古代漢語的特徵。目前使用的王力教材，知識面太廣，內容過於豐富，教一個學年衹能完成其教學內容的三分之一，既不實用，亦浪費學生的書本費，衹能作為參看教材。因此，我們希望能整合全國民族高校古代漢語的教學力量，編撰一部比較適合民族學生教學的古代漢語教材來。

（三）抓古代漢語教學規律的總結，擇優採用教學方法。教學方法是每個教師在教學運行的過程中發現、歸納或採用的授課方法。不同學科的教學法各有特色，不盡雷同，同一學科的教學法亦往往因人而異。但總體而言，教學法的採用宜考慮兩點：理論體系（學科自身規律）和教學效果（學生的接受能力）。理論體系的傳授是教學的根本目的，任何教學法的採用都必須服務於這個目的；教學法的選擇是為了使該門課教得充實，學得輕鬆，掌握得牢固。對於古代漢語課的教學而言，全國高校普遍採用例證式教學法，而作者多採用歸納式與例證式綜合的教學法。比如在講解某個虛詞的意義和用法時，行內慣用舉例證明，而我們則先帶領學生逐字逐句精讀課文，讓學生自己歸納該虛詞在本課文中的所有用法並當堂解釋，倘若本課文中的使用不夠完全，再舉別的文獻用例補充、證明。這種以歸納為主、以例證為輔的教學法很能引導學生綜合思考、貫通理解。這樣教學，教得會，學得牢。

（四）建議增加古代漢語教學課時，強化基礎課教學品質。作為全國文科高校基礎課的『古代漢語』，近年來有被邊緣化的發展趨勢。從宏觀看，以往國家不夠重視對國民進行傳統國學教育，以為四書五經、諸子百家的東西多為封建糟粕，不值得借鑒；就微觀看，高校趨向爭利，視經濟、管理、理工等學科為生財學科而倍加看重。近年來高校又有個發展新趨勢，普遍強調學生所學知識的多元性，因此專業選修課和跨專業的選修課倍受推崇，校方動員教師多開選修課，至於開選修課的必備條件逐漸被淡化，祇要你想開就開，沒有人過問你開課的內容是否有學習的必要，知識、觀點是否準確、科學等等。大學四年，近一個學年的時間安排實習和找工作，兩個學年的時間上政治課、外文課和各種選修課，剩下一個學年時間纔上專業基礎課和專業課，而每個學科的專業基礎課和專業課至少有十二門，一個學年的時間分攤在十二門課上，每門課程到底有多少教學時間？因此基礎課教學時間的縮水乃是全國高校最為普遍的事實。就古代漢語課而言，前文我們已作過統計，能上課的時間理論上說來有一百三十六個學時。如此短的教學時間要完成如此龐雜的教學內容，其教學品質可想而知。因此我們呼籲：文科高校的公共課、選修課教學，不能以犧牲專業基礎課教學為代價。特別是民族高校的古代漢語課教學，如果光靠現有的一百三十來學時，再高明的教育專家亦很難教會當代民族大學生的古代漢語！

我們認為，要深入貫徹科學發展觀，就應該下決心整頓文科高校不合理的教學秩序，把普通高校真正辦成社會需要的、講求科學的大學，而不是成人大學、繡枕大學！

注釋

［一］本文原載於中央民族大學文學院編知行錄第二輯，中央民族大學出版社 2011 年版。

［二］王力主編：古代漢語（校訂重排本），中華書局 1999 年版，第 1 頁。

［三］中共中央文獻研究室編：科學發展觀主要論述摘編，中央文獻出版社、黨建讀物出版社 2009 年版，第 8 頁。

［四］同上書，第 6 頁。

附錄　苦粒齋漢學論叢目錄

［一］上古漢語『D·之·M』結構內部的組合特徵，西南民族大學學報（哲學社會科學版）1985 年第 3 期。//中國人民大學書報資料中心複印報刊資料語言文字學（H1）1986 年第 1 期。

［二］通假與同源的區別特徵，當代電大（哲學社會科學版）1988 年第 5 期。

［三］漢語同形對義詞簡論，西華大學學報（哲學社會科學版）1988 年第 5 期。

［四］名詞狀語概說，西南民族大學學報（哲學社會科學版）1889 年第 4 期。

［五］結構助詞『底』（的）的來源再認識，詞典研究叢刊第十一集，1990 年。

［六］偏義複詞成因初探，西南民族大學學報（哲學社會科學版）1991 年第 1 年期。//中國人民大學書報資料中心複印報刊資料語言文字學（H1）1992 年第 1 期。

［七］『里』義探源，西南民族大學學報（哲學社會科學版）1994 年第 1 期。

［八］詞的意義層級及其詞性，西南民族大學學報（哲學社會科學版）1996 年第 5 期。

［九］系聯、分離法在詞義研究中的意義，西南民族大學學報（哲學社會科學版）1999 年第 1 期。//中國人民大學書報

資料中心複印報刊資料語言文字學（H1）1999 年第 10 期。

［一〇］〈金瓶梅〉『V^1+N+V^1』式述賓結構鉤沉，西南民族大學學報（哲學社會科學版）1999 年第 5 期。

［一一］秦簡〈日書〉中的判斷詞『是』，西南民族大學學報（人文社會科學版）2002 年第 2 期。

［一二］漢語稱謂詞的性別異化，西南民族大學學報（人文社會科學版）2002 年第 4 期。

［一三］『轉語』方法論，西南大學學報（人文社會科學版）2003 年第 6 期。

［一四］釋『辰』，西南民族大學學報（人文社會科學版）2003 年第 10 期。

［一五］〈禮記〉『壹似重有憂者』正讀，學術研究 2004 年第 6 期。

［一六］近現代『轉語』方法論之推闡，四川大學學報（人文社會科學版）2004 年第 4 期。

［一七］釋『弔』，中南民族大學學報（人文社會科學版）2004 年第 4 期。

［一八］中國古代詩歌內涵，西華大學學報（人文社會科學版）2006 年第 2 期。

［一九］釋『衡』，四川師範大學漢語研究所編語言歷史論叢第一輯，巴蜀書社 2007 年版。

［二〇］漢字的分義原則，語苑擷英（二）——慶祝唐作藩教授八十華誕學術論文集，中國大百科全書出版社 2007 年版。

［二一］敦煌變文轉注字考，古漢語研究 2007 年第 4 期。

［二二］釋『爯』，西華大學學報（人文社會科學版）2007 年第 1 期。

［二三］釋『婁』，北京師範大學文學院編勵耘學刊（語言卷）2007 年第一輯，學苑出版社 2007 年版。

［二四］漢字轉注的變聲原則和方法，宋永培先生紀念文集，中國文聯出版社 2008 年版。

［二五］漢字轉注的易形原則和方法，四川師範大學漢語研究所編語言歷史論叢第二輯，巴蜀書社 2008 年版。

［二六］陸宗達王寧宋永培兩代三師之訓詁學，宋永培先生紀念文集，中國文聯出版社 2008 年版。

［二七］遠古巫史與華夏先民的象線性符號，雲南師範大學學報（人文社會科學版）2008 年第 3 期。//新華文摘 2008 年第 14 期。//高等學校文科學術文摘 2008 年第 4 期。

［二八］釋『厉』，河北師範大學文學院編汉语言文学研究（秋之卷），四川辭書出版社 2008 年版。

［二九］七言詩來源再認識，雲南師範大學學報（人文社會科學版）2009 年第 6 期。//中國人民大學書報資料中心複印報刊資料中國古代、近代文學研究（J2）2010 年第 4 期。

［三〇］〈詛楚文〉『禬褕』考釋，四川大學漢語史研究所編漢語史研究集刊第十二輯，巴蜀書社 2009 年版。

［三一］近體詩『拗救』說之檢討，北京師範大學文學院編勵耘學刊（語言卷）2009 年第二輯，學苑出版社 2009 年版。

［三二］『文獻』本義鉤沈，雲南師範大學學報（人文社會科學版）2010 年第 5 期。

［三三］永明詩病說猜想（上）——揭秘平頭、上尾、蜂腰、鶴膝，社科科學研究 2010 年第 5 期。

［三四］永明詩病說猜想（下）——揭秘大韻、小韻、旁紐、正紐，社科科學研究 2011 年第 1 期。

［三五］釋『況』，西南民族大學學報（人文社會科學版）2011 年第 10 期。

［三六］釋『密』，四川師範大學漢語研究所編語言歷史論叢第六輯，巴蜀書社 2012 年版。

［三七］漢語研究的反本開新——兼評杜麗榮教授〈商君書〉實詞研究，西南民族大學學報（人文社會科學版）2012 年第 9 期。

［三八］西漢語言學家『揚雄』本姓再考，四川大學漢語史研究所編漢語史研究集刊第十五輯，巴蜀書社 2012 年版。